教育部人文社会科学重点研究基地重大项目
"十四五"国家重点图书出版规划项目
江苏省2022年主题出版重点出版物

马克思主义思想史研究丛书
丛书主编　张一兵

Critique of Political Economy, Historical Materialism, the Second International and Beyond
Collected Philosophical Essays of Yao Shunliang

政治经济学批判、历史科学、第二国际及其他

姚顺良哲学文集

姚顺良　著

南京大学出版社

图书在版编目(CIP)数据

政治经济学批判、历史科学、第二国际及其他：姚顺良哲学文集 / 姚顺良著. — 南京：南京大学出版社，2023.12
（马克思主义思想史研究丛书 / 张一兵主编）
ISBN 978-7-305-26382-8

Ⅰ.①政… Ⅱ.①姚… Ⅲ.①马克思主义哲学—文集 Ⅳ.①B0-0

中国版本图书馆 CIP 数据核字(2022)第 239650 号

出版发行	南京大学出版社		
社　　址	南京市汉口路 22 号	邮　编	210093

丛 书 名　马克思主义思想史研究丛书
丛书主编　张一兵
书　　名　政治经济学批判、历史科学、第二国际及其他：
　　　　　姚顺良哲学文集
　　　　　ZHENGZHI JINGJIXUE PIPAN、LISHI KEXUE、DI-ER GUOJI JI QITA：
　　　　　YAO SHUNLIANG ZHEXUE WENJI
著　　者　姚顺良
责任编辑　陈　佳

照　　排	南京南琳图文制作有限公司
印　　刷	南京爱德印刷有限公司
开　　本	635 mm×965 mm　1/16　印张 31.25　字数 384 千
版　　次	2023 年 12 月第 1 版　　印　次　2023 年 12 月第 1 次印刷

ISBN　978-7-305-26382-8
定　　价　138.00 元

网址：http://www.njupco.com
官方微博：http://weibo.com/njupco
官方微信号：njupress
销售咨询热线：(025) 83594756

* 版权所有，侵权必究
* 凡购买南大版图书，如有印装质量问题，请与所购图书销售部门联系调换

总　序

2022年，我完成了《回到马克思》的第二卷[1]。会令读者吃惊的是，在这部接近百万字的第二卷中，我关于马克思历史文本的不少看法，竟然是异质于第一卷的，这直接造成了过去思想史常态中的一种巨大"逻辑矛盾"。同一个作者，对相同历史文本，居然会做出不完全一致的解读。这可能就是**新史学方法论**所依托的全新思想史本体个案。

记得2007年的某天，在上海，在《中国社会科学》杂志社举办的中国哲学家与历史学家对话的研讨会上，我所提出的历史研究建构论[2]遭到了历史学家们的批评。一位历史学教授在现场问我："我是我爸爸生的是不是被建构的？"这真的很像当年杜林质问恩格斯："2＋2＝4是不是绝对真理？"如果打趣式地硬抬杠，我也可以辨识说，在一个根本没有"父亲"的母系社会中，当然没有"你爸爸生你"的社会建构关系。而在次年在台北举行的海峡两岸暨香港人文社会科学论坛[3]上，台湾"中研院"的一位史学前辈在对我的学术报告现场提问时，有些伤感地说："我不知道大陆的唯心主义已经如此严重。"令人哭笑不得。其实，当狄尔泰和福柯讨论

---

[1] 拙著《回到马克思——社会场境论中的市民社会与劳动异化批判》（第二卷），将由江苏人民出版社出版。
[2] 发言提纲见拙文《历史构境：哲学与历史学的对话》，《历史研究》2008年第1期。
[3] 这是由南京大学、香港中文大学和台湾"中央大学"联合举办的系列学术研讨会议。

历史文献（档案）的"被建构"问题时，他们并非在涉及直接经验中的每个时代当下发生即消逝的生活场境，而是在追问史学研究的**方法论前提**。谁制定了历史记载和书写的规则？实际上，历史记载永远是历代统治者允许我们看到的东西，恐怕，这是更需要史学家明白的**历史现象学**。

我曾经说过，任何一种历史研究对社会定在及其历史过程的绝对客观复现都是**不可能**的。这是因为，我们的历史研究永远都是在以当下社会生活生成的认识构架重构已经不在场的过去，思想重构并不等于曾有的历史在场。更重要的方面还在于，因为社会生活与个人存在之间始终存在一种无法打破的隔膜，所以社会生活情境不等于个体生活的总和，个人生存总有逃离社会的一面，其中，个人生存的处境、积极或消极行动的建构、情境、心境与思境都不是完全透明可见的，虽然人的生活构境有其特定的物性基础，但构境达及的生存体验是各异和隐秘的。我在上课的时候，有时也会以电影故事中内嵌的新史学观为例，比如根据英国作家拜雅特[1]

---

[1] 拜雅特（A. S. Byatt, 1936— ），英国当代著名作家。1936年8月24日出生于英国谢菲尔德，1957年在剑桥大学获学士学位。曾在伦敦大学教授英美文学。1983年，拜雅特辞去高级教师职位，专心致力于文学创作，同年成为英国皇家文学协会会员。主要作品有：长篇小说《太阳的阴影》(1964)、《游戏》(1968)、《庭院少女》(1978)、《平静的生活》(1985)、《隐之书》(1990)、《传记作家的故事》(2000)，以及中短篇小说集《夜莺之眼》等。1990年，拜雅特因《隐之书》获得英国小说最高奖布克奖，同年获颁大英帝国司令勋章（CBE）。2010年，74岁的拜雅特又获得了不列颠最古老的文学奖——詹姆斯·泰特·布莱克纪念奖。

的著名小说《隐之书》(Possession: A Romance, 1990)[1]改编的电影《迷梦情缘》(Possession, 2002)。故事虚构的情节是一个双层时空构境结构：今天(1986年)的阅读者——一位年轻的文学研究助理罗兰，在研究过去19世纪维多利亚时代著名诗人艾许(他也被建构成一个复杂隐喻诗境的"腹语大师")的过程中，偶然发现了夹于一部艾许最后借阅归还的维柯的《新科学》(New Science)中的两封写给无名女士的未完成的信件。经过细心的文献研究，他确认收信者竟然是艾许同时代著名的女诗人兰蒙特。由此，揭开了一桩隐匿了百年的秘密史实：有着正常家庭生活的艾许和孤守终生的兰蒙特在1868年发生了一段刻骨铭心的爱情，并且，兰蒙特背着艾许生下了他们的女儿。从小说中作为精彩艺术手段的细节中，我们可以看到，罗兰和兰蒙特的后代莫德小姐竟然通过兰蒙特诗歌中的暗示，在家族庄园中兰蒙特的住所里找到了她百年前隐藏在婴儿车中的秘密书信，甚至找到了诗歌隐喻的两位大诗人的疯狂秘恋之旅和情爱场境。由此，一直以来英国诗歌史中关于两位诗人那些早有定论的作品释义，瞬间化为文学思想史研究中的谬误。"有些事情发生了，却没有留下可以察觉到的痕迹。这些事情没有人说出口，也没有人提笔写下，如果说接下来的事件都与这些事情无关，仿佛从来没有发生过，那样的说法可就大错特错

---

[1] 其实，此书的英文原书名为 Possession: A Romance，直译应该是《占有：一段罗曼史》。但Possession一词也有被感情支配和着魔的意思，所以如果译作"着魔：一段罗曼史"更准确一些。当然，现在的中译名"隐之书"的意译更接近书的内容。拜雅特还有另外一部艺术构境手法相近的小说《传记作家的故事》(The Biographer's Tale, 2000)，说的是一个研究生菲尼亚斯(Phineas G. Nanson)，决定研究一位非常晦涩的传记作家斯科尔斯(Scholes Destry-Scholes)。在研究的过程中，他并没有了解到很多关于这位作家本身的生平，而是发现了这位作家**未发表**的关于另外三位真实历史人物(Carl Linnaeus, Francis Galton and Henrik Ibsen)的研究。拜雅特在书中将事实与虚构相结合，再现了这三位被隐匿起来的历史人物的生活。

了。"[1]这是此书最后"后记"中开头的一段文字。我觉得,他(她)们不想让人知道的书信是另一种**遮蔽历史在场性**性质的**秘密文献**,这是一种逃避现实历史关系的另类黑暗历史记载。然而,这种黑暗考古学的发现,却会改变对允许被记载的历史"事实"的全部判断。虽然,这只是艺术虚构,但它从一个侧面直映了这样一种新史学观:正是个人生存中的这种可见和不可见的多样性生活努力,建构出一个社会内含着隐性灰色面的总体生活情境。在每一个历史断面上,总有来自个体生存情境隐秘和社会生活的意识形态遮蔽。这些非物性的生存构境因素和力量,从一开始就是**注定不入史**的。这样,"能够历经沧海桑田,保存下来的那些作为历史印记的文字记载和物性文物,只是一个时代人们愿意呈现和允许记载的部分,永远都不可能等于逝去的社会生活本身。与文本研究中的思想构境一样,这些记载与历史物都不过是某种今天我们在生活中重新建构历史之境的有限启动点"[2]。

摆在读者面前的这一套由南京大学出版社出版的《马克思主义思想史研究丛书》,是近年来这一研究领域中的最新成果。它的作者,主要是南京大学马克思主义哲学专业培养出来的一批青年学者。他们从不同的思想史侧面和角度,研究和思考了马克思主义思想史中发生的一个个深层次的问题。除去少数带有总论性质的文本以外,丛书中的大多数论著都是微观的、田野式的专业研究,比如马克思与费尔巴哈的关系、马克思与19世纪英国社会主义思潮的关系、马克思与尤尔机器研究的关系、马克思方法论的工艺学基础,以及马克思文本中的对象化概念考古等。或多或少,它

---

[1] [英]拜雅特:《隐之书》,于冬梅等译,南海出版公司2010年版,第577页。
[2] 张一兵:《〈资本主义理解史〉丛书总序》,《资本主义理解史》(六卷),江苏人民出版社2009年版。

们都从一个马克思主义思想史的断面,进入我们现代人观察马克思生活的那个远去的历史生活场境。虽然我们无法重现那些无比珍贵的伟大革命实践和思想变革的历史在场性,但多少表达了后人在马克思主义思想史探索中积极而有限的努力。

其实,在最近正在进行的《回到马克思》第二卷的写作中,我再一次认真通读了马克思与恩格斯长达40年的通信。阅读这些历史信件,也使那些灰色的思想文本背后的生活场境浮现在眼前。出身高级律师家庭的马克思和作为贵族女儿的燕妮、有着资本家父亲的恩格斯,没有躺在父辈留下的富裕的生活之中,而是选择了为全世界受苦受难的无产阶级获得解放寻求光明的艰难道路。在那些漫长而黑暗的岁月里,马克思被各国资产阶级政府驱逐,作为德国的思想家却不能返回自己的家乡,这么大的世界却没有一个革命者安静的容身之处。常人真的不能想象,马克思在实现那些我们今天追溯的伟大的思想革命时,每天都处于怎样的生活窘迫之中,在很长一段时间里,马克思写给恩格斯的大量信件都是这样开头的:"请务必寄几个英镑来",因为房租、因为债主逼债、因为孩子生病,甚至因为第二天的面包……这种令人难以想象的生活惨状,一直持续到《资本论》出版后才略有好转。而恩格斯则更惨。我经常在课堂上说一个让人笑不出来的"笑话":"恩格斯自己当资本家养活马克思写《资本论》揭露资本家剥削工人的秘密。"这是令人潸然泪下的悲情故事。当你看到,有一天恩格斯兴奋地写信告诉马克思:"今天我不用去事务所了,终于自由了",你才会体验到,什么叫伟大的牺牲精神。恩格斯自己有太多的事情要做,有无数未完成的写作计划,可是,为了马克思的思想革命和人类解放的事业,他义无反顾地放下了一切。马克思去世之后,为了整理出版《资本论》第二、三卷,自比"第二小提琴手"的恩格斯毫不犹豫地表示:"我有责任为此献出自己的全部时间!"[1]这才是人世间最伟大的友谊。这是我们在学术文本中看不到的历史真实。研究马克思主义思想史,对我们来说,不应该是谋生取利的工具,而是为了采撷那个伟大事业星丛的思想微粒,正是由于这些现实个人的微薄努力,光明才更加耀眼和夺目。

本丛书获得了2022年度国家出版基金的资助,感谢参加评审的各位专家,也感谢南京大学出版社的领导和诸位辛劳的编辑老师。我希望,我们的努力不会让你们和读者们失望。

张一兵
2022年4月5日于南京

---

[1] 《马克思恩格斯全集》第36卷,人民出版社1975年版,第92页。

前　言

在本书集正文之前，我想就其中编入的论文说明以下几点：

首先，本书研究的是马克思主义哲学，而且是返本开新中的马克思主义哲学。马克思主义哲学的原生态是马克思在19世纪40年代中期从事政治经济学批判的过程中创立的，与古代以本体论为中心、近代以认识论为中心的哲学不同的，是以实践为范式的、以历史观为中心的新唯物主义哲学，这一历史唯物主义的哲学也有人称之为"马克思的历史理论"。其文本依据是从政治经济学批判手稿直到《资本论》的文本，这一点在今天马克思主义理论界已成为共识，在马克思主义哲学界更成为人所共知的常识，但是在上个世纪初直到70年代中期，不仅第二国际的理论家，甚至苏联马克思主义理论界都仅仅把从《政治经济学批判》到《资本论》看作是经济学文本。我在自己最初泛读《资本论》(1964—1973年)当时还是郭大力、王亚南根据考茨基版二部并列著作，即《资本论》(理论部分第1—3卷)和《剩余价值学说史》(第1—3卷)，以及后来(1976—1977年)在南京师范学院讲授《资本论》时，也同样持有这种看法。

后来苏联《马克思恩格斯全集》俄文第二版补卷[1]刊登了《资本论》第一卷"机器大工业"一章的最初手稿"机器、科学和自然力

---

[1] 《马克思恩格斯全集》俄文第二版原为第1—39卷，后出版的补卷即第40—50卷。

的应用"。中央编译局和人民出版社将这一章以单行本的形式发行翻译出版。我读了这一章，深深为马克思的历史观点所叹服，他不是从流俗的观点出发，将科学与生产中的其他要素进行简单的比较，也不是简单地称道科学在提高劳动生产率、增加产品数量方面的巨大作用，甚至不是仅仅赞赏这一结果带来的满足人们需要的功效。而是透过这一切强调劳动生产率的提高，会缩短工作日为人们创造出更多的自由时间；低级需要的满足会促使人们产生新的高级需要；这样，再加上科学在生产过程中的应用会促进后者逐渐转变为"科学的应用过程"和"改变为工业过程的自然过程"。这一切，都将推动人类由必然王国向自由王国的飞跃。

我反复研究了这一章手稿，写了一篇文章《科学技术是生产力》发表在《南京师范大学学报》1978年第2期。这是我第一次以《资本论》手稿为文本依据，撰写的关于历史唯物论思想研究的文章，尽管它还是局部仅仅涉及科技社会学方面，但毕竟是一个开头，所以作为第一篇收入本文集。后来，一位友人将这篇文章推荐给了1975年从北京调来南京大学的孙伯鍨教授。孙先生看过后立即约我面谈，鼓励我利用自己对马克思主义经济学和《资本论》熟悉的优势，借苏联《马克思恩格斯全集》俄文第二版，随之而来的我国中文第一版"补卷"出版的东风（其中大部分是从《政治经济学批判》到《资本论》的手稿和刊行稿）对其中包含的丰富的历史唯物论思想进行全面系统的研究。于是我报考了孙先生的研究生，并在孙先生的指导下制订了一个宏大的研究计划。

也许是出于年轻人的狂妄，我在一开始就把这一研究计划当成我的毕业论文，并准备与孙先生合作撰写一部专著。结果这两个设想都未成功，毕业论文只选取了历史理论的一部分即社会结构理论，收入本书"试论《资本论》及其手稿中关于社会结构的思想"。

合作撰写专著计划的放弃，则由于另外的原因，就在我毕业时，北京大学哲学系的黄楠森教授、中国人民大学马列主义研究所的庄福龄教授和中国社会科学院哲学研究所林利研究员主持了一项国家社会科学基金重大研究项目，为中国马克思主义哲学史学科奠基了集体研究性专著《马克思主义哲学史》（八卷本）的编著项目。孙伯鍨先生应邀担任了其中第二卷的主编者之一。经先生推荐，我有幸被批准加入这一团队成为第二卷编著者之一。于是我们原先准备撰写的专著，就纳入了第二卷，写成了其中第二章。

最后，文集中第三编以后的论文与前二编不同，第三编开始，考虑到研究性著作和创新性教材篇幅较大，只收入了发表在期刊上的论文。这些论文篇幅虽小，但研究主题集中，梳理又相对较多，所以在内容上仍然推进了原来的研究，不仅规划中的内容阐释的比较圆满，有些地方还有所拓展。

一是在历史观的研究上拓展了"三大社会形式"理论的研究。

二是拓展了对马克思主义哲学的历史线索和重要环节的探索研究，包括对马克思早期思想和晚年文本的研究，以及从经典马克思思想一元形态经过第二国际到现代多元形态的演化脉络的研究。

三是以历史唯物论为基础尝试从西方现代哲学的传统研究课题中争夺一些阵地，例如，马克思范式对现代社会科学研究的意义和作用，从历史唯物论出发研究人的学说和生存论的问题，从《资本论》出发研究法权（正义理论和政治哲学问题）……

著者 2020 年 2 月 12 日
于家中

目 录

第一编 试论《资本论》及其手稿中关于社会结构的思想

第一章 作为整个社会生活前提的物质生活的生产过程和再生产过程：生产方式　　7
第二章 社会生产机体的内部结构：生产力和生产关系　　20
第三章 经济基础和政治法律上层建筑　　50
第四章 物质生产和精神生产　　69

第二编 马克思主义哲学基本问题研究

第五章 本体论的终结：论实践的中介性质和地位　　91
第六章 马克思"劳动异化"理论形成的历史语境和内在逻辑　　100
第七章 从"异化劳动"到"谋生劳动"：青年马克思人本主义范式解构的开始
　　——兼与张一兵教授的"穆勒笔记"解读商榷　　112
第八章 从人类自我意识的演进看马克思关于"人的本质"规定的意义　　128
第九章 马克思恩格斯的个性观
　　——兼评现代西方人生哲学的个性理论和我国当前的价值导向　　149

第三编 马克思主义哲学研究中的方法论问题

第十章 继承和推进孙伯鍨先生开创的马哲史研究传统　177

第十一章 在学科分化与整合之间保持必要的张力　187

第十二章 马克思研究"历史科学"化还是"马克思学"化？
　　　　　204

第十三章 五四运动以后两次中西文化论争的当代启示　213

第四编 比较视野中的马克思主义哲学

第十四章 论马克思关于人的需要的理论
　　　　——兼论马克思同弗洛伊德和马斯洛的关系　229

第十五章 鲍德里亚对马克思劳动概念的误读及其方法论根源
　　　　　249

第十六章 从文献考证与文本解读统一的视角看马克思在《德意志意识形态》写作中的主导作用　262

第十七章 准确评价恩格斯在马克思主义形成过程中的作用　278

第十八章 马克思"三大社会形式"理论的原像　302

第十九章 《资本论》与"自我所有权"　345

第二十章 马克思主义生态学思想与西方生态哲学的比较研究
　　　　　377

第五编 应该重视和加强对第二国际的研究

第二十一章 应该重视和加强对第二国际的研究　391

第二十二章　第二国际关于资本主义现代形态理论的当代审视
　　　　　　　　　　　　　　　　　　　　　　　　　　403
第二十三章　罗莎·卢森堡的现代资本主义批判逻辑的历史生成
　　　　　　　　　　　　　　　　　　　　　　　　　　428
第二十四章　超越学理：虚假问题与幼稚答案背后的视域拓展和
　　　　　　视角转化
　　　　　　——评卢森堡《资本积累论》及其引发的争论　445
第二十五章　希法亭对马克思资本主义理解模式的逻辑转换　454

主要参考文献　　　　　　　　　　　　　　　　　　　　474
后　记　　　　　　　　　　　　　　　　　　　　　　　481

第一编

试论《资本论》及其手稿中关于社会结构的思想

《资本论》及其手稿对历史唯物主义理论的发展，首先表现在：马克思正是在写作《资本论》的过程中，在为《资本论》的前身《政治经济学批判》（第一分册）所写的"序言"中，第一次系统而明确地表述了历史唯物主义的基本结论，他在那里指出：

"人们在自己生活的社会生产中发生一定的、必然的、不以他们的意志为转移的关系，即同他们的物质生产力的一定发展阶段相适合的生产关系。这些生产关系的总和构成社会的经济结构，即有法律的和政治的上层建设竖立其上并有一定的社会意识形式与之相适应的现实基础。物质生活的生产方式制约着整个社会生活、政治生活和精神生活的过程。不是人们的意识决定人们的存在，相反，是人们的社会存在决定人们的意识。"

"社会的物质生产力发展到一定阶段，便同它们一直在其中活动的现存生产关系或财产关系（这只是生产关系的法律用语）发生矛盾。于是这些关系便由生产力的发展形式变成生产力的桎梏。那时社会革命的时代就到来了。随着经济基础的变更，全部庞大的上层建筑也或慢或快地发生变革。……无论哪一个社会形态，在它所能容纳的全部生产力发挥出来以前，是决不会灭亡的；而新的更高的生产关系，在它的物质存在条件在旧社会的胎胞里成熟以前，是决不会出现的。……大体说来，亚细亚的、古代的、封建的和现代资产阶级的生产方式可以看做是经济的社会形态演进的几个时代。资产阶级的生产关系是社会生产过程的最后一个对抗形式……；但是，在资产阶级社会的胎胞里发展的生产力，同时又创造着解决这种对抗的物质条件。因此,人类社会的史前时期就以这种社会形态而告终。"[1]

这一极其简洁的表述,既凝练地概括了历史唯物主义关于社会结构及其相互作用的理论,又集中地阐明了历史唯物主义关于历史发展动力和一般进程的理论,一直被公认为是对历史唯物主义基本原理的最经典的表述。然而,问题的关键在于如何理解这一经典表述,在这里,我们准备依据《资本论》及其手稿,对我们分作两段加以引述的前一部分,即关于社会结构及其相互作用的理论,作一番考察。

《资本论》的任务不仅不是要直接阐明关于社会结构的一般原理,甚至也不是要揭示社会经济结构的一般原理,马克思在《资本论》中"研究的,是资本主义生产方式以及和它相适应的生产关系和交换关系"。"本书的最终目的就是揭示现代社会(即资本主义社会——引者注)的经济运动规律"[2],揭示"现代资产阶级社会内部的结构",并且主要是"形成资产阶级社会内部结构并且成为基本阶级的依据的范畴"[3]。

但是,由于"资产阶级社会是历史上最发达的和最多样性的历史的生产组织。因此,那些表现它的各种关系的范畴以及对于它的结构的理解,同时也能使我们透视一切已经覆灭的社会形式的结构和生产关系"。"人体解剖对于猴体解剖是一把钥匙。"从这个意义上说,揭示"资产阶级经济为古代经济等等提供了钥匙"。[4]

---

[1] 《马克思恩格斯全集》第31卷,人民出版社1998年版,第412—413页。
[2] 《马克思恩格斯全集》第44卷,人民出版社2001年版,第8、10页。
[3] 《马克思恩格斯全集》第30卷,人民出版社1995年版,第49、50页。
[4] 《马克思恩格斯全集》第30卷,人民出版社1995年版,第46、47页。

同时，由于一定的生产关系总是以一定的生产力为基础，并且是在一定的上层建筑的影响下形成和发展的。因此，马克思正是在分析资本主义经济结构，以及为了达到这一目的，将资本主义同其他经济形式相比较，将生产力与生产关系、与上层建筑相联系而进行考察的过程中，为我们揭示了阶级社会进而一般人类社会的经济结构和整个社会结构，从而进一步发挥了他在40年代就已发现的关于社会结构的理论，使这一理论更加精确化、系统化、科学化了。

《资本论》在分析社会经济结构时的一个最突出的特点就是，马克思不是单纯地从静态的结构分析出发的，而是在社会的生产过程特别是再生产过程中进行分析的。

在分析资本主义生产方式时，马克思指出："资本不仅是一种社会关系，而且是一种运动，只能理解为运动，而不能理解为静止物。"[1]马克思正是通过研究资本的生产过程（第一卷）、资本的流通过程（第二卷），以及两者的统一，即"资本主义生产的总过程"（第三卷），才全面地揭示了资本主义社会的内部结构，才将资本主义生产方式的本质及其具体表现形式和盘托出，详尽无遗地展示在我们面前。

人们可能会认为，这一点是由资本主义生产方式的特殊性决定的。资本主义生产方式是建立在生产的连续性上的，是建立在"革命性的技术基础"上的，因此，只有从运动，从过程中才能揭示其本质。这诚然是不错的，但是事情不仅如此，任何社会结构都不是一个绝对静止的结构。马克思认为，任何关系都只能在运动中才能存在，只有在过程中才能表现出来。[2] 离开了运动和过程，人

---

[1] 《马克思恩格斯全集》第45卷，人民出版社2003年版，第121—122页。
[2] 《马克思恩格斯全集》第44卷，人民出版社2001年版，第124、125页。

和自然之间的关系、人们之间的相互关系不但不能表现出来,而且不能存在。马克思后来在驳斥阿·瓦格纳关于"人处在一种对作为满足他的需要的资料的外界物关系中"的说法时,"通过活动取得一定的外界物,从而满足自己的需要(因而,他们是从生产开始的)"[1],所以,马克思在《"政治经济学批判"序言》中简要论述了生产力和生产关系、经济基础和上层建筑的概念及其相互关系之后,接着便从社会生活过程的角度将其概括为:"物质生活的生产方式制约着整个社会生活、政治生活和精神生活的过程。"[2]

---

[1] 《马克思恩格斯全集》第19卷,人民出版社1963年版,第405页。
[2] 《马克思恩格斯全集》第31卷,人民出版社1998年版,第412页。

第一章 作为整个社会生活前提的物质生活的生产过程和再生产过程：生产方式

马克思对生产方式的分析开始于生产过程，完成于再生产过程。在分析生产过程时，他不仅考察了生产过程本身，而且考察了生产条件（前提）和生产结果（产物）。

在《资本论》及其手稿中，"生产条件"这一范畴有"广义的"和"狭义的"两种含义。狭义的生产条件是指一定社会形式的生产的内部条件，"这些条件和前提构成生产的要素"[1]。具体来说，就是指生产的主观（劳动力）和客观（生产资料）两个方面的要素及其结合方式，按性质可分为生产的技术条件（生产要素的实物形式及其结合的工艺形式）和社会条件（生产要素的社会性质及其结合的社会形式）[2]，这种生产条件本身包含在特定的生产方式之中，并体现了它的特定的生产力状况和社会形式，因此，马克思又称之为"特殊生产条件"[3]。广义的"生产条件"除了上述含义之外，还包

---

1 《马克思恩格斯全集》第30卷，人民出版社1995年版，第38页。
2 《马克思恩格斯全集》第23卷，人民出版社1972年版，第350页。
3 《马克思恩格斯全集》第46卷下，人民出版社1980年版，第15页。

括"不同于特殊生产条件的一般生产条件",它指生产的外部条件,生产的非生产条件,例如一般自然条件、交往条件、共同体本身、一般需要体系、一般智力发展,甚至国家机器、法律制度,等等,[1]总之,所有对生产的客观要素发生影响的情况,"所有对人这个生产主体发生影响的情况",由于"都会影响物质生产,并对物质生产发生或多或少是决定的作用"[2],因此都属于"一般生产条件"的范畴。

马克思特别重视狭义的(特殊的)生产条件,在正式出版的《资本论》前三卷中,他主要是在这种意义上使用"生产条件"概念的。他不仅在每一卷中都反复强调,劳动力和生产资料的完全分离,从而劳动力作为商品、生产资料作为资本,两者通过商品货币关系而结合是资本主义生产的条件(前提),而且在第一卷分析"资本的生产过程"之前专门加上了就其本身的内容来说不属于这一范围的两个导论性质的部分:商品和货币(第一篇);劳动力的买和卖(第二篇第四章"货币转化为资本")。前者是资本主义生产方式的一般前提,后者则是资本主义生产方式的特定的、带有本质特征的前提。过去人们在阐述马克思的"资本论"为什么从商品开始时,往往只看到要理解剩余价值,必须先理解价值,要理解资本,必须先理解商品和货币,商品和货币是资本的一般前提和外部表现;而没有看到正因为劳动力成为商品是资本主义具有本质特性的前提,所以马克思才能从商品开始过渡到资本,一般商品—特殊商品(劳动力商品)—资本,这才是《资本论》结构的内在逻辑进程,丢掉了劳动力商品这个一般商品和资本之间的中介,就无法理解马克思《资本论》的逻辑起点。

---

[1] 参见《马克思恩格斯全集》第 46 卷下,人民出版社 1980 年版,第 15—27、217 页;《政治经济学批判》单行本,人民出版社 1955 年版,第 211—212 页。
[2] 《马克思恩格斯全集》第 33 卷,人民出版社 2004 年版,第 350 页。

具备了一定的生产条件,我们便可以进入生产过程本身了。生产过程正是生产条件的实现。正像生产条件是实物形式与社会形式的统一一样,生产过程也是劳动过程和社会经济过程的统一。作为劳动过程,生产"是人和自然之间的过程,是人以自身的活动来中介、调整和控制人和自然之间的物质变换的过程"。[1] 作为社会经济过程,则是人们"以一定方式结合起来共同活动和互相交换其活动","发生一定的联系和关系"的过程。[2] 马克思在《资本论》中,正是依据这一基本思想具体阐明和系统论证了商品生产过程是劳动过程和价值形成过程的统一,而资本主义生产过程则是劳动过程和价值增殖过程的统一。[3]

然而,生产过程又不同于生产条件,作为生产条件,生产的要素及其相互关系是存在着的,而在生产过程中,它们则是以现实的形式运动着的。因此,如果说作为生产条件的要素是劳动力和可能性上的生产资料,那么劳动过程的简单要素就是由劳动(活劳动)本身及作为其活动的器官(劳动资料)和对象(劳动对象)的现实的生产资料构成的。[4] 而从社会经济过程的角度来看,生产过程的社会性质也不像在生产的社会条件中那样,表现为人们对生产要素的关系(人对物的关系),而是直接表现为人们之间在活动中的不同地位和相互关系。因此生产过程不仅是最能表现人对自然的关系的领域,而且是最能充分暴露人与人关系本质的领域。[5] 生产过程的终结,便是产品及其社会性质。这种物质产品及其社会性质完全是由生产过程的物质内容(一般劳动过程)和社会形式

---

[1] 《马克思恩格斯全集》第44卷,人民出版社2001年版,第207—208页。
[2] 《马克思恩格斯选集》第1卷,人民出版社1956年版,第362页。
[3] 参见《马克思恩格斯全集》第44卷,人民出版社2001年版,第五篇。
[4] 《马克思恩格斯全集》第44卷,人民出版社2001年版,第209—211页。
[5] 《马克思恩格斯全集》第44卷,人民出版社2001年版,第205页。

(在商品生产下是价值形成过程,在资本主义下是价值增殖过程)决定。用马克思的话说,就是活动在结果上消失了。凝结在结果中,在劳动过程中"曾以动的形式表现出来的东西,现在在产品方面是作为静的属性,以存在的形式表现出来"。[1] 从劳动过程来讲,是改变了物质形态,由自在的自然物变成了人们所需要的有用物("为我之物"—使用价值),从社会关系上看,体现了劳动的社会性质。劳动的社会性质凝结在产品中,产品这种物成了这种生产关系的代表(如价值和剩余价值)。

从生产条件(前提)到生产结果(产物),狭义的生产过程便结束了。然而,广义的生产过程并没有结束。这不仅是"因为只是在消费中产品才成为现实的产品"("产品不同于单纯的自然对象,它在消费中才证实自己是产品,才成为产品"),就资本主义社会来说,它还得经过分配和交换的媒介才在消费中实现自己的使用价值[2];而且因为我们以上所考察的还只是孤立地从一个生产过程来看的生产方式,而任何社会的生产都是不断进行的。"一个社会不能停止消费,也不能停止生产。"[3] 生产的结果还必须重新转化为生产的前提。一部分产品要直接作为新生产的生产资料,另一部分产品即生活资料,则要通过劳动者的消费,转化为新的劳动力。因此,正如马克思所指出的,任何社会的生产过程都同时是再生产过程。再生产过程不同于狭义的生产过程的地方,就在于它不仅包括"生产条件—生产结果"的运动,而且包括"生产结果—新的生产条件"的运动。

孤立地从生产过程来考察,只有生产条件的分配[生产资料和

---

[1] 《马克思恩格斯全集》第44卷,人民出版社2001年版,第211页。
[2] 《马克思恩格斯全集》第30卷,人民出版社1995年版,第32页。
[3] 《马克思恩格斯全集》第44卷,人民出版社2001年版,第653页。

劳动力,或按马克思的说法"(1)生产工具的分配;(2)社会成员在各类生产之间的分配"]、生产中活劳动和生产资料的交换,以及生产的消费才是直接包含在生产过程之内的,而作为产品的分配、交换和消费,则是独立于生产之外的。[1] 但是,就再生产过程,特别是就整个社会的再生产过程来说,它们则同狭义的生产过程一起"构成一个总体的各个环节。一个统一体内部的差别"[2]。因此,再生产过程是生产、分配、交换和消费四个环节的统一。

生产过程和再生产过程的性质和特点,最集中地表现在"生产方式"这一范畴之中。从抽象的意义上说,生产过程和再生产过程是一切社会形态所共有的,是任何一个社会赖以存在和发展的基础。但是,"各种经济时代的区别,不在于生产什么,而在于怎样生产"[3],也就是说,区别在于生产方式。

正像生产过程有狭义(生产过程)和广义(再生产过程)两种含义一样,对生产方式也应该作狭义(生产方式)和广义(再生产方式)两种理解。狭义的生产方式是指生产过程中人们的活动方式。由于生产过程是劳动过程和社会经济过程的统一,生产方式也包含着两个方面:一方面它作为人对自然界的作用方式,体现为劳动的具体方式;另一方面它作为人们之间相互交换活动的方式,体现为劳动的社会形式。狭义的生产方式是由生产条件决定,通过生产结果表现出来的。马克思在"相对剩余价值的生产"一章中,指出"简单协作—分工和工场手工业—机器大工业"是"生产方式"的变化,以及人为资本有机构成变化意味着生产方式变化时,便是在狭义上使用"生产方式"这一范畴。

---

[1] 《马克思恩格斯全集》第30卷,人民出版社2001年版,第31、37页。
[2] 《马克思恩格斯全集》第30卷,人民出版社2001年版,第40页。
[3] 《马克思恩格斯全集》第44卷,人民出版社2001年版,第210页。

然而，作为整个社会生活基础的"生产方式"概念（如"亚细亚的、古代的、封建的和现代资产阶级的生产方式"）却只能是广义的，即必须从再生产过程的角度来理解。它不仅包括上面所讲的狭义的生产过程中人们的活动方式，而且包括人们在物质生活的过程中全部活动方式的总体，即必须包括（狭义的）生产方式、分配方式、交换方式和消费方式。马克思在《资本论》前三卷中就是按照这种理解，通过由生产过程一步一步上升到再生产过程的分析，来揭示资本主义生产方式的总体系的。他在分析狭义的生产过程时，只是引进了作为资本主义生产最本质的前提的特殊交换范畴（"劳动力的买和卖"）和特殊的分配范畴（"工资"）。在从直接生产过程的角度来分析再生产过程时，引进了劳动者的个人消费，而在第二卷则进一步研究了整个交换过程和消费过程。直到第三卷，才以对分配范畴的全面研究结束了对资本主义生产方式的分析。

坚持从再生产过程角度来考察生产方式，不仅是完整、准确地理解这一范畴含义，从而正确把握社会结构层次关系的需要，而且也是完整地、准确地理解生产方式内部各环节之间的相互关系，从而正确把握社会结构中起支配作用的因素的需要。

一般地说，在再生产过程中，生产是决定的环节，生产既支配着生产的对立规定上的自身，即"生产的消费"，也支配着其他因素。过程总是从生产重新开始，"当然，生产就其单方面形式来说也决定于其他要素"。[1] 这些都是人们所熟知的。但是，如何理解这一点却是值得研究的。我们认为，生产的支配作用的含义，只有在再生产过程中才全面地显示出来。因为马克思所谓"生产的支配作用"中的"生产"是把生产条件（生产要素的分配和交换）和生

---

[1] 《马克思恩格斯全集》第 30 卷，人民出版社 1995 年版，第 40 页。

产过程都包括在内的。而这两者的作用是不同的,生产条件具有的是制约意义上的支配作用,生产过程具有的则是能动意义上的支配作用。从结构的角度来看,从孤立的生产过程来看,从生产方式的相对稳定性的方面来看,生产条件对生产过程、从而整个生产方式起支配(制约)作用。任何生产总是从一定的前提出发,在一定的条件下进行的。所以马克思十分重视生产条件的分析,他指出"生产实际上有它的条件和前提"[1],在一定意义上,生产条件如何,生产过程也就如何,"他的劳动生产条件,也就是他的生产方式,从而劳动过程本身,必须发生革命"。[2] 而且由于任何一个社会的生产都首先是原有条件的再生产,所以在一定意义上,生产的条件同时也就是再生产的条件。[3] 然而,如果我们从过程的角度来看,从再生产过程来看,从生产方式的绝对变动性方面来看,生产过程则对再生产条件从而整个生产方式起支配(推动)作用。生产过程是整个再生产过程中最能动、最活跃的环节,生产的条件虽然不是由当前的生产过程决定的,相反倒是决定这一过程的前提,但是"它们在生产内部被不断地改变"。通过生产过程本身,它们就变成这一过程的结果了。就生产的自然条件说,"对于这一个时期表现为生产的自然前提,对于前一个时期就是生产的历史结果"。[4] 对于资本也是如此,劳动和生产资料的彻底分离,是资本主义生产过程的前提,然而对于资本主义再生产过程来说,这一前提就变成它的结果了。在历史上,如果在原始积累中,对原始资本来说,"这些前提,最初表现为资本生成的条件,因而还不能从资本

---

1 《马克思恩格斯全集》第 30 卷,人民出版社 1995 年版,第 38 页。
2 《马克思恩格斯全集》第 44 卷,人民出版社 2001 年版,第 366 页。
3 《马克思恩格斯全集》第 44 卷,人民出版社 2001 年版,第 653 页。
4 《马克思恩格斯全集》第 30 卷,人民出版社 1995 年版,第 38 页。

作为资本的活动中产生;现在,(对于资本积累,由剩余价值转化成的追加资本来说——引者注)它们是资本自身实现的结果,是由资本造成的现实的结果,……资本为了生成,不再从前提出发,它本身就是前提,它从它自身出发,自己创造出保存和增殖自己的前提"[1]。

传统观点在理解生产方式上的片面性,正表现在以上这两个方面。

按照传统的理解,"生产方式"是指生产力和生产关系的统一。但这是不确切的。这种不确切之处不仅表现在这一定义只是从生产过程(生产条件—生产结果)引出,忽视了再生产过程(生产结果—新的生产条件),而且只是从静态结构着眼,忽视了生产过程。正如上文所分析的,"生产方式"范畴本身不是实体结构性的范畴(只有相对于生产过程的内容或者从不同社会生活领域的相互关系上看才是结构性范畴,但这本身就意味着它是过程的形式。处在不同过程构中,而不是单纯的实体和关系范畴),而主要是一个过程性的范畴,它是生产过程特别是再生产过程的二重性质的统一。这种过程当然反映生产力和生产关系的性质和特点,但它本身并不直接就是生产力和生产关系的统一。正由于传统的对生产方式的理解偏重于静态的结构方面,所以对生产在再生产体系的支配作用,也一般没有作具体分析,而是将生产条件的制约作用和(狭义的)生产过程的能动作用混为一谈,甚至将能动作用也归结于生产条件,因而往往片面强调生产条件的支配作用,而忽视了生产过程的支配(能动)作用。这两个缺陷,导致了现行历史唯物主义体系在解释"生产方式"时的简单化和凝固化。对于这一后

---

[1] 《马克思恩格斯全集》第 30 卷,人民出版社 1995 年版,第 452 页。

果,我们将在后文详加分析,这里只来剖析这种缺陷的一个极端表现。

大家知道,恩格斯在《家庭、私有制和国家的起源》的"序言"中提出了如下原理:"历史中的决定因素,归根到底是直接生活的生产和再生产。但是,生产本身又有两种。一方面是生活资料即食物、衣服、住房以及为此所必需的工具的生产;另一方面是人类自身的生产,即种的繁衍。一定历史时代和一定地区内的人们的社会制度,受着两种生产的制约,一方面受劳动的发展阶段的制约,另一方面受家庭的发展阶段的制约。"[1]

长期以来,这一原理不仅被一些资产阶级学者(如俄国的米海洛夫斯基、卡列也夫等人)认为是历史唯物主义的"破产"[2]的标志,而且也遭到了"经济唯物主义"者的责难。德国社会民主党和第二国际的主要理论家之一亨利希·库诺夫在恩格斯逝世后不久,便首先发难。他认为,恩格斯的这一原理"决定社会生活的因素除了经济方式之外,还有第二个因素,即人的生育的种类和方式,或更精确地说,性交的种类和方式"[3]的确是马克思主义社会学说中的最大弱点,它不是有机地作为马克思和恩格斯从马克思主义社会学说出发,进行归纳研究的结果,或者通过演绎推论而产生出来的,而是人为地嫁接到马克思主义学说上的。其原因在于恩格斯受到了摩尔根解释的"诱惑","企图补充唯物主义历史学

---

[1] 《马克思恩格斯全集》第21卷,人民出版社1965年版,第29—30页。
[2] 转引自普列汉诺夫:《论一元论历史观之发展》单行本,博古译,生活·读书·新知三联书店1965年版,第116—117页。
[3] [德]亨利希·库诺:《马克思的历史、社会和国家来说》,袁志英译,上海译文出版社2006年版,第481页。

说,而这种补充导致了唯物主义历史学说内部结构的破坏"。[1] 后来的苏联哲学界,也承袭了这一看法,认为恩格斯的这种提法"不精确",甚至是"犯了二元论的错误"[2]。尽管自 60 年代以来,开始有人为翻案,但是,直到现在,它仍然没有在现行的历史唯物主义理论体系中取得合法的"一席之地"。即使在肯定这一原理的人们中间,也往往认为它与《资本论》及其手稿中的思想并不一致,他们或者认为,它仅仅适用于从自然到历史的过渡阶段,而不适用于完全的"历史时期",因而只是从这个意义上对马克思原有历史理论的一种"补充"[3];或者认为,它是对原先揭示的历史规律的作用范围,即其起作用的界限的进一步确定。[4]

我们认为,这些看法都是错误的。恩格斯关于"两种生产"的原理不仅是直接依据马克思遗留下的笔记(《摩尔根〈古代社会〉一书摘要》)而提出的,是同他和马克思在 40 年代中期创立历史唯

---

[1] [德]亨利希·库诺:《马克思的历史、社会和国家来说》,袁志英译,上海译文出版社 2006 年版,第 481 页。

[2] 参见《家庭、私有制和国家的起源》俄文版"编者说明"。

[3] 普列汉诺夫:《论一元论历史观之发展》单行本,博古译,生活·读书·新知三联书店 1965 年版,第 117—118 页。

[4] 苏联 Γ·A·巴加图利亚在 1968 年的《马克思的第一个伟大发现——唯物史观的形成和发展》中就持有这种观点。他认为,只是在 1876 年以后,特别是在 1884 年《家庭、私有制和国家的起源》一书中,"恩格斯由于利用当时科学的新成果",才"把历史主义原则应用到唯物主义历史观本身中去","关于物质生产、生活资料的生产具有历史性决定作用的思想,在恩格斯的著作中(1876、1882、1884 年)逐渐形成和发展起来","在这方面,唯物主义历史观的发展,典型地表明了在认识的范围内由量变为质的辩证法的普遍规律的作用。起初认为某个规律起决定作用(这里即生产的决定作用),以后,在认识进一步深入的过程中,这个规律起作用的那些界限逐渐得到阐明。换言之,起初认识所研究的现象的质和量(或相反)方面,而后来逐渐认识它的限度。"(参见该书中国人民大学出版社 1981 年 5 月中文版,第 86、90—91 页。引文依据俄文版作了一些修正。)

主义时关于生产本身包括"三个因素"的观点[1]完全一致的,而且是同《资本论》及其手稿中的思想相吻合的。

从前面的分析中,我们已经知道,马克思是从再生产过程的角度来理解制约着整个社会生活过程的生产方式的;再生产过程既包括"生产条件—生产结果"的过程,又包括"生产结果—再生产条件"的过程。在后一过程中,本身就包括再生产的主观要素(即人本身)的生产。这种人本身的生产,首先是指狭义的消费,即通过生活资料的消费再生产原有的主体。马克思说:"消费直接也是生产,正如自然界中的元素和化学物质的消费是植物的生产一样。例如,吃喝是消费形式之一,人吃喝就生产自己的身体,这是明显的事。……这种和消费同一的生产是第二种生产,是靠消灭第一种生产(指物质资料的生产——引者注)的产品引起的。在第一种生产中,生产者物化,在第二种生产中,生产者所创造的物人化。"[2] 但是,对这种"原来意义上的消费"(即生活消费)又可以作广义的理解,马克思自己就指出:"对于以这种或那种形式从某一方面来生产人的其他任何消费形式也都可以这样说"[3],由于"自然的生殖是生命力的一种消费",因此也可以看作是人本身的生产中的主体的消费。[4] 在论述原始公有制的解体时,他则更明确地

---

1 参见《马克思恩格斯全集》第 3 卷,人民出版社 1960 年版,第 31—33 页。在那里,马克思和恩格斯不仅把社会生活分成生产、社会状况、意识三个领域,而且指出:作为决定后两者的基本活动的"生产"本身包括"三个因素":第一,生产物质资料从而生产物质生活本身;第二,由已得到满足的第一个需要、满足这一需要的活动和已获得的工具本身引起的新的需要;第三,他人生命的生产,"从第一批人出现时,三者就同时存在着,而且就是现在也还在历史上起着作用","这样,生活的生产——无论是自己生活的生产(通过劳动)或他人生活的生产(通过生育)——立即表现为双重关系,一方面是自然关系,另一方面是社会关系"。
2 《马克思恩格斯全集》第 30 卷,人民出版社 1995 年版,第 31—32 页。
3 《马克思恩格斯全集》第 30 卷,人民出版社 1995 年版,第 32 页。
4 《马克思恩格斯全集》第 30 卷,人民出版社 1995 年版,第 31 页。

指出,"人口的增长(这也属于生产)"[1],而在《资本论》第一卷中,他特别强调了家庭同生活必需品的消费、教育等一起是劳动力生产的物质构成要素[2],"人口数量和人口密度是社会内部分工的物质前提"[3]。从这些地方可以看出,马克思在《资本论》及其手稿中并没有放弃他和恩格斯在1845—1846年间创立历史唯物论时关于生产包括生育的观点。[4] 区别只在于:不再将生育作为"他人生命的生产",而与物质资料生产(作为"自己生命的生产"的手段)相并列,将它作为广义的消费形式之一列入整个再生产过程,这一方面固然是由资本主义生产方式的特点("为生产而生产",因而人只是作为生产财富的手段,而不是生产的目的)决定的,另一方面也反映了马克思历史理论的发展,即进一步将这两种生产作为两个环节统一到再生产过程之中。这样一来,不仅完善了关于物质资料生产的理论,而且进一步发展了人本身生产的理论。由于"他人生命的生产(生育)"和"自己生命的生产(消费)"统一为广义的生活消费环节,人本身的生产就不仅作为一定的生命个体(即自然个体)的生产,而且成了一定的社会历史个体的生产[5],正是在这个基础上,马克思才能够揭示资本主义特殊的人口规律和家庭、两性关系的演变。[6] 因此,从根本上说,这是同恩格斯关于"生产本身

---

1 《马克思恩格斯全集》第30卷,人民出版社1995年版,第478页。
2 参见《马克思恩格斯全集》第44卷,人民出版社2001年版,第二篇第四章。
3 《马克思恩格斯全集》第44卷,人民出版社2001年版,第408页。
4 《马克思恩格斯全集》第3卷,人民出版社1960年版,第31—33页。
5 参见《马克思恩格斯全集》第31卷,人民出版社1998年版,第112—113页。近年来,我国哲学界肯定"两种生产"原理的人多起来了,但基本上仍然只是在两种生产之间互相制约、谁主谁次的问题上做文章,而没有从再生产过程的角度将其统一起来,因而既没有把"两种生产"看成是统一的再生产过程中的两个环节,也没有把人本身的生产看成是一定历史个体的生产。本人对于这一问题的看法,详见拙文《现实生活的生产和再生产是历史中的决定因素》。
6 参见《马克思恩格斯全集》第44卷,人民出版社2001年版,第562—563、728页。

又有两种",两种生产同是"直接生活的生产和再生产"过程的环节的提法是完全一致的。只有撇开了再生产过程,仅仅从孤立的生产过程来理解生产方式,才能将"人类生殖"看作外在于物质生产的"第二因素"。所以不是恩格斯"犯了二元论的错误","破坏了唯物主义历史学说的内部结构",而是"经济唯物主义"者自己把生产方式的概念简单化、凝固化了。

第二章　社会生产机体的内部结构：生产力和生产关系

在第一章里，我们依据《资本论》及其手稿中的思想，从物质生活的再生产过程的角度，对生产方式进行了较为详尽的考察。在本章及下一章，我们将进入严格意义上的社会结构理论，即对生产力和生产关系、经济基础与上层建筑等范畴及其相互关系进行考察；而在第四章中，我们将从社会生活过程和社会机体结构两个方面的统一，来研究精神生产同物质生产的关系。

正像生产方式制约着整个社会生活过程一样，社会机体的最基础的结构便是"生产的结构"[1]，生产力和生产关系即是标志"生产结构"的一对范畴。

什么是生产力？这在《资本论》及其手稿中并没有一个直接的定义，但是，把马克思具体使用这一范畴的地方联系起来考察，我们就可以得出一个完整的概念。首先，"为了在对自身生活有用的形式"，人就必须通过一种"力的活动""作用于他身外的自然并改变自然"[2]；其次，这种"力"直接地是一种自然力，它包括人自身的

---

[1]　《马克思恩格斯全集》第30卷，人民出版社1995年版，第37页。
[2]　《马克思恩格斯全集》第44卷，人民出版社2001年版，第208页。

和外界的自然力,因为只有作为"自然力'才能与需要改造的'自然物质相对立"[1];但是这种自然力又不是一般的自然力,它必须受人类控制并为人类服务,因此生产力本质上"是人对自然力——既是通常所谓的'自然'力,又是人本身的自然力——的统治"[2]"控制"[3]"支配"[4]的能力。总括起来,可以给生产力下这样一个定义:生产力是人类为了在对自身有用的形式上占有自然物质,而在改造自然物质的过程中对自然力的支配、控制能力。

人们通常定义生产力为"人类改造自然、征服自然的能力",这种定义的缺陷就在于它忽视了生产的目的。人改造自然、征服自然并不仅仅是为了"使自然物发生形式变化,同时他还在自然物中实现自己的目的"。[5] 由于这一缺陷,就导致了有人将生产力比之为战斗力,而忘记了这里有一个原则性的区别,那就是生产并不是像战斗一样以消灭对方为目的,而是要改造对方成为自己需要的使用价值(不是任意一种否定,而是由"自在之物"到"为我之物"的否定)。马克思指出:"生产力当然始终是有用的、具体的劳动的生产力。"[6] 具体劳动的特点就在于它是"由自己产品的使用价值或者由自己的产品是使用价值来表示自己的有用性劳动,……从这个观点来看,劳动总是联系到它的有用效果来考察的"。[7] 如果物没有用,那么其中包含的劳动也就没有用,这种劳动所支配和征服的力量再大也不能算作生产力。

---

1 《马克思恩格斯全集》第44卷,人民出版社2001年版,第208页。
2 《马克思恩格斯全集》第30卷,人民出版社1995年版,第479页。
3 《马克思恩格斯全集》第44卷,人民出版社2001年版,第208页。
4 《马克思恩格斯全集》第44卷,人民出版社2001年版,第587页。
5 《马克思恩格斯全集》第44卷,人民出版社2001年版,第208页。
6 《马克思恩格斯全集》第44卷,人民出版社2001年版,第59页。
7 《马克思恩格斯全集》第44卷,人民出版社2001年版,第55页。

从上面的论述可以看出,生产力不是一种实体,它正像一切"力"或"能力"一样,是一个属性的范畴。一物的属性虽然存在于该物之中,但它只是以潜在的形式存在,要表现出来,就必须通过此物与他物的关系。[1] 因此生产力只有在生产过程中才能表现出来。就狭义的生产过程来说,它存在于生产条件(要素)中,发挥作用于生产过程中,而在生产结果中表现出来。从(狭义的)生产过程的角度来考察的生产力,便是马克思所说的"直接的生产力"[2]。

在生产条件中,生产力以能力的形式潜在地存在着,是一种可能性的力量,它不仅存在于作为生产的主观要素的劳动力和客观要素的生产资料中,而且表现在两者的相互关系上,即表现为主客观要素在质上的互相适应,在量上的一定比例,[3] 这种比例在资本主义条件下便是"资本的技术构成",所以马克思在《资本论》中把由资本技术构成决定并反映资本技术构成变化的资本价值构成,即"资本有机构成",作为资本主义下标志生产力变化的基本范畴。

在生产过程中,生产力则以现实的活动方式存在着,即作为现实的生产力通过生产(劳动)的具体方式表现出来。从质上说表现为活劳动使用劳动资料从而改造劳动对象的具体方式。从量上说则表现为同一活劳动量所实际推动的生产资料量(就商品生产说,即具体劳动所转移或保存的旧价值量)。

在生产结果中,生产力成了已经实现的生产力,它不仅表现在产品的有用性和绝对数量上,更重要的是表现在生产结果对生产目的实现程度(相对)上,表现在劳动产品同生产条件(主客观要素)消耗的比例(相对)上。因此马克思说,生产力"事实上只决定

---

1 《马克思恩格斯全集》第44卷,人民出版社2001年版,第61、72—73页。
2 《马克思恩格斯全集》第31卷,人民出版社1998年版,第102页。
3 《马克思恩格斯全集》第45卷,人民出版社2003年版,第33页。

有目的的生产活动在一定时间内的效率"。[1]

综上所述,生产力的提高,一般是指生产过程中的这样一种变化。这种变化表现为生产的主观要素相对于客观要素减少,从而同一活劳动推动更多的生产资料,生产出更多的使用价值。

有人认为,《资本论》中所说的"劳动生产力"只是指"劳动生产率",是一个量的范畴,而不是一个质的范畴,因而忽视这一范畴对历史唯物主义理论的意义。当然,由于《资本论》考察的是资本主义生产方式,量的概念具有比在其他社会形态下更重要的意义。但是马克思在《资本论》中正是反对单纯从量的方面来考察生产方式。[2] 特别是由于生产力只能是具体劳动的生产力,而具体劳动本身不仅主要是从劳动的质的方面来考察的,[3] 而马克思最早正是以"在质上和其他劳动不同的劳动"这一概念同"和自身的质相分离的,仅仅在量上不同的劳动"(抽象劳动)加以区别的。[4] 所以我们只要将"劳动生产率""劳动生产力""生产力"等概念与具体劳动概念联系起来从质和量两个方面的统一来理解,就能得到历史唯物主义生产力概念的科学涵义。

由于生产力是一个属性的范畴,而不是独立自存的东西,因此它同生产条件、生产过程不同,没有自己的"构成"要素,存在的只是体现生产力的要素和决定生产力的因素。

马克思指出:"劳动生产力是由各种情况决定的,其中包括:工人的平均熟练程度,科学的发展水平和它在工艺上应用的程度,生产过程的社会结合,生产资料的规模和效能,以及自然条件。"[5] 我

---

[1] 《马克思恩格斯全集》第44卷,人民出版社2001年版,第59页。
[2] 参见《马克思恩格斯全集》第44卷,人民出版社2001年版,第63页。
[3] 参见《马克思恩格斯全集》第44卷,人民出版社2001年版,第59页。
[4] 《马克思恩格斯全集》第30卷,人民出版社1995年版,第92、327页。
[5] 《马克思恩格斯全集》第44卷,人民出版社2001年版,第53页。

们认为,根据《资本论》及其手稿中的具体阐述,马克思所列出的上述因素可以分为两类:直接决定生产力水平的因素(体现生产力的要素)和作为产生生产力的源泉的因素(决定生产力的因素)。

体现生产力的要素,正如上文所指出的,是指生产的主观要素(劳动力)特别是活劳动的方式,以及生产的客观要素(生产资料)特别是劳动资料。体现在活劳动中的生产力,不仅是指单个直接劳动者的体力和劳动熟练程度,而且更重要的是指由劳动者的社会结合(协作和分工)即"共同劳动"[1]造成的集体力。马克思称之为"劳动的社会生产力或社会劳动的生产力"[2]。体现在生产的客观要素中的生产力,则是作为活劳动的器官和对象的生产资料的规模和效能,被直接劳动并入生产过程的自然力。特别是被科学所驱使而为生产服务的自然力。由于生产过程转变为社会劳动过程和科学的应用过程,在直接劳动之外还产生了科学的管理职能,这就是需要专人把社会科学和自然科学应用于生产,从而指挥这种社会共同劳动、协调人和物的关系、调节生产资料的工艺过程,这些人便是一般生产管理人员和工程技术人员。他们和直接操作工人一起,构成"总体工人的一个器官"[3],属于"高级的工人"[4],他

---

[1] 《马克思恩格斯全集》第46卷,人民出版社2003年版,第119页。

[2] 《马克思恩格斯全集》第44卷,人民出版社2001年版,第382页。"社会的劳动生产力或社会劳动的生产力"这一概念。在《资本论》中有多种意义。除此处的与单个劳动力(个别劳动)相对意义上的集体力以外,还具有与受自然制约的生产力相对的、历史地发展起来的社会劳动生产力(《马克思恩格斯全集》第44卷,人民出版社2001年版,第589页);与直接生产过程(直接劳动)创造的生产力相对的、由一般劳动(科学劳动)创造的一般社会生产力(《马克思恩格斯全集》第46卷下,人民出版社1980年版,第212页);与个别领域、个别部门的生产力相对的社会(总体)生产力(《马克思恩格斯全集》第46卷上,人民出版社1979年版,第268页)三种涵义。

[3] 《马克思恩格斯全集》第44卷,人民出版社2001年版,第582页。

[4] 《马克思恩格斯全集》第44卷,人民出版社2001年版,第484页。

们的活动也属于直接生产力的体现者。

决定生产力的因素,同体现生产力的要素不同,它不是在生产中作为直接生产力的承担者发挥作用的,而是作为前提和条件,存在于这一生产过程之前的。如果说按照体现生产力的要素可以把生产力分为"活"劳动的生产力和"死"(生产资料的)生产力,那么,按照决定生产力的因素,则可以把生产力分为"受自然制约的劳动生产力"和"历史地发展起来的社会劳动生产力"[1]。而后者又可以分为直接通过物质生产过程发展起来的生产力和由物质生产过程之外的"一般劳动"("一切科学劳动,一切发现,一切发明")[2]所创造的生产力。生产力首先是受自然条件制约的,这些自然条件都可以归结为人本身的自然和人周围的自然。人本身的自然,包括人的生理特征("如人种等等"[3]),也包括人口。[4] 而外界自然条件在经济上可以分为生活资料的自然富源和劳动资料的自然富源。"在文化初期,第一类自然富源具有决定性的意义;在较高的发展阶段,第二类自然富源具有决定性的意义。"[5]因此,马克思称劳动力和土地为"形成财富的两个原始要素"[6]。当然,随着物质生产的发展和科学的进步,各种自然条件对生产力的制约作用越来越缩小了,它日益退缩为生产力的自然基础,而不再是决定生产力的主要因素了。但是,直到今天,这种原始要素仍然"像在生产的第一天一样"[7]仍然在起作用,并且使生产具有一种伸缩力。特

---

1 《马克思恩格斯全集》第44卷,人民出版社2001年版,第589页。
2 《马克思恩格斯全集》第46卷,人民出版社2003年版,第119页。
3 《马克思恩格斯全集》第44卷,人民出版社2001年版,第586页。
4 《马克思恩格斯全集》第31卷,人民出版社1998年版,第149页。
5 《马克思恩格斯全集》第44卷,人民出版社2001年版,第586页。
6 《马克思恩格斯全集》第44卷,人民出版社2001年版,第580、697页。
7 《马克思恩格斯全集》第44卷,人民出版社2001年版,第196页。

别是在农业和采矿业上,自然条件的优劣,往往起着很大影响。

物质生产活动本身,是生产力发展的一个强大推动力。人们不仅在生产中运用生产力为自己创造消费资料,而且在生产中生产和发展生产力本身。从直接的意义上说,通过生产活动,人们一方面改变着外界自然,制造出日益增多的更有效能的生产资料,另一方面改变着自己本身的自然,发展着自己的体力和智力,积累着生产经验和劳动技能,创造出劳动的新的社会结合方式。从间接的意义上说,生产活动还为科学的发展及其在技术上的应用提供了刺激和条件。

决定生产力状况的又一个重要因素,是一般科学发展水平,即由"一切劳动"(一切发现和发明)所造成的条件。这种影响也表现在:首先是通过直接劳动者的培养和训练,发展他的科学知识和技术能力,开发沉睡在人的机体中的潜力,如果说在手工劳动的长期内,直接劳动者的劳动熟练程度主要依靠在生产过程中的世代积累,那么产业革命便用对自然科学知识的自觉学习和应用代替了从经验中得出的成规。这样在劳动力的再生产中,训练就主要不再作为劳动过程的附属部分(学徒制),而是作为专门的工艺和技术教育出现在生产过程之前了。工艺学校、职业学校和专业学校便"是这种变革过程在大工业基础上自然发展起来的一个要素"[1]。其次,通过协调直接劳动者活动的科学管理,运用社会科学于劳动过程,促进了劳动过程向社会劳动过程的转化(即劳动的社会化),发展了劳动的社会生产力。最后,更为重要的是,通过生产资料的变革,将自然科学的力量物化于机器体系之中,不仅驱使巨大的自然力服务于生产,代替了劳动者的体力,而且把工人的技

---

1 《马克思恩格斯全集》第44卷,人民出版社2001年版,第561页。

巧转移到机器上,推动了生产过程向科学的应用过程、受控的自然过程[1]的转化(即生产的科学化),发展了"一般社会生产力"[2]。

人们常常谈论和争论生产力是由几种要素"构成"的,在我国,哲学界和经济学界很早以来就一直存在着所谓"两要素"论和"三要素"论之争,近年来又出现了"多要素"论的观点,然而这些提法从严格科学意义上都是不精确的。正如上文所指出的,生产力是一个属性范畴,只有从生产力的体现者和决定者的角度出发,才可以谈论生产力的"要素"。但这时已经不再是构成生产力的要素,而是构成生产条件和生产过程的要素了。因此,无论"两要素"论、"三要素"论,还是"多要素"论,都犯了一个共同的错误,那就是把生产力的概念实体化了。[3]

"三要素"论者往往直接援引《资本论》中关于劳动过程具有三个"简单要素"的观点[4],但是他们忘记了马克思这儿讲的恰恰是劳动过程,而不是生产力。"两要素"论者为了把劳动对象从生产力中排除出去,往往强调生产能力同生产过程的区别,他们也引证《资本论》,提出"谈劳动能力并不就是谈劳动,正像谈消化能力并不就是谈消化一样。大家知道,要有消化过程,光有健全的胃是不够的"。[5] 他们忘记了尽管消化能力存在于健全的胃中,但胃并不直接就是消化能力本身,而是消化器官。不能说消化器官是消化力的要素;而且忘记了现实的消化力只能体现在消化过程中,即使

---

[1] 参见《马克思恩格斯全集》第47卷,人民出版社1979年版,第570页;《马克思恩格斯全集》第31卷,人民出版社1998年版,第100页。
[2] 《马克思恩格斯全集》第26卷,人民出版社1974年版,第422页。
[3] 最极端的例子,是由此把生产力直接定义为"生产中的物质"。参见张路雄:《对生产力定义的质疑和探讨》,载《国内哲学动态》,1980年第9期。
[4] 《马克思恩格斯全集》第44卷,人民出版社2001年版,第208页。
[5] 《马克思恩格斯全集》第44卷,人民出版社2001年版,第201页。

就潜在的消化能力来说,它也不仅直接存在于消化器官中,而且是受对象在消化中的难易程度制约的。因此,这两种观点都把"生产力"同"生产条件"或"生产过程"的范畴混淆起来了。即使"多要素"论者,也没有把生产力的体现者和决定者区分开来,只是把各种因素罗列在一起。

这种概念上的混同,直接导致了"在构成生产力的要素(或因素)中何者是首要决定的"这一问题长期争论不休。

一种观点认为,在生产力中,决定的因素是人而不是物。因为不仅劳动对象是由人们的活动来改变的,生产工具在生产过程中是由人来使用和支配的,而且生产工具本身也是由劳动者创造出来的。因此两者都可以归结到生产的主体——劳动者身上。

另一种观点认为,在生产力的诸因素中,劳动资料特别是劳动工具具有决定的作用。因为不仅就生产过程来说,人们"怎样生产"的关键在于"用什么劳动资料生产",而且人作为劳动力的状况本身,归根结底也是由客观的社会生产条件主要是劳动资料的性质决定的。因此,"生产力的变化和发展。首先是从生产工具的变化和发展开始的"。"生产工具变化和发展了。……人也随着变化和发展,人的生产经验、劳动技能以及运用生产工具的本领也随着变化和发展。"[1]

更富有批判精神的观点则进一步对这两种因素的作用性质作了分析,并认为,物的决定作用,是表现在对生产力性质和状况的制约意义上的;而人的决定作用,则是表现在对生产力的变化和发展的能动意义上。因而劳动资料是生产力发展的标志("测量器")。而人的活动则是生产力发展的动力。

---

[1] 斯大林:《列宁主义问题》,人民出版社1972年版,第648—649页。

从决定生产力的因素来说，这第三种观点无疑是正确的。因为无论是自然条件、物质生产，还是一般知识的进步，都是人类活动的结果。物质条件（例如：自然物质、生产资料、科研工具和资料）作为前提制约着人们的本能活动、生产实践和科学活动，但后者又能动地改变着这些前提。

但是，就体现生产力的要素（即直接生产过程中的主客观要素）来说，这种说法就不准确了。例如在手工业作坊内，[1] 物质生产过程主要是直接劳动过程。生产力主要体现在直接劳动者的体力、技巧上，手工工具不过是"工人把改变了形态的自然物作为中间环节放在自己和对象之间"[2]，因此直接劳动不仅是生产过程中的能动要素，而且是主要的决定的要素。然而到了机器大工业时期，情况就发生了根本的变化。生产方式的变革，不再像过去那样以劳动力为起点，而是以劳动资料为起点。[3] 由于自然力代替了人力，机器的活动代替了手工的技巧，客观的工艺流程代替了"主观的分工原则"[4]。直接劳动"在科学面前，在巨大的自然力面前，在社会的群众性劳动面前，作为微不足道的附属品而消失了"；而后者"都体现在机器体系中"。[5] 因而生产过程的能动要素和主要

---

[1] 甚至可以包括工场手工业。因为"手工业的熟练仍然是工场手工业的基础"；虽然出现了协作和分工造成的集体力，但由于这时"社会劳动过程的组织纯粹是主观的"，所以仍然和直接劳动一起，体现为人的因素。参见《马克思恩格斯全集》第44卷，人民出版社2001年版，第425、443页。

[2] 《马克思恩格斯全集》第31卷，人民出版社1998年版，第100页。

[3] 参见《马克思恩格斯全集》第44卷，人民出版社2001年版，第427页。因此，一般说"生产力的变化和发展，首先是从生产工具的变化和发展开始的"，是不正确的，这只有在机器大工业出现后才是正确的，参见斯大林：《列宁主义问题》，人民出版社1972年版，第648—649页。

[4] 《马克思恩格斯全集》第44卷，人民出版社2001年版，第437页。

[5] 《马克思恩格斯全集》第44卷，人民出版社2001年版，第487页。

的决定要素不再是直接操作。而是"活的(能动的)机器体系"[1]。正是在这个意义上,马克思指出:"在机器'体系'中,对象化劳动本身不仅直接以……劳动资料……的形式出现,而且以生产力本身的形式出现。"[2]

承认在直接生产过程中,劳动资料的作用相对于活劳动不断增长,并不等于"见物不见人"的"拜物教",也不等于抬高自然因素贬低社会因素。由科学所造成的生产力虽然不是由直接劳动创造和体现的,却仍然是人们的科学活动创造的。[3] 因此,如果说这是"贬低"人(其实并非"贬低",而是"降低")的话,那么"贬低"的只是作为直接操作者的人,即仅仅作为简单劳动器官、"简单劳动力"的孤立个人。这样"降低"正反映了一般社会因素(劳动的社会结合和一般社会劳动)对直接生产过程作用的提高,反映了作为社会人而不是作为自然人自然的征服和支配力量的增强。[4] 正因为如此,马克思才在肯定直接生产过程中人的作用下降的同时,反复强调,"人本身"是"固定资本",是"主要生产力"[5]

因此,抽象地议论"生产力要素中何者是主要的决定的",只能陷入繁琐哲学的泥坑。

当然,决定生产力的因素和体现生产力的要素之间的区别又

---

1 《马克思恩格斯全集》第31卷,人民出版社1998年版,第91页。
2 《马克思恩格斯全集》第31卷,人民出版社1998年版,第92页。
3 "在工具的分化中,工场手工业的局部工人自己起了巨大的作用;在机器的发明中,起作用的不是工场手工业工人,而是学者、手工业者甚至农民(如布林德利)等"。(参见《马克思恩格斯全集》第44卷,人民出版2001年版,第404页注44)
4 关于这一点的详细论述,可参见拙文《科学技术是生产力》(《南师学报》1978年第2期)第一部分,不过那里作者尚未明确区分决定生产力的要素和体现生产力的要素;特别需要强调指出的是,这种变化也反映了人类实践结构的变化,即人由单纯的自然主体,通过生产主体,上升为真正的社会主体的过程。
5 《马克思恩格斯全集》第31卷,人民出版社1998年版,第108页;《马克思恩格斯全集》第30卷,人民出版社1995年版,第406页。

不是绝对的前者的变化会引起后者的变化。例如,随着科学对直接生产作用的增强,不仅会如马克思所分析过的在生产的主观要素中出现"高级工人"这一组成部分,而且会在生产的客观要素中相对于原来的"硬工具",出现"软工具"(工艺技术资料)这一组成部分。

不过,这还只是问题的一个方面,从这方面看,这种变化并没有超过我们关于体现生产力的要素由主观和客观两方面构成的一般提法,它同决定生产力的因素之间的区别仍然表现为外在的对立(即生产过程内部因素和外部条件的对立)。只有从再生产过程的角度,从整个社会的角度来看,它们之间的这一外在对立才被扬弃,成为共同体现"社会(总体)生产力"[1]的各种因素的内在差别。

马克思在《资本论》及其经济学手稿中对于生产力的考察,并不限于(狭义的)生产过程,而是以此为基础,进一步在再生产过程特别是整个社会的再生产过程(在资本主义下即是社会总资本的运动、作为生产过程和流通过程统一的资本主义生产总过程)中深入揭示了生产力范畴的全部涵义。

从再生产角度考察生产力的必要性,首先在于只有再生产过程中的生产力才是现实的生产力。一方面,产品只有通过一系列的中间环节,进入最终的消费(生产消费和生活消费),才能体现出

---

[1] 马克思并没有直接使用这一概念,他是把我们所说的这种意义包括在"社会生产力"这一涵义颇多的概念之内的。例如:"文明的一切进步,或者换句话说,社会生产力的一切增长,"(参见《马克思恩格斯全集》第30卷上,人民出版社1995年版,第267页。)这里为了更好地加以区别,我们根据马克思关于"总生产过程同时就是再生产过程",(参见《马克思恩格斯全集》第45卷,人民出版社2003年版,第120页。)仿照他的"总体工人"的概念,(参见《马克思恩格斯全集》第44卷,人民出版社2001年版,第582页。)将其称为"社会(总体)生产力"。(参见《马克思恩格斯全集》第44卷,人民出版社2001年版,第589页;《马克思恩格斯全集》第31卷,人民出版社1998年版,第95页;《马克思恩格斯全集》第30卷,人民出版社1979年版,第406页。)

它的有用效果,除去生产关系和消费力对它的影响,那么生产力也要受到交通运输条件等等的影响,因而只有把交通运输力等等也估计在内,生产力才是现实的。另一方面,生产条件必须通过再生产过程,重新生产出来,生产过程才能继续。因此只有能够再生产(起码是简单再生产)出来的生产力才是现实的、正常的生产力。劳动力和生产资料中所包含的生产潜力,并不是一个绝对固定的量,他们虽然有一定的自然界限,但总是有一定的伸缩性。[1] 然而,如果不顾它们使用的正常限度,超过了再生产的可能性,就会导致这些生产要素在萎缩条件下的再生产,从而似乎在一段时间内提高了生产力,实际上却降低了生产力,这并不是生产力的正常发挥,而是对生产力的掠夺,它必然遭到客观规律的惩罚,资本主义国家不得不从法律上限制工作日的长度,便是一个例证。

坚持从再生产过程考察生产力,对于社会化了生产尤为必要。如果说,在自足经济下,单独考察一个生产单位内的生产力是可以的,因为当时生产条件的再生产基本上是在本单位内部进行的,而再生产过程又基本上停滞在简单再生产水平上,并没有形成真正总体和变动意义上的社会生产力,那时的社会生产力只能是各个生产单位生产力的机械总和、算术平均;那么在商品生产特别是资本主义生产方式产生以后,对一个社会的生产力就不能这样做了。因为,这时人与自然之间的物质变换是在整个社会范围内进行的,

---

[1] 参见《马克思恩格斯全集》第 44 卷,人民出版社 2001 年版,第 268—271、696—697 页;《马克思恩格斯全集》第 45 卷,人民出版社 2003 年版,第 393—394 页;《马克思恩格斯全集》第 46 卷,人民出版社 2003 年版,第 91 页。"有一些服务是训练、保持劳动能力、使劳动能力改变形态等等的。总之,是使劳动能力具有专门性,或者仅仅使劳动能力保持下去的,例如学校教师的服务(只要他是"产业上必要的"或有用的)、医生的服务(只要他能保持健康、保持……劳动能力本身)……这些服务应加入劳动力的生产费用或再生产费用"。(参见《马克思恩格斯全集》第 26 卷 I,人民出版社 1974 年版,第 159 页。)

不仅就物质生产领域说,一个部门的生产力"同时也取决于一切其他部门生产力的发展"[1];而且整个物质生产领域的生产力还部分取决于加入劳动力再生产的服务部门(如教育、医疗等)的发展并"和精神生产领域内的进步,特别是和自然科学及其应用方面的进步联系在一起"[2];而这些由社会内部的分工造成的各部门之间的综合能力,又是受交通运输部门[3]和信息传递部门[4]的发展状况制约的。这些部门正是通过再生产过程而联结成一个复杂的"社会生产有机体"[5],形成了真正意义上的社会的(总体)和历史的(不绝变动着的)生产力。

因此,考察生产力,不仅要考察直接生产过程中的生产要素构成、企业内部的劳动分工和协作、科学在生产上的直接应用;而且要考察再生产过程中的整个社会生产机体结构、社会内部的分工和结合状况、一般科学发展水平。[6] 标志生产力水平的,也不仅是"资本技术构成",而且有生活资料和生产资料"两大部类构成"、物质生产同运输通信、生产服务、特别是精神生产之间的"再生产领

---

1 《马克思恩格斯全集》第46卷下,人民出版社1980年版,第8页。
2 《马克思恩格斯全集》第46卷,人民出版社2003年版,第96页。
3 交通运输部门本身既是直接物质生产部门,又是再生产过程的中介部门。在资本主义下,"运输业一方面形成一个独立的生产部门,从而形成生产资本的一个特殊的投资领域,另一方面,它又具有如下的特征:它表现为生产过程在流通过程内的继续,并且为了流通过程而继续"。(参见《马克思恩格斯全集》第45卷下,人民出版社2003年版,第170页)因而在考察社会(总体)生产力时,它不再像考察直接生产力时那样同其他物质生产部门处于同一"平面"上,而是处于不同的地位。
4 "通信和电报联系等等(交通工具当然同时发展),通过这些东西,每一单个人可以获知其他一切人的活动情况,并力求使本身的活动与之相适应。"(参见《马克思恩格斯全集》第30卷,人民出版社1995年版,第111页。)"机车、铁路、电报、自动走锭精纺机等等……是人的产业劳动的产物,是转化为人的意志驾驭自然界的器官或者说在自然界实现人的意志的器官的自然物质",它们体现了"社会生产力"。(参见《马克思恩格斯全集》第31卷下,人民出版社1998年版,第102页。)
5 《马克思恩格斯全集》第44卷,人民出版社2001年版,第97页。
6 《马克思恩格斯全集》第46卷,人民出版社2003年版,第96页。

域构成",以及整个社会的"人口构成"。[1]

正是从这个意义上,马克思在《资本论》及其手稿中才一再指出:"文明的一切进步","例如科学、发明、劳动的分工和结合、交通工具的改善、世界市场的开辟、机器等等",都意味着"社会生产力,也可以说劳动本身的生产力……增长",[2]并强调"劳动的社会生产力"也包括"整个社会分工制度"这一涵义。科学生产力这一命题中的科学也包括"观念的财富"即"知识形式"的生产力("一般社会知识")。[3] 而传统观点在考察生产力时,不仅只局限于直接生产过程和物质生产领域。而且在考察其主观要素时,又只局限于直接劳动。这样就把生产力的概念简单化了,特别在考察社会化了的生产力时,这种观点更加明显地表现出其狭隘性。

生产力作为生产机体的属性,反映的只是人对自然的关系;生产还有另一重关系,那就是生产主体内部的结构,即人与人之间的生产关系。古典经济学由于把生产看成永恒的自然规律,所以都仅仅注意到人与自然之间的关系,没有对生产关系进行历史的分析。马克思将历史唯物主义原理运用于经济学,根本推翻了这一错误见解,在政治经济学对象上进行了革命。他认为政治经济学的对象是历史上变动着的生产关系,而关于一般劳动过程的研究同作为使用价值的使用价值的研究一样,不属于政治经济学的对象。因此,如果说《资本论》作为一部政治经济学著作,其直接任务并不是全面具体地研究生产力的问题,马克思只是在能够引起生

---

[1] 《马克思恩格斯全集》第26卷,人民出版社1974年版,第229页。
[2] 《马克思恩格斯全集》第30卷,人民出版社1995年版,第267页。
[3] 《马克思恩格斯全集》第46卷,人民出版社2003年版,第96页;《马克思恩格斯全集》第46卷下,人民出版社1980年版,第34—35页。

产方式从而引起生产关系变化的限度内研究了生产力问题[1];那么,他对生产关系的研究则是全面、充分的。他不仅深入而系统地揭示了资本主义生产关系的本质和表现,而且在这个基础上直接就生产关系的一般问题作了透彻而明确的阐发。可以说,《资本论》及其手稿为历史唯物主义提供了最完备的关于生产关系的理论。

关于生产关系的一般概念,马克思在《〈政治经济学批判〉序言》中概括为:"人们在自己生活的社会生产中,发生一定的、必然的、不以他们的意志为转移的关系,即同他们的物质生产力的一定发展阶段相适合的生产关系。"[2] 在《资本论》中,他又指出:"生产关系,——即人们在他们的社会生活过程中、在他们的社会生活的生产中所处的各种关系。"[3] 从这里,我们可以看出,生产关系是人们在生产过程中所处的关系,它是从生产过程中适应着生产力的一定发展而产生出来的。正是这一点,决定了生产关系的其他特征,即它的客观性、历史性和必然性。

如前所述,对生产过程,可以分别从孤立的生产过程和再生产过程两个角度进行考察,生产关系既然是人们在生产过程中所处的关系,那么,它也同样可以分为狭义的生产关系和广义的生产关系(即再生产关系或总生产关系)。一般说来,当马克思把生产关系与交换关系分配关系等等并列使用的时候,他是在前一种意义

---

1 例如,马克思在谈到工具与机器的区别时说:"首先应当指出,这里所说的不是'工具和机器之间'在工艺上的确切区分,而是在所使用的劳动资料上发生的一种改变生产方式、因而也改变生产关系的革命。"(参见《马克思恩格斯全集》第47卷,人民出版社1979年版,第412页;《马克思恩格斯全集》第44卷,人民出版社2001年版,第428—429页。)
2 《马克思恩格斯全集》第31卷,人民出版社1998年版,第412页
3 《马克思恩格斯全集》第46卷,人民出版社2003年版,第994页。

上使用这一范畴，而当他把生产关系同整个生产方式相并列，或者一般地称作社会关系（如价值、剩余价值、资本反映、代表一种社会关系）时，便是在后一种意义上使用这一范畴。

狭义的生产关系，包括人们对生产要素的关系、他们在生产过程中的地位和相互关系，以及对产品的关系，这些关系是统一的生产关系的不同方面，但它们的涵义和地位又是各不相同的。

人们对生产要素的关系，或者说劳动对客观的劳动条件[1]的关系，劳动力占有者和生产资料占有者之间的关系，是人们在生产条件中所处的关系。这种关系也可以称作分配关系，但是，这种分配不同于产品的分配关系，它是生产要素本身的分配关系，"这种分配关系赋予生产条件本身及其代表以特殊的社会的质。它们决定着生产的全部性质和全部运动"。[2] 因此"这种分配包含在生产过程中并且决定生产的结构"[3]，它是生产关系的基础。

人们在生产过程中的地位和相互关系，直接体现在生产活动中，体现在人们进行生产活动的方式和方法即生产方式中，它是活动中的关系，是直接意义上的生产关系，或者说是生产关系本身。任何生产总是在一定社会形式中进行的，作为生产过程的前提的不只是物质要素，而且包括生产由此出发的人们之间的一定的关系，这种关系不取决于这一生产过程，相反却决定着这一生产过程中人们的相互关系。

就这个意义上说，人们在生产中的地位和关系，总是受人们对生产要素的关系制约的。但是，由于人们在生产过程中的相互关

---

[1] 马克思有时也称之为"客观的生产条件"或干脆叫作"生产条件"。但由于这与前面所讲的"生产条件"涵义有所不同，为避免引起误解，这里不采取这种提法。
[2] 《马克思恩格斯全集》第46卷，人民出版社2003年版，第995页。
[3] 《马克思恩格斯全集》第30卷，人民出版社1995年版，第37页。

系是活动中的关系。因而它是能动的,不绝变动着的关系。当然,仅仅就一个生产过程来看,这种能动性只表现在对生产条件的实现程度上,它只能改变生产的结果,而不能直接改变生产前提。

人们对产品的关系,即产品的分配关系,则与前两者不同,产品一经完成,便离开生产过程。它只是生产的消极的结果,并且是独立于生产的。因此,孤立地就一个生产过程来看,它不属于生产关系,而只"是生产关系的反面"[1],"这些一定的分配形式是以生产条件的一定的社会性质和生产当事人之间的一定的社会关系为前提。因此,一定的分配关系只是历史地规定的生产关系的表现"[2]。

然而,从整个社会的再生产过程看,这三个方面的涵义和地位就发生了变化。由于生产结果重新转化为生产条件,人们在生产过程中的地位和相互关系不再表现为单纯由人们在生产条件中的关系所决定,不仅产品的分配关系是由生产过程中的关系决定的,而且生产要素的分配也不再表现为先于生产、决定生产的东西,它本身也成了生产过程本身的结果。再生产过程,不仅再生产物质资料,而且再生产一定的生产关系。如果说资本主义生产必须以劳动者和生产资料的分离为前提,那么通过再生产,劳动者就不仅把资本家的可变资本和全部预付资本,而且把自己作为一无所有、只能出卖劳动力的雇佣工人再生产出来了,这种分离就成了资本主义生产过程本身的产物了。不仅如此,这种再生产还改变着人们对生产要素的分配关系,例如,机器的应用不仅改变了产品的分配,也改变了生产工具的分配。现代大土地所有制本身既是现代

---

[1] 《马克思恩格斯全集》第46卷,人民出版社2003年版,第994页。
[2] 《马克思恩格斯全集》第46卷,人民出版社2003年版,第998页。

商业和工业的结果,也是现代工业农业上应用机器的结果,资本的积累过程不仅是物质资料的扩大再生产,而且是资本主义生产关系的扩大再生产,作为资本主义生产关系基础的劳动和财富的分离日益加剧,"社会的财富即执行职能的资本越大,它的增长的规模和能力越大,从而无产阶级的绝对数量和他们的劳动生产力越大,产业后备军也就越大。……但是同现役劳动军相比,这种后备军越大常备的过剩人口也就越多……最后,工人阶级中贫苦阶层和产业后备军越大,官方认为需要救济的贫民也就越多。这就是资本主义积累的绝对的、一般的规律"[1]。一句话,就是"在一极是财富的积累,同时在另一极,即在把自己的产品作为资本来生产的阶级方面,是贫困、劳动折磨、受奴役、无知、粗野和道德堕落的积累"[2]。

马克思通过再生产过程的分析,不仅揭示了生产过程中的关系对其他两个方面的能动作用,而且进一步丰富了生产关系的概念,如果说孤立地就一个生产过程来看,产品的分配关系是外在于生产的关系,"它离开生产很远,似乎对生产是独立的"[3]。只有生产要素的分配关系才作为基础包括在生产关系本身之内,那么,由于生产结果重新转化为生产条件,从整个社会再生产的度来看,新的生产要素(无论物质上还是社会形式上)又只能是包含在已生产出来的社会总产品之内。因此社会总产品这个生产过程的结果就成了再生产运动的起点,产品的分配关系不仅"表示对产品中归个人消费的部分的各种索取权",而且首先是生产资料产品的分配关系,这种分配关系直接决定再生产中的关系,即使就消费资料的分

---

[1] 《马克思恩格斯全集》第44卷,人民出版社2001年版,第742页。
[2] 《马克思恩格斯全集》第44卷,人民出版社2001年版,第743—744页。
[3] 《马克思恩格斯全集》第30卷,人民出版社1995年版,第37页。

配关系来说，其中加入劳动力再生产的部分也成了新生产的条件。因此，马克思不仅在考察生产过程时反对把分配关系仅仅说成产品的分配关系，而且也在考察生产过程时，反对把产品的分配关系说成是个人消费品的分配关系，反对把个人消费品的分配关系说成是单纯的"收入"分配关系。他在驳资产阶级经济学者的错误时，指出："在考察分配关系时，人们首先是从年产品分为工资、利润和地租这种所谓的事实出发。但是，把事实说成这样是错误的。产品一方面分为资本，另一方面分为各种收入。其中一种收入，工资，总是先以资本形式同工人相对立，然后才取得收入的形式。"[1]正是基于对生产关系的这种历史唯物主义的理解，马克思才一反资产阶级经济学的惯例，独创性地把"工资"这个特殊的分配范畴列入了"资本的生产过程"，同"劳动力的买和卖"一起作为生产过程的前提和补充。

产品的分配关系如此，产品的交换关系和消费关系也如此。这两种关系就孤立的生产过程看，是由生产关系决定并外在于生产关系的，只是生产关系的表现和补充。但是，就整个社会再生产过程来看，"只要产品交换是用来制造供直接消费的成品的手段。在这个限度内，交换本身是包含在生产之中的行为"[2]；作为生产资料的产品，由于只能在生产中消费，因此这种消费关系本身是再生产过程中的"与其他要素相对而言的生产自身"[3]；作为生活资料的产品消费关系，马克思虽然承认它"本来不属于经济学的范围"，但也特地加了一个限制，"除了它又会反过来作用于起点并重

---

[1]《马克思恩格斯全集》第46卷，人民出版社2003年版，第994页。
[2]《马克思恩格斯全集》第30卷，人民出版社1995年版，第40页。
[3]《马克思恩格斯全集》第30卷，人民出版社1995年版，第40页。

新引起整个过程之外"[1],这就是说,从再生产过程来看,生活资料特别是加入劳动力再生产的生活资料的消费关系也具有经济意义。必须指出,马克思强调生产关系对其他关系的支配地位,并不是绝对排斥分配、交换和消费关系的作用,而只是强调这些关系必须通过生产关系来起作用,只要它们参与了生产,变成了生产关系本身的构成因素,那么生产关系的决定作用自身就把它们包含在内了[2],只有这样,我们才能理解马克思关于由为直接的使用价值而生产"转变为纯粹设定交换价值的生产"本身就是"生产关系""经济关系"的变化[3]和个人消费会再生产出生产关系以至整个社会的论述[4]。

因此,我们说,对生产关系完整的、准确的理解必须是从再生产过程出发的,必须是包括生产关系、分配关系、交换关系和消费关系在内的一个完整的体系。早在《哲学的贫困》中,马克思就批判了蒲鲁东把反映生产关系各方面的经济范畴割裂开来的错误,指出:"每一个社会中的生产关系都形成一个统一的整体。"[5]在《资本论》中,马克思不仅系统地阐明了资本主义生产关系是总体,

---

1 《马克思恩格斯全集》第20卷,人民出版社1995年版,第30页。
2 例如马克思在谈到分配关系时说:"参与生产的一定形式决定分配的特殊形式。"(参见《马克思恩格斯全集》第30卷,人民出版社1995年版,第36页。)他对罗西认为"交换形式无关紧要"的批判更值得注意。(参见《马克思恩格斯全集》第26卷Ⅰ,人民出版社1974年版,第308页。)
3 《马克思恩格斯全集》第46卷下,人民出版社1980年版,第485页。
4 作为生活资料的"产品的消费再生产出一定存在方式的个人自身,再生产出不仅具有直接生命力的个人,而且是处于一定的社会关系的个人。可见,在消费过程中发生的个人的最终占有,再生产出原有关系的个人,即处在对于生产过程的原有关系和他们彼此之间的原有关系中的个人;再生产出处在他们的社会存在中的个人,因而再生产出他们的社会存在,即社会,而社会既是这一巨大的总过程(指整个社会生产过程——引者)的主体,也是这一总过程的结果。"(参见《马克思恩格斯全集》第31卷,人民出版社1998年版,第112—113页。)
5 《马克思恩格斯全集》第4卷,人民出版社1958年版,第144页。

而且直接就如何全面理解生产关系的完整含义作了明确的指示，他说："不论生产的社会形式如何，劳动者和生产资料始终是生产的因素。但是，二者在彼此分离的情况下只在可能性上是生产因素。凡要进行生产，它们就必须结合起来。实行这种结合的特殊方式和方法，使社会结构区分为各个不同的经济时期。"[1] 这就是说，生产关系是由生产方式决定并体现在生产方式中的，而生产方式不仅应理解为狭义的生产过程中的范畴，而且应理解为包括（狭义的）生产方式、分配方式、交换方式和消费方式在内的生产方式总体[2]，所以任何一种"社会结构"即生产关系，都不是一种简单的关系，而是由再生产过程各个环节中的关系构成的复杂的整体，缺少一个环节，生产的主客观要素就结合不起来，生产和再生产过程就不能进行。尤其是像资本主义这样的社会化生产，更是要通过人类历史的最复杂的社会关系才能得到实现。因此资本主义生产关系，不仅包括生产过程中的资本对活劳动的榨取、支配关系，不仅包括作为它的本质前提的劳动力的买卖关系（G—A），而且包括同简单商品流通交织在一起的资本流通过程中的全部关系，包含着全部商品信用和银行信用等由这个生产方式所产生出来的全部关系。正如马克思所指出的，就连"在利息上等等，所谓的分配形式"，也"是作为决定的生产要素加入价格的"。[3] 因此，关于生产关系的科学，也就是关于社会生产的全部现实过程的科学，是一门要求有高度严整性的系统科学。《资本论》就是一部这样的科学著

1　《马克思恩格斯全集》第45卷，人民出版社2003年版，第44页。
2　细心的读者会注意到这样一个并非巧合的事实：马克思这段话既不是在论述"生产资本的职能"（第二卷第一章第二节），但又不是在"资本的生产过程"（第一卷）中论述的，而是在论述"资本形态变化及其循环"（第二卷第一篇）中提的，这本身就意味着，对这段话不仅应从生产过程而且应从再生产过程去理解。
3　《马克思恩格斯全集》第46卷，人民出版社2003年版，第999页。

作。任何在研究生产关系时离开生产过程和再生产过程,把生产关系外在化、凝固化和简单化的倾向,都是和马克思的思想相违背的。

明白了这一切之后,我们就可以对哲学界和经济学界关于生产关系概念问题的争论发表一点看法了。

传统观点在论述生产关系定义时,通常是依据斯大林的说法,指出它包括以下三个方面:"(一)生产资料的所有制形式;(二)由此产生的各种不同社会集团在生产中的地位以及他们的相互作用,或如马克思所说,'互相交换其活动';(三)完全以他们为转移的生产分配形式。"[1]

有些人(主要是一些经济学家)常常从某个方面指责这一定义。一是这一定义中没提到"交换"(他们实际指的是产品的交换)关系。二是所有制关系不是生产关系的基础,而是整个生产关系的总和。[2] 就第一点来说,不仅斯大林在提出这一概念时就已经作了解释[3],而且正是他第一个在马克思主义理论上和社会主义建设实践中批判了过早否定商品生产和商品交换的错误,强调了在生产资料所有制方面的社会主义改造基本完成以后,仍存在两种公有制的长时期内,保留商品生产和商品交换的必要性和可能性,强调了价值规律的客观性和利用价值规律的必要性和可能性。当然,后来的实践表明,斯大林对商品生产特别是利润等的作用估

---

[1] 斯大林:《苏联社会主义经济问题》,人民出版社1961年版,第58页。
[2] 参见孙冶方:《论作为政治经济学对象的生产关系》,载《经济研究》,1979年第8期。
[3] 这一定义中所以没有用"交换"一词,是因为它通常被许多人理解为商品交换,这种交换不是一切社会形态,而只是某些社会形态所特有的现象,这时就会引起误会,但商品交换"显然在上述定义中已作为其组成部分包括在内了"。(参见斯大林:《苏联社会主义经济问题》,人民出版社1961年版,第58页。)

计仍然是不够充分的,至于第二点指责,可以说是这些同志自己没有弄清斯大林所说的"所有制关系"的具体涵义。从马克思的著作来看,这一范畴有两种用法,一种是指一般财产关系,一种仅仅是指生产要素的占有关系。作为前一种意义,"所有制关系"("财产关系")"只是生产关系的法律用语"所有权当然是整个生产关系的总和[1];但是作为后一种涵义,则是属于生产前提的范畴,它当然是生产关系的基础而不是生产关系的总和。据我们考察,马克思直到40年代末,仍然仅仅是在前一种意义上使用这一范畴的,自《1857—1858年经济学手稿》以后,马克思则开始同时在两种涵义上使用。为了加以区别,他在后者前面一般都加了限制词,如"对劳动条件的所有权和占有权""对于生产条件的所有权"。[2] 也正因为有这种区别,马克思才说,"我们把这种财产归结为对生产条件的关系",而不是归结为"对消费条件的关系"。[3] 所以,我们认为,这两点指责的理由都是站不住脚的。

那么,是不是这一定义没有缺陷呢?不,它也存在着缺陷,这就是它仅仅从生产过程,而不是从再生产的角度来考察社会的生产关系。

从一个生产过程看,斯大林的定义关于生产关系包括三个方面的内容及其相互关系的提法是基本正确的,只是对生产过程中关系的能动性强调不够。不过这一点正是由狭义的生产关系的特点所决定的。但是,斯大林讲的是整个社会的生产关系,这从他关于第二方面的提法,以及关于互相交换其活动中包括商品交换的

---

[1] 《马克思恩格斯全集》第31卷,人民出版社1998年版,第412页。
[2] 《马克思恩格斯全集》第46卷,人民出版社2003年版,第674页;《马克思恩格斯全集》第26卷Ⅰ,人民出版社1974年版,第466页。
[3] 《马克思恩格斯全集》第30卷,人民出版社1995年版,第485页。

补充说明中可以看出,正如我们已经指出的,对整个社会的生产关系(特别是社会化了的生产所具有的关系)只能从再生产角度来理解。斯大林的定义正是在这一点上存在着严重缺陷。

第一,片面强调了生产资料所有制对生产过程的决定作用,没有看到从再生产过程来说,前者又是从后者中产生出来的[1],这就使生产资料所有制关系脱离生产过程中的关系而外在化;由于整个社会的生产过程同时就是再生产过程,这种外在化就成了外在于整个再生产过程中人与人关系,由此甚至会陷于拜物教的错误。正如马克思所指出的:"社会生产过程的任何前提同时也是它的结果,而它的任何结果同时又表现为前提。因此,生产过程借以运动的一切生产关系既是它的条件,同时也是它的产物。我们越是在这一过程的实际外部表现上来考察这一过程,它的形态就越是在条件的形式上面固定下来,以致这些条件似乎是不取决于它但对它起作用的东西,而过程参加者们本身的关系对他们来说表现为物的条件、物的力量、物的规定性,尤其是在资本主义过程中,任何要素,甚至最简单的要素,例如商品都已经是一种颠倒,并已使人与人之间的关系表现为物的属性,表现为人与这些物的社会属性的关系。"[2]

第二,片面强调了生产过程中的相互关系是被决定的,忽视了它的能动作用。任何社会的生产本来总是在一定原有的生产条件

---

[1] 当然,斯大林在具体论述各个社会的生产关系时,也并不总是如此片面的。例如,他就认为原始社会"公共的劳动导致生产资料和产品的公有制"。(参见斯大林:《列宁主义问题》,人民出版社 1972 年版,第 650 页。)相反,布哈林则从一般意义上认为,人们"对生产资料的关系表现着生产过程中人与人之间的关系",但他不仅走上了另一个极端,而且竟把从共同的劳动过程的性质产生的管理职能同从生产过程的资本主义对抗性质产生的管理职能混为一谈,直接把由前者产生的分工当作阶级划分的基础了。

[2] 《马克思恩格斯全集》第 26 卷Ⅲ,人民出版社 1974 年版,第 564 页。

下,由于生产过程的能动性,生产结果不断转化为生产前提,从而改变原有的生产条件,使整个生产向前发展的,就物质内容如此,就社会形式来说也如此。否定了生产过程中关系的能动性,就必然导致生产关系的凝固化。

第三,把个人消费完全排除于生产关系的定义之外,而对产品的分配和交换又没有作具体分析,一般看成是完全被动的,没有看到,它们媒介产生着再生产的条件。这样一来,人们似乎不必注意整个生产关系的复杂整体,只要掌握一个生产资料所有制关系就行了;而生产资料所有制又往往只归结为哪一个阶级、哪一个"社会集团"占有生产资料这种简单的分区,忽视了现实的生产资料所有制是在整个再生产过程中的复杂关系中得以实现的,是每日每时都在实际变动着的。从而往往容易造成把生产关系简单化的错误。生产力(更确切些说,是生产力所反映的人对自然的关系)和生产关系的统一,便是生产的结构,生产结构与生产方式不同,它是从相对静态角度来考察生产的。因此,生产力和生产关系的相互作用,说的是生产机体内部的结构之间的制约关系。

生产机体只有在生产活动中才是活生生的、现实的机体,生产力和生产关系的相互作用也只有在生产活动中才能实现和表现自己的相互制约关系。

任何生产过程总是在一定的生产力和生产关系的前提下进行的。这二者决定了作为生产条件的主客观要素的结合方式,从而决定了生产的二重方——生产主体对自然的作用方式和生产主体内部的结合方式,这两种方式在生产过程中是紧密地统一在一起的,一方的状态必须制约着另一方的状态,一方的改变必须引起另一方的相应改变。但是,由于生产的目的是改造自然物满足人们的需要,所以生产关系归根结底受人与自然关系的制约。

然而,长期以来,由于人们把生产过程与生产结构混为一谈,把生产力实体化,把生产关系外在化,因此往往把生产过程仅仅看成单纯的生产力活动和变化过程,而生产关系则是处于生产过程之外,仅仅对生产过程起限制作用的外在形式,因此就常常割裂了二者的统一。

首先,是人们为了强调生产力是能动的、革命的因素,而片面地主张生产力可以自行发展,认为生产力与生产关系不同,它在自己内部具有发展的动力,不管生产关系如何,它总是能够不断地向前发展,实际上,这是错误的。"任何生产力都是一种既得的力量,以往的活动的产物。""是人们实践能力的结果"[1],它的发展并不是自动的,而是由人们在生产过程中进行的;生产力对生产关系的决定作用是制约性的,生产过程才是能动的,就生产力本身来讲。只能说它有一种伸缩性,一种内在的伸张能力、潜力,但是这种潜力的发挥、发展,只能是在生产过程中通过具体劳动的方式表现出来,而这种具体劳动方式又是必然受到由一定生产关系所赋予的生产过程的社会方式所制约。同时,生产过程的能动作用也离不开人们生活再生产过程。人们进行生产发展自己的生产力,总是为了满足自己的一定需要,需要在任何情况下都是生产的内在动力。"没有消费,也就没有生产,因为如果没有消费,生产就没有目的。"[2] 因此,"消费,作为必需,作为需要,本身就是生产活动的一个内在要素"。[3] 即使在资本主义下也是如此,马克思就说过:由工场手工向机器大生产的过渡,直接是由需求超过供给而引起

---

1 《马克思恩格斯全集》第 4 卷,人民出版社 1958 年版,第 321 页。
2 《马克思恩格斯全集》第 30 卷,人民出版社 1995 年版,第 32 页。
3 《马克思恩格斯全集》第 30 卷,人民出版社 1995 年版,第 35 页。

的。[1] 如果说生产力可以自行发展,生产过程可以自行发展,那就成了无目的的生产,连"为生产而生产"都不是。因为在资本主义下,发展生产力也不是生产的直接目的。"为生产而生产"不过是"为剩余价值而生产"的一种表现,一种客观结果。因此马克思在谈到资本主义生产是"为生产而生产"时是与"为发财而发财"并提的[2]。而任何需求总是一定社会形式的需求,总是一定的生产关系所决定的需求,从这一点来说,生产力的发展也离不开生产关系的影响和作用。因此,我们说,探讨生产力的发展动力,必须坚持生产力和生产关系相统一的观点,既要看到人们为满足一定需要而在一定生产关系下发展起来的生产力终究会超过这种直接需要和原有生产关系的制约,发展出新的需要和新的生产关系。但是又不能割裂这种统一,把生产力的发展看成是可以离开一定社会需要和生产关系的孤立的行为。

与这种观点相联系的另一种倾向则是夸大生产关系的相对独立性。把生产关系看成可以脱离生产力一定发展阶段的独立自存的东西,这是人们在理解生产关系时所犯的外在化错误的进一步发展,即从把生产关系理解为外在于生产过程中人与人的关系进一步夸大为生产关系可以外在于生产过程从而外在于生产力的发展,人们常常依据马克思关于"生产资料的集中和劳动的社会化,达到了同它们的资本主义外壳不能相容的地步"[3]这一著名论断,把生产关系比作生产力的外壳,从而为生产关系可以不随着生产力的变化而变化的观点辩护。实际上这是一种误解,现实的生产关系总是在反复进行的再生产过程中不断变动着的,它随着生产

---

1 《马克思恩格斯全集》第47卷,人民出版社1979年版,第472—473页。
2 《马克思恩格斯全集》第26卷Ⅰ,人民出版社1974年版,第292—293页。
3 《马克思恩格斯全集》第44卷,人民出版社2001年版,第874页。

力的每一变动而发生变动,但是,只要这种再生产过程处于相对稳定阶段,那么在这种不断变动着的生产关系中必然有某种相对稳定的东西,这种东西就是生产关系的某种社会固定形式[1],当一种生产关系取得社会普遍性的时候,只有生产力的变动不足以超出这违反马克思在《资本论》及其手稿中关于生产关系同生产力相统一的思想的。马克思在谈到从简单协作,经过分工和工场手工业发展到机器大工业,劳动对资本在绝对剩余价值生产下的形式隶属关系,日益发展为实际的隶属关系时,就曾强调指出:"这里再一次表明,生产关系的即范畴的——这里指资本和劳动的——特殊规定性,只有随着特殊的物质生产方式的发展和在工业生产力的特殊发展阶段上,才成为真实的。"[2] 即使在一种生产关系取得社会固定性稳定下来以后,它也不是绝对静止。不再随生产力的变化而变化的。而是在其根本性质稳定的情况下,随着生产力的发展而改变其表现形式,取得新的特点,甚至局部地改变其性质。所以马克思指出:作为生产关系基础的"生产条件的所有者同直接生产者的直接关系——这种关系的任何当时的形式总是同劳动方式和劳动社会生产力的一定的发展阶段相适应"[3]。即使在资本主义生产关系和生产力之间矛盾日益尖锐化,以对抗性的形式表现出来以后,生产力的社会化也不是与生产关系的变化无关,不对资本主义生产关系发生作用,只能积聚力量,等待最后冲破束缚自己的桎梏。生产力的社会化本身是伴随资本积累和集中,银行资本和信用关系的发展,股份公司和垄断组织一起出现的,生产力的社

---

[1] 这种社会固定形式构成法权关系的内容,法权关系便是通过契约关系或法律对这种社会固定性的认可。
[2] 《马克思恩格斯全集》第 30 卷,人民出版社 1995 年版,第 255 页。
[3] 《马克思恩格斯全集》第 46 卷,人民出版社 2003 年版,第 894 页。

会化会迫使生产关系在资本主义私有制所能容许的范围内承认它的社会性,正是在这个意义上,马克思才认为"信用制度和银行制度扬弃了资本的私人性质","资本主义的股份企业,也和合作工厂一样,应当被看作是由资本主义生产方式转化为联合的生产方式的过渡形式,只不过在前者那里,对立是消极地扬弃的,而在后者那里,对立是积极地扬弃的"。[1] 因此,那种把生产关系看成完全外在于生产力发展的"外壳",认为生产关系一经形成便稳定下来不再随着生产力变化而变化,不通过革命便不能有丝毫改变的观点是片面的、简单化的,它是同马克思关于生产力和生产关系既相矛盾又相统一的辩证观点不相符合的。

---

1 《马克思恩格斯全集》第 46 卷,人民出版社 2003 年版,第 499、686 页。

第三章　经济基础和政治法律上层建筑

在《资本论》及其手稿中,马克思不仅具体研究了资本主义生产过程和流通过程的各个方面、各个环节,从而对生产力和生产关系的范畴及其相互关系作了深入的探讨,而且从整个社会再生产过程的高度,对资本主义生产总过程中的全部复杂关系进行了总的概括,提出了"经济基础"的概念[1]。

关于经济基础的概念,马克思曾多次直接进行了阐发,其中有代表性的,一是在我们已经引述过的《"政治经济学批判"序言》中的说法:"人们在自己生活的社会生产中发生""同他们的物质生产力的一定发展阶段相适合的生产关系。这些生产关系的总和构成

---

[1] 马克思著作中相当于这一概念的用语繁多。如"社会结构"、"社会内部结构"、"社会经济结构"、社会的"现实基础"、"市民社会"、"社会形式"、"社会形态"、"社会经济形态"等等。一般说来,后一类用语不仅是结构性范畴,而且还是过程性范畴,它们都是作为生产方式和生产结构相统一的概念。不过"市民社会"是早期使用的术语,社会形式是《德意志意识形态》到《1857—1858年手稿》间使用的术语,"市民社会"后来一般不用了,"社会形式"虽然继续使用,然而内涵发生了变化。一般不再用于原来的总体意义,而是用于具体的属性意义(作为过程的社会形式、事物的社会属性,如价值是一种社会形式,劳动的社会形式等等)。而前一类则主要用于社会结构方面。由于"经济基础"这一用语(参见《马克思恩格斯全集》第46卷,人民出版社2003年版,第894页。)与我国现行历史唯物主义体系中的提法一致,所以本章采用了这一提法。

社会的经济结构",即社会的"现实基础"。另一处则是《资本论》第三卷中阐述的:"社会生产过程既是人类生活的物质生存条件的生产过程,又是一个在特殊的、历史的和经济的生产关系中进行的过程,是生产和再生产着这些生产关系本身,因而生产和再生产着这个过程的承担者、他们的物质生存条件和他们的互相关系即他们的一定的经济的社会形式的过程。因为,这种生产的承担者对自然的关系以及他们互相之间的关系,他们借以进行生产的各种关系的总体,就是从社会经济结构方面来看的社会。"[1] 根据马克思这些论述的精神,我们认为,经济基础一般可以概括为:通过再生产过程联系起来的,与物质生产力的一定发展阶段相适应的人们全部生产关系的总和。

我们在这一定义中加上两个定语,不仅是为了重申马克思关于这一范畴的完整涵义,而且是为了纠正人们理解上的片面。

长期以来,人们在"经济基础"的概念上一直存在着争论,这些争论主要是围绕两个问题进行的:一是经济基础包不包括生产力,即经济基础是同生产关系还是同生产方式(他们把生产方式理解为结构性范畴)内容上一致的问题;二是经济基础包不包括占统治地位的生产关系之外的其他生产关系,即所谓是"单一经济基础"还是"综合经济基础"的问题。

就第一个问题来说,如果我们仅仅从字面上来看,马克思各种论述特别是前面所引的两种说法似乎是互相矛盾的,因为前者只包括人们的生产关系,后者还包括人们在生产过程中对自然的关系,人们正是从这种表面上的不一致出发,对经济基础作了不同的

---

[1] 《马克思恩格斯全集》第 46 卷,人民出版社 2003 年版,第 927 页。

理解,比较流行的观点通常援引前一种说法[1],也有许多同志则强调后一种说法[2]。

我们认为,马克思的这两种提法并不矛盾,实际上二者的统一的关键的问题在于如何理解"生产关系"特别是"生产关系的总和"这一范畴。正如上文我们已经指出的,在马克思那里,生产关系并不是像通常所理解的那样是外在于生产过程,从而外在于生产力的一定发展阶段的,生产关系总是与生产力的一定发展阶段相适应的。因此,所谓生产关系的总和,本身就包含着它是以一定的社会(总体)生产力作为自己的基础的。就在前一种提法中,马克思在讲经济结构即经济基础的概念之前,已经在生产关系的定义中包含了"与他们的物质生产力的一定发展阶段相适应"这一涵义在内了。生产力不同,生产关系必然不同,即使同一性质的生产关系,也会由生产力的差别而造成生产关系具体特点和形式的不同,生产关系如果去掉了其自身的基础(生产力的一定水平),实际就不再是真实的生产关系,而只是一种作为法权关系的外壳。通常人们把这两种见解对立起来,根本原因就在于这一点,而马克思由于坚持生产关系特别是其总和本身中就蕴涵着一定的生产力水平,所以他并没有感到这两种说法之间存在什么对立和矛盾,而是经常同样使用两种说法,甚至在同一段论述中就包含着这两种似乎矛盾的说法在内,例如:"从物质生产的一定形式产生:第一,一定的社会结构;第二,人对自然的一定关系。人们的国家制度和人们的精神方式由这两者决定,因而人们的精神生产的性质也由这

---

[1] 参见斯大林:《马克思主义和语言学问题》,中共中央马克思、恩格斯、列宁、斯大林著作编译局译,人民出版社1972年版。

[2] 参见孙叔平:《历史唯物主义纲要》,上海人民出版社1958年版。

两者决定。"[1]既讲只有人与人的关系才构成一定的社会结构,人对自然的一定关系并不直接构成社会的结构,同时又讲国家制度(社会结构的上层建筑)是由这两者即包括人对自然的一定关系共同决定。

因此我们认为:虽然从直接意义上说,社会的经济结构,即经济基础,不包括人们对自然的关系,因为它只是人们之间的社会关系,但是由于生产关系是直接由生产力决定并以之为基础的,所以经济基础的概念与生产方式又是处于同一系列的范畴,它们的区别不在于是否包含生产力,而在于前者偏重于静态的社会机体结构方面,后者则偏重于动态的社会生活过程方面。正是在这个意义上,马克思才将生产力决定生产关系,经济基础决定上层建筑的结构性提法同"物质生活的生产方式制约着整个社会生活、政治生活和精神生活的过程"相提并论。他不仅引用实例说明"大工业发展到一定水平是如何通过物质生产方式和社会生产关系的变革而使人的头脑发生变革"[2],甚至认为"工艺学(注意,不是"经济学"——引者注)会揭示出人对自然的能动关系,人的生活的直接生产过程,以及人的社会生活条件和由此产生的精神观直接生产过程"[3]。

理解经济基础这一概念,不仅要从生产过程的角度把生产力和生产关系统一起来理解,还必须从再生产过程的角度,将社会生产关系理解为一个总体。前文已经指出,任何一种生产关系,都同时是再生产关系,它的性质只有从再生产过程的全部环节、从其内

---

1 《马克思恩格斯全集》第 26 卷,人民出版社 1974 年版,第 296 页;《马克思恩格斯全集》第 46 卷下,人民出版社 1980 年版,第 34—35 页。
2 《马克思恩格斯全集》第 44 卷,人民出版社 2001 年版,第 556 页注 300;《马克思恩格斯全集》第 12 卷,人民出版社 1998 年版,第 90 页。
3 《马克思恩格斯全集》第 23 卷,人民出版社 1972 年版,第 910 页注 89。

部的各个构成要素、其表现的各个方面的总和中,才能得到全面的展示。这就是说,作为一个社会的经济基础,它是这一特定的生产关系、分配关系、交换关系和消费关系的总和,或者说:① 作为这一特定的再生产过程的基础(既是结果又是前提)的生产要素占有关系(包括生产资料和劳动的分配和交换关系),② 作为其现实内容的人们在再生产过程各个环节中的地位和相互关系,③ 作为其表现的个人消费品的分配、交换和消费关系,这三个方面的总和。

但是,这种理解仍然是不全面的,任何社会都不是清一色、纯粹地由一种性质的生产关系构成的,而是往往同时存在着其他多种经济成分,它们不仅存在于一种社会形态向另一种社会形态过渡的时期,甚至存在于一种社会经济形态取得普遍统治地位,稳定发展的时期。这些经济成分按照性质可以分为三类:一是旧的经济关系的"遗物",二是新的生产关系的"萌芽"或"征兆",三是由这种生产关系本身产生出来的但与自身性质有区别的成分。社会生活是复杂的,人们的生产活动、经济关系也是错综复杂的。现实的经济基础不像人们在理论抽象中表现得那样纯粹。因此,虽然马克思在《资本论》中采用的是抽象法,因而是舍掉了其他因素,把资本主义当作纯粹的雇佣劳动和资本之间的关系来研究;但是他并没有认为在研究现实的社会经济基础时可以不考虑这些因素,相反,他不仅一再作了说明和保留,而且在许多地方专门探讨了这一现象。例如他在讲机器大工业时,专门讲了在机器大工业条件下,家内劳动和工场手工业的特点。而且在《资本论》中专门讲了土地所有权和地租。土地所有权虽然就其现代形式来讲,是资本的前提和结果,[1]但它在资本主义下已失去了严格意义上的经济职能,因此并不属于资本本身的范畴体系之内。所以马克思在制订《资本论》第三部分(即后来的"第三卷")计划时,是把"地租"作为"价值和生产价格的区别的例解"来安排的。[2]

这样理解整个社会的经济基础,不仅仅是全面了解一个经济基础的真实状况的需要,而且还是了解一个经济基础的"来龙""去脉"的需要。正如马克思所说的:任何一种新的生产方式、经济结构,都是在旧的生产方式、经济结构中产生出来的,它借助着旧的生产关系中的"残片和因素"发展起来,同时"把自己还缺乏的器官"创造出来。改造旧的形式,"使社会的一切要素从属于自己;而新的生产方式本身又是一个过渡的生产方式,因此,它本身又产生出更新的生产方式的萌芽"。[3] 因此,否认经济基础的复杂性,就不能正确地了解一种经济结构产生、发展和灭亡的全过程。

承认经济基础是由复杂的多种生产关系构成的,并不意味着否定它的质的同一性,否定由它产生的上层建筑的统一性。人们在批判杨献珍同志的"综合经济基础论"时经常提出这种论据,实际上这是站不住脚的。在共同构成社会经济基础的各种生产关系中,总有一种生产关系是占统治地位、支配其他生产关系的基本生产关系。马克思指出:"在一切社会形式中都有一种一定的生产决定其他一切生产的地位和影响,因而它的关系也决定其他一切关系的地位和影响。这是一种普照的光,它掩盖了一切其他色彩,改变着它们的特点。这是一种特殊的以太,它决定着它里面显露出

---

[1] 《马克思恩格斯全集》第30卷,人民出版社1995年版,第235页;并参见《资本论》"原始积累""地租""现代殖民理论"等部分。

[2] 《马克思恩格斯全集》第26卷Ⅰ,人民出版社1974年版,第447页;并参见《马克思恩格斯(资本论)书信集》,人民出版社1976年版,第162页。

[3] 《马克思恩格斯全集》第30卷,人民出版社1995年版,第46、237页。

来的一切存在的比重。"[1]在封建社会，土地所有制便是这种普照的光，它不仅占统治地位，决定着社会的性质，而且渗透到与它不同的生产关系之中，就连似乎与它相距最远的生产关系也打上了它的烙印：资本是受束缚的资本，手工业是行会手工业，即使是商人资本和高利贷资本，也是寄生在它的生产方式之上的。在资本主义下，基本的生产关系则是资本，资本关系不仅支配着自身，而且改造了其他一切经济关系，封建的土地所有权变成了现代的土地所有权，土地价格变成了资本化的地租，而地租则变成了剩余价值的一部分，甚至连与资本主义方式根本不同的独立生产者的生产关系，也打上了这种生产关系的烙印，独立劳动者变成了双重（甚至三重）身份，他的劳动所带来的收入分解为生产资料的收入、工资收入，甚至还有土地所有权的收入；任何商品都通过商业资本家之手变成了商品资本，任何货币都通过银行变成了货币资本。

多种生产关系之所以能构成统一的经济基础，根本原因在于它们之间有某种同一性，它们正是通过某种共同的经济形式在整个再生产过程中联系起来的。例如，在资本主义下，产业资本的循环，就是通过共同的商品形式和货币形式，通过流通领域，与前资本主义的生产方式相联系的。"不论商品是建立在奴隶制基础上的生产的产品，还是农民的产品（中国人，印度的佃农），还是公社的产品（荷属东印度），还是国家生产的产品（如在俄罗斯历史早期出现的以农奴制为基础的国家生产），还是半开化的狩猎民族的产品等等，它们都作为商品和货币，同表现产业资本的货币和商品相对立，既进入产业资本的循环，在剩余价值作为收入花掉时，也进入商品资本所包含的剩余价值的循环，也就是说，进入商品资本的

---

[1]《马克思恩格斯全集》第30卷，人民出版社1995年版，第48页。

两个流通部门。"[1]

所以,我们说,坚持一个社会的经济基础是由多种生产关系在基本生产关系支配下,通过再生产过程而联系起来的复杂整体,并不能导致否定经济基础同一性从而否定一定社会的特定性质的错误,相反正是坚持了辩证的统一性和具体的历史性,它恰恰有助于防止片面化、静止化、简单化的错误。

对社会的经济基础要从人们生活的生产过程和再生产过程的角度来考察。对社会的上层建筑也必须如此。

《资本论》的直接任务并不是考察上层建筑,马克思只是在分析资本主义经济结构所必需的范围内联系到上层建筑问题。用列宁的话说,马克思"不以通常意义的'经济理论'为限","随时随地探究适合于这种关系(指资本主义生产关系——引者注)的上层建筑"其目的在于"使骨骼(指资本主义的经济结构——引者注)有血有肉"[2]。这一方面固然说明了《资本论》对上层建筑论述并非全面,另一方面也正是这一点赋予了他的论述以特点,那就是坚持从物质生活的生产过程、再生产过程同整个社会生活过程的关系的角度来考察上层建筑。

马克思认为,社会的上层建筑可以分为两部分,一部分是"法律的和政治的上层建筑",即法律、政治制度及其设施;另一部分便是所谓"社会意识形式"(或"意识形态"),包括法律观念、政治观

---

[1] 《马克思恩格斯全集》第45卷,人民出版社2003年版,第126页。
[2] 《列宁选集》第1卷,人民出版社1962年版,第9页。

念、宗教、艺术、哲学等等。[1]

由于法权关系和法权观念是上层建筑中最接近于经济关系的范畴,所以马克思在《资本论》中对其进行了深入探讨,全面地揭示了其起源、本质和必然消亡的历史性质。

马克思指出,法权关系直接地是一种意志的关系,它是由体现当事人双方意志的契约形式或者进一步由法律形式固定下来的。[2] 这种联系虽然产生于个人的自觉意志和特殊目的,尽管来自自觉个人的相互作用,因而被人们想象为自然的权利("天赋人权"),偶然现象,或者自由意志的表现,但实际上,这里的出发点不是自由的社会的个人,而是一种社会权利;法权关系的内容是由经济关系决定的,[3] "创造这种权利的,是生产关系。"[4] 因此,"法的关系,是一种反映着经济关系的意志关系。"[5] 这就是说它在表现形式上是意志关系,而在实质内容上却是经济关系,首先是(狭义的)生产关系,"对生产条件的关系"[6]。

马克思不仅一般地从内部结构上揭示了法权关系的内容和形式,而且通过生产过程和再生产过程的分析,从历史过程的角度揭示了法权关系的起源和产生的机制。马克思指出,法权关系(首先是财产关系)有其自然基础或自然前提,那就是由人的肉体属性制

---

1 《马克思恩格斯全集》第31卷,人民出版社1998年版,第412—413页。须指出,就这两部分的当事人来说,这种划分并不是严格的,马克思自己就把"统治阶级中专门执行社会职能的各个阶层"包括在"意识形态阶层"中,并称整个上层建筑为"由各个意识形态阶层构成的上层建筑"。参见《马克思恩格斯全集》第26卷Ⅰ,人民出版社1972年版,第296、298页。

2 《马克思恩格斯全集》第44卷,人民出版社2001年版,第103页。

3 参见《马克思恩格斯全集》第30卷,人民出版社1995年版,第147页;《马克思恩格斯全集》第44卷,人民出版社2001年版,第103、204页。

4 《马克思恩格斯全集》第46卷,人民出版社2003年版,第877页。

5 《马克思恩格斯全集》第44卷,人民出版社2001年版,第103页。

6 《马克思恩格斯全集》第30卷,人民出版社1995年版,第485页。

约的人对外界自然的关系。财产的最初前提是"人双重地存在着：从主体上说作为他自身而存在着，从客体上说又存在于自己生存的……自然无机条件之中"。[1] 因此从自然前提说，"劳动者不依赖劳动就具有对象的存在"。[2] 但是这种自然关系并不直接构成财产关系。一方面，个人只有通过共同体（社会）；另一方面，只有通过实际的占有活动（生产、劳动）才能真正成为所有者，在游牧阶段，人们只占有土地产品，而不占有土地本身，只有定居和农业，才产生出这种关系。[3] 因此，所有权是一个社会范畴，并且开始时总是呈现为劳动的所有权。

　　法权关系不仅是社会生产过程的产物，而且是社会再生产过程的产物，从根本上说，它是通过意志关系的形式（契约或法律）对再生产过程所造成的某种生产方式的社会固定形式的公开认可。在一种生产方式处于相对稳定的状态时，现状的基础即作为现状之基础的关系的不断再生产，随着时间的推移，就会取得有规则的和有秩序的形式；"并且，这种规则和秩序本身，对任何取得社会固定性和不以单纯偶然性与任意性为转移的社会独立性的生产方式来说，都是一个必不可少的要素。这种规则和秩序，正好是一种生产方式的社会固定的形式，因而是它相对地摆脱了单纯偶然性和单纯任意性的形式。在生产过程以及与之相适应的社会关系的停滞状态（指相对稳定状态——引者注）中，一种生产方式所以能取得这个形式，只是由于它本身反复的再生产。如果这种再生产持续一个时期，那么，它将会作为习惯和传统固定下来，最后被作为

---

[1] 《马克思恩格斯全集》第30卷，人民出版社1995年版，第484页。
[2] 《马克思恩格斯全集》第30卷，人民出版社1995年版，第465页。
[3] 参见《马克思恩格斯全集》第30卷，人民出版社1995年版，第466、477、485页。

明文的法律加以神圣化"。[1]

由于法权关系是生产关系的反映,是再生产过程产生的生产方式的社会固定形式的"神圣化",所以,随着社会生产方式的变化,法权关系的表现形式和调节手段也必然发生相应的改变,在奴隶制下,由于直接生产者被包括在生产工具之中,被列入生产的客观条件,并且"同役畜一样,并不形成特殊的经济范畴。或者,最多也只是存在物质上的差别,不会说话的工具;有感觉、会说话的工具"[2]。因此,把这种关系固定下来的罗马法典就把奴隶看成一种物品,对他不仅可以随便使用暴力,就是把他杀死,也不算犯罪,法律只保护奴隶主,唯有他们才是有充分权利的公民。封建的生产关系一方面是建立在土地所有权、农奴的人身依附关系上,另一方面是建立在拥有生产资料并支配着帮工劳动的行会手工业基础之上的,因此法律上规定了严格的等级制度、种姓制度,权利表现为封建的等级特权。在维持法权关系所使用的手段上,这两者都是传统习惯和直接暴力。而资本主义生产关系则是建立在劳动力的买和卖的基础上的。"劳动力的买和卖是在流通领域或商品交换领域的界限以内进行的,这个领域确实是天赋人权的真正伊甸园。那里占统治地位的只是自由、平等、所有权和边沁。"[3]资产阶级法权关系的表现就是由商品交换关系产生的自由和平等,就连维持这种法权的手段也变成了单纯的经济强制,"一切处罚都简化成罚款和扣工资"[4]了。法权关系尽管是由经济关系决定,并反映着经

---

[1] 《马克思恩格斯全集》第46卷,人民出版社2003年版,第897页。
[2] 《马克思恩格斯全集》第26卷Ⅲ,人民出版社1974年版,第541页;《马克思恩格斯全集》第46卷,人民出版社2003年版,第908页;《马克思恩格斯全集》第30卷,人民出版社1995年版,第494页。
[3] 《马克思恩格斯全集》第44卷,人民出版社2001年版,第204页。
[4] 《马克思恩格斯全集》第44卷,人民出版社2001年版,第488—489页。

济关系,但是这种反映只是相对的。由于它并不直接是生产关系本身,而是生产关系的硬化了的外壳,是"另一次方上的这种基础"[1]。因此它对现实的生产过程和生产关系有着相对的独立性,这种相对独立性甚至常常表现为法权形式同其经济内容的对立上。从存在形式上说,生产关系只能存在于生产过程之中,而法权关系却可以在一定程度上外在于生产过程,甚至再生产过程,例如作为现实的生产关系,资本只能作为职能资本存在于生产过程或流通过程之中,而作为法律上的所有权[2],生息资本尽管必须以生产过程中资本对劳动的剥削为基础,但作为它本身,"货币或商品具有独立于再生产之外而增殖本身价值的能力"[3]。从反映的内容上说,生产关系是随着生产方式变化而不断变动着的,而法权关系则是相对稳定的、硬化了的,因此它常常落后于产生自己的经济关系,同一所有权形式往往可以具有不同的经济内容。

商品生产的劳动所有权规律转变为资本主义的无偿占有规律就是一个最典型的例证。"最初,在我们看来,所有权似乎是以自己的劳动为基础的。至少,我们应当承认这样的假定,因为互相对立的仅仅是权利平等的商品占有者,占有他人商品的手段只能是让渡自己的商品,而自己的商品又只能是由劳动创造的。现在,所有权对于资本家来说,表现为占有他人无酬劳动或它的产品的权利,而对于工人来说,则表现为不能占有自己的产品。所有权和劳动的分离,成了似乎是一个以它们的同一性为出发点的规律的必然结果。"[4]资本主义无偿占有规律是对劳动所有权规律的彻底否

---

[1] 《马克思恩格斯全集》第30卷,人民出版社1995年版,第199页。
[2] 《马克思恩格斯全集》第46卷,人民出版社2003年版,第385—391页。
[3] 《马克思恩格斯全集》第46卷,人民出版社2003年版,第442页。
[4] 《马克思恩格斯全集》第44卷,人民出版社2001年版,第674页。

定,随着平均利润和生产价格的形成,劳动的平等权利变成了剥削的平等权利,资本家所谓"劳动的自由"实质上不过是"资本榨取……劳动力的自由"[1]。"平等地剥削劳动力,是资本的首要的人权。"[2] 股份公司的出现更使劳动完全同生产资料的所有权相分离[3]。因此,法权关系的实际内容,即实际的占有方式发生了根本的改变。但是,法权形式并没有改变。每一个单独考察的交换行为仍遵循等价交换原则。现在执行职能的资本,不管它经过的周期的再生产和先行积累的系列多么长,总是保持着它原来的处女性,占有方式的根本变化丝毫没有触犯与商品生产相适应的所有权。"同一所有权,在产品归生产者所有,生产者用等价物交换等价物,只能靠自己劳动致富的初期,是有效的;在社会财富越来越多地成为那些能不断地重新占有别人无酬劳动的人的财产的资本主义时期,也是有效的。"[4]

土地所有权的变化也同样如此,同样的土地所有权形式,在封建生产方式和资本主义生产方式下具有不同的内容,单从土地所有权的法律形式看,它的前提是一些人垄断一定量的土地,把它作为一种排斥其他一切人的,只服从自己个人意志的领域,但是这种权利的利用,却不取决于土地所有者的意志,而取决于客观的经济条件。在资本主义下,土地所有权从封建的直接统治和隶属关系下解放出来,把作为劳动条件的土地所有权同所有者完全分离,使后者的所有权仅仅具有一种法律上的存在,地租只代表一定量的"货币税",就连地租率的计算方法,也发生了改变,由按土地面积

---

[1] 《马克思恩格斯全集》第44卷,人民出版社2001年版,第322页。
[2] 《马克思恩格斯全集》第44卷,人民出版社2001年版,第338页。
[3] 《马克思恩格斯全集》第46卷,人民出版社2003年版,第495页。
[4] 《马克思恩格斯全集》第44卷,人民出版社2001年版,第677页。

或产品实物数量比例计算变成了按投入资本的价值比例计算。

法权关系作为生产关系硬化了、神圣化了的外表,起着巩固一定的生产关系的作用,又同时起着掩盖生产关系本质的作用,特别是在法权形式与其经济内容处于对立状态时,它更容易导致法权观念的虚幻性。资产阶级庸俗经济学的代表(如巴师夏)正是抓住资本主义生产由商品形式产生出来的平等、自由外观,鼓吹资本主义"经济的和谐",而小资产阶级社会主义者(如蒲鲁东)也"不理解资产阶级社会的现实的形态和观念的形态之间必然存在的差别","先从与商品生产相适应的法的关系中提取他的公平的理想,永恒公平的理想",然后"反过来又想按照这种理想来改造现实的商品生产和与之相适应的现实的法","提出永恒的商品生产所有权规律同资本主义所有制相对立,想以此消灭资本主义所有制"。[1] 这种法权上的虚假观念甚至会渗入到劳动者中。例如资本和劳动的交换在人们的感觉上,最初完全同其他一切商品一样。"在这里,法的意识至多只认识物质的区别,这种区别表现在法律上对等的各个公式中:'我给,为了你给;我给,为了你做;我做,为了你给;我做,为了你做。'"[2] 但是,这种空幻的法权观念,又是从生产关系本身中产生出来的。"工人和资本家的一切法的观念,资本主义生产方式的一切神秘性,这一生产方式所产生的一切自由幻觉,庸俗经济学的一切辩护遁词,都是以这个表现形式(即劳动力价值或价格转化为工资——引者注)为依据的。"[3] 即使受过马克思主义理论教育的人,也往往不能避免这种错觉。"经济的历史因果论"者亨

---

[1] 参见《马克思恩格斯全集》第30卷,人民出版社1995年版,第204页;《马克思恩格斯全集》第44卷,人民出版社2001年版,第103页注38、第678页注24。
[2] 《马克思恩格斯全集》第44卷,人民出版社2001年版,第620页。
[3] 《马克思恩格斯全集》第44卷,人民出版社2001年版,第619页。

利希·库诺夫就认为生产关系同法权关系是直接一致的。[1] 传统观点把生产资料所有制关系外在化、凝固化的倾向也往往导致这一点。[2] 实际上,法权形式"作为单纯的形式,是不能决定这个内容(即经济内容——引者注)本身的。这些形式只是表示这个内容。这个内容,只要与生产方式相适应,相一致,就是正义的;只要与生产方式相矛盾,就是非正义的"。[3] 所以,法权关系只能从现实的生产过程和再生产过程的不断变动着的生产关系中获得自己的确切的说明,而不能反过来用法权关系解释现实的经济关系。这不仅是正确了解生产关系、经济结构的需要,也是正确理解法权关系的需要。

法权关系和法权观念是一种历史现象。它既然是在历史上产生的,也必然在历史上消灭。它与生产关系不同,物质生产是人类社会生活的永恒的一般基础。[4] 任何生产,总是意味着人们对自然界的一种实际占有。但是,作为法权关系的"所有"与实际占有关系不同,从内容上说所有权包括两个特点:其一,这种占有是排他的占有;其二,这种占有不仅仅是使用,而且包括滥用的权利。[5] 从手段上说,"所有权"总是由某种强制(直接暴力或经济强制)方式来保障,占有则只能通过劳动来实现。[6] 因此,马克思在谈到土地所有权时,不仅认为:"从一个较高级的经济的社会形态的角度

---

1 参见[德]亨利希·库诺夫:《马克思的历史、社会和国家来说》,袁志英译,上海人民出版社1966年版,第二卷第五章第三节。
2 这种社会固定形式构成法权关系的内容,法权关系便是通过契约关系或法律对这种社会固定性的认可。
3 《马克思恩格斯全集》第46卷,人民出版社2003年版,第379页。
4 注意,这里我们特意作了保留,即它并非永远是决定性基础。这一点后文将说明。
5 参见《德意志意识形态》;并见斯大林:《苏联社会主义经济问题》,人民出版社1971年版,第41页。
6 《马克思恩格斯全集》第32卷,人民出版社1998年版,第150页。

来看,个别人对土地的私有权,和一个人对另一个人的私有权一样,是十分荒谬的";而且进一步认为,那时"甚至整个社会,一个民族,以至一切同时存在的社会加在一起,都不是土地的所有者。他们只是土地的占有者,土地的受益者,并且他们应当作为好家长把经过改良的土地传给后代"。[1]

马克思对国家的考察也是联系生产过程中两个方面的关系进行的,他首先肯定了"国家权力"是一种"集中的、有组织的社会暴力"。[2] 它的性质由一定的生产关系决定,是经济上占统治地位的阶级手中的工具,它用"司法、警察等等对财产"实行保护。[3] 同时,他又指出:任何社会的国家都要为这一社会的生产过程和再生产过程提供一般物质条件,例如道路修建、公共工程、邮电通信等等。[4] 他特别强调了治水工程的组织和供水系统的管理对早期国家形成的意义,认为"计算尼罗河水量变动期的需要……使祭司种姓作为农业领导者进行统治"。"供水的管理是国家权力对印度的互不联系的小生产有机体进行统治的物质基础之一。"[5] 即使在资本主义下,生产的社会化日益把原来作为生产的一般物质条件的公共工程纳入资本主义生产体系,但作为一些周转期间长、占有资本(包括作为其可变部分的劳动力)量大或者风险较大的部门,仍

---

[1] 《马克思恩格斯全集》第46卷,人民出版社2003年版,第878页。从这个意义上说,共产主义社会的基础并不是通常所谓"共产主义全民所有制",而只是"生产资料的共同占有"制。(参见《马克思恩格斯全集》第44卷,人民出版社2001年版,第874页。)当然,只要我们把生产资料所有制关系理解为实际占有关系,而不是理解为法律上的所有关系,两者并无差别。这里的关键不在于用语,而在于实质。
[2] 《马克思恩格斯全集》第44卷,人民出版社2001年版,第861页。
[3] 《马克思恩格斯全集》第30卷,人民出版社1995年版,第28页。
[4] 《马克思恩格斯全集》第46卷下,人民出版社1980年版,第15—27页。
[5] 《马克思恩格斯全集》第44卷,人民出版社2001年版,第588页注5、6。

然必须由国家承担[1]。当然,国家的这种职能是同前一种职能密不可分的。但是,忽视整个生产过程才是国家活动的基础,只承认国家是一定的生产关系、阶级关系的产物,断言剥削阶级国家与物质生产不能发生任何直接联系的传统观点,[2]毕竟是绝对化了。这种观点同考茨基否定"经营水利事业的职能"在"国家政权起源"中的作用,认为国家是由游牧部落征服农业部落而形成的观点[3]无法划清界限,因为它不过用离开了生产基础的"阶级斗争"代替了"部落征服"而已。实际上,剥削阶级国家同社会主义国家的区别不在于是否具有这种职能,而在于这种职能的性质,前者是为剥削阶级及其生产方式服务的,后者则是为全体劳动人民服务的,前者只限于为直接生产创造一般条件的范围,后者则囊括了整个物质生产。[4]

正由于国家和法是适应生产过程、再生产过程的需要而产生出来的,所以它们对经济生活又有着巨大的反作用。在《资本论》中,马克思肯定了国家和法是经济基础的产物,它们不能对经济基

---

[1] 当然由于银行作用的加强、股份资本的发展,特别是后来垄断组织产生,这种现象减弱了;又正是从这种趋势中发展出国家垄断,国家组织经济生活的职能反而进一步加强了。

[2] 参见斯大林:《马克思主义和语言学问题》,中共中央马克思、恩格斯、列宁、斯大林著作编译局译,人民出版社1972年版,第7页。恩格斯则认为"一切政治权力起先总是以某种经济的、社会的职能为基础的",只是后来"更加疏远",未绝对否定这一点。(《马克思恩格斯选集》第3卷,人民出版社1960年版,第222页。)

[3] 参见考茨基《唯物主义历史观》第四卷第四篇第十章。他在那里公开承认,他与马克思、恩格斯在这个问题上的观点是对立的。顺便提一句,普列汉诺夫在同一问题上则走到了另一极端,夸大了地理环境对早期国家产生的作用,甚至认为:"社会制度归根结底是由地理环境决定的。"(普列汉诺夫:《论一元论历史观之发展》单行本,博古译,生活·读书·新知三联书店1965年版,第195页;并见《普列汉诺夫哲学著作选集》第2卷,生活·读书·新知三联书店1961年版,第168页;《普列汉诺夫哲学著作选集》第4卷,生活·读书·新知三联书店1961年版,第292页。)

[4] 后一点严格说来也非是本质的,因为随着国家垄断资本主义的发展,也产生了这种趋势。

础本身发号施令,而只能执行经济生活本身所赋予的职能[1];同时他又与当时资产阶级经济学家的"自由放任"的经济主张不同,高度评价了国家和法律干涉经济生活对一定生产方式发展的意义。在驳斥美国庸俗经济学家亨·凯里所谓"国家的干涉歪曲了这种自然的经济关系"时,他指出:"国家费用不也是资本主义发展的'自然果实'吗?""资本主义生产的唯一祸害就是资本本身"而不是国家干涉。[2] 国家和法不仅仅起到巩固和保护一定生产方式的作用,而且往往被用来补充经济力量的不足。资本的原始积累就是运用赤裸裸的暴力手段直接剥夺直接生产者的生产资料,把大地的儿女从母亲的怀抱里驱逐出去,并以"古怪的恐怖的法律,通过鞭打、烙印、酷刑",把他们赶入工厂;原始积累的不同因素,如殖民制度、国债制度、现代税收制度和保护关税制度。所有这些方法,都是利用国家权力来大力促进从封建生产方式向资本主义生产方式的转变过程,缩短过渡时间。在资本主义生产方式的初期阶段,由于它刚刚出世,不能单纯依靠经济关系的力量,新兴的资产阶级为了"规定"工资,为了延长工作日并使工人本身处于"正常"的从属状态,就需要并运用国家权力,制定了一系列血腥的法律。因此马克思说:"农业的这个变革一开始就更具有政治革命的外观","这种剥夺的历史是用血和火的文字载入人类编年史的。""暴力是每一个孕育着新社会的旧社会的助产婆。暴力本身就是一种经济力。"[3] 即使在资本生产方式取得与自己相适应的技术基础(即机器大生产)以后,经济关系的无声的强制保证了资本家对工人的

---

[1] 《马克思恩格斯全集》第44卷,人民出版社2001年版,第151—152页及注84、85,第486页。

[2] 《马克思恩格斯全集》第44卷,人民出版社2001年版,第649页。

[3] 《马克思恩格斯全集》第44卷,人民出版社2001年版,第495、822、861页。

统治,超经济的直接暴力只是例外地使用的情况下,国家和法律也仍然起着直接的经济关系所不能起的某种作用。例如,国家在工人阶级的压力下,不得不限制各个个别资本家的过度贪欲,工厂法就是为此而制定的法律,这些法律不仅保障了再生产过程的正常进行,而且人为加速了工业革命的过程。[1] 工作日的强制缩短,迫使个别资本家由绝对剩余价值的生产转到以相对剩余价值的生产为主,促进了资本主义生产方式的发展。因此那种认为再生产过程的正常进行、生产方式的发展可以绝对离开上层建筑的反作用而自行发展。国家和法权仅仅是经济关系的反映和消极结果,而不是再生产过程必要的外部条件之一的观点[2],并不是马克思的观点,而是自由主义经济学派和庸俗唯物主义者的观点。

---

[1] 《马克思恩格斯全集》第 44 卷,人民出版社 2001 年版,第 546 页。
[2] 随着国家垄断资本主义特别是"国营企业"的发展,甚至资本主义国家也不仅仅参与国民收入的再分配。而是越来越介入初次分配,国家和再生产过程的关系日益由外部转入内部,这种观点的片面性更加暴露出来了。

第四章　物质生产和精神生产

马克思对社会意识形态和精神生产的考察,同对政治法律制度的研究一样,也是从物质生产过程出发进行的。

一般说来,社会意识形态是与经济基础相适应的,精神生产是受物质生产方式制约的,前者是后者的观念表现,并为后者服务。但是,一方面意识形态的各个领域、精神生产的各个部门同物质生产过程的关系是各不相同的,要研究精神生产和意识形态的特点,就必须对这些不同的关系进行具体分析;另一方面,物质生产方式本身又是处在不断变化的过程中的,要研究精神生产和物质生产之间的关系,又"必须把这种物质生产本身不是当作一般范畴来考察,而是从一定的历史的形式来考察。例如,与资本主义生产方式相适应的精神生产,就和与中世纪生产方式相适应的精神生产不同。如果物质生产本身不从它的特殊的历史的形式来看,那就不可理解与它相适应的精神生产的特征以及这两种生产的相互作用。从而也就不能超出庸俗的见解。"[1]在《资本论》及其手稿中,马克思正是从这两个方面对精神生产和意识形态进行了具体的、历史的分析。

---

[1] 《马克思恩格斯全集》第26卷Ⅰ,人民出版社1974年版,第296页。

通常人们往往认为,马克思所使用的"精神生产"这一范畴,同作为上层建筑组成部分的"社会意识形态"是完全一致的。这实际上是一种误解。细致地研究一下《资本论》及其手稿,就会发现,撇开前者主要是过程性的动态范畴,后者则主要是结构性的静态范畴这一区别不说,"精神生产"也与"意识形态"范畴有着重大差别。在马克思那里,"精神生产"和"意识形态"都有两种涵义。就广义来说,两者是蕴涵关系,"精神生产"既包括政治观念、法律观念、宗教、艺术和哲学等"社会意识形式"[1],也包括与它相对的科学即"一般""知识的形式"[2]。从狭义来说,"意识形态"仅仅指"统治阶级的意识形态组成部分",它"包括统治阶级中专门执行社会职能的各个阶层的职业活动";精神生产则仅仅指"一定社会形态下自由的精神生产",它只包括"艺术和科学",两者是相对关系。[3]

把上述两种涵义综合起来,我们可以将广义的"精神生产"划分为三种类型:

(1) 特殊[4]的意识形态(即"上层建筑意识形态"),包括法权观念、道德观念、政治观念、宗教观念等;

(2) 一般[5]意识形态(一般[6]精神生产),主要是艺术;

---

[1] 《马克思恩格斯全集》第31卷,人民出版社1998年版,第412—413页。
[2] 《马克思恩格斯全集》第31卷,人民出版社1998年版,第102页。
[3] 《马克思恩格斯全集》第26卷Ⅰ,人民出版社1974年版,第165、296页。
[4] "特殊"有两种涵义,一是指它为一定社会形态所特有并表现这一社会形态的性质和特征。与马克思所说的"特殊生产条件"中的"特殊"相同;二是它表现一定阶级或集团的特殊利益,并为之服务,与马克思所说的"现有社会统治阶级或统治阶级集团的特殊利益"中的"特殊"相同。
[5] 与"特殊的意识形态"相似,这里的"一般",也是指不完全以某种特定的社会形态、特殊的阶级利益为转移的一般社会性。
[6] 这里的"一般"和"特殊"则是就生产的性质,即与物质生产的关系而言。

(3) 一般[1]知识形态(特殊[2]精神生产,主要是"知识形式的生产力"),即科学。

初看起来,这种划分法,似乎与黑格尔相似,因为黑格尔正是把"绝对精神"的发展分为三个阶段:艺术、宗教、哲学。但是,就实质来说是根本对立的;黑格尔是从绝对精神发展的形式(即由直观到理性)角度出发,把人类社会现象、历史进程归结为精神现象、精神发展,并进一步把精神现象、精神发展归结为知识形式、知识进步,这种历史观实质上是一种唯心主义的知识论;而这里则是依据马克思的观点,把知识的进步归于人类的整个精神生产、精神生活之中,从各种精神现象、精神生产同物质生活的生产方式的关系上进行划分的,因此这种关于精神生产的观点是唯物主义的历史观的一部分。

特殊的意识形态,以表现一定社会中人们的利益、意志、愿望和要求为内容,其基本职能是直接参与社会生活[3],从意识上巩固一定的社会关系。它既是人们特定的经济关系和物质生产方式的观念表现,又直接构成了人们特定的思想关系和特定的精神生活本身,这决定了它的两个特点:具有强烈的阶级性,直接受人们的物质利害关系所左右;它既不参与物质财富的生产,也不直接创造精神财富,因此马克思不承认它是严格意义上的精神生产,虽然也将它列入了广义的"精神生产"的范围,但作了保留,指出这是"施

---

1 这里的"一般"和"特殊"则是就生产的性质,即与物质生产的关系而言。

2 还有一种类型即哲学,它介于意识形态和知识形式之间;但由于《资本论》及其手稿对其阐述不多,故本文未予列入。

3 马克思在《政治经济学批判》"序言"中谈到社会革命时说:意识形态的形式是"人们借以意识到这个冲突并力求把它克服的那些法律的、政治的、宗教的、艺术的或哲学的……形式";在"导言"中说:意识形态不同于知识形式,它是"对世界的……实践精神的掌握的"。参见《马克思恩格斯全集》第31卷,人民出版社1998年版,第413页;《马克思恩格斯全集》第30卷,人民出版社1995年版,第43页。

托尔希所理解的精神生产",是由"物质生产领域中的对立"产生出来并"成为必要的",并且将它同创造"精神财富"的"最高的"[1]精神生产"区别开来。这一部分真正属于上层建筑范畴之内,是上层建筑的意识形态。[2]

特殊的意识形态的这些特点,决定了它同物质生产过程、社会生产集体的特殊联系:相对于艺术和科学来说,它不是直接由生产力的一定发展阶段所决定的,而主要是受一定社会生产关系的性质和特点制约的;它对生产力的反作用,一般也要以生产关系作为中介环节。[3] 前文已经谈到过的法权观念是如此,宗教观念、政治观念和道德观念也是如此。

特殊的意识形态同知识形式不同,并不直接随着生产力的发展而变化。例如,宗教虽然起源于人们"以理想的方式对共同体的直观"[4]。因而最初具有一定的认识职能,但是这种职能一般说只是从属的,随着生产力的发展,先是哲学,后来是自然科学和社会科学日益独立化和发展起来。但是宗教只是越来越丧失了认识的职能,它作为意识形态的职能不但没有随之减弱,反而日益加强了。

---

[1] "最高的"是与物质生产相对而言的,而不是与意识形态相对而言的。(参见《马克思恩格斯全集》第 26 卷 I,人民出版社 1974 年版,第 298 页。)

[2] 参见《马克思恩格斯全集》第 26 卷 I,人民出版社 1974 年版,第 296—298 页。当然,马克思这里指的主要是"统治阶级的意识形态组成部分"。不过,反映非统治阶级利益和要求的意识形态(有人为了与前者相区别,称之为"上层建筑现象")也应包括在"上层建筑的意识形态"中。

[3] 在这一点上,斯大林基本上是正确的。他的缺陷只在于绝对化了,同时又没有将"艺术"同其他意识形态区别开来。至于他用"美学"代替"艺术",则是错误的,因为"美学"不是艺术,而是以艺术为研究对象的"科学"。(参见斯大林:《马克思主义和语言学问题》,中共中央马克思、恩格斯、列宁、斯大林著作编译局译,人民出版社 1972 年版,第 7 页。)

[4] 《马克思恩格斯全集》第 46 卷下,人民出版社 1980 年版,第 34 页。

特殊的意识形态如宗教观念、道德观念的变迁也是直接受生产关系的变革制约的。在资本主义以前,由于社会生产机体"或者以个人尚未成熟,尚未脱掉同其他人的自然血缘联系的脐带为基础,或者以直接的统治和服从的关系为基础"[1]。个人对生产资料的占有关系是以他从属于一个直接的共同体,或者是以他一定的人身依附关系为前提的,因此自然宗教表现为对具体的共同体和人们的自然关系的崇拜,带有狭隘的地方性和民族性,中世纪的天主教则与封建等级制相适应,建立了教阶制度。这一时期的道德观念便以直接服从一个共同体或更高的等级为美德。而当社会生产机体建立在商品生产,特别是劳动力成为商品的基础以后,由于社会关系的物化,人们一方面脱离了直接联系而孤立化,同时这种孤立化又使个人抽象化,人们的生命活动(劳动)先是通过交换,后来则直接在生产中丧失了特殊的具体性,变成了抽象的一般人类劳动。因此,与普遍的拜物教(商品,货币,特别是资本的拜物教)意识互为条件、互相补充,"对于这种社会来说,崇拜抽象人的基督教,特别是资产阶级发展阶段的基督教、如新教、自然神教等等,是最适当的宗教形式"[2]。甚至宗教仪式也受经济关系制约,"新教几乎把所有传统的假日都变成了工作日,由此它在资本的产生上就起了重要作用"。[3] 道德领域也是如此,资产阶级一方面提倡所谓天赋人权、自由、平等、博爱,即对抽象人的崇拜;另一方面在实际上却信奉最粗俗的拜物教和最卑劣的个人主义,资产阶级的道德家公开认为社会、集体的利益是虚幻的,只有个人的具体的物质

---

[1] 《马克思恩格斯全集》第44卷,人民出版社2001年版,第97页。
[2] 《马克思恩格斯全集》第44卷,人民出版社2001年版,第97页。
[3] 《马克思恩格斯全集》第44卷,人民出版社2001年版,第306页注104,第317页注124。

利益才是真实的。真正的前者只是后者的总和,"正因为人人只顾自己,谁也不管别人,所以大家都是在事物的前定和谐下,或者说,在全能的神的保佑下,完成着互惠互利、共同有益、全体有利的事业"[1]。他们鼓吹的所谓"勤劳""节欲"的美德,只是针对劳动者的[2],实际上不过反映了资本对剩余劳动的狼一样的贪欲,"资本是死劳动,它像吸血鬼一样,只有吮吸活劳动才有生命,吮吸的活劳动越多,它的生命就越旺盛"。它一方面拼命延长工作日,突破了劳动力耗费的一切界限,甚至生理界限,力图把工人的整个生存时间都转化为剩余劳动时间;另一方面则力图压低劳动力价值,除了通过"正常地"提高劳动生产力、降低生活资料价值的方法以外,还通过限制工人消费甚至食物掺假等各种非法手段,摧残人民的生命源泉,即使在资产阶级内部,也是互相欺诈。正如马克思所深刻揭露的:资本"在自己的实际活动中不理会人类将退化并将不免陷于灭种的前途,就像它不理会地球和太阳相撞一样。在每次证券投机中,每个人都知道暴风雨总有一天会到来,但是每个人都希望暴风雨在自己发了大财并把钱藏好以后,落到邻人的头上。我死后哪怕洪水滔天,这就是每个资本家国家的口号"。而这一切又都是直接由资本主义的生产关系所决定的,"自由竞争使资本主义生产内在规律作为外在时强制规律对每个资本家起作用"[3]。生产关系对特殊意识形态的直接决定作用,还表现在前者的内部结构决定后者的内部结构上。传统的观点在理解意识形态内部各种

1　《马克思恩格斯全集》第44卷,人民出版社2001年版,第205页。

2　正因为如此,拉法格在一篇文章里针锋相对地主张工人要有"懒惰权"(参见《唯心史观和唯物史观》附录[懒惰权])。这不免矫枉过正、流于偏颇,走到把劳动看作"牺牲"的斯密的观点上去了(参见《马克思恩格斯全集》第46卷上,人民出版社1979年版,第111—117页。)

3　参见《马克思恩格斯全集》第46卷上,人民出版社1979年版,第299—300页。

组成部分的地位和相互关系,往往把它看成是不变的。在叙述意识形态时,总是按法权观念、政治观念、道德、宗教、艺术、哲学的固定层次顺序排列。[1]

然而,这并不符合马克思的思想,实际上这种层次结构,特别是其中何者居支配地位是随着生产关系的内部结构变化而变化的。如前所述,在古代和中世纪,由于生产资料占有关系以自然联系、宗法依附关系为前提或补充,因此政治观念、宗教观念在古代和中世纪人们的精神生活中占有统治地位。[2] 而直接的财产观念、法权观念反而是从属的。[3] 而在人与人的关系彻底物化了的资本主义社会中,生产资料的所有制关系真正成了整个生产关系最完全意义上的基础和前提,因而法权观念才随着法权关系对政治关系取得支配地位(国家成了所谓"法治国家"[4]),而在意识形态中起着决定的作用,它不仅直接决定着人们的道德观念,而且制约着人们的政治观念和宗教观念,政治观念成了法治观念,而资本主义下的基督教这种崇拜抽象人的宗教又是直接与作为法权观念表现之一的商品、货币、资本拜物教思想联系的。

我们说,特殊的意识形态是直接与生产关系相联系的,其性质和特点主要由生产关系所规定,这一点又不是绝对的。在阐述生产关系和经济基础的概念时,我们已经指出,在马克思那里,二者在自身中就包含着以生产力的一定发展阶段为基础。因此,特殊的意识形态不仅就其活动的手段和物质条件来说依赖于生产力的发展程度,而且其性质和特点也在很大程度上受到生产力发展阶

---

[1] 参见艾思奇:《辩证唯物主义、历史唯物主义》,人民出版社1961年版。
[2] 《马克思恩格斯全集》第44卷,人民出版社2001年版,第99—100页注33。
[3] 《马克思恩格斯全集》第30卷,人民出版社1995年版,第478—479页。
[4] 参见《马克思恩格斯全集》第30卷,人民出版社1995年版,第29页。

段的制约，所以对它们的考察，也必须从整个生产过程、整个生产机体两个方面关系的角度进行，而不能仅仅注意一个方面。例如，在谈到宗教的起源和消亡时，马克思就指出，宗教也是"建立在对自然界的关系上的"[1]。古代的自然宗教和民间宗教虽然直接以当时的生产关系为基础，但这种关系"存在的条件是：劳动生产力处于低级发展阶段"，因此必须全面考察"人们在物质生活生产过程内部的关系，即他们彼此之间以及他们同自然之间的关系"，才能揭示作为两种关系的狭隘性的观念反映的自然宗教和民间宗教的本质。同时"只有当社会生产过程即物质生产过程的形态，作为自由联合的人的产物，处于人的有意识有计划的控制之下的时候，它才会把自己的神秘的纱幕（即现实世界的宗教反映——引者注）揭掉。但是，这需要有一定的社会物质基础或一系列物质生存条件，而这些条件本身又是长期的、痛苦的发展史的自然产物"。[2]

在马克思看来，科学是一类与意识形态有着本质区别的精神现象。

"西方马克思主义"和西方"马克思学"一般认为，在马克思主义哲学中，"科学"同"意识形态"两个概念之间的界限是含混的。这种说法，如果是指后来的马克思主义哲学界中存在的某些倾向，确实是正确的。从第二国际"经济唯物主义"一直到现行的历史唯物主义体系，都或多或少地存在着把社会意识形态归结为"社会认识"的错误看法，认为如同一般认识反映不依赖于它而存在的客观物质一样，社会认识也反映着社会的经济制度。这样就混淆了两种"反映"：反映社会客观规律的认识以及表现人们一定物质利益

---

[1] 《马克思恩格斯全集》第26卷下，人民出版社1974年版，第34页。
[2] 《马克思恩格斯全集》第44卷，人民出版社2001年版，第97页。

的主观意识、愿望和要求,后者也是社会经济制度的反映。这种观点至多只能从反映对象的不同上区分自然科学同社会意识形态,而不能从两种"反映"性质的不同上区分社会科学同社会意识形态、传统观点,所以往往存在着把社会科学(这里也包括研究人本身自然和精神活动规律的人类学、美学、伦理学、逻辑学等等)同意识形态混为一谈[1]的现象。

然而,如果说在马克思本人那里,也存在上述现象,只是后来的卢卡奇才对"科学"与"意识形态"作了明确的区分。那么,这就完全不符合事实了。

从前面我们在阐明生产力范畴和意识形态的一般概念时所引证的马克思论述中就可以看出,马克思从未把科学包括在社会意识形态之中,恰恰相反,他认为科学一般地属于生产力的范围。当然,由于在马克思时代,社会科学对物质生产的意义尚未充分显示出来。因此马克思在《资本论》及其手稿中阐述"科学是生产力"时主要指的是自然科学。但是马克思既然认为与个别劳动相对的社会劳动生产力主要是由劳动的社会分工和结合(包括企业内部和社会内部两个方面)造成的,而这种社会劳动性质又带来了科学管理的职能。因此也蕴含了通过其在管理上的应用而成为直接生产力的意义。正像自然科学通过其在技术上的应用而成为直接生产力一样。马克思严格区分社会科学同社会意识形态的一个突出例证,就是他对于同人们一定物质利益联系最直接、最密切的经济思想,也严格区分了科学成分同直接代表一定阶级利益的意识形态,阐明了古典经济学同庸俗经济学、科学同辩护论的

---

[1] [苏]斯大林:《马克思主义和语言学问题》,中共中央马克思、恩格斯、列宁、斯大林著作编译局译,人民出版社1972年版,第7页。

区别。

不仅如此,马克思还在说明他的"从抽象上升到具体"的方法同黑格尔方法的本质区别[1]以及将李嘉图的科学态度同马尔萨斯的辩护立场相对照[2]时,就"科学"同"意识形态"之间的原则区别作了直接的阐发。把马克思这些论述联系起来,我们就可以看出科学具有以下的性质和特点。

科学以认识自然和社会(包括人本身的自然和思维——下同)为内容。其职能是揭示自然和社会的客观规律、发展人们控制、支配自然和社会的能力。它不是"意识形态",而是"知识的形式"。

科学有三个特点:

(1) 它的内容是客观的,不具有阶级性。它的形式本身也只具有"一般社会"性。[3] 科学只能适应"从科学本身(不管这种科学如何错误)"而不是"从外部引出的,与科学无关的,由外在利益支配的观点"。[4] 马克思在评论李嘉图关于为了发展生产力可以牺牲土地所有者、资本家和工人阶级的利益的三段话时指出:"这三个例子表明了李嘉图科学上的公正。"[5]甚至赞扬"工厂制度的品德"和"仆人"、工人阶级的死敌尤尔的著作同"作为这个制度的自由批评家"恩格斯的著作都是"最好的"。认为就反映"工厂制度的真实精神"来说,"两本书的内容相同"。[6]

(2) 虽然科学活动也是社会生活的组成部分,但就它的任务来说,却不是直接构成人们的精神生活本身,而是为人们的社会生

---

1 《马克思恩格斯全集》第30卷,人民出版社1995年版,第41—42页。
2 《马克思恩格斯全集》第26卷Ⅱ,人民出版社1974年版,第124—128页。
3 《马克思恩格斯全集》第31卷,人民出版社1998年版,第102页。
4 《马克思恩格斯全集》第26卷Ⅱ,人民出版社1974年版,第126页。
5 《马克思恩格斯全集》第26卷Ⅱ,人民出版社1974年版,第133—134页。
6 《马克思恩格斯全集》第47卷,人民出版社1979年版,第533—534页。

活和精神生活提供条件、科学"用它所专有的方式掌握世界,而这种方式是不同于对于世界的艺术精神的、宗教精神的、实践精神的掌握的。实在主体仍然是在头脑之外保持着它的独立性;只要这个头脑还仅仅是……理论地活动着"。[1]

(3) 科学本身是一种精神生产,又以自己的成果参与物质生产,科学"既是观念的财富",又是"实际财富的生产者"[2]。

正因为如此,科学同物质生产过程、社会生产机体的联系不同于形式,它直接而且主要是与生产力相联系,而不是同生产关系相联系。它不是由一定的生产关系决定的,而是由生产力的一定发展水平决定的;它对物质生产过程的作用,也直接表现在提供一种生产力上。

关于科学推动生产,我们在谈到马克思关于决定生产力的因素时已经作了详细的说明。这里再对科学对物质生产过程发展的依赖性作一点补充。

科学作为一种精神生产,需要物质生产部门为它提供手段、刺激和其他物质条件。在生产力较低的发展水平上,真正作为精神生产的科学(即以实验为基础的理论科学)并不存在。它只以萌芽的方式存在于意识形态(主要是哲学:自然哲学和历史哲学)和物质生产过程中,其生产方式是直观、猜测和经验积累。科学的发展是极其缓慢的,正是生产力的发展促使科学同意识形态相分离,又

---

[1] 《马克思恩格斯全集》第 30 卷,人民出版社 1995 年版,第 43 页。因此一个人的科学观点可以同他的意识形态观念不同甚至相矛盾。如李嘉图在科学上"把无产者看成同机器、驮畜或商品一样",但就意识形态来说,"李嘉图总是一个博爱主义者,而且他在实际生活中也确是一个博爱情主义者"。《马克思恩格斯全集》第 26 卷 II,人民出版社 1974 年版,第 126 页。)

[2] 《马克思恩格斯全集》第 46 卷下,人民出版社 1980 年版,第 34 页。

"同直接劳动相分离"[1]。在资本主义下发展起来的生产力"第一次在相当大的程度上为自然科学（后来也为社会科学——引者注）创造了进行研究、观察、实验的物质手段"[2]；"第一次产生了只有用科学方法才能解决的实际问题"，使科学的发展成为"生产过程本身的迫切需要"[3]；正因为如此，也促进了精神生产同物质生产的社会分工，使"发明成了一种特殊的职业"[4]。这一切都大大地促进了科学的发展，归根结底也是同生产力的发展分不开的。一般说来，历史发展到什么地步，"一般社会知识"即科学也发展到什么程度。马克思在《资本论》及其手稿中就有大量关于这一方面的例证。如：亚里士多德提出"人天生是政治动物"的命题以及他不能得出价值抽象的根源在于古代社会建立在直接的共同体和奴隶劳动的基础上[5]；富兰克林"第一次有意识地，明白而浅显地把交换价值归结为劳动时间的分析"以及关于"人天生是制造工具的动物这一定义标志着美国社会（即没有受到封建遗迹束缚的典型资本主义社会普遍的商品社会、"为生产而生产"的社会——引者注）的特征"[6]；笛卡儿认为"动物是单纯的机器""是用与中世纪不同的工场手工业时期的眼光来看问题的"（"在中世纪，动物被看作人的助手。"）[7]等等。

然而，真正说明马克思科学观的历史性的，不是例证，而是他

---

1 《马克思恩格斯全集》第47卷，人民出版社1979年版，第570页。

2 《马克思恩格斯全集》第47卷，人民出版社1979年版，第572页。

3 《马克思恩格斯全集》第47卷，人民出版社1979年版，第570页。

4 《马克思恩格斯全集》第47卷，人民出版社1979年版，第572页。

5 参见《马克思恩格斯全集》第44卷，人民出版社2001年版，第75页，第379页注13；《马克思恩格斯全集》第30卷，人民出版社1995年版，第489页。

6 参见《政治经济学批判》单行本，人民出版社1955年版，第39页；《马克思恩格斯全集》第44卷，人民出版社2001年版，第379页注13。

7 《马克思恩格斯全集》第44卷，人民出版社2001年版，第448页注111。

的整个《资本论》的结构。根据马克思自己的看法,《资本论》前三卷是理论部分,它直接反映了资本主义经济关系的"内部结构",间接[1]反映了资本主义经济关系"现实的历史过程"[2];而《资本论》第四卷"即历史文献部分",不过是将前三卷的内容"以历史的形式重述一遍"[3]。在更早的时候(1858年2月),马克思甚至打算在理论部分、学说史部分之外,写作以"对经济范畴和经济关系的发展的简短历史概述"为内容的"第三部著作"[4]。这就充分说明,在马克思看来,经济科学、经济范畴的发展是同现实的经济发展一致的,作为人类知识形式的科学是同人类社会历史的发展相一致的,这种历史性是一种一般社会性。

但是,我们不能将这一点绝对化。

首先,科学"既是财富的产物,又是财富的生产者"[5]它不仅依赖于物质生产所提供的手段和刺激,而且依赖于精神生产提供的思想资料和可供借鉴的观点、方法,以及科学本身的内在动力,科学活动在生产活动的基础上独立化,又反过来改变生产过程的性质,使直接生产过程日益变为科学的应用过程和受控自然过程,科学劳动将日益取代直接劳动过程而成为社会生活的基础。[6] 因此,马克思高度评价了科学劳动的意义。"把科学看成是历史的有

---

[1] 人们在谈论《资本论》中逻辑方法和历史方法时,通常忘记了这一点(即二者是经过中介的统一),因而出现了将二者直接等同或对立起来的两种极端。(前者参阅罗森塔尔《"资本论"中的辩证法问题》;后者参阅《中国社会科学》1981年第2期,沈佩林《"资本论"中范畴的逻辑顺序和历史顺序问题》)。
[2] 《马克思恩格斯全集》第13卷,人民出版社1965年版,第217—223页。
[3] 《马克思恩格斯〈资本论〉书信集》,人民出版社1976年版,第196页。
[4] 《马克思恩格斯〈资本论〉书信集》,人民出版社1976年版,第124页。
[5] 《马克思恩格斯全集》第46卷下,人民出版社1980年版,第34页。
[6] 《马克思恩格斯全集》第46卷下,人民出版社1980年版,第217—218、225—226页。

力的杠杆,看成是最高意义上的革命力量。"[1]

其次,科学劳动又是同一定的生产关系(以及由此决定的一定的社会关系)相联系的。且不说在资本主义历史阶段以前,知识形式的科学(不包括直接劳动者的生产经验、劳动技能,因为它们不是以知识的形式存在的)的发展,主要是作为统治阶级活动的附属部分而实现的,因此它仍然没有从意识形态(自然哲学、历史哲学等)中分化出来;就是在科学成为独立的职业以后,由于"科学被资本用作致富手段,从而科学本身也成为那些发展科学的人的致富手段。所以,搞科学的人为了探索科学的实际应用而互相竞争"[2]。商品生产和资本主义生产关系扩展到精神生产部门。科学生产者总是处在一定社会关系中为一定特殊的利益所支配的,在社会科学领域,例如政治经济学,由于所研究的对象的特殊性,有可能"把人们心中最激烈、最卑鄙、最恶劣的感情,把代表私人利益的复仇女神召唤到战场上来反对自由的科学研究"[3]。科学产品的商品化,也使一些人"在科学领域内伪造自己的结论",借科学之名推销意识形态的货色。所以,尽管社会科学是与意识形态根本不同的,但是就这一领域中的具体产品即某社会科学思想、观点和理论体系来说,在阶级社会里却可能包含着意识形态的因素,特别在科学的应用(如根据一种理论提出一个纲领,要求、计划等)方面,更是同特殊的意识形态相联系。科学的客观性同阶级的功利性只有在处于上升地位的阶级那里才能统一起来。资产阶级经济学说从古典经济学到庸俗经济学的转变就充分说明了这一点。不过这里有两个区别:第一,科学本身同科学的应用不是一回事;第

---

[1] 《马克思恩格斯全集》第 19 卷,人民出版社 1963 年版,第 372 页。
[2] 《马克思恩格斯全集》第 19 卷,人民出版社 1963 年版,第 372 页。
[3] 《马克思恩格斯全集》第 44 卷,人民出版社 2001 年版,第 10 页。

二,正像马克思认为科学在物质生产中的应用具有二重性(既是生产相对剩余价值的特殊方法,又是一种具体技术方式)一样,对科学在意识形态领域里的应用也应看到这种二重性,而不能不加区分地把科学的应用笼统地看成意识形态。[1] 只有到了共产主义,人们的社会关系和情感关系才会完全变成科学和艺术的应用,而不带有特殊的意识形态的性质。

科学和意识形态的关系,实质上是客观规律同主观意愿之间的关系,是"客观—真理"同"实践—精神"之间的关系。因此,问题不在于把二者绝对对立起来,而在于以前者为基础,把两者统一起来。马克思主义正是如此。就它反映了客观真理来说,它不是一种意识形态,而是科学;就它表现着无产阶级的利益和要求来说,它又是无产阶级的意识形态,而后者又是建立在前者基础上的。"西方马克思主义"者那种认为马克思没有明确区分科学和意识形态的说法,实质上恰恰反映了他们形而上学地把这两者对立起来了,而他们分裂成为所谓"科学马克思主义"(如结构主义的和新实证主义的"马克思主义")和"批判马克思主义",正是同整个西方哲学所谓"科学主义"和"人本主义"的对立一样,是这种割裂的产物。

艺术则属于第三种情况。

艺术作为一定社会人们物质生活和精神生活的形象再现[2],同科学有许多共同之处。

首先,艺术同特殊的意识形态不同,不是直接表现着一定阶级

---

[1] 阿尔都塞在《保卫马克思》中只区分了前一点,而将科学的应用完全等同于意识形态。一个对《资本论》研究有着深刻造诣的人竟然会忘记了这个"常识",似乎是不可思议的;但是,既然他试图用结构主义改造马克思主义,这种"常识"性的错误就是不可避免的。

[2] 艺术是用"艺术方式加工过的自然和社会形式本身"。(参见《马克思恩格斯全集》第12卷,人民出版社1962年版,第761页。)

的利益,也具有一定的永恒性和普遍性。它虽然出于一定时代和一定社会关系中的个人之手,但由于是用形象直观地再现了人们的物质生活和精神生活,因此可以给同时代或者以后时代的其他个人以艺术享受。马克思就以儿童的天真会使成年人感到愉快说明了希腊艺术所具有的永久的魅力。[1] 其次,艺术的对象也不仅是社会生活,而且包括自然界。当然即使在以外部自然为对象时,艺术所表现的也是人本身的情感和幻想。但是,它毕竟不同于特殊的意识形态。后者在以物为对象时表现的也是人对人的意志关系和利益要求;而艺术通过物表现的不仅是人对人的感情和愿望,且是共同作为自然的支配和征服者的人的感情和愿望。这就是说,无论在任何情况下,特殊的意识形态总是以人对人的关系为内容,但艺术的内容不仅包括人与人的关系,还包括人对自然的关系。例如,神话作为原始艺术之一,就是"在想象中和通过想象以征服自然力,把自然力形象化"[2]。

最后,特殊的意识形态本身不直接构成精神财富,而艺术则是一种精神生产活动。它提供一种精神产品,这种产品可以满足人们一定的精神生活的需要,即具有"艺术享受"[3]的使用价值。在商品社会中,"只要他们表现为物,就都包括在……物质产品中"[4]。

正因为如此,所以艺术的命运同特殊的意识形态不同,而与科学相似,它并不随着社会生产过程的对抗形式的灭亡而灭亡,恰恰在那时才成为人们的主要活动;而特殊的意识形态现在所担负的

---

[1] 《马克思恩格斯全集》第12卷,人民出版社1962年版,第762页。
[2] 《马克思恩格斯全集》第12卷,人民出版社1962年版,第761页。
[3] 《马克思恩格斯全集》第12卷,人民出版社1962年版,第762页。
[4] 《马克思恩格斯全集》第26卷Ⅰ,人民出版社1974年版,第165页。

职能,则转变为艺术和科学的应用。[1]

但是,艺术无论就其表现的内容,还是就其表现的方式来说,都是与一定的历史时代、一定社会关系中的个人的主观感受密不可分的。它归根到底反映着人们的"各种不同情感、幻想"[2]。在阶级社会中,人们的情感、幻想又总是同一定的阶级地位相联系的,特别是由于"一切先前的所有制形式都使人类较大部分,奴隶,注定成为纯粹的劳动工具",艺术"是在这些人之上的上层社会中实现的"。[3] 这就使艺术必然带有阶级烙印。甚至被作为表达阶级情绪、进行阶级斗争和阶级统治的工具。即使在阶级消灭之后,它也将作为表现人们的个性、情感和幻想的方式不同于科学,因而它是一种一般意识形态。

艺术不同于科学的另一个特点是,艺术只能满足人们的精神需要,只加入人本身的精神生产,即使加入物质生产,它也只能美化物质产品的形式或者通过刺激人本身的活动来提高劳动生产率,而不像科学那样可以直接驱使自然力,来为物质生产服务。[4] 科学是一种特殊的精神生产(因为它同时又是潜在的物质生产)[5];艺术则是一般精神生产。

因此,艺术的意义主要在于表现和发展人的自由个性、造成全

---

[1] 《马克思恩格斯全集》第46卷下,人民出版社1980年版,第225—226页。
[2] 《马克思恩格斯全集》第1卷,人民出版社1956年版,第629页。
[3] 《马克思恩格斯全集》第46卷下,人民出版社1980年版,第88页。
[4] 有人曾引用给母牛演奏音乐,可以使其多产奶为例说明艺术可以提供一种直接的物质生产力。例子是绝妙的,只是有一点小"疏忽":艺术只有以人为对象时才成其为艺术,作为以牛为对象的"艺术"不过是技术,这个例子正确的解释应是:艺术向技术的转化。当然转化总以二者的一定同一性为基础,人也是动物,但在谈论历史观(生产力范畴)时把人和动物等同起来,那就等于取消了历史观本身。
[5] 科学"既是观念的财富又是实际财富","既是财富的结果,又是财富的生产者"。参见《马克思恩格斯全集》第46卷下,人民出版社1972年版,第34页。

面发展的个人方面。[1] 马克思高度评价了艺术的作用,将它与科学并列,称之为"真正自由的劳动""自由的精神生产""最高的精神生产"。[2]

艺术生产的特殊性,充分表现在它同物质生产过程联系的特殊性上。它既不像特殊的意识形态那样直接依赖于一定的生产关系,又不像科学那样直接依赖于生产力的一定发展。正是根据这种特点,马克思强调了艺术生产同物质生产发展的不平衡性。他指出:艺术的"一定的繁盛时期决不是同社会的一般发展成比例的,因而也决不是同仿佛是社会组织的骨骼的物质基础的一般发展成比例的。"[3]

这种不平衡表现在两个方面:一是就"整个艺术领域同社会发展的关系"来看;二是就某种一定的"艺术形式"来看,马克思不仅以希腊艺术为例说明了这一点[4],而且指出一定艺术形式同生产方式的不平衡性甚至可以达到敌对的程度[5]。

但是,归根结底,艺术总是受物质生产方式的一定发展制约的,不同艺术种类和艺术形式的兴衰变迁本身就是与生产方式的变化相联系的。例如史诗形式的衰落,就是由于作为它的前提的神话,总是不发达的社会阶段的产物。资本主义生产方式的发展就"排斥一切神话地对待自然的态度和一切把自然神话化的态度;并因而要求艺术家具备一种与神话无关的幻想"[6]。现代文艺中

---

[1] 《马克思恩格斯全集》第 46 卷下,人民出版社 1980 年版,第 218—219、225—226 页。

[2] 《马克思恩格斯全集》第 46 卷下,人民出版社 1980 年版,第 113 页。《马克思恩格斯全集》第 26 卷Ⅰ,人民出版社 1974 年版,第 296、298 页。

[3] 《马克思恩格斯全集》第 12 卷,人民出版社 1962 年版,第 760—761 页。

[4] 《马克思恩格斯全集》第 12 卷,人民出版社 1962 年版,第 760—761 页。

[5] 《马克思恩格斯全集》第 26 卷Ⅰ,人民出版社 1974 年版,第 296 页。

[6] 《马克思恩格斯全集》第 12 卷,人民出版社 1962 年版,第 761—762 页。

科学幻想作品的出现辉煌地证实了马克思的这种论断。

传统观点在理解意识形态时,主要缺陷正在于忽视了艺术作为一般意识形态,特别是作为一般精神生产的特点,而把它同特殊意识形态完全等同起来。这就导致了简单化倾向,把文艺完全等同于政治宣传和政治鼓动。

正像"无政府主义是对机会主义罪过的一种惩罚。这两种畸形的东西是互为补充的"一样,在艺术界,也存在一种完全否定艺术的意识形态性质。按照马克思的看法,即使到了共产主义,艺术活动也不能完全代替科学活动而成为人类生存的基础,它仍然只能是人类高级活动的一种,必须建立在已经变成科学劳动的附属部分(即科学的应用过程)的物质生产基础上。认为人类可以成为不食人间烟火的天使,同认为人类永远只能是"单纯的劳动工具"一样,是违反马克思的历史观的。

所以我们必须恢复马克思精神生产观和意识形态观的本来面目,从我国现实出发,坚持正确的意识形态政策、科学政策、文艺政策和知识分子政策,繁荣我国的科学文化事业。促进四化建设,为建设社会主义的物质文明和精神文明而奋斗。

到这里为止。我们已经比较全面地阐述了马克思《资本论》及其手稿中关于社会结构的思想。

马克思关于社会的理论,一般说来,可以从两方面了解:一是从社会生活过程的角度,分为物质生活过程和其他社会生活(包括政治生活和精神生活)过程;二是从社会机体结构的角度,把社会作为人们所处的全部关系的总和,划分为人对自然的关系,人与人的关系,而在人与人的关系中再区分出生产关系和其他社会关系。

因此，如果说"生产方式"和生活方式、"精神方式"[1]一样，主要是用来标志社会生活的过程性范畴的话，那么生产力和生产关系，经济基础和上层建筑便主要是用来标志社会关系的结构性范畴；马克思关于社会的理论，正是这两个方面的辩证统一。

值得注意的是，马克思不仅在把社会当成一个生活过程时，坚持从再生产过程的角度来进行考察，而且在把社会当作一个机体进行解剖时，也是坚持从再生产过程的角度出发的。这一点，我们已经在本文的引言中预先指出，并且在正文中作了比较详细的论证。我们认为，这正是《资本论》及其手稿中关于社会结构思想的主要特点。从第二国际"经济唯物主义"直到现行的历史唯物主义理论体系，也恰恰是在这一点上存在着根本的缺陷，它们往往都把社会结构的相对静止性一面加以绝对化。可以说，有关历史唯物主义一些基本范畴以及整个历史唯物主义逻辑体系的许多歧义，都是由忽视这一点造成的。因此，今天重温《资本论》及其手稿中关于社会结构的思想，有着重大的理论意义和现实意义。

当然，由于社会结构理论本身就是从相对静止的角度来考察社会的，因此传统观点的缺陷也有它存在的理由，要从根本上克服这些缺陷，还必须不仅把社会当成一个相对静止的机体结构，相对稳定的生理过程，而且当成一个在历史上不断发展着的演变过程。进一步研究社会结构在历史进程中的变化、发展及其规律，进而考察马克思《资本论》及其手稿中关于历史进程的丰富思想。不过，这已经超出本文的研究范围了，它将是另一篇文章的考察对象。

1　《马克思恩格斯全集》第26卷Ⅰ，人民出版社1974年版，第296页。

第二编

马克思主义哲学基本问题研究

第五章 本体论的终结：论实践的中介性质和地位

目前关于实践唯物主义的争论,已集中到唯物论与实践论之间关系的问题上,这是讨论深化的标志,也是能否实现马克思主义哲学体系新建构的关键。但是"本体论"的思维方式却阻碍着讨论的进一步深入,成为实现唯物的实践观和实践的唯物论之间内在统一的绊脚石。不仅"物质本体论"和"实践本体论"由于缘于本体论的思维方式,不可能克服形而上学唯物主义和抽象人本主义的二律背反;即使"物质—实践本体论"和"实践超越论"也没有真正突破本体论的思维方式。要真正超越本体论的思维方式,唯有确认实践范畴的中介性质和中介地位。为此,需要根据逻辑与历史相统一的原则,确立实践唯物主义只能是"中介性实践哲学"的立场。

第一节

在马克思哲学研究中"本体论"的思维方式,以"物质本体论"和"实践本体论"两种最具代表性。

"物质本体论"可分为"强派"和"弱派"。"强派"认为,唯物论就是物质本体论,没有必要提实践唯物主义,马克思主义哲学就是辩证唯物主义和历史唯物主义。"弱派"一般不赞成"物质本体论"的名称,而称唯物论为一般世界观,同时从"功能"或"局部"(历史观和认识论)意义上赞成马克思主义哲学是实践的唯物主义。

我们认为,无论强派还是弱派,都存在着三个方面的根本弱点。

第一,混同了"本体论"与"世界观"。不懂得马克思主义在哲学对象问题上革命变革的实质。他们认为不承认"物质本体论"就是否认马克思主义哲学的一般世界观性质。

实际上,哲学的对象是变化的,从古代"浑然一体的意识总汇",经过近代"科学之科学",到马克思主义把哲学对象确定为世界观方法论,正是反映了一般世界观脱离旧本体论和传统认识论的进步。这一点,传统解释框架也是承认的,并且以此为依据,庄严宣称马克思主义在哲学对象问题上实现了革命性的变革,它的缺陷在于仅仅把世界观定义为关于整个世界的根本看法,因而带有消极的静观性和狭隘的认识论性质。实际上,马克思主义哲学恰恰不是要直接回答"世界是什么?"的本体论问题(那是具体科学和具体意识形态的研究对象),而是要揭示人与自然、主体与客体、物质与意识、价值与认知之间的关系,即人在把握外部存在与自身存在过程中的根本立场、观点和方法。

第二,混同了"本体"与"本原",没有看到"物质本体论",除了包含"本原"的涵义以外,还潜藏着"凡是本原的东西总是决定的,派生的东西总是被决定的"这一意义。他们断言,否认"物质本体论",强调实践的核心地位,就是否认"物质一元论",就是否认马克思主义哲学的唯物主义性质。

实际上，把本原的东西认作本质，认作决定性的东西，正是形而上学唯物论的特征。"物质本体"论者正是使用了这种形而上学的抽象归结法：先在决定后生，过去决定现在和未来，低级的东西决定高级的东西。

第三，混同了"本原观"与"本原"，把现实世界的起点同哲学的起点混为一谈，只看到了旧唯物主义在本原观上的正确性，没有看到它做出这种本原观的论断方式是独断论的、形而上学的、非批判的。

实际上，用实践论改造唯物论，把实践唯物主义融贯到一般世界观之中（包括物质观），并不是要否定物质的本原性，不是要从实践中派生出物质，而是要改变物质本原性论断的形而上学基础，把这一论断建立在实践的基础上。

如果说"物质本体论"仍然停留在旧唯物主义的框架内，在此基础上不可能建立起实践唯物主义的大厦，那么"实践本体论"则走上了与之相反的另一极端——新形式的唯心主义。究其根源，也是因为他们固于本体论的思维方式，不过这里的本体论，已不再是旧本体论的含义，而是与西方存在主义的"基本本体论"相类似。

"实践本体论"也有强弱之分。弱派主张以实践为终极本体，强调自己是新的唯物主义，强派则认为实践尚不是本体，强调"实践本体论"实质上是要弘扬"主体性哲学""人的哲学"，人本身才是马克思主义哲学的真正出发点。

在哲学的对象、方法和性质问题上，我们认为，"实践本体论"同样存在着致命的弱点。第一，就哲学的对象说，"实践本体论"把世界划分为自在世界与属人世界，认为前者只是抽象的存在，即"非存在的存在"，后者才是现实的存在。这就是说，存在的意义仅仅在于"为人性"。而属人世界又是人的活动的对象化，即存在的本原又在于"人为性"。这种"为人性"和"人为性"的统一就是存在的全部内涵。因而不管"实践本体论"者的主观愿望如何,这一构想的内在逻辑,必然会根本改变马克思主义哲学的世界观性质,使之成为一种片面的主体价值哲学。

第二,在哲学的方法上,"实践本体论"本质上采用的也是抽象归结法,不过它与"物质本体论"不同,是一种反向归结法,即把先在的东西归结为后来的东西,把低级的东西归结为高级的东西。这就使它不同于机械的决定论,而陷于一种"人学目的论",实际上是用目的和手段、需要和对象的关系代替了线性的因果关系。

第三,在哲学的性质上,"实践本体论"必然破坏马克思主义哲学的唯物主义基础,它不是力图用实践的观点改造旧唯物主义的基础,而是企图用"实践本体论"取代"物质本体论",不是抛弃"物质本体论"的形而上学性质,而是把唯物主义的一般原则都当作"形而上学"问题加以拒斥。因此,这一构想的结果不是实践唯物主义的崭新世界观,而只能是新形式的唯心主义,即抽象人本主义的价值哲学。

第二节

"物质本体论"和"实践本体论"必然陷于形而上学唯物主义和抽象人本主义的二律背反,这一点已为越来越多的人意识到了。"物质—实践本体论"和"实践超越论"就是试图解决这一矛盾的两种尝试。

"物质—实践本体论"只是看到了这一矛盾的后果,而没有真正理解产生这一矛盾的根源在于本体论的思维方式,因而企图用折衷主义的方法去解决它。持有这种观点的人把"物质"和"实践"组合、平列起来,作为共同本体。看起来,这一构想超越了"物质本体论"和"实践本体论",实际上恰恰相反,它远在两者之下。在唯物论上,它不仅仍然坚持"物质本体论",而且由于它承认实践也是本体(对于这一点,"物质本体论"是决不容许的),破坏了旧唯物论意义上的一元论。在实践论上,它也低于"实践本体论",因为它主张实践本身(作为活动、流动状态)只是主体性的,只有实践结果、活动的凝结才转化为存在状态,这表明它尚停留在"存在者"上,尚未达到"存在"本身的高度,尚没有资格称之为新形式的唯心主义。

"实践超越论"较之前者,倒是更富于批判性,它不仅看到了二律背反的结果,而且看到它的根源,甚至可以说它最早提出了"超越本体论思维方式"的口号,遗憾的是实践超越论者只是提出了这个口号,而没有真正理解什么是本体论的思维方式,它自身仍未冲决本体论的樊篱。

其一,它仍然把唯物论等同于"物质本体论",不承认有超越了本体论的,即任何不同于旧唯物论的唯物主义形式。因此,其必然的结论是,要抛弃"物质本体论",就必须超越唯物主义。在这一点上,"实践超越论"不仅远远低于马克思主义的实践唯物论,甚至低于当代西方"科学实在论"的水平。

其二,这一构想在正确地提出"从两极走向中介"的观点时,却不理解中介范畴的实质,相反把这一范畴理解为某种绝对的"主体—客体",寻求形而上学的"同一"。这里恰恰潜藏着"本体论的思维方式",即只有某种绝对同一的东西才能充当世界的基础或哲学的出发点!这也正是"实践超越论"者企图超越唯物主义和唯心主义的对立,建立"不带唯物主义后缀"的"实践哲学"或"实践一元论"的方法论根源。这种"超越"的"实践哲学",确实去掉了唯物主义的"后缀"(应该说,同时也是"前缀",即前提和结论的统一),却拖着一条唯心主义"本体论"的尾巴。

第三节

要真正超越本体论的思维方式,唯一的途径是循着马克思开拓的方向,结合现代哲学思维和现实实践的发展,真正确认马克思主义哲学实践范畴的中介性质,确立实践在马克思主义哲学体系中的中介地位。

在《1844年经济学—哲学手稿》中,劳动被理解为人的自由自觉的感性活动,它是人的应有本质的对象化。但是到了《关于费尔巴哈的提纲》中,实践范畴就发生了根本变化:实践不再是应有的理想活动,而是现实的客观的活动,实践不再是单纯的人的活动,而是"环境的改变和人的活动或自我改变的一致"。后来马克思在《资本论》中又进一步指出:"劳动首先是人和自然之间的过程,是人以自身的活动来中介、调整和控制人和自然之间的物质变换的过程","劳动过程的简单要素是:有目的的活动或劳动本身,劳动对象和劳动资料"。[1] 这一切都表明,马克思所理解的作为新唯物主义出发点的实践,不能理解为单纯的主体性范畴,也不是单纯的客观过程,而是连接主客体的中介范畴。

马克思还对"中介"的实质进行了明确的阐发。他在《1857—

---

[1] 《马克思恩格斯全集》第44卷,人民出版社2001年版,第207—208页。

1858年经济学手稿》中说,"最初在两极间起中介作用的运动或关系,按照辩证法必然会导致这样的结果,即这种关系表现为自身的媒介,表现为主体,两极只是这个主体的要素,它扬弃这两极的独立的前提,以便通过这两极的扬弃本身来把自己确立为唯一独立的东西"。还说,"出发点当然是自然规定性","人们先是在一定的基础上——起先是自然形成的基础,然后是历史的前提——从事劳动的。可是到后来,这个基础或前提本身就被扬弃……"[1]这就是说,实践作为中介范畴,应当看作两极间有建构能力的关系,它源于两极的相互作用,但在一定发展阶段上,它自身便成为具有统摄作用的结构,不但不再依赖于两极,两极反而丧失了独立存在,成了由它所决定的要素。同时,实践作为中介范畴,还应看作从前提到结果发展过程中起扬弃作用的环节。它从运动的前提出发,由前提所决定,是前提的结果,但在一定点上,结果反过来成了前提,原有的前提反而成了这一结果的结果。

实践范畴的中介性质决定了它在马克思主义哲学中的中介地位。实践是马克思主义哲学的核心范畴,它不仅是历史观和认识论的基础,是主体观和价值观的基础,而且也是物质观和唯物论的基础。实践所以能占据这种核心地位,只是由于它的中介性,反过来,它的这种核心地位也仅仅意味着它的中介性。实践并不是存在的本原,这不仅就自然界和一般世界观来说是如此,即使就社会和历史观、主体和价值论、认识论来说也是如此。它不构成本原意义上的"本体",只是具有建构能力的关系和扬弃作用的环节。

只要我们真正把握马克思对实践范畴的中介性质和中介地位的这种理解,就能克服由"本体论"思维方式派生出来的两极化、折

---

[1] 《马克思恩格斯全集》第30卷,人民出版社1995年版,第51、293、490页。

衷主义或神秘的绝对同一观点,扬弃由这一思维方式所造成的二律背反。试看某些同志郑重其事出的这个二难推理吧:"如果强调物质(自然)本体归根到底的基础地位,把实践理解为物质变换的中介,那么还是没有超出传统教科书的立场,而如果认为实践是人的世界的总体与主体,物质(自然)就要降为实践总体的一个内在要素,这已经超越了一般唯物主义立场,又怎么能冠之以'唯物'呢?"[1] 只要把这一段话同马克思的上述论述对照一下,就不难发现两者之间的距离。

"实践中介论"或"中介性的实践哲学"不只是符合马克思的哲学本意,同样也体现今天的时代精神,因而成为今天马克思哲学发展必然选择。今天的时代比马克思那时更需要强调实践的中介性质和中介地位。西方哲学中人本主义和科学主义在 60 年代末分别走向危机,社会活动中人的主体性地位的高扬以及与此同时生态、环境危机要求重视自然对人的反作用(报复),特别是我国社会主义初级阶段的特点,都需要我们既要反对形而上学的唯物主义,又要防止抽象人本主义。当然,中介性实践哲学也会过时,因为任何哲学都是自己时代的产儿。按照马克思的看法,人类社会是由"自然共同体"经过"经济的社会形态",走向"自由人联合体"的过程;相应地,人类精神也经过着自然决定、中介决定和主体决定三个发展阶段,中介性实践哲学正是第二阶段向第三阶段发展的时代精神的体现。

中介性实践哲学并不企图超越物质和意识的对立,它只是充当物质和意识的桥梁;中介性实践哲学并不奢望成为包容一切的

---

[1] 徐崇温:《用马克思的思想统一对实践唯物主义的认识》,载《哲学研究》1989 年第 12 期;王金福:《实践本体论还是辩证唯物主义的物质一元论——与实践本体论者讨论》,载《哲学研究》,1989 年第 12 期。

总体,它只是致力于世界的总体化;中介性实践哲学并不自封为主体,它只是促进人由自然存在物向社会自由人的上升;中介性实践哲学并不标榜自己是未来哲学,它只是不断地立足过去,面向未来。一句话,中介性实践哲学并不自诩为绝对哲学,它公开宣称自己的使命在于中介—上升。

第六章 马克思"劳动异化"理论形成的历史语境和内在逻辑

关于"异化"同马克思的关系,自 1932 年马克思《1844 年经济学哲学手稿》完整发表以来,首先在西方从那时起到 60 年代,接着在苏联、东欧从 60 年代到 70 年代,最后在我国 80 年代,一再成为学界关注和讨论的中心问题。此方面研究形成了一个又一个的热潮,出版了大量的论文和专著,可以说相关文献浩如烟海、汗牛充栋。似乎值得探讨和争论的一切问题,甚至连最细微之处都已经被详尽地探讨和研究过了,我认为,关于这一问题不少方面仍有待进一步深化。本章将通过对马克思以前和马克思本人"异化"理论形成过程的全面梳理,力图更为深入地揭示马克思接受"异化"理论的具体语境,特别是青年马克思异化理论本身演化的内在思想逻辑。

第一节

"异化"并非马克思的首创,而是马克思建构自己言说方式和话语体系由此出发的先在语境。这一点已成为学界的常识。但是，马克思以前"异化"范畴和"异化"理论究竟是如何形成的？到马克思出场时这一范畴和理论发展到何种状态？这些却是需要说明的。

就"异化"(alienation)概念的思想史渊源来说，西方有人追溯到古希腊柏拉图，认为他关于自然界是完美的理念世界的不完美的摹本的观点，是黑格尔关于自然界是绝对观念的自我异化的思想的渊源；有人（主要是宗教异化论者）则追溯到基督教关于人类原罪和赎罪的教义，并认为在《旧约》的偶像崇拜观念中，就可以找到异化概念在西方思想中的最初表述。我认为，这是不正确的，其根源在于他们将"异化"概念泛化了。其实，无论是柏拉图，还是原始基督教，都还未完全超出古代将自然"拟人化"和自然崇拜的局限；而"异化"概念的形成是以自然的"去魅化"和人对自身产物的崇拜为前提的，它作为一种现代性的范畴，其形成和演变大体上可以概括为以下三个阶段：

第一阶段是经济生活的日常观念及其在经济学中的复制。alienation一词最早源于商品生产的经济生活中形成的商品出售及财产转让的日常观念。商品生产尽管在古代就已经出现并有了相当发展，但正如马克思所指出的，它在古代社会"就像伊壁鸠鲁的神一样存在于世界的缝隙之中"，"只是在资产阶级生产时期，商品才成为财富的基本的元素形式，转让(alienation)才成为占有的主导形式"。[1] 因此，只是到了现代，从17世纪中叶斯图亚特时开始，这种财产转让的日常观念才被资产阶级古典政治经济学复制成为经验科学的概念；而在18世纪亚当·斯密对政治经济学实行的"路德式的改革"中，由于把财富的本质由客体转到主体（"劳动

---

1 《马克思恩格斯全集》第31卷，人民出版社1998年版，第453页。

价值论"），这一概念得到了更完全的发展。但是，从根本上说，这一阶段只是"异化"概念的前期，因为，一方面，它尚带有浓厚的经验色彩，只是商品交易当事人日常意识的简单复制；另一方面，它只看到了商品经济中"劳动所有权"的法权形式［alienation（转让）→占有］，看不到或根本不理解在占有的内容或实质上，劳动所有权向资本主义无偿占有［占有→alienation（异化）］的转化。

　　第二阶段是社会科学的理论概念及其从和谐到对抗、实证概念到价值概念的转化。Alienation 从经验概念到理论概念、从"转让"到"异化"的真正转折发生在现代"自然法"理论和"社会契约论"之中。霍布斯、洛克、格劳修斯将经济上的所有权转移的含义引申到法、政治和社会权利的转让上，实现了 Alienation 从经验概念到理论概念的上升。但是，在他们那里，转让后（异化了）的客体并不与主体对立，更不束缚、压制、敌视、吞食、取代主体，二者的关系是协调、和谐的。Alienation 作为"异化"概念应有的对抗性内涵尚未形成。卢梭第一个赋予 Alienation 概念以新的对抗性内容和价值性质，使无批判的实证概念 Alienation 转变成批判的价值概念"异化"，并以此发展了霍布斯等人提出的"社会契约论"和现代"自然法"理论。他认为，在私有制出现以后，人们自然权利的让渡形成了社会和国家权力，但这种权力形成后，又会成为一种与出让权利的人相分离、相对抗的独立力量，反过来压制和剥夺他们，最后导致暴君统治；在这种统治下，一切人都丧失了权利，因此人们有权收回本来属于他们的权利。后来，爱尔维修进一步发展了这一思想。他们的思想代表了资产阶级反封建的要求。在 19 世纪的空想社会主义者对资本主义制度的批判（以傅立叶的《论商业》为典型）中，又把这个启蒙思想家和 18 世纪唯物主义者所锻造的思想武器，对准了他们所追求的理想社会（资本主义）本身。

第三阶段是哲学的核心范畴和完整的哲学理论。在德国古典哲学中,"异化"发展为完整的哲学范畴和哲学理论。费希特虽然没有直接使用"异化"一词,但他提出了与"异化"相近的"外化"概念,并创立了"自我—非我—自我"的主观唯心主义体系,开了把异化同对象化合一、异化同自我异化合一、人的异化同精神的异化合一的先河。经过谢林的神秘主义的"同一哲学","异化"在黑格尔那里膨胀为庞大的客观唯心主义的世界观体系。整个世界都成了绝对观念自我异化并扬弃自我异化的否定之否定过程;人不过是处于扬弃异化阶段上的绝对观念自身("自我意识"),人本身也经历了异化和扬弃异化的过程;异化即是外化,扬弃异化同时是扬弃对象化;异化是绝对观念和"自我意识"(人)自我生成的必然环节,既是退化,又是进化,异化和扬弃异化是同一过程。可以说,异化是黑格尔哲学的核心、结构、方法和整个体系。

第二节

马克思开始自己政治理论活动之际,黑格尔学派已经解体,出现了青年黑格尔派同老年黑格尔派的对立。青年黑格尔分子,从施特劳斯和布鲁诺·鲍威尔到费尔巴哈和施蒂纳,从切什考夫斯基、卢格到赫斯,都企图从黑格尔出发并超越黑格尔。青年黑格尔主义构成了马克思异化理论形成的直接语境,其中对马克思影响较大的是布鲁诺·鲍威尔、费尔巴哈和赫斯的异化理论。

布鲁诺·鲍威尔抓住了黑格尔哲学中的"自我意识",把它同施特劳斯的"实体"对立起来,提出了"宗教是自我意识的异化"的理论。他认为,"古代的宗教把自然界、家族和民族的精神当作自己的主要力量"[1],人还没有认识到自己的本质——自我意识。到了基督教时期,人们开始在异化的形式下认识到自己的本质,"自我意识在福音书中同自己发生关系,尽管是同异化了的自己也就是同自己的极其滑稽的模拟品发生关系,但毕竟是在同它自己发生关系"[2]。基督教是一种抽象的宗教,它作为一种普遍的力量,一方面突破了此前人类的自然生活和民族生活的限制,另一方面这个"精神抽象的吸血鬼"又"吸尽了人类的生机和活力,吸尽了人类的脂膏",把所有属于人的"自我意识"的东西归于彼岸的上帝,把精神自由变成了普遍的精神奴役。基督教是发展到顶点的异化,它使异化"成为一种囊括人类一切事物的全面的异化"[3]。因而,它不能保持自身,必然要转化到自己的对立面,即异化的克服。实现这一转变的中介,就是"批判",而且只能是与无意识的"实体"即群众相对立的"自我意识"的"绝对批判"。

费尔巴哈认为,鲍威尔和施特劳斯只是分别批判了"《圣经》神学"和"教条神学",都不彻底,只有他才"将一般基督教,就是说将基督教的宗教作为批判的对象"[4]。他突破了黑格尔、鲍威尔和施特劳斯把精神看作人的本质的唯心主义观点,认为宗教既不是上帝或绝对观念的异化,也不是无意识的"实体"的产物或"自我意识"的异化,恰恰相反,宗教和思辨哲学是人的本质的异化。同时,

---

1 黄楠森、庄福龄:《马克思主义哲学史教学研究资料选编》上册,北京大学出版社1984年版,第128—129页。
2 黄楠森、庄福龄:《马克思主义哲学史教学研究资料选编》上册,北京大学出版社1984年版,第130页。
3 黄楠森、庄福龄:《马克思主义哲学史教学研究资料选编》上册,北京大学出版社1984年版,第129页。
4 《费尔巴哈哲学著作选集》下卷,商务印书馆1984年版,第21页。

他抛弃了异化是世界和人自我生成必然环节的观点,认为它们真正的本质是直接的感性存在,而不是间接的即只有在通过否定之否定才能被肯定;人的感性存在是对其本质的直接肯定,异化是违反自然的、不幸的,不是必然的,只是可能的,当人拒绝承认自然界是上帝的自我异化时,他就不会同自身相异化,只有当人将其创造的虚幻的异己的更高存在物(上帝或理念)置于自身之上并在那存在物面前自认为奴仆时才会同自身的本质相异化;人的异化来自理性的偶然迷误和个人的依赖感,恢复非异化状态在于消除对上帝的迷信和崇拜,用对人自身的"类"本质("理性、意志、心")的崇拜来代替它。

赫斯则把费尔巴哈的"理论的人道主义"发展为"实践的人道主义"。他认为,个体非生命活动的相互交换是一切生命的本质。"人与人的交往就是人的本质",既是人的理论本质,又是人的实践本质。但是,基督教世界却把这一切都颠倒了:"个体被提升为目的,类被贬低为手段。"费尔巴哈揭示的"宗教和思辨哲学是人的本质的异化",还只是理论上的异化,只是个体在精神上借助上帝而存在。其实"上帝对理论生活所起的作用,同货币对颠倒的世界的实践生活所起的作用是一样的:这是人的外化了的能力,人的被出卖了的生命活动"[1]。如果说上帝是人的理论本质的异化,那么货币则是人的实践本质的异化。"我们在理论上完全可以摆脱颠倒的世界意识,但是只要我们在实践上还没有离开颠倒的世界,我们就必然要如俗语所说,同流合污。"[2] "实际上,经济学同神学一样,

---

[1] 黄楠森、庄福龄:《马克思主义哲学史教学研究资料选编》上册,北京大学出版社1984年版,第1页。

[2] 黄楠森、庄福龄:《马克思主义哲学史教学研究资料选编》上册,北京大学出版社1984年版,第163页。

关心的根本不是人。国民经济学是尘世的发财致富的科学,正如神学是天国的发财致富的科学一样。"[1]因此,只有"向共产主义过渡",在实践中用"爱"代替"利己主义"彼此在"爱情中联合起来",才能避免"互相剥削、互相吞噬",真正摆脱异化。应该承认,赫斯比费尔巴哈的"宗教和思辨哲学的异化"论更进了一步,达到了"财产和国民经济学的异化"论;但是,由于他仍然从伦理和情感角度提出和解决问题,因而最终无法超出异化理论的哲学人本学框架。

第三节

马克思正是在上述背景下,接受并逐步形成自己特有的"异化"理论的。这一过程可以划分为两个时期:马克思早期政治理论活动的德国时期和巴黎时期。前一时期,马克思还处于理论上的唯心主义和政治上的革命民主主义立场,这是马克思接受"异化"理论、其独特的"异化"思想开始萌芽的时期;后一时期则是马克思转变到人本学唯物主义和哲学共产主义立场、其独特的"异化"理论真正形成的时期。前一时期又包括两个阶段:第一阶段是马克思柏林开始"宗教和哲学批判"活动,受黑格尔和布鲁诺·鲍威尔的双重影响,接受黑格尔主义"异化"理论的阶段;第二阶段则是马克思在科伦转向"国家和法批判",现实斗争的实践动摇了其唯心主义信仰,开始突破黑格尔主义"异化"理论的框架,其独特的"异

---

[1] 黄楠森、庄福龄:《马克思主义哲学史教学研究资料选编》上册,北京大学出版社1984年版,第163页。

化"思想开始萌芽。这两个阶段马克思的"异化"思想分别体现在《博士论文》和与《莱茵报》相关的文章、书信等文本之中。

马克思《博士论文》的选题本身,就表明了黑格尔哲学特别是鲍威尔"自我意识"哲学对他的巨大影响。他最初准备对伊壁鸠鲁哲学、斯多葛主义和怀疑论哲学进行全面研究,就是因为黑格尔把它们看作"自我意识哲学",特别是鲍威尔和科本都进行过研究;他最终把论题选定为"德谟克利特的自然哲学和伊壁鸠鲁的自然哲学的差别",也是因为在他看来,伊壁鸠鲁的"原子不外是抽象的、个别的自我意识的自然形式"[1],要以此论证"自我意识"哲学。在《博士论文》中,马克思第一次使用了"异化"概念。他认为,在伊壁鸠鲁那里,"由于有了质,原子就获得同它的概念相矛盾的存在,就被设定为外化了的、与它自己的本质不同的定在"[2]。现象世界正是从"完成了的并且同自己的概念相异化了的原子"中产生出来的。"只有在伊壁鸠鲁那里,现象才被理解为现象,即被理解为本质的异化,这种异化本身是在它的现实性中作为这种异化表现出来的。"[3]这样,伊壁鸠鲁就把本质世界与现象世界统一起来了。这时他对"异化"的理解基本上是黑格尔主义的,但是,他强调作为本质的自我意识必须"给现象打上自己的烙印"[4],"自我意识永远具有一个双面的要求:其中一面针对着现实,另一面针对着哲学本身"。这实际上体现了马克思"世界的哲学化同时也就是哲学的世界化"[5]的思想。正是这种特点,使马克思既不同于黑格尔把"自我意识"仅仅看作绝对观念在一定阶段表现形式的客观唯心主义

---

1 《马克思恩格斯全集》第1卷,人民出版社1995年版,第54页。
2 《马克思恩格斯全集》第1卷,人民出版社1995年版,第39页。
3 《马克思恩格斯全集》第1卷,人民出版社1995年版,第52页。
4 《马克思恩格斯全集》第1卷,人民出版社1995年版,第75页。
5 《马克思恩格斯全集》第1卷,人民出版社1995年版,第76页。

"异化"观,也不同于鲍威尔等其他青年黑格尔分子把"自我意识"绝对化的主观唯心主义"异化"观。

马克思强调"哲学"和"世界"相互转化、注重理论与实践双重批判的特点,决定了他在《博士论文》之后很快转入了"国家和法批判"。马克思强调,要"更多地在批判政治状况当中来批判宗教,而不是在宗教当中来批判政治状况"[1]。这导致了他最终于1842年底同柏林"自由人"集团的决裂。从"出版自由"到"物质利益的难事",马克思在《莱茵报》时期完全卷入了实际的政治斗争。从马克思"异化"理论的演化史角度来看,这一阶段的重大意义就在于,普鲁士的政治现实从根本上动摇了马克思对黑格尔和青年黑格尔派"异化"理论的信仰。按照黑格尔关于国家和法是"理性"和"自由"体现的观点,国家和法本应维护出版自由,保证出版物自由地表现出精神所固有的"普遍性""丰富性"和"多样性",却用"书报检查令"作为惩罚思想的工具,只允许一种思考方式、一种风格,把出版物变成官方的喉舌。国家和法本应体现普遍利益,却成了等级利益和私人利益的工具,不惜牺牲穷苦人民的习惯权利,把正当行为说成违法,完全变成土地占有者和林木占有者的奴仆。这即使按照黑格尔的观点来看,也是一种异化,但这种异化超出了黑格尔的异化理论的框架:不是理性或普遍利益通过异化为私人利益而最终实现自身、精神自由通过异化为出版法令而最终实现自身;反而是异化的现实否定了国家的理性本质和法的自由本性。正在此时,费尔巴哈的异化理论的"主宾颠倒法"给马克思提供了方法论武器。马克思开始了运用费尔巴哈哲学范式、建构自己独特异化理论的过程。

---

[1] 《马克思恩格斯全集》第47卷,人民出版社2004年版,第42—43页。

第四节

马克思建构自己异化理论的过程，不仅从范式上讲是费尔巴哈人本学唯物主义的应用，就论域来说也是从费尔巴哈的"宗教和思辨哲学的异化"论出发的，他是接着费尔巴哈的"宗教异化"往下讲的。正如马克思自己后来所说："费尔巴哈是从宗教上的自我异化，从世界被二重化为宗教世界和世俗世界这一事实出发的。他做的工作是把宗教世界归结于它的世俗基础。但是，世俗基础使自己从自身中分离出去，并在云霄中固定为一个独立王国，这只能用这个世俗基础的自我分裂和自我矛盾来说明。"[1] 马克思正是从"宗教异化"的"世俗基础"开始，在不断追问异化根源的过程中，形成自己独特的"异化"理论的。这一过程在实践上表现为从"国家和法批判"深入到"国民经济学批判"，其内在思想逻辑演进则包括"政治异化—经济（财产）异化—劳动异化"三个阶段。

第一阶段是"政治异化"理论。为了解决自己在《莱茵报》时期的"信仰危机"，马克思在克罗兹纳赫投入了"政治史研究"，并运用费尔巴哈的人本主义范式批判黑格尔的"法哲学"。通过这一研究和批判，他认为，宗教异化的根源在于政治国家和市民社会的对立，由此形成了自己的"政治异化"理论。这一理论认为，宗教异化的根源在于世俗基础的分裂即政治异化；而政治异化是指世俗生活分裂为政治生活和市民生活，人异化分裂为"公民"和"私人""法

---

[1] 《马克思恩格斯选集》第 1 卷，人民出版社 1995 年版，第 55 页。

人"和"市民",政治国家是市民社会的异化,即国家和法被看作世俗生活中的上帝、绝对精神。这一阶段的代表作是《克罗兹那赫笔记》和《黑格尔法哲学批判》,在理论观点上从唯心主义转变到费尔巴哈式的人本学唯物主义,得出了"不是国家决定家庭和市民社会,而是家庭和市民社会决定国家"的结论;但在政治上暂时未超出革命民主主义立场,马克思当时与卢格的高度一致,就是证明。

第二阶段是"经济(财产)异化"理论。"政治异化"理论本身就带来进一步探究的要求和思路:政治异化的根源何在? 正像宗教异化的根源在于世俗生活的分裂一样,政治异化的根源在于市民社会的分裂即经济异化:私有财产使本来是"类"的人(人类)分裂成为"原子主义"的"利己主义者",货币便成了这些互相孤立的利己主义个人本应具有的"类"本质的代表。正是以发表在《德法年鉴》上的《〈黑格尔法哲学批判〉导言》和《论犹太人问题》为标志,马克思形成了自己的"经济(财产)异化"理论,不仅在理论上进了一步,由此开始了对市民社会本身的解剖;而且在政治上从革命民主主义转到了哲学共产主义立场,从而完成了自己世界观的第一次转变。马克思与卢格发生分歧并导致最终决裂,与赫斯和恩格斯的一致,是同这一立场的转变紧密相连的。毋庸讳言,马克思在这一阶段受到了赫斯和恩格斯的巨大影响,但是我们也应看到,马克思的思想转变有着自己的内在逻辑,而且他的哲学共产主义立场与恩格斯特别是赫斯相比,有着更为鲜明的现实性和阶级性。马克思不是像赫斯那样把重心放在"利己主义"与"爱"的伦理对立上,而是强调"消除做生意的前提""消除做生意的可能性",并且极其明确地区分了"政治解放"与"人类解放",强调了无产阶级是人类解放的"心脏"。

第三阶段是"劳动异化"理论。如果说在"政治异化"和"财产异化"阶段,马克思的异化理论还或多或少带有他人影响的痕迹,那么"劳动异化"理论则可以说完全是马克思的个人原创。马克思没有停留在赫斯和恩格斯主要从"交换"和"商业"领域来批判私有制、论证共产主义的水平上,而是进一步追问经济(财产)异化的根源,从而深入到了生产和劳动领域。既然金钱成为人的类本质的异化,金钱被看作市民社会中的上帝,其根源在于私有财产分裂了人类;而财产又是人类劳动的产物,所以,经济异化(私有财产)的根源在于人的生命活动的分裂即劳动异化。人的类本质是自由自觉的劳动,但现有的劳动却是异化劳动:劳动产物、劳动本身同劳动者相异化,人同自己的类本质、人同人相异化,一句话,人的生命活动发生了分裂。这就是马克思在《1844年经济学哲学手稿》主要是其"第一手稿"(新版标为"笔记本Ⅰ")中提出的"劳动异化"理论。在这里,马克思不仅指出"异化劳动是私有财产的直接原因",而且进一步得出这样的结论,"社会从私有财产等等解放出来、从奴隶制解放出来,是通过工人解放这种政治形式来表现的"[1],作为私有财产的积极扬弃和人的本质的真正占有,就是共产主义,"这种共产主义,作为完成了的自然主义=人道主义,而作为完成了的人道主义=自然主义"[2]。"劳动异化"理论,集中体现了马克思人本学唯物主义和哲学共产主义阶段的思想。

---

[1] 《马克思恩格斯全集》第3卷,人民出版社2002年版,第278页。
[2] 《马克思恩格斯全集》第3卷,人民出版社2002年版,第297页。

第七章 从"异化劳动"到"谋生劳动":青年马克思人本主义范式解构的开始
——兼与张一兵教授的"穆勒笔记"解读商榷

马克思是在不断追问"异化"根源的过程中,提出自己独特的"异化劳动"理论的;而对"劳动异化"根源的进一步追问,又使他在"巴黎手稿"中"第三手稿"末尾的两个"片断"和"穆勒笔记"中,将关注点集中到"分工(和交换)"上,提出了"谋生劳动"概念,迈出了"用分工说明异化"的第一步。这不仅一般地表明人本主义"异化"范式在马克思那里开始解构,而且预示了后来《德意志意识形态》中用来论证历史唯物主义的"泛分工论"的特殊方式。在论证这一观点的过程中,本书也对张一兵教授在该问题上的不同观点进行了必要的评析。

"异化劳动"理论是马克思人本学唯物主义和哲学共产主义时期的代表性理论,马克思从人本学唯物主义和哲学共产主义转向历史唯物主义和科学共产主义,是以其出离"异化劳动"理论为标志的。但对于马克思究竟是从何时开始"出离"异化理论的,国内学界大都没有超出恩格斯的说法,即认为"是从《神圣家族》开始的"。我认为,就在马克思刚刚写下《1844年经济学哲学手稿》(以下简称"巴黎手稿")的"第一手稿"("笔记本Ⅰ")、建构起"异化劳动"理论之后不久,在"巴黎手稿"中"第三手稿"("笔记本Ⅲ")末尾的两个"片断"和"巴黎笔记"中的《詹姆斯·穆勒〈政治经济学原理〉一书摘要》(以下简称"穆勒笔记")中,这一理论就开始解构。这主要体现在马克思通过对"劳动异化的根源"的追问,进一步提出了"谋生劳动"概念,将关注点集中到"分工(和交换)"上,迈出了"用分工说明异化"的第一步,预示了后来在《德意志意识形态》中初步论证历史唯物主义的"泛分工论"方式。

第一节

提出马克思的"异化劳动"理论在《巴黎手稿》的末尾就开始解构,这很容易使人感到迷惑不解。因为正是在《巴黎手稿》特别是其"第一手稿"("笔记本Ⅰ")中,马克思才刚刚建构起自己独特的"异化劳动"理论,怎么可能在其当作一部完整的著作的撰写过程中发生如此自相矛盾、自我毁灭的情况呢?

这里的关键是不能把《巴黎手稿》定型化、成熟化,将其夸大为一个已经完成了的、系统化了的理论体系。实际上它只是马克思思想发展中的一个中间环节:这不仅因为从文献学角度看《巴黎手稿》本身就是未完成的,而且就其理论内容来说也是一个思想尚未完全凝固就开始分解的探究性文本。当然,这并不是说,《巴黎手稿》仅仅是马克思的一种"思想随笔"。马克思从严密的思想逻辑演进中提出了自己的"异化劳动"理论,将"异化"理论推进到了其顶点;但正因为如此,"异化"理论这一人本主义范式自身固有的内在矛盾也达到了顶点,不可避免地走向自身的解构。

让我们简略地回顾一下马克思如何走到"异化劳动"理论的过程吧。马克思建构自己异化理论的过程,不仅从范式上讲是费尔巴哈人本学唯物主义的应用,就论域来说也是从费尔巴哈的"宗教异化"论出发的,他是接着费尔巴哈的"宗教异化"往下讲的。正如马克思自己后来所说的,"费尔巴哈是从宗教上的自我异化,从世界被二重化为宗教世界和世俗世界这一事实出发的。他做的工作是把宗教世界归结于它的世俗基础。但是,世俗基础使自己从自身中分离出去,并在云霄中固定为一个独立王国,这只能用这个世俗基础的自我分裂和自我矛盾来说明"[1]。马克思正是从"宗教异化"的"世俗基础"开始,在不断追问异化根源的过程中,形成自己独特的"劳动异化"理论的。这一过程在实践上表现为从"国家和法批判"深入到"国民经济学批判",其内在思想逻辑演进则包括"政治异化—经济(财产)异化—劳动异化"三个阶段。首先是"政治异化"理论。马克思认为,宗教异化的根源在于世俗基础的分裂即政治异化;而政治异化是指世俗生活分裂为政治生活和市民生活,人异化分裂为"公民"和"私人"、"法人"和"市民",政治国家是市民社会的异化,即国家和法被看作世俗生活中的上帝、绝对精神。这一阶段的代表作是《克罗兹那赫笔记》和《黑格尔法哲学批判》。"政治异化"理论解决了"宗教异化"的根源问题,但自身又带来了新的问题:政治异化的根源又是什么? 市民社会为什么会导

---

[1] 《马克思恩格斯选集》第1卷,人民出版社1995年版,第55页。

致政治国家从自身中异化出去呢？由此马克思在《〈黑格尔法哲学批判〉导言》和《论犹太人问题》中提出了"经济（财产）异化"理论，认为政治异化的根源在于市民社会的分裂即经济（财产）异化：私有财产使本来是"类"的人（人类）分裂成为"原子主义"的"利己主义者"，货币便成了这些互相孤立的利己主义个人本应具有的"类"本质的代表。这样，就造成了"钱"（财产）同"人"（劳动）的对立。现在需要解决的问题就是，为什么会出现经济（财产）异化呢？私有财产和货币制度的根源又是什么呢？正是通过这一追问，马克思得出结论：经济异化（私有财产）的根源在于人的生命活动的分裂即劳动异化。人的类本质是自由自觉的劳动，但现有的劳动却是异化劳动：劳动产物、劳动本身同劳动者相异化，人同自己的类本质、人同人相异化，一句话，人的生命活动发生了分裂。这就是马克思在《1844年经济学哲学手稿》主要是其"第一手稿"（新版标为"笔记本Ⅰ"）中提出的"劳动异化"理论。

从上述"宗教异化—政治异化—经济异化—劳动异化"这一马克思对"异化根源"的不停追问过程，就必然引出一个进一步的问题：既然异化劳动是人的类本质（自由自觉的劳动）的自我异化，那么，人的生命活动为什么会发生分裂？劳动为什么会异化？实际上，马克思自己已经这样提问了。他在"第一手稿"（"笔记本Ⅰ"）最后说"我们还打算解决两个任务"：一是"从私有财产对真正人的和社会的财产的关系来规定作为异化劳动的结果的私有财产的普遍本质"；二是"我们已经承认劳动的异化、劳动的外化这个事实，并对这一事实进行了分析。现在要问，人怎么使他的劳动外化、异化？这种异化又怎么以人的发展的本质为根据"？[1]

---

[1]《马克思恩格斯全集》第3卷，人民出版社2002年版，第279页。

我认为,正是作为第二个任务的这一追问,推动马克思客观上迈出了超越人本主义"异化"范式、踏上历史唯物主义之路的"第一步"。这是因为,尽管对"劳动异化"根源的追问与对"宗教异化""政治异化""经济异化"根源的追问使用的是同一提问方式,但"问题域"已经发生了根本的变化。对"异化根源"的不断追问已经达到了历史的起源地,"劳动异化"的根源就不可能再像此前那样归结于更为基础的"异化":不能再用新的"异化"来说明这一"异化",只能用"非异化"来说明"异化";不能再用"异化"来说明历史,只能用历史来说明"异化"。这就是说,只能从"劳动的发展史"中揭示"劳动异化"的现实根源和历史地位。马克思已意识到了这一点,他紧接着自己的追问说:"我们把私有财产的起源问题变为外化劳动对人类发展进程的关系问题,就已经为解决这一任务得到了很多东西……问题的这种新的提法本身就已包含问题的解决。"[1]

第二节

马克思是怎样解决"外化劳动对人类发展进程的关系"这一问题的呢?这在现存的"巴黎手稿"中并不是一目了然的,需要我们认真地加以分析。

在接下来的手稿中,马克思似乎全力集中于第一个任务。在"第一手稿"("笔记本Ⅰ")的末尾提出前述"两项任务"之后,他接着写下"补入(1)私有财产的普遍本质以及私有财产对真正人的财

---

[1] 《马克思恩格斯全集》第3卷,人民出版社2002年版,第279页。

产的关系"这一标题,开始完成第一个任务[1];现存的"第二手稿"("笔记本Ⅱ")尽管只留传下来XL—XLⅢ页,但其内容"私有财产的关系"等显然属于第一个任务的继续。[2] 而"第三手稿"("笔记本Ⅲ")的主体部分,则是"(对笔记本Ⅱ)第XXXVI和XXXIX页"的"补充"以及"增补"。[3] 那么,马克思是否忽视或干脆放弃了第二个任务呢?仅仅从字面上看,在"巴黎手稿"中似乎再无下文了。我认为,这种看法是错误的。实际上,"第三手稿"("笔记本Ⅲ")末尾的两个"片断"和与此同时或稍晚的"穆勒笔记",正是为解答"外化劳动对人类发展进程的关系"这一问题而做出的具有重大意义的新探索。

这里需要说明的是,在"穆勒笔记"和"巴黎手稿"的文献学关系上,学界先后出现过三种看法:一是《马克思恩格斯全集》俄文第2版第42卷编者的"之前"说,认为"穆勒笔记"作为"巴黎笔记"的一部分,写作于"巴黎手稿"之前;[4]二是苏联学者拉宾和社会史国际研究所罗扬的"之间"说,认为"巴黎笔记"与"巴黎手稿"是交错写作的,"穆勒笔记"写于"巴黎手稿"的"第一手稿"与"第二手稿"之间,后者甚至提出"穆勒笔记"属于"第二手稿"的缺失部分;三是MEGA2第Ⅰ部分第2卷编者英格·陶伯特的"之后"说,认为马克思是在写完"第三手稿",也就是整部"手稿"之后,才开始动手对李嘉图的《政治经济学和赋税原理》和穆勒的《政治经济学原理》的

---

[1] 《马克思恩格斯全集》第3卷,人民出版社2002年版,第279—280页。
[2] 《马克思恩格斯全集》第3卷,人民出版社2002年版,第281—288页。
[3] 《马克思恩格斯全集》第3卷,人民出版社2002年版,第289—293、294—345、346—352页。
[4] 参见《马克思恩格斯全集》第42卷,人民出版社1979年版,第Ⅰ—Ⅱ页,第485页。

法译本进行摘录的。[1] 张一兵教授采信的是"之前"说[2]。我则基本赞同英格·陶伯特的"之后"说，只是认为其推断有点过于绝对化。尽管"笔记本Ⅱ"的留存部分一般地泛称"李嘉图、穆勒等人"的从"异化劳动"到"谋生劳动"，青年马克思人本主义范式解构的开始观点[3]确实不足为据，但其末尾已明确提到"李嘉图"和"穆勒"的著作[4]，"笔记本Ⅲ"的主体部分之一"对笔记本Ⅱ第 XXXIX 页的补充"最后一点即第(7)点"私有财产和需要"的末尾[5]和"增补"[6]中已直接转述了穆勒的观点，而到了"笔记本Ⅲ"的第一个片断"(分工)"中，更是直接引述了穆勒《政治经济学原理》一书的原话[7]。这表明，仅从文献学考证的角度看，至少"笔记本Ⅲ"的两个"片断"和"穆勒摘要"也有可能是同时或交错写作的。

我认为，文本的内容解读更能证明自己的上述推断。在"笔记本Ⅲ"中，与穆勒相联系的是马克思对"需要""分工""货币"的专门考察。在"穆勒笔记"中，马克思对其《政治经济学原理》的"一论生产"和"二论分配"两部分在摘录后，几乎未加任何评论；而对"三论交换"和"四论消费"则作了大段评注和发挥，并特别重视交换的"媒介"（第6—8节），赞扬"穆勒把货币称为交换的媒介，这就非常成功地用一个概念表达了事物的本质"[8]。这充分表明，两个文本在思想内容上的直接相关。我认为，在这两个文本中，青年马克思

1　参见韩立新：《"巴黎手稿"的文献学研究及其意义》，载《马克思主义与现实》，2007年第1期。
2　参见张一兵：《回到马克思》，江苏人民出版社1999年版，第215—216页。
3　参见《马克思恩格斯全集》第3卷，人民出版社2002年版，第282页。
4　参见《马克思恩格斯全集》第3卷，人民出版社2002年版，第287页。
5　参见《马克思恩格斯全集》第3卷，人民出版社2002年版，第345页。
6　参见《马克思恩格斯全集》第3卷，人民出版社2002年版，第346页。
7　参见《马克思恩格斯全集》第3卷，人民出版社2002年版，第355—356页。
8　《马克思恩格斯全集》第42卷，人民出版社1979年版，第18页。

人本主义"异化"范式开始解构,主要体现在下述三个方面。

首先,马克思从"巴黎手稿"的"笔记本Ⅲ"特别是最后的两个"片断"开始,由"分工(和交换)"入手来探寻"异化劳动的根源"。在"巴黎手稿"的"分工"这一片断中,马克思一开头就指出:"在国民经济学家看来,社会是市民社会","分工是关于异化范围内的劳动社会性的国民经济学用语"。[1] 在依次引述并分析了斯密、萨伊、斯卡尔培克和穆勒关于分工的观点之后,他再次强调:"考察分工和交换是很有意思的,因为分工和交换是人的活动和本质力量——作为类的活动和本质力量——的明显外化的表现。"[2] 特别值得注意的是紧接着的两段话:一是"断言分工和交换以私有财产为基础,不外是断言劳动是私有财产的本质,国民经济学家不能证明这个论断而我们则愿意替他证明。分工和交换是私有财产的形式,这一情况恰恰包含着双重证明:一方面人的生命为了本身的实现曾经需要私有财产;另一方面人的生命现在需要消灭私有财产"[3]。二是"分工和交换是这样的两个现象,国民经济学家在考察它们时夸耀自己的科学的社会性,同时也无意中说出了他的科学所包含的矛盾,即依靠非社会的特殊利益来论证社会",并拟定了进一步考察"分工和交换"的计划(未完成)。[4]

这里的第一段话是"承上",表明了马克思对"分工和交换"的考察正是他在"笔记本Ⅰ"和"笔记本Ⅱ"中提出的"异化劳动"理论的继续和深化,我认为这正是他试图从"分工和交换"入手探寻他自己提出的"人怎么使他的劳动外化、异化?这种异化又怎么以人

---

[1] 《马克思恩格斯全集》第3卷,人民出版社2002年版,第353页。
[2] 《马克思恩格斯全集》第3卷,人民出版社2002年版,第357页。
[3] 《马克思恩格斯全集》第3卷,人民出版社2002年版,第357—358页。
[4] 《马克思恩格斯全集》第3卷,人民出版社2002年版,第358页。

的发展的本质为根据"这一问题的答案。第二段话则是"启下":正由于把分工与交换看作是"非社会"的"社会性",使马克思在"穆勒笔记"中进一步把"异化劳动"的根源归结为由分工造成的"谋生的劳动"。"现在正是人的劳动的统一只被看作分离,因为社会的本质只在自己的对立物的形式中、在异化的形式中获得存在。分工随着文明一同发展。"[1] 马克思重视穆勒,是因为与斯密认为分工"起源于交换和买卖的倾向"不同,"穆勒把发达的交换即商业说成是分工的结果"。[2] 在马克思看来,穆勒的逻辑是"分工→谋生劳动→交换"。"生产越是多方面的,就是说,一方面,需要越是多方面的,另一方面,生产者完成的制品越是单方面的,他的劳动就越是陷入谋生的劳动的范畴,直到最后他的劳动的意义仅仅归于谋生的劳动并成为完全偶然的和非本质的"。而"交换关系的前提是劳动成为直接谋生的劳动"。[3] 马克思开始从"分工"入手探寻"异化劳动"的根源,预示了后来《德意志意识形态》中用"分工"说明"异化",论证历史唯物主义的"泛分工论"的特殊方式。

其次,马克思在"穆勒笔记"中明确把"异化劳动"具体化为"谋生劳动",迈出了"用历史说明异化"的第一步。诚然,在"巴黎手稿"的"笔记Ⅰ"中已有一句"劳动在国民经济学中仅仅以谋生活动的形式出现",但与上下文联系起来看,这句话的含义只是为了从哲学人本学或伦理角度批判国民经济学"不把工人作为人来考察"[4],"国民经济学把工人只当作劳动的动物,当作仅仅有最必要的肉体需要的牲畜"[5]。即这里的"谋生活动"是相对于"自由自觉

---

1 《马克思恩格斯全集》第42卷,人民出版社1979年版,第29页。
2 《马克思恩格斯全集》第3卷,人民出版社2002年版,第355—356页。
3 《马克思恩格斯全集》第42卷,人民出版社1979年版,第28页。
4 《马克思恩格斯全集》第3卷,人民出版社2002年版,第232页。
5 《马克思恩格斯全集》第3卷,人民出版社2002年版,第233页。

的劳动"这一人的"类本质"而言的,直接的含义等于后面"异化劳动"的四个规定之三"人的存在与他的类本质相异化",即人的类本质(劳动)成了个体(动物性)生存的手段。但到了"穆勒笔记"中已经有了质的不同:"谋生的劳动的范畴"是指"劳动的意义仅仅归于谋生的劳动并成为完全偶然的和非本质的,而不论生产者同他的产品是否有直接消费和个人需要的关系,也不论他的活动、劳动本身的行动对他来说是不是他个人的自我享受,是不是他的天然禀赋和精神目的的实现"。[1] 请注意这两句话:前一句是"巴黎手稿"主体部分所不曾有的新提法,表明"谋生劳动"是相对于"未开化的野蛮状态下——以他自己直接需要的量为他生产的尺度,这种需要的内容直接是他所生产的物品本身"[2] 的自给性生产而言的,是与"过去"相比较而言的;后一句孤立起来从字面上看与"巴黎手稿"主体部分的原有提法似乎并无差别,但与前一句联系起来,其含义便发生了实质性的改变,由原来的人本主义价值悬设变成了与"过去"相对的"未来"维度。这就使"谋生劳动"开始具有鲜明的历史性:"巴黎手稿"中"异化劳动—自由自觉劳动"的"现有—应有"的二元对立,变成了"穆勒笔记"中"自给生产—谋生劳动—自由活动"的历史演进。这并不是我们一厢情愿地对马克思文本的"拔高式"诠释,因为马克思自己就明确说过:"在不论对材料的性质即私有财产的特殊物质还是对私有者的个性都完全无关紧要的货币中,表现出异化的物对人的全面统治。过去表现为个人对个人的统治的东西,现在则是物对个人、产品对生产者的普遍统治。"[3] 夸张一点说,这段话不仅就其内容实质,而且在语言表述的

---

[1] 《马克思恩格斯全集》第 42 卷,人民出版社 1979 年版,第 28 页。
[2] 《马克思恩格斯全集》第 42 卷,人民出版社 1979 年版,第 33—34 页。
[3] 《马克思恩格斯全集》第 42 卷,人民出版社 1979 年版,第 29—30 页。

形式上,甚至都已十分接近《1857—1858年经济学手稿》中关于"三大社会形态"的提法了!

最后,马克思在"穆勒笔记"中把"异化劳动"的内涵重新诠释为"谋生劳动"的四个规定,开始由把"异化"关系看作"反社会性"转向看作"特殊的社会性",迈出了"用(特定)社会(关系)说明异化"的第一步。马克思指出,"在谋生的劳动中包含着:(1)劳动对劳动主体的异化和偶然联系;(2)劳动对劳动对象的异化和偶然联系;(3)工人的使命决定于社会需要,但是社会需要是同他格格不入的,是一种强制,他由于利己的需要、由于穷困而不得不服从这种强制,而且对他来说,社会需要的意义只在于它是满足他的直接需要的来源,正如对社会来说,他的意义只在于他是社会需要的奴隶一样;(4)对工人来说,维持工人的个人生存表现为他的活动的目的,而他的现实的行动只具有手段的意义,他活着只是为了谋取生活资料"。[1] 显而易见,这是对"巴黎手稿"的"笔记本Ⅰ"中提出的"异化劳动"的四个规定的重新诠释。两相比较,我们可以发现:第(1)、(2)、(4)三个规定分别与原先"异化劳动"的前三个规定相对应。这里出现了两个新提法:一是增加了原先没有的第(3)个规定,强调"个人需要"同"社会需要"的分离和对立;二是在重新诠释的第(1)、(2)两个规定中补充了"个性"与"偶然性"的分离与对立。只要我们将前一提法与后来《神圣家族》中关于"'思想'一旦离开'利益',就一定会使自己出丑"[2] "实物是为人的存在,是人的实物存在,同时也就是人为他人的定在,是他对他人的人的关系,是人对人的社会关系"[3] 的观点联系起来,将后一提法与后来《德

---

[1] 《马克思恩格斯全集》第42卷,人民出版社1979年版,第28—29页。
[2] 《马克思恩格斯全集》第2卷,人民出版社1957年版,第103页。
[3] 《马克思恩格斯全集》第2卷,人民出版社1957年版,第52页。

意志意识形态》中大量关于"个性"与"偶然性"的论述联系起来,就不难看出:这两个新提法,正是开始用现实的特定社会关系说明"异化"的一个重大进步。那么,原来"异化劳动"的第(4)个规定呢?并没有被抛弃,而是作为"谋生劳动"的进一步发展及其后果的"普遍异化"来说明了:"劳动同它自身的分离等于工人同资本家的分离,等于劳动同资本——它的最初形式分为地产和动产——的分离……分配是私有财产的积极实现自身的力量。——劳动、资本和地产彼此的分离,以及一种劳动同另一种劳动、一种资本同另一种资本、一种地产同另一种地产的分离,最后,劳动同劳动报酬、资本同利润、利润同利息以至地产同地租的分离,使得自我异化不仅以自我异化的形式而且以相互异化的形式表现出来。"[1]这里不仅将原先局限于"劳动者与非劳动者(资产者)"的异化扩展为人与人的普遍异化,而且从马克思关于"在国民经济学家看来,生产、消费以及作为两者之间的媒介的交换和分配是孤立地存在的"[2]的批评来看,这里甚至已经孕育着后来从《政治经济学批判》到《资本论》中把"分配"看作包括生产、交换、消费在内的再生产或生产的总过程的结果和表现的思想萌芽了!

---

1 《马克思恩格斯全集》第42卷,人民出版社1979年版,第30页。
2 《马克思恩格斯全集》第42卷,人民出版社1979年版,第30页。

第三节

长期以来,学界对"巴黎手稿"的"片断"和"穆勒笔记"中出现的新观点没有给予应有的重视,甚至可以说是熟视无睹的;即便是最先对"穆勒笔记"作了认真细致的文本解读的张一兵教授,也仅仅将其中的"谋生劳动"范畴看作"巴黎手稿""笔记本Ⅰ""劳动异化逻辑的初步设定"。[1] 造成这种情况,除了上文已经指出的过分拘泥于恩格斯的说法,受《马克思恩格斯全集》俄文第二版编者对"巴黎手稿"与"穆勒笔记"写作时间先后颠倒的误判的误导以及夸大"巴黎手稿"文本、特别是写作这一文本时马克思思想的成熟度这三点以外,我认为,主要还有以下两点。

首先,人们不自觉地受到了"哲学总是形而上学"这一观念的误导。特别是在专业的哲学家看来,"穆勒笔记"中的"谋生劳动"不过是一种实证的经济学概念,是"形而下"的;"巴黎手稿""笔记本Ⅰ"中的"异化劳动"及其理论才属于"形而上"的哲学范畴和哲学理论。换句话说,"谋生劳动"不过是马克思的"经济学语境","异化劳动"才是马克思的"哲学话语"。因而,作为文本学解读的"前理解",就已隐含着青年马克思的思想逻辑,应该是由前者"上升"到后者的"先见"了。我甚至推测,《马克思恩格斯全集》俄文第二版编者对"巴黎手稿"与"穆勒笔记"写作时间先后颠倒的误判,其思想上的根源就在于此。而许多学者之所以轻易接受这一误

---

[1] 参见张一兵:《回到马克思》,江苏人民出版社1999年版,第200—206页。

判,其深层原因恐怕也与此相关。实际上,从后来《关于费尔巴哈的提纲》和《德意志意识形态》来看,马克思的思想逻辑恰恰既不是从"形而下"上升到"形而上",也不是相反地从"形而上"下降到"形而下",而是超越思辨哲学和实证科学的两极对立,建构新的科学与哲学既双重扬弃又辩证综合的"历史科学"。

一旦我们从马克思思想演化的这一历史轨迹来解读上述两个文本,就会发现,正是从"巴黎手稿"的"异化劳动"到"穆勒笔记"的"谋生劳动"的转变,构成了通向未来"历史科学"的开端。

其次,造成上述误读的更为重要的原因在于,人们没有正确把握马克思对生产、交换、分配和消费关系的理解。马克思认为,在再生产的上述四个环节中,生产是决定性的。从赫斯和恩格斯注重"交换"和"商业"的"经济(财产)异化"论到马克思"巴黎手稿"中的"劳动(生产)异化"论,正是体现了马克思从"流通决定论"到"生产决定论"的进步;而如果我们承认马克思的思想接着又从"巴黎手稿"中从生产出发的"异化劳动"演变到"穆勒笔记"中从"分工和交换"出发的"谋生劳动",岂不是兜了一个"圆圈",又回到赫斯和恩格斯的"流通决定论"的立场上去了?问题在于,对马克思"生产决定论"的这种理解过于简单化了,不过是人们从苏联时期"政治经济学教科书"继承下来的一种误读。实际上,马克思是在坚持四个环节的内在统一中,即从再生产的角度来把握生产的决定作用的。在马克思看来,交换包括生产过程中活动的交换和产品的交换,后者又可分为生产要素的交换和最终消费品的交换。就单纯的生产过程来说,生产活动的交换和生产要素的交换也属于生产本身,只有最终消费品的交换才是被决定的;而从再生产角度看,即使最终消费品的交换也会反过来决定新的生产过程。"可见,交换就其一切要素来说,或者是直接包含在生产之中,或者是由生产决定。""因此,一定的生产决定一定的消费、分配、交换和这些不同要素相互间的一定关系。当然,生产就其单方面形式来说也决定于其他要素。"[1]因此,马克思思想演化中呈现出来的这一"圆圈"实际上是一个上升的"螺旋"("否定之否定"):是由"流通"决定论到一般(抽象)的"生产"决定论再到具体化了的"生产要素的结合方式"决定论。这个上升过程,用后来《1857—1858年经济学手稿》中的话说,是从"大流通"经过"生产"上升到"小流通";用现代西方经济学的术语说,是由"产品实现机制"经过"生产领域"上升到"资源配置机制"。

当然,我们也必须看到,"巴黎手稿"的"片断"和"穆勒笔记"中出现的新观点,毕竟只是初步的,它还是在人本主义异化范式的框架内孕育着;它只是解构的开始,尚未完全突破这一框架。这主要体现在两个方面:一是"分工"还被看作"是人的活动作为真正类活动或作为类存在物的人的活动的异化的、外化的设定"[2];二是"谋生劳动"的"特殊社会性"还被看作"非社会的社会性","本质的联系表现为非本质的联系"[3]。其历史性仍然是局限于"私有财产基础上的"演进,尚未从根本上超出"前异化—异化—异化的扬弃"的原有框架。人本主义异化范式的最终突破还有相当长的路要走。突破这一框架的是《关于费尔巴哈的提纲》和《德意志意识形态》。即使在"提纲"和"形态"中,实现了根本转变,确立了历史唯物主义的基本原理,抛弃了"异化"理论,马克思出离"异化"理论的路也没有走完。因为《德意志意识形态》中用来说明"异化"的"泛分工论"存在着缺陷,"异化"范畴也同"异化"理论一起被抛弃了;而简单地

---

1 《马克思恩格斯全集》第30卷,人民出版社1995年版,第40页。
2 《马克思恩格斯全集》第3卷,人民出版社2002年版,第353页。
3 《马克思恩格斯全集》第42卷,人民出版社1979年版,第25页。

抛弃"异化"范畴并不能真正战胜"异化"理论,只有进一步改造"异化"范畴、在合理的意义上"扬弃"它,才能真正战胜"异化"理论。这一任务,是从马克思《致安年柯夫》和《哲学的贫困》开始对"泛分工论"进行白我批判,到《1857—1858年经济学手稿》和《资本论》中建构起"三大拜物教"(商品拜物教—货币拜物教—资本拜物教)理论和"三大社会形态"(自然共同体—经济结合体—自由人联合体)理论完成的。

第八章　从人类自我意识的演进看马克思关于"人的本质"规定的意义

对人的研究和关注,是一个古老而永恒的哲学主题,同样也是马克思主义关注的中心问题之一。一部人类自我意识的发展史,同时也是人的问题上的矛盾深化和困境升级的历史:从古代直观人性时产生的有限与无限、同一与对立之间的矛盾,到近代人的固有本性与人的应有本质之间的矛盾,再到现代人的存在问题上能动性与受动性、可能性与现实性之间的矛盾,人的问题似乎成了千古聚讼之谜。只有马克思实践唯物主义和关于"人的本质"规定的确立,才真正为这三类矛盾的解决提供了正确的途径。

第一节
从斯芬克斯之谜谈

古希腊神话"斯芬克斯之谜"是人们所熟知的。它说的是狮身人面女妖斯芬克斯坐在忒拜城外的峭崖上,向过路人提出一个难猜的谜语:"什么动物早晨用四条腿走路,中午用两条腿走路,晚上用三条腿走路?腿最多的时候正是他走路最慢、体力最弱的时候。"凡是猜不出这个谜语的人即会被她吃掉。后来,一个叫作奥狄浦斯的人经过这里,猜出了谜底就是"人",斯芬克斯因此跳崖自杀。

这个神话故事,说明了两个问题。

首先,它说明,对"人是什么"这一问题的思考,是一个古老而永恒的主题。

人是一种有意识的存在,而所谓意识,不过是意识到了的存在,因此在意识中一开始就包含着自我意识的萌芽。可以说,从刚刚脱离动物界的时候起,人就开始思考自身的奥秘和意义了。在各民族的原始神话和原始宗教中,几乎都有着关于人类起源及其在世界中的位置的传说。随着人类在实践中主体地位的不断增强和自身解放要求的不断发展,人类自我意识的欲望也越来越强烈。特别是进入阶级社会以后,一方面由于人类不仅要求摆脱自然束缚,而且要求进一步摆脱社会压迫,自我意识的必要性增强了;另一方面脑力劳动和体力劳动的分工,精神生产的独立化,也使对人本身的认识有可能成为专门的研究领域。于是,"人是什么"这个问题,不仅吸引了一般人的注意,而且特别受到一代又一代哲学家们的青睐,在哲学思维中占有日益重要的地位。

早在古代,中国人就径直提出了"知人者智,自知者明"的训诫,而西方人则假借阿波罗的名义,发布了"认识你自己"的神谕。孔子强调"天地之性人为贵",要人们认识自身;赫拉克利特则宣称"我研究我自己",并身体力行。经过中世纪漫漫长夜之后,人类的自我意识在近代迎来了自己新的黎明。蒲柏以哲学的名义宣布:"人类正当的研究就是人。"而歌德则以诗人的激情高呼:"对人来说,最有兴趣的就是人。"到了现代,对人的问题的研究和关注更成了几乎所有思想家的普遍要求。文化哲学家卡西尔说:斯芬克斯之谜"被证明是阿基米德点,是一切思潮牢固不可动摇的中心"。哲学人类学家舍勒也表白道:"从我的哲学意识第一次觉醒的时候起,'人是什么以及他在宇宙中占有什么地位'这个问题,就比任何其他哲学问题,在我心中占有更深的、更为中心的位置。"并认为"在某种意义上,所有哲学的中心问题,应追溯到人是什么这个问题"。[1] 对人的研究和关注,同样是马克思恩格斯理论和实践活动最初的出发点。在其早期著作中,马克思强调:"自由的首要条件是自我认识。"[2] 恩格斯则"把人叫做斯芬克斯谜语的猜谜者",他说:"像斯芬克斯一样的大自然……向每个人和每个时代提出了问题。谁正确地回答问题,谁就幸福;谁不能回答或不能正确地回答问题,谁就为半身具有粗暴兽性的斯芬克斯所害,他发现的,不是美貌的未婚妻,而是一只凶暴的牝狮……如同在神话里一样,谜底是人,确切地说,人是最广义的谜底。"所谓最广义的谜底,是指不仅要认识自己,而且要以这种认识去指导人生、改造世界。"人只须认识自身,使自己成为衡量一切生活关系的尺度,按照自己的本质去评价这些关系,根据人的本性的要求,真正依照人的方式来安排世界,这样,他就会解开现代的谜语了。"[3]

其次,斯芬克斯之谜还意味着,"人是什么"同时又是一个最难解的谜。

最初,人们还沉浸在天真的乐观主义之中,认为"天道远,人道迩",在"知彼"与"知己"之中,后者总是比较容易的。所以,人们争

---

[1] 参见[德]兰德曼:《哲学人类学》,工人出版社1988年版,第52、55页。
[2] 《马克思恩格斯全集》第1卷,人民出版社1995年版,第139页。
[3] 《马克思恩格斯全集》第3卷,人民出版社2002年版,第502、521页。

相宣布自己发现了人的奥秘,给人下了一个又一个的定义。赫拉克利特宣称自己知道人。德谟克利特甚至将此作为不言而喻的前提:"人是我们所知道的。"然而,事实恰恰相反,正因为我们是人,所以对人的认识遇到了想象不到的困难。"不识庐山真面目,只缘身在此山中。"早在古希腊时代,就有一些哲人敏锐地看到了这一点。据说,第欧根尼就曾在白天提着灯笼到集市上去寻找"人";苏格拉底在解释神(其实是神媒所"传达"的"神谕")为何称他为最有智慧的人时,指出这只是因为他"自知其无知"。

从近代开始,上述乐观主义的调子就渐渐为怀疑论所取代。如果说巴斯噶还只是抱怨"人这个自相矛盾的存在物",那么让·皮埃尔·皮尔南就已经说:"人类不是一种可以描述或下定义的存在。他是一个悬而未决的问题,一个一直也没有解开其双重含义的谜。"舍勒似乎回到了苏格拉底式的智慧。他说:"人变成了前所未有的难题。人再也不知道人是什么,而且人知道他不知道他是什么。"雅斯贝尔斯更是直截了当地声明:"如果存在主义宣称知道人是什么,那么它将马上消失。"[1]在现代西方人生哲学中,似乎只有弗洛伊德是一个例外。他在自己的体系形成以后,有一次曾经半开玩笑地说,如果有一天将他的半身塑像陈列在维也纳大学的纪念厅里的话,他希望在上面刻上古希腊悲剧大师索福克勒斯的名作《奥狄浦斯王》里的一句话:"他解开了狮身人面兽斯芬克斯之谜,他是本领最高强的人。"[2]无疑,弗洛伊德在揭示人的心理结构特别是无意识心理方面做出了开拓性的贡献。但是,要说他已经解开了斯芬克斯之谜,那未免有点言过其实了。其实,作为一个释

---

1 转引自[德]兰德曼:《哲学人类学》,工人出版社1988年版,第60页。
2 参见孙伯鍨、张一兵主编:《西方最新哲学流派20讲》,南京工学院出版社1987年版,第25—26页。

梦者和精神病医生,在他企图通过梦幻和病态心理的解析来揭示人的奥秘时,往往倒是把人生变成了梦幻,把(正常)人变成了精神病患者;他所以能自诩为"奥狄浦斯王",与其说是因为他解开了斯芬克斯之谜,倒不如说在于他把奥狄浦斯弑父娶母的命运变成了每一个人都必须经过的心理历程、都无可逃避的"情结"。

"斯芬克斯之谜"的人生哲学寓意,在这里就与其在西方语言中的日常语义相通了,成了"难解之谜"甚至"不可解之谜"的同义语。

第二节
人类自我意识的进展与困境:人性的二律背反

人类自我意识的演化史,证实了"斯芬克斯之谜"的难解。这一过程,大体经历了三个阶段。

人们认识事物,总是从区别不同事物的质开始的。物有物性,人有人性,只要找到了人性是什么,那么"人"也就自然而然地随之确定了。这似乎是一条最直接、又最合乎常识的道路,而从哲学史和人类自我意识发展过程来看,它也确实构成了最初的开端。

古代人注意到的人与动物的区别,首先是在体质形态上。柏拉图就把人定义为"长着两条腿的、没有羽毛的动物"。据说,第欧根尼曾提着一只拔光了毛的鸡(一说是鸭子),讥刺他说:"瞧,这就是柏拉图的'人'!"被窘住了的柏拉图只得又补充了一个特征:人有平平的指(趾)甲。不过,第欧根尼自己也不见得比柏拉图高明多少,他把人界定为:"能直立行走的、有语言、有两只手的动物。"除了"有语言"一点外,这个定义同柏拉图实质上并无区别:都是把手足分化、直立步态作为人与动物的根本区别。中国的象形字"人"实际上也反映了这一点。

更进一步，人们看到了人具有意识这一特性。把人看作"理性的动物""伦理的动物""宗教的动物"，这实际上是整个古代人的普遍看法。上面提到过第欧根尼强调了人有语言，柏拉图主张过人是理性的动物。中国的孔子是从伦理的角度来定义人的。他说："仁者人也""仁者爱人"，即是说"仁爱"是人之有别于禽兽根本之点。基督教则把人看作是宗教的动物，更准确一点说，是把人定义为基督徒。新大陆发现以后，西方世界曾发生过一场关于"土著人是否是人"的争论。教皇保罗三世在1537年宣布"印第安人是真正的人"。比起那些把土著人当作动物一样肆意屠杀的"文明传播者"来说，教皇无疑"文明"、而富有"人性"。然而，他所使用的论据大概仍然不能不令现代人瞠目结舌：印第安人之所以是人，竟然仅仅因为他们"有接受天主教信仰和圣礼的能力"！

古代人对人性认识的最高成果，应该属于古希腊的智者学派和中国的荀子。他们都看到了人是社会和文化的产物。尽管亚里士多德说过："人是政治动物。"但这里的"政治"（politics），词源是"城邦"polis，指的是城邦的事务。由此可见，亚里士多德的这一命题相当于孔子的"仁者人也"，因为孔子的伦理（"人伦"）实质上是"天伦"，即天然的亲缘关系，他说："仁者，人也，亲亲为大。"（《中庸》第二十章。），他的弟子有子说："孝悌也者，其为仁之本与。"（《论语·学而》）亚氏的命题其实是"人是城邦社会的动物"，孔子的命题其实是"人是宗亲社会的动物"。而智者学派和荀子则把人的体质特点与文化特点联系起来，强调人在体质上弱于动物，人只有借助群体的力量和文化创造物才能高于动物。在以"普罗塔哥拉"命名的柏拉图的一篇对话中记载道，普罗塔哥拉认为，人和动物相比是相当糟糕的：自然没有赋予人任何逃遁和攻击的器官，人没有保护身体的皮毛，没有脚爪，人的感觉器官也没有动物那样敏锐，人类只有使用技术和道德的力量，才能弥补其不足。冶金和农业技术，羞耻心和正义感，这都是人体力匮乏的必要补偿。[1] 荀子同样认为，人的特点在于"善假物以为用"，这里的"物"，既有"车舆""舟楫"一类工具，也有"牛马"一类动物（家畜）。就后者来说，人"力不若牛，走不若马，而牛马以为用，何也？曰：人能群，彼不能群也。人何以能群？曰：分。分何以能行？曰：义。"而礼义又是通过改造自己"恶"恶的自然本性（"化性"）而后天习得（"起伪"）的。这样，通过"化性起伪""明分使群""假物为用"，人不仅弥补了自己的弱点，而且可以"通于神明，参与天地"了。

总的来说，古代对人的认识并未超出"斯芬克斯之谜"谜面的水平。依据族类进化史在个体发育史中的"重演律"，我们可以把谜面中所说的"人"（个人）的生理历程（幼年—成年—老年）看作"人"（人类）的历史发展的缩影："四条腿—两条腿"强调的是人的"手足分工"，相当于柏拉图对"人"的定义；而"两条腿—三条腿"突出的则是"工具"，第三条"腿"实际是拐杖，即是"技术"或人假以为用的"物"（"假"肢、"义"足），而这种文化创造物又是用来补偿人的"天赋不足"（年老体弱、"体力匮乏"），因此恰恰相当于智者学派和荀子关于"人"的界说！

到了近代，人们不再满足于用具体人性来规定人，而开始寻找制约具体人性的深层原因和内在根据，把它看成是具体人性多样性与变动性背后的共同性和恒常性，并由此形成了两种对立的主体观，即"人的本性"说和"人的本质"说。

---

[1] 参见［德］兰德曼：《哲学人类学》，工人出版社1988年版，第47—48页。

以英国为主的经验主义传统主张"人的本性"说。它从经验主义出发,认为"人的本性"是自然赋予的,是每个个体所固有的、不变的共同前提和一般基础。因而,各种经验的"具体人性"是"人的本性"的直接表现,"人的本性"是从各种个别的"具体人性"中通过归纳法概括出来的普遍性;个人决定社会,人类的整体性质是由个体的性质衍生的。以德国为主的大陆理性主义传统则主张"人的本质"说。它从理性主义出发,认为"人的本质"是超自然的伦理本质,它不是每个个体所固有的,而是超个体的先验的本质,是各个个体趋向的应有目标。因而,不能从经验个体的特性中归纳出人的普遍性、人的本质;社会决定个人,个体只有通过先验的人类整体性质才能成其为"人""个人",而且这种"人"或"个人"永远是不完善的(摹本)。

前一种观点的代表有英国17—18世纪经验主义哲学家、法国启蒙学者和18世纪唯物主义者的"自然人""经济人"理论,特别是爱尔维修基于人的自然欲望的快乐主义人生观和边沁基于人的物质利益的功利主义伦理学。休谟关于人性的看法是一个典型。他认为,人性是普遍存在的、永恒不变的规定:"野心、贪心、虚荣、友谊、慷慨、为公的精神,这些情感从开天辟地以来就是,而且现在仍是我们所见的人类一切行为和企图的泉源;这里感情混合的程度虽有不同,却都是遍布于社会中的。"因此,你要知道希腊人和罗马人的感情、心向和日常生活是怎样的,你研究法国人和英国人的性情和行为就行了。如果把从后两国人那里所得到的观察结果,推到前两国人身上,你是不会有大错误的。因为"人类在一切时间和地方都是十分相仿的,所以历史在这个特殊的方面并不能告诉我们以什么新奇的事情。历史的主要功用只在于给我们发现出人性中恒常的普遍原则来"。[1]

后一种观点的代表则是德国古典哲学的"伦理人"和"自由人"理论,特别是康德的"实践理性"和费希特的"自我哲学"等。康德认为人的存在和行为同自然的存在和运动有着原则的区别,人不属于现象世界,支配着人的道德律与自然律不同,它不涉及经验,不顾及后果,是一种只强调"应该如何"的普遍的形式规定。为此,他提出了著名的"绝对命令":"你要这样去行动,要使人类(无论由你本身来代表,还是由任何一个其他人来代表)对于你来说,永远是目的,而任何时候都不仅仅是手段。"[2]这一绝对命令在该书中又被表述为"你要这样去行动,好像你的行为的准则可以通过你的意志变成普遍的自然律似的"。到了《实践理性批判》中,则被完全形式化为:"你要这样去行动,使你的意志的准则在任何时候都能够被当作一种普遍立法的原则。"[3]

黑格尔和费尔巴哈企图把上述两种观点综合起来,但终究没有超出理性主义的范围。黑格尔承认人的自然本性,承认人性中包含着非理性的因素,但把它们仅仅看作是理性、伦理本质的不自觉、不成熟的表现形式,并且认为它们最终仍然要被自觉的理性所扬弃;他认为"自我意识"是人的本质,但又把"自我意识"看作是客观理性即绝对精神自我运动的衍生物。费尔巴哈既把"理性、意志、心"看作人的本质,又将其直接归结于人的自然关系,企图从人的自然本性中直接引出人的理性、伦理本质。他认为,既然任何活生生的感性的人都是有欲望、有性别的,人的自然本性(饮食男女)就表明人需要自然、需要他人,因而利己主义必须与爱的原则(爱

1　[英]休谟:《人类理解研究》,商务印书馆1972年版,第75—76页。
2　[德]康德:《道德形而上学探本》,商务印书馆1959年版,第56页。译文有改动。
3　[德]康德:《实践理性批判》,商务印书馆1960年版,第26页。译文有改动。

自然、爱他人)相结合。正是基于这种自然和伦理的直接同一,他提出了"合理利己主义"("对己以节制,对人以爱")的伦理观和"爱"的宗教观。

现代人生哲学的主流则根本反对把人性划分为具体人性与人的本性、直接存在与人的本质,认为这是一种二元论,把人二重化了。他们根本不承认有什么普遍的人性,只承认特殊的具体的个性;根本不承认有什么人的不变(固有)的自然本性或先验的伦理(应有)本质,只承认个人的直接的存在。如果说近代人文主义者最喜欢的格言,是古希腊喜剧作家泰伦斯在《自我折磨者》中的一句台词:"我是人,人所固有的一切我无不具有!"那么克尔凯郭尔就把这句话颠倒过来了,他直截了当地宣称:"没有普遍的人,只有你、我、他,每一个人作为他自己,都是人。""我是人"变成了"人是我"!如果说康德的"绝对命令"实质上是"我应该,所以我能够",那么现代人生哲学家则把它变成了"我能够,所以我应该"。在他们看来,承认普遍的人性,承认人的自然本性或伦理本质,实际上是承认人之外的"没有上帝的上帝"!

"上帝死了!"尼采通过一则寓言,公然发布了这样一条耸人听闻的讣告。萨特接过这一话题,进一步加以延伸:"事实上我们是存在于一个只有人没有上帝存在的世界上,陀斯妥耶夫斯基说:'假如上帝不存在,一切事情都有可能。'这就是存在主义的出发点。"这与其说是"上帝"遗嘱执行人的腔调,毋宁说更像破产了的"上帝公司"的主要债权人的口吻:无论是人源于自然的、还是来自社会的、伦理的规定,统统被作为上帝的"剩余财产"拍卖了,剩下的只有孤零零的"个人"、赤裸裸的"自我"、空洞的"存在"和纯粹的"可能性"!

从"人性"到人的"本性"或"本质",再到人的"存在",既反映了人类自我意识的发展,也反映了这一意识自身矛盾的深化。

首先,从直观的"人性"出发,试图通过人与动物的外在比较来确定人,必然陷入以下矛盾:人的属性是无限多的,不管在体质形态上,还是在意识或社会属性上,人与动物的直接差异都是无限多的,如果仅仅用人的某一种属性来规定人,总是片面的,[1]而企图用"穷举法"把所有的特性一一描述出来又是不可能的;同时,人的各种具体属性之间,不同的人的群体或个体的属性之间又往往是相互对立的。人类学家早已揭示出不同文化之间有着巨大的差异,社会学家也揭示出同一文化中不同阶级、阶层和集团之间的尖锐对立,心理学家甚至揭示出同一个人内心世界(心理状态)的分裂,因此企图用直接的人性来规定人,不仅不完全,甚至根本无从着手。

其次,直观的"人性"描述所遇到的矛盾,迫使人们进入对"人的本性"和"人的本质"的深层探讨,这是一个巨大的进步,但这一进步也使人的自我意识产生了新的矛盾。这不仅因为在新的层次上仍然存在着"什么是人的本性或本质"的问题,与"人是什么?"一样,"人本来是什么?"或"人应该是什么?"也会在更高的层次上重演上述人性问题的二律背反;而且带来了一个新的矛盾,即是"固有本性"或"应有本质"同"现有人性或现有存在"的矛盾。主张人的固有本性决定人,实质上是一种自然主义的决定论;主张人的应有本质决定人,则必然陷于伦理主义的目的论。无论前者或后者,都必然否定人性的可变性和主体的能动性。在前者看来,人的自然本性是不变的,人永远受制于自然的必然性;在后者看来,具体

---

[1] 正如马克思恩格斯所说:"可以根据意识、宗教或随便别的什么来区别人和动物。"(参见《马克思恩格斯选集》第1卷,人民出版社1972年版,第24页)

人性（人的现实存在）尽管可以有变化，但其终极目标是预先注定了的，人只能永恒地趋向于这一先验的理性或伦理目标。

最后，由人的"本性"或"本质"转向人的"存在"，把它归结为"个人的可能性"，也带来了双重后果。一方面，"可能性"范畴的引入，克服了直接人性观的二律背反，冲破了自然主义决定论和伦理（规范）主义目的论的束缚。既然人性或人的存在只是一种（待定的）可能性，而不是某一种特定的属性，那么具体人性所呈现出来的多样性、可变性甚至相互之间的对立性，都不再是不可理解的了，它们都是人的可能性的具体实现方式，是个人选择或行为的结果。既然人性（或人的存在）只是一种可能性，人的具体属性是人活动的结果，人性也就不再受自然必然性或伦理（规范）目的性的束缚，人就完全"自由"了。另一方面，这种对人的能动性的承认，又是以否定一切具体的规定性和必然性为代价的。既然人只能是"我"，"我"不受任何外在必然性（自然必然性）的制约，也不受任何内在必然性（伦理必然性或规范目的性）的制约，作为"我的存在"的可能性没有任何具体的规定，那么这种可能性就成了一种抽象的可能性、一种纯粹的偶然性了，主体的能动性和人的自由也就成了一种抽象的绝对的否定了。除了说"不"，别的什么都没有。斯宾诺莎曾说："规定即否定。"其实，反过来也一样，"否定即规定"。任何具体的否定，都必然包含着肯定的因素，不包含肯定因素、没有任何规定性的否定，只能是虚无、虚无化；萨特所谓"存在先于本质"，最终使存在变成了纯粹的偶然性，使人的自由变成了只能令人焦虑的虚无化。因为，认识论上纯粹的"可能性"只能＝X；而主体观上纯粹的"能动性"只能＝No！难怪有人说："人是一个未知数"，人＝"X"；"人是唯一可以说'不'的存在物"，人＝"不"！

不过，事情并没有到此为止。既然人本身被完全抽象化了，不再带有任何规定性,那么一切规定都只能是外在的、人之外的了。结构主义人类学和符号(文化)拜物教对存在主义的反动就是必然的了。因此,当美国心理学家弗罗姆宣告"19世纪上帝死了,20世纪人死了"的时候,需要"通揖"的"杀人犯"并不是那些直接抹杀人的地位和作用的后者,而恰恰是那些"高扬人的主体性"的存在主义者,因为,结构主义者和符号拜物教的信徒们"杀死"的,不过是已被存在主义者完全虚无化了的一个"幽灵"!

正因为存在着上述各种矛盾,所以关于人和人性的问题成了千古聚讼之谜。在中国历史上,有"性善"和"性恶"、"情"和"性"、"天理"和"人欲"的争论;在西方历史上,则有"狼性"和"羊性"、"利己的动物"和"互助的动物"、"天使"和"野兽"、"理性的动物"和"情欲的动物"等争论。几乎每一种关于人性的说法,都会引出另一种与之针锋相对的观点。你说,"人是工具和文化的创造者",我就说,"人是沙漠的制造者";你说,"人是自爱的生物",我就说,"人是唯一会自杀的生物";你说,"人是会笑的动物",我就说,"人是会哭的动物";你说,"人是自由的主体",我就说,"人不过是在大自然舞台上表演的傀儡";你说,"人是地球和自然界的骄傲(自我意识)",我就说,"人是地球的病态表现之一,是自然界的错误"。这两种对立的观点一旦通过文学家之口表述出来,就形成了极其鲜明的对照。莎士比亚曾借哈姆莱特之口,对人做出了登峰造极的赞美:"人是多么了不起的一件作品:理性是多么高贵,力量是多么无穷;仪表和举止是多么端庄、多么出色;论行动,多么像天使;论理解,多么像天神;宇宙的精华,万物的灵长!"马克·吐温则针锋相对,无情揭露了人的丑恶:"在一切生物中,人是最丑恶的。在世间的一切生物中,只有它最凶残——这是一切本能、情欲和恶习中最下流、最卑鄙的品质。人是世界上唯一能够制造痛苦的生物,他并非出于什么目的,而只是意识到他能够制造它而已。在世界上的一切生物中,只有他才具有卑鄙下流的才智。"而英国作家斯威夫特在《格列佛游记》中,甚至干脆剥掉人的全部高贵的外衣,把人描绘成最卑鄙、最肮脏、最狡诈的动物"耶胡",以反衬马(他称之为"慧骃")的勤劳、智慧和高尚!

第三节
矛盾的解决：人的实践活动

"山重水复疑无路,柳暗花明又一村。"矛盾的发展本身就孕育着矛盾的解决。就在人们对自身的探讨似乎走入死胡同之处,一条光明之路展现了出来,其开拓者就是马克思。马克思是从德国古典哲学出发开始自己的思想行程的。最初他倾向于康德和费希特,相信人的应有的伦理本质。但是,"应有"和"现有"的矛盾使他不久便转向黑格尔,企图通过黑格尔的"辩证理性"解决这一矛盾。所以在其活动的第一阶段,他把人的本质同样看作"自我意识",而这种"自我意识"同时又是"客观理性"和"自由精神"的体现。不过,与黑格尔不同,他更为强调"自我意识"的能动性。费尔巴哈对黑格尔哲学的批判,使马克思转向人本学的唯物主义。他抛弃了人的本质是"自我意识"的唯心主义观点,接受了费尔巴哈关于人的感性的"类本质"的提法。不过,马克思并不满意费尔巴哈把伦理本质直接归结为自然本性的做法,而把人的类本质规定为"自由自觉的劳动"。如果说费尔巴哈由于把"应有"归结为"固有",最后陷于自然主义决定论的话,那么马克思"自由自觉的劳动"尽管在形式上("劳动")是客观的,但在内容上("自由自觉")并没有摆脱

"应有本质"的性质,因而其对人的看法仍然带有伦理主义目的论的色彩。正是这一矛盾,使马克思最终抛弃了把"人的本质"归结为某种具体人性、人的固有本性或应有本质的观点,超越了近代哲学经验论和观念论两大传统,开辟了人的问题上的崭新"地平"。

1845年马克思写下了一个题为"关于费尔巴哈"的《提纲》,确定了实践作为新哲学的根本出发点,并初步拟定了马克思主义哲学的基本要点。《提纲》共有十一条,其中第六条强调:"人的本质并不是单个人固有的抽象物,在其现实性上,它是一切社会关系的总和。"[1]这一论断是马克思主义主体观的核心,它虽然十分简洁,却包含着极其丰富而深刻的内容。我认为,其划时代的意义就在于这一规定彻底解决了人的问题上的上述三个矛盾。

首先,它揭示了人的本质是一种社会的本质。无论人类的总体,还是人类内部的不同集团(民族、阶级、阶层等)或不同的个人,其本质都是由"社会关系的总和"决定的。这就解决了从直接"人性"角度来定义"人"时所造成的有限与无限、同一与对立之间的矛盾。

就人类总体来说,它与动物之间存在着各种差异,因而"可以根据意识、宗教或随便别的什么来区分人和动物"。但是,人的由生产(劳动)所造成的、以生产关系为基础的各种社会关系这一点是最根本的。这一点与其说是各种直接差异中最主要的,不如说是各种直接差异得以形成的根源。不但人的社会属性本身是社会关系的直接表现,而且人区别于动物的体质特征和意识特征也是由社会关系所决定的。所以,马克思对人的本质的这一科学规定本身,就克服了人性问题上的无限与有限的矛盾。"一切社会关系

---

[1] 《马克思恩格斯选集》第1卷,人民出版社1972年版,第18页。

的总和"所规定的正是人性的内有结构,它把对人的认识从表层推进到了深层,揭示了人的各种具体属性或直接特性是多样性的统一:把握了"社会关系的总和",就是把握了一切具体人性的内有结构,因而就既从根本上、又从总体上把握了人。

就人类内部的不同集团或个人来说,它(他)们之间的区别、各自的特殊本质,也在于各自在一定的社会关系中所处的社会地位不同,在于各自所结成的特定的"社会关系的总和"的范围和性质不同。这就进一步解决了如何理解各种具体人性之间的矛盾甚至对立问题。抽象人性论者在人性问题上的二律背反,问题正在于他们离开了人们的社会关系去寻找某种抽象的人类共同性,不是把人的本质看成是包含着差异和对立的具体同一性。实际上,由于人们的社会地位总是存在着差异和矛盾,特别是在阶级社会中更是存在着对抗和冲突,因而,各种具体人性的差异和对立是必然的,不存在差异和对立才是不可理解的。当然,马克思主义也不否认某种共同人性的存在,但那是由同一社会形态中社会关系的具体同一性造成的,本身包含着差异和矛盾。例如,马克思就认为,商品所有者的属性就是资本家和工人的共同社会属性,因而在劳动力的买和卖的领域内二者是平等的。但是,这种平等又恰恰是以不平等为前提的:前者只是劳动力商品的所有者,后者则是潜在的货币资本的所有者。因而,一旦离开流通领域,二者的面貌就发生了根本的变化。

其次,这一科学论断揭示了人的本质是一种历史的本质。规定人的本质的社会关系,不是凝固不变的,它是过程中的关系,是在历史上不断发展变化的关系。因而,人性及人们关于人性的意识,"向来都是历史的产物","甚至整个历史也无非是人性的不断改变而已"。[1] 这就解决了人性内在根据问题上的"人的固有本性"与"人的应有本质"之间的矛盾。

由于"社会关系的总和"总是具体历史的,不存在抽象的永恒不变的"一般社会",因而,也不存在抽象的永恒不变的"一般人性",人性总是具体历史的。马克思主义不仅认为人性是由多种要素构成的复杂系统,坚持人性的全面性和完整性;而且认为人性是一个变化着的开放性的结构,坚持人的具体性和历史性,"社会关系的总和",正是人性发展变化的内在根据。

马克思正是从"社会关系的总和"这一人的具体历史属性的内在根据出发,揭示了人性演化的历史趋势。人性不仅在历史上不断地变化着,而且其变化也是有规律的,它呈现出一种不断向上发展的趋势。这种趋势并非来自人性的某种神秘本质,不是人天生就趋向于某种先验的伦理目的,而是根源于社会关系本身发展的客观趋势。由于人类社会运动的总趋势是一个由低级形态向高级形态不断发展的过程,人性的演变也必然呈现出向上发展的趋势。从整个人类历史来说,它大体要经历三个阶段:自然属性占优势的人的原始本质和原始人性;阶级社会人的经济关系所决定的人的阶级本质和分裂、对抗的人性;共产主义社会人的真正主体本质和无阶级的共同人性。

这样一来,马克思就克服了近代"人的本性"与"人的本质"说之间的二律背反。规定人性的,既不是永恒不变的人的固有的自然本性,也不是只能永恒趋近的先验的人的应有的伦理本质,而是人的现实的历史本质。"人们先是在一定的基础上——起先是自

---

[1] 《马克思恩格斯全集》第3卷,人民出版社1960年版,第567页;《马克思恩格斯全集》第4卷,人民出版社1958年版,第174页。

然形成的基础,然后是历史的前提——从事劳动的。可是到后来,这个基础或前提本身就被扬弃,或者说成为对于不断前进的人群的发展来说过于狭隘的、正在消灭的前提。"而在这一过程中,"不但客观条件改变着……而且生产者也改变着,他炼出新的品质,通过生产而发展和改造着自身,造成新的力量和新的观念,造成新的交往方式,新的需要和新的语言"。[1] 因此,把人性归结为人所固有的自然本性是错误的。而认为人性始终趋向一个不变的先验应有的伦理目标也是错误的。谈论"历史的目标或目的",只有在一定的历史阶段上才是有意义的,它是特定阶段历史发展客观趋势在人们意识中的反映。离开特定历史阶段去讲什么"应有",只能陷入唯心主义目的论的人性观。"所谓的历史发展总是建立在这样的基础上的:最后的形式总是把过去的形式看成是向着自己发展的各个阶段,并且因为它很少而且只是有特定条件下才能进行自我批判,所以总是对过去的形式作片面的理解。"[2]

最后,马克思关于人的本质的科学论断,还揭示了人的本质是一种实践的本质。实践是整个马克思主义的根本出发点,也同样是马克思主义主体观的根本出发点。人的本质所以是一种社会的、历史的本质,归根结底是因为社会关系是"实践的即以活动为基础的关系"[3]。这就解决了人性演化机制问题上的能动性与受动性、可能性与现实性之间的矛盾。

人的本质由社会历史决定,并不意味着人的本质只是社会历史的消极的被动的产物;恰恰相反,肯定人的社会历史本质,正是真正肯定了人的实践本质。在《关于费尔巴哈的提纲》中,马克思

---

1 《马克思恩格斯全集》第30卷,人民出版社1995年版,第490、487页。
2 《马克思恩格斯选集》第2卷,人民出版社1962年版,第108页。
3 《马克思恩格斯全集》第19卷,人民出版社1963年版,第405页。

不仅把人的本质规定为"一切社会关系的总和",强调人性是由社会历史决定的,而且进一步指出,"社会生活在本质上是实践的"。在《评瓦格纳的"政治经济学教科书"》中,他十分明确地强调:人不是消极地"处在某一种关系中,而是积极地活动",社会关系是一种"实践的关系"。[1]

这里的辩证法在于:人们总是在一定的社会关系中,从既有的历史条件出发去进行活动的;但活动的结果又总是不断地改变着原有的社会关系和历史条件,创造出新的社会关系和新的历史条件。因而,人的本质既是社会历史决定的,又是人们自己创造的,这种客观的社会制约性和主体的自我创造性的统一,就是既受动又能动的实践。

同时,实践也是可能性与现实性的统一。马克思在谈到"劳动是实在的自由"时指出:"诚然,劳动尺度本身在这里是由外面提供的,是由必须达到的目的和为达到这个目的而必须由劳动来克服的那些障碍所提供的。但是,克服这种障碍本身,就是自由的实现,而且进一步说,外在目的失掉了单纯外在必然性的外观,被看作个人自己自我提出的目的,因而被看作自我实现,主体的物化,也就是实在的自由,——而这种自由见之于活动恰恰就是劳动。"[2] 这里包含着两个"扬弃"。

一是因果性的扬弃。客观联系中的原因和结果已经转化为实践活动中的手段和目的,并且其关系也发生了转变,已转化为目的的"结果"先于"原因"并决定着"原因"(原因已转化为手段)。

---

[1] 《马克思恩格斯全集》第19卷,人民出版社1963年版,第405页。
[2] 《马克思恩格斯全集》第46卷下册,人民出版社1980年版,第112页。

蜜蜂建筑蜂房的本领使人间的许多建筑师感到惭愧。但是，最蹩脚的建筑师从一开始就比最灵巧的蜜蜂高明的地方，是他在用蜂蜡建筑蜂房以前，已经在自己的头脑中把它建成了。劳动过程结束时得到的结果，在这个过程开始时就已经在劳动者的表象中存在着，即已经观念地存在着。他不仅使自然物发生形式变化，同时他还在自然物中实现自己的目的，这个目的是他所知道的，是作为规律决定着他的活动方式和方法的，他必须使他的意志服从这个目的。[1]

二是必然性的扬弃。外在必然性已经转化为实践活动中的可能性。外在必然性的扬弃不仅指手段，也包括外在目的的扬弃，即外在目的向"个人自己自我提出的目的"的转化。人不仅从自己的需要出发，把客观条件变为实现自己需要的手段，而且从客观条件出发，根据客观手段调整自己的需要。这就是说，只有实践才造成了现实的可能性，并把这种可能性转化为现实性。

马克思关于人的本质在于社会历史实践的科学论断，不仅克服了源于古代的直接人性观所造成的二律背反，克服了近代"人的固有本性"和"人的应有本质"的两难推理，而且解决了现代西方人生哲学在"人的存在"问题上深刻矛盾。实践本身是一种"改造"活动，实践既不是消极地、被动地适应客观世界，也不是主体随心所欲地凭空创造；客观世界不仅构成了人的活动的外在限制，也构成了人的实践的内在条件。因而，那种把人的本质看成是纯粹的可能性，看成是主体从无中自由创造出来的观点，只是在表面上高扬

---

[1]《马克思恩格斯全集》第44卷，人民出版社2001年版，第208页。

了人的主体性和能动性。因为它在排除人的活动的外在限制的同时，把人的主体性和能动性的内在基础也抽掉了，其结果只能走到自己愿望的反面。这一点，不仅为意志主义、弗洛伊德主义和存在主义等对人的悲剧性命运的描绘所证实，而且更为直接否认人的主体性和能动性的结构主义与符号拜物教以至颠覆性的"后现代主义"思潮所证实。

马克思对人的本质的揭示，在人类自我意识发展史上具有划时代的意义。它标志着人类对自身的探索已进入了一个新的阶段，开始由自发的、片面的认识上升为自觉的、完整的把握。恩格斯曾经赞扬马克思"在劳动的发展史中找到了理解社会发展史的锁钥"，我们可以毫不夸张地为这句话做个补充：这把锁钥也同时是打开人和人生奥秘的"金钥匙"！

第九章 马克思恩格斯的个性观
——兼评现代西方人生哲学的个性理论和我国当前的价值导向

1995年是恩格斯逝世100周年,又是马克思恩格斯开始合写《德意志意识形态》150周年。在纪念马克思主义发展史上"第一个五十年"的这两个重要事件的时候,重温恩格斯临终前对新世纪基本特征的预言,从新的视角开掘《德意志意识形态》中人们忽视了的有关个性及其形成发展的理论观点,对于我们正确认识马克思主义的个性观,科学确定当前社会主义市场经济条件下的价值导向,具有重要的理论意义和现实意义。

第一节
恩格斯的选择:自由个性是新世纪的箴言

恩格斯逝世的前一年,1894年1月3日,意大利律师、社会党人朱泽培·卡内帕给他写来了一封信,请他为将于当年3月起在日内瓦出版的周刊《新时代》找一段题词,用简短的语句来表达未来的社会主义纪元的基本特征,以区别于曾被佛罗伦萨大诗人但丁称之为"一些人统治,一些人受苦难"的旧纪元。

恩格斯没有把这一请求当作一件微不足道的小事。在他看来,第一,"但丁是中世纪的最后一个诗人,也是近代的第一个诗人",因而新纪元的题词必须出自一个同样占有划时代地位的人物之手;第二,"要用不多几个字来表述未来新时代的思想,同时既不堕入空想社会主义又不流于空泛词藻,这个任务几乎是难以完成的。"再三考虑,他于1984年1月9日从伦敦回信道:"我打算从马克思的话作中给您寻找一行您所要求的题词——马克思是当代唯一能够和伟大的佛罗伦萨人相提并论的社会主义者,但是除了从《共产党宣言》中摘出下列一段话外,我再也找不出合适的了:'代替那存在着阶级和阶级对立的资产阶级旧社会的,将是这样一个联合体,在那里,每个人的自由发展是一切人的自由发展的条件。'"[1]

恩格斯的这一选择,以最清晰的语言宣布:人的个性自由和自我实现,是新时代的根本特征,是马克思主义和社会主义追求的最终目标!

指出这一点,肯定会使一些人感到莫名的惊诧。因为不管是有心还是无意,也不管是好心还是恶意,他们总是把马克思主义、社会主义理解为一种"社会本位主义",而既然是以"社会"为本位,那就肯定要强调"社会"高于"人"、"整体"高于"个人",只能主张人的"合群性"和依赖性,而不能主张人的独立性和个性;只能把社会和集体看成人和个人存在发展的前提,而不能反过来把人和个人看成社会和集体存在和发展的前提。

---

[1] 《马克思恩格斯全集》第39卷,人民出版社1972年版,第189页。

那么，是不是恩格斯选择错了，抑或是我们把恩格斯的观点理解错了呢？

恰恰相反。把社会由自然和历史从外部强加给人们的"结合体"变为人们自己自觉联合而成的"自由人联合体"，使"个人的自由和全面发展"成为一切人的存在和发展的前提，正是马克思主义即科学社会主义的一贯目标。

马克思在驳斥施蒂纳关于"人们丝毫没有发展自身的意图，他们总是想建立一个社会"的说法时，强调："人们丝毫没有建立一个社会的意图，但他们的所作所为正是使社会发展起来，他们总是想作为孤独的人发展自身，因此他们也就只有在社会中并通过社会来获得他们自己的发展。"[1]"只有我们的桑乔这种类型的圣者才会想到把'人们'的发展与他们生活于其中的'社会'的发展分割开来，然后在这种幻想的基础上继续幻想下去。"[2]"圣麦克斯认为共产主义者是要'为社会''牺牲'，其实他们只是想牺牲现存的社会（指资本主义社会——引者）。"[3]

在集体与个人的关系上，马克思也不仅肯定"只有在集体中才可能有个人自由"，而且区分了"过去的虚构的集体"和"未来的真实的集体"，认为："从前各个个人所结成的那种虚构的集体，总是作为某种独立的东西而使自己与各个个人对立起来；由于这种集体是一个阶级反对另一个阶级的联合，因此对于被支配的阶级来说，它不仅是完全虚幻的集体，而且是新的桎梏。在真实的集体的

---

[1] 《马克思恩格斯全集》第3卷，人民出版社1960年版，第235页。

[2] 《马克思恩格斯全集》第3卷，人民出版社1960年版，第235页。"桑乔"是《唐·吉诃德》中同名主人公的仆人，这是马克思曾用来讽刺地指称施蒂纳。

[3] 《马克思恩格斯全集》第3卷，人民出版社1960年版，第233页。"圣麦克斯"即施蒂纳。

条件下,各个个人在自己的联合中并通过这种联合获得自由。"[1] 这就是说,真实的集体不是出于个人的"结合",而是以"自由个性"为前提的"联合","在这个集体中个人是作为个人参加的"。[2]

这就是说,承认人的个性自由和自我实现,并不是资产阶级和其他非马克思主义者的"专利"。马克思主义与现代马克思主义思潮的区别,不在于是否承认个性自由和自我实现,而在于如何看待个性自由,如何达到自我实现。

其实,个性自由和自我实现,是整个现代历史和人生哲学以及一般社会思潮共同关注的中心问题,是现时代的共同呼声。只要简要地回顾一下人类自我意识的发展史,就可以明白无误地发现这一点。

古代对人的理解是狭隘的。这种狭隘表现在内外两个方面,就内部来说,人们只限于从有机整体的角度看待人,没有把个体看作独立的个性。"血族复仇"的观念就是明证。就外部来说,人们只限于把本民族、本部落、本部落联盟等看作主体,没有把人看作是普遍的。这不仅意味着"非我族者,其心必异",而且简直可以说是"非我族者,其类必异"。两方面综合起来说,就是当时只有狭隘的"人群"的观念,而不存在普遍的"人类"和独立的"个人"观念。这种状况,在一定意义上一直延续到整个中世纪。

从这个最初的观念出发,人的自我意识沿着两个方向发展起来。一条途径可以称为"我是人"的方向,即向着承认人的普遍性的方向发展,由"人群"逐渐扩展到"人类"的观念。就西方来说,它萌发于古希腊罗马时期的"人性"或"人道"(直译是"人的")概念,

---

[1] 《马克思恩格斯全集》第3卷,人民出版社1960年版,第84页。
[2] 《马克思恩格斯全集》第3卷,人民出版社1960年版,第85页。

古罗马时期的喜剧作家普卡利乌斯·泰伦斯在其剧作《自我折磨者》中的一句台词,"我是人,人所固有的我无不具有",就是代表这一趋势的千古名句。另一途径则可以称为"人是我"的方向,即向着承认个人的独立性的方向发展,由"人群"逐渐深化到"个人"的观念。在西方,它同样萌发于古希腊时期。普罗塔哥拉的名句"人是万物的尺度",就包含着对作为感知主体的个体特异性的承认。

从文艺复兴运动开始,人的自我意识冲破了古代的狭隘眼界,把上述两个向度的理解都大大向前推进了,并由此形成了两种对立的观点。在英国经验主义及受其影响的法国18世纪唯物主义哲学中,人被理解为自然的、经验的个体,人类的存在不过是这些真实存在的个体的集合,"人类"的观念不过是从个体性归纳出来的抽象共同点。而在大陆理性主义特别是德国古典哲学及与其密切联系着的浪漫主义文艺运动中,人则被理解为伦理的、理性的族类(人"类"),个体的存在不过是体现这一真正本质的人类的单个"标本","个人"的观念不过是从族类性中演绎出来的虚假个别性。前一种观点主要以英国休谟和法国的爱尔维修为代表,后一种观念则主要以文学家席勒和哲学家黑格尔为代表。

但是,直到近代为止,在"我是人"和"人是我"这两个向度中,"我是人"一直是主导的,这不仅因为英国经验主义哲学和法国唯物主义哲学日益转向自然科学和实证的社会科学,近代对人的问题的关心主要是在德国古典哲学范围内发展起来的,而且即使在涉及人的问题时,所持的"人是我"也是不彻底的。他们尽管把人理解为个体性的存在,但仍然把这种个体性归结为抽象的共同人性——每个人都固有的同样的自然本性。因此并没有使"人是我"彻底摆脱"我是人"的束缚,按照马克思的看法,在他们那里"经验的个别性"恰恰同时是"抽象的普遍性","自然唯物主义"恰恰在人的问题上变成了"抽象唯心主义"。即使就近代哲学的终结者费尔巴哈和施蒂纳来说,也表明了"我是人"和"人是我"这两种倾向尚未彻底分裂。费尔巴哈是从"我是人"出发的,他主张人的"类本质",但这种"类本质"又被归结为单个个人的自然的、情欲的存在;施蒂纳是从"人是我"出发的,他强调人是"唯一者",却仍然把"唯一者"看成是人类普遍本质的理想的、伦理的化身。只是从现代人生哲学开始,"人是我"才完全摆脱了"我是人"的影响,人类个体才被看作是真正"独一无二"的。克尔凯郭尔公开宣布:"没有人,只有你、我、他。"如果说近代哲学主要是在泰伦斯"我是人"的影响下研究人的话,那么现代人生哲学则完全是以"人是我"为自己的旗帜的。正是在这面旗帜下,现代人生哲学一步一步地清除着"自我"中的人类共同性。叔本华抛弃了人的共同的理性本质,尼采抛弃了人的普遍的伦理规范,弗洛伊德则把人的一切文明成果都看作是作为"超我"压抑人的"本我"的东西,海德格尔进一步否定了人的本性,但还保留着对人的先验生存状态的承认,萨特却干脆连这一点也抛弃了,使个人的一切都变成了自我的"创造"。

必须承认,现代西方人生哲学对人的这种理解确实是片面的,它们同样曲解了人的个性。把"人是我"同"我是人"绝对对立起来,实际上反映了资本主义社会下人与人关系的对抗性质。但是,正像资本主义社会本身构成了人类社会发展的一定历史阶段一样,现代西方人生哲学对人的这种片面理解也是人类自我意识发展的一个重要侧面。从古代的狭隘"人群"观,经过近代的抽象"人类"观(以及经验"个体"观),再到现代的纯粹"个人"观,本身曲折地反映了人的自我意识的发展和个性意识的成熟,曲折地表达了人类自身解放和个性自由发展的要求。现代西方人生哲学对个性问题的解决方式是不能令人满意的,但它们提出的个性自由和自我实现这一问题本身却是值得我们深思的；它们对个性问题的回答从总体上说是错误的，但它们对某些具体问题的研究却可以给我们以不少启示；甚至它们的失足之处，对我们都有重要的警诫意义，正所谓"前车之覆，后者之鉴"。因此，那些企图通过否定个性自由和自我实现，来维护马克思主义和社会主义"纯洁性"的人，实际和同克雷洛夫寓言（隐士和熊）中所讲述的那样，为马克思主义和社会主义提供的不过是一种"熊的服务"。借用马克思的说法，他们对"私有财产"的否定，不过是企图倒转历史车轮的行为，因为他们不是高于"私有财产"，而是压根儿"尚未达到私有财产的水产"！

第二节
自由个性："个人行为和独创发展"的统一

要找到个性自由和自我实现的途径，我们碰到的第一个问题，就是要搞清："个性"是什么？"自我"是什么？

通常人们认为，所谓"个性"，就是个人不同于他人的特征，即每个个人都不可避免地具有的人类个体的特异性。其实，这并不正确。

一方面，"个性"不等于"个体特异性"。固然，前者必须以后者为基础，但个性特异性却可以用来单纯标志其自然（生理）的特异性，而个性却是"社会个人"的特异性；另一方面，个性固然总是个人的特性，但个人并不一定具有个性，马克思就认为存在着两种个人，"无个性的个人"和"有个性的个人"。

马克思认为，个体、个人、个性是三个既有联系又有本质区别的范畴,个性不等于"个体性"或"个人性",它只能被"了解为独创发展和个人行为"的统一。[1] 马克思的这一个性观,主要是在批判施蒂纳关于个性即是"唯一者"的"独立性"的过程中展开的。它主要包括以下三个方面:

第一,个性是一种社会性。它是指个人存在的独立性和个人"人性"的具体性。人们常常把"社会性"仅仅理解为"群体性"和"依赖性",其实这是片面的。马克思所讲的"社会性"本身是独立性和依赖性、个体性和群体性的统一。人不能以孤立的个体形式存在,但是人的群体性又不像蚂蚁、蜜蜂"社会"那样,是由遗传机制所造成、由生理上完全特化了的个体所构成的有机群体,人类个体总有某种独立性。因此,一窝蚂蚁实质上只是一只蚂蚁,"一窝蜜蜂实质上只是一只蜜蜂"[2]。而人之所以是最名副其实的社会动物,却正在于它"不仅是一种合群的动物,而且是只有在社会中才能独立的动物"[3]。正因为如此,人的个性绝不是单纯的"个人的直接本性",即自然属性的特异性,而是"社会个人"的独立性和具体性。

施蒂纳不懂得这一点。他的所谓"唯一者"的"独立性",只是指人作为自然个体的"个体特异性"。这样一来,他就抹杀了人的个性与一般存在物的个体性之间的质的区别。按照施蒂纳的这一逻辑,既然人的自然个体性可以称之为"个性",那么任何动物、植物以至无机物都应该具有"个性"了。事实正是如此,施蒂纳"十分庄严肃穆而又洋洋自得地说,他不会由于日本天皇吃东西而感觉到饱,因为他的胃和日本天皇的胃都是'唯一的''无比的胃',也就

---

[1] 《马克思恩格斯全集》第3卷,人民出版社1960年版,第516页。
[2] 《马克思恩格斯全集》第30卷上,人民出版社1995年版,第197页。
[3] 《马克思恩格斯全集》第30卷上,人民出版社1995年版,第25页。

是说它们不是同一的胃"。[1] 马克思认为，这实际上不过是莱布尼茨如下"旧原理"的翻版：没有两片树叶是相同的，"因为自然界中永远不会有两个完全相一致的东西"。对此，马克思道："在这里，桑乔的唯一性降低为他同任何虱子和任何沙粒所同有的性质。"[2] 从这种观点来看的人的"个性""归根到底就是警察所确定的个人与自身的同一，即一个个人不是另一个个人了。这样，这位想冲击世界的英雄桑乔就一落千丈而降为签证局的一个文书了"。[3]

当然，这并不是说，人的个性不包含人的自然个体性。正像人的社会性必须以人的自然属性为基础，并以扬弃的形式包含着后者一样，人的个性也以人的自然个体性为基础并包含它于自然之内。人的社会性不能离开其自然属性而孤立存在，它本身是一种"社会化了的自然"。所谓人的个性是一种社会性，只是说人的自然个体性不再是独立于人的社会性之外的自然，而是作为"人化了的自然"受个性的社会结构所制约。

第二，个性还是一种主体性。它是指个人行为的自主性和个人"人格"的独立性。人不仅是一种社会的存在物，而且是一种有意识的、能动的存在物，活动是人的存在的根本方式。"社会个人"的独立性和具体性，也集中地表现为个人活动或个人行为的独立性和具体性。因此，马克思特别强调对人的个性必须同"个人行为"联系起来加以考察。这就是说：人的个性必须以"人格"为前提，以个人行为的自主性为前提。所谓"人格"，正是指"有意志和意识的"行为主体。[4] 他能够自主地决定自己的行为，并对这种行

1　《马克思恩格斯全集》第3卷，人民出版社1960年版，第520页。
2　《马克思恩格斯全集》第3卷，人民出版社1960年版，第520页。
3　《马克思恩格斯全集》第3卷，人民出版社1960年版，第519—520页。
4　《马克思恩格斯全集》第44卷，人民出版社2001年版，第178页。

为产生的后果负责。只有具有自己独立"人格"的人,对自己的行为具有自主性的个人,才能成为"有个性的个人"。那种尚未具有行为自主权的人(如幼儿),自愿放弃行为自主权的人(如奴才),或被强制剥夺了行为自主权的人(如囚犯和奴隶等),都不可能具有独立人格,不可能成为"有个性的个人"。

在马克思看来,离开个人行为的自主性,去谈论人的"个性",只能是种可怜的自我欺骗。施蒂纳正是如此。他把个性仅仅归结为"自我的唯一性",胡说什么农奴和奴隶即使在被拷打、被剥夺了自主权时仍是充分享有"个性"的。因为"主人的皮鞭落在我身上","我的骨头因拷打而吱吱发响,我的肌肉因鞭笞而颤抖;我呻吟,因为我的肉体在呻吟。但我的呻吟和颤抖证明:我还是属于我自己的,我还是我自己的我"。[1] 马克思说:"如果不用唯一的自然科学的语言而用病理学的语言,这些通过伽法尼电学在他的那具刚从绞架上取下来的尸体上,甚至在一个死青蛙的身上也可以发现的像'骨头'吱吱发响、肌肉颤抖等等现象,在这里却被他用来证明他'整个地''无论外部或内心'还是'他自己所有的',他还支配着自己。"[2] 其实,这些所证明的恰恰是奴隶或农奴的人格被践踏,个性被剥夺,证明的只是"奴隶主的权力和独立性",而不是农奴或奴隶的"独立性"。正是从这种观点出发,后来马克思在《资本论》中进一步指出,在资本主义下由于"物的人格化"和"人格的物化",只有金钱和资本才具有"个性",而人特别是劳动者则被剥夺了个性。

当然,与尚未形成或自愿放弃个人行为的自主性不同,被剥夺

---

[1] 《马克思恩格斯全集》第3卷,人民出版社1960年版,第349页。
[2] 《马克思恩格斯全集》第3卷,人民出版社1960年版,第350页。

者的行为自主性是不可能完全丧失的。因此,奴隶、农奴或雇佣工人的人格和个性并没有完全被剥夺。但是,这绝不是像施蒂纳硬要人们相信的那样,是因为被拷打的是"我的"自身,呻吟和颤抖是"我的"痛苦。恰恰相反,是因为"他们'内心'没有妄自菲薄,即在'外部'也表现为没有自暴自弃",他们"嘲弄那些折磨他们的人,讥笑这些人的软弱,讥笑奴隶主们不能强迫他们俯首听命,只要他们还忍得住肉体上痛苦,他们不作任何的'呻吟',不作任何的哀诉"。就是说,他们不是由于逆来顺受、放弃自己的"人格"而表现出自己的个性,而是由于反抗才显示出自己的个性。按照马克思的说法,就是他们仅仅由于"超脱了所谓奴隶身份就是他自己的'独自性'的这种思想",并以实际行动去争取"从这个'独自性'中'解放'出来",才保持或进一步获得了自己的个性。[1]

第三,个性更是一种独创性。人不仅是一种社会的存在,也不仅是一般意义上的行为主体,人还是自由的存在。同样,个性也不仅表现为社会个人的个体特异性、独立人的行为自主性,更重要的是体现为"个人的独创发展"。只有个人的独创发展,才真正配得上"自由个性"的美名。

马克思认为,个人的独创发展离不开"比较",而"比较"包括两个方面。其一是外在比较。个人活动的"唯一性"或"无比性",是说个人在某一活动中的不可替代性或无可超越性。他说,这种"独创性意义上的'唯一性',是以下面这一点为前提的,即无比的个人在一定范围内所进行的活动不同于其他的个人在同一范围内所进行的活动"。[2] 通俗地说,就是个人给他所进行的活动打上了鲜明

---

[1] 《马克思恩格斯全集》第3卷,人民出版社1960年版,第351页。
[2] 《马克思恩格斯全集》第3卷,人民出版社1960年版,第517页。

的个人烙印，使这种活动及其产物成为他的个性的对象化。例如某一位歌唱家的演唱是个性化的、无可替代和不可超越的，因为换了一个人，即使唱的是同样的歌，也不具有这一位歌唱家独特的音色、激情和魅力。其二，更重要的是要把外在比较转变为内在比较。个性在于个人发展的自律性。"人们不应当再拿某种不以个人为转移的标准来衡量自己，而比较应当转变成他们的自我区分，即转变成他们个性的自由发展。"[1]一个人如果自身没有追求、没有内在价值标准，或者不以自身发展为尺度，只知道迎合世俗观念、附和他人，或者单纯追求外在目的（如仅仅追求物质财富的占有和社会权势的攫取），那么，他就绝不可能成为真正的"有个性的人"。

不过，这里必须强调的是，马克思肯定个性的真正本质在于个人活动的"唯一性"和个人生存的"自律性"，并不是从脱离人的社会性和历史性这一意义上讲的，他坚决反对那种把个性的"唯一性"歪曲成个人的孤立性，把个性的"自律性"歪曲成个人的封闭性的观点。他说："倍尔西阿尼（当时意大利的著名女歌唱家——引者）所以是一位无比的歌唱家，正因为她是一位歌唱家而且人们把她同其他歌唱家相比较；人们根据他们的耳朵的正常组织和音乐修养做了评比，所以他们能够认识倍尔西阿尼的无比性。"[2]同样，个人生存的自律性也离不开外部尺度，必须把外在尺度与内在尺度辩证地统一起来；而且这种"自律性"的尺度本身也是随人的发展而变化的，即"比较应当转变成他们的自我区分"。这就是说，马克思所理解的"唯一性"（无比性）是以社会性、普遍性（可比较性）

---

[1] 《马克思恩格斯全集》第3卷，人民出版社1960年版，第518页。
[2] 《马克思恩格斯全集》第3卷，人民出版社1960年版，第517页。

为基础的,"自律性"(自身同一性)是以历史性、发展性(自我区分)为基础的。两方面合起来,表明马克思所讲的人的个性,即"独创发展和个人行为"的统一,不仅是"联系中的独立性"和"发展中的同一性",而且是同整个人类的自由和全面发展不可分割地联结在一起的。施蒂纳则不然,他把"唯一性"理解为:"作为一个唯一者的你,与其他的个人再没有丝毫共同之点,所以也没有任何使你和其他的个人区分开来或者对立起来的东西。"[1]马克思指出,这种把个性看作是孤立的个别性的观点,恰恰会导致相反的把人看作抽象普遍性的另一极端。"两极相通",否定个人之间存在着人类的共性,正好同时否定了人的个体的个性。因为,"倍尔西阿尼的歌唱不能与青蛙的鸣叫相比,虽然在这里也可以有比较,但只是人与一般青蛙之间的比较,而不是倍尔西阿尼与某只唯一的青蛙之间的比较。只有在第一种情况下(即以共性为前提的"歌唱家之间的比较"——引者)才谈得上个人与个人之间的比较,在第二种情况下(即从孤立的两个"唯一者"出发的"倍尔西阿尼与某只唯一的青蛙的比较——引者),只是他们的种特性和类特性的比较"[2]。施蒂纳对个性"自律性"的理解也同样是错误的,他实际上是沿袭了"费希特派的哲学家的说法"("我就是我"),把"自律性"变成了个人与自身的绝对等同。这样一来,所谓为"自我"就成了一种"固定观念",一种永恒不变的尺度。马克思指出,人们真正的个人"自律",恰恰只有"通过他们把'固定观念'从头脑中挤出去的办法来实现"[3]。

马克思上述三个方面的分析,深刻地提示了人的个性所包含

---

[1] 《马克思恩格斯全集》第3卷,人民出版社1960年版,第512页。
[2] 《马克思恩格斯全集》第3卷,人民出版社1960年版,第517—518页。
[3] 《马克思恩格斯全集》第3卷,人民出版社1960年版,第518页。

的"个体特性——独立人格——独创发展"这一内在结构,说明了人的个性是一个由"个体特异性",经过"行为自主性",发展到"活动独创性"的过程。马克思的这一个情况,不仅与古代和近代对个性问题的理解彻底划清了界限,而且为我们正确评价现代西方人生哲学在个性问题上的得失提供了科学的标准。

现代西方人生哲学对"自我"和个性的理解,大体可分为三种类型。

第一种类型是弗洛伊德主义和人格主义的理解。弗洛伊德的人格理论是在其早期提出的"无意识—前意识—意识"的心理结构理论基础上进一步发展而来的。他认为,个体的人格由"本我""自我""超我"三部分构成。其中,"本我"是个体与生俱来、先天存在的各种本能、欲望的总和。它像一只沸腾的大锅,是个体本能和欲望的贮藏库,是自我和超我的动力源泉。本我没有统一意志,不受伦理道德束缚,不顾及客观条件,只遵循"快乐"原则。"超我"是儿童早期在父母、教师和社会的影响下形成的"自我理想"和"自我良心",它是社会的法律、伦理规范的"内化",它以潜意识罪恶感的形式压抑着"本我"。"自我"则是从本我中分化出来的,它以服务于本我、满足本我、保护本我为宗旨,以协调"本我"与"超我"、现实之间的关系为职责。因此尽管弗洛伊德看作个体有组织的、现实的个性的代表,但实际上他的"人格"是分裂的,他的"自我"归根结底不过是"本我"的表现。他的"个性"实质上是一种本能愿望。

人格主义者则把"自我"归结为一种精神性的道德主体。其创始人美国哲学家鲍恩说:"我们有思想、情感和意志,这是属于我们自己的。我们还有一种自我控制或自己支配自己的力量。所以在经验中我们有'自我'和相对的'自主'。这就造成我们的真正的人格。说得更确切一些,这就是'人格'的意义。"人格主义者认为,每个人的人格是各自独立的、完全自由的,但又是有限的。有限的个人人格是无限的、最高的"人格"——上帝创造的。因此,个人人格作为一种"自制力"归根到底来自上帝的意志,各个有限人格之间的道德和谐归根结底来自上帝先定的道德秩序。

弗洛伊德和人格主义对个性的上述理解,尽管涉及了作为行为主体的个人,但实际上都把个人行为的决定者引向个人之外,归结为个人的自然本性("本我")或抽象的伦理实体(上帝)。因而他们对个性的理解就其实质来说,并没有摆脱自然的"个体特异性"或抽象"人类普遍性"的局限,他们仍然停留在对个性理解的最初阶段,尚未上升到真正的"行为自主性"的水平。

第二种类型是存在主义者特别是"无神论存在主义"者对个性的理解。他们反对把"自我"归结为个体自然的本能欲望或抽象的伦理本质,强调个性是一种最本己的、个别化了的情感或意志。海德格尔的"向死而生"便是他的个性观的核心。他认为,存在的个体化只有在"畏死"中才能真正体验到,真正"有个性的个人"便是达到"畏死"情态的人。因为只有体验到真正有自我个性的个人是达到"畏死"情态的人。因为只有体味到"谁也不能代替我死",才能真正领悟到"谁也不能代替我生",死是"自己的死",生也只能是"自己的生"。"畏死"的体验把每个自我彻底个别化,使其摆脱对自然、社会、他人的依赖,孤独无依、无所救助,于是个人只能依自我,返回自我,成为个性化的人。萨特则强调人的个性就在于行为的自主性,他认为"自我"是一种绝对自主的、对自己的行为具有绝对自决权、并对之负有绝对责任的存在。他的名言:"存在先于本质。"个人最初是空无所有的,首先只是存在、露面、出场,然后才按照自己的意愿造成他自身。"人不外是自己造成的东西,这就是存在主义的第一原理。"

与弗洛伊德主义和人格主义相比，存在主义对个性的理解大大前进了一步，上升到了个人人格的独立性和个人行为的自主性。但是，由于存在主义者实际上把个性看成是每个人直接具有的或者本来应有的，因而也不可能真正把握个性的实质。实际上，个性只是人们的存在发展到一定阶段的产物，把个性说成是每个人直接具有或本来应有的，这并不是真正高扬个性的价值，而是把个性贬低为一般"个别性"。萨特就曾经批评海德格尔，说他用"向死而生"来论证人的个性，是一种"循环论证"。确实，所谓"谁也不能代替我死"，同"谁也不能代替我吃饭"即施蒂纳所谓"我不会因为日本天皇吃东西而感到饱"一样，只是说明"我的"死是"个性化"的死。海德格尔之所以能用"我死"来论证个性化的"我在"，是因为他已经把"死"事先规定为"个性化"的死。说穿了，他本意是用"我死"证明"我在"，结果却是从"我死"推出"我在"。这当然是一种循环论证。如果排除掉这种逻辑错误，海德格尔的"畏死""丝毫不涉及战胜日常平庸的个性"（萨特语）。不过，萨特自己也并不高明：他的"绝对自由"观同样不能把"有个性的个人"与"无个性的个人"区分开来。既然"我们的英雄认为，每一个人都是他能够成为的那个人，每一个人所做的都是他能够做的事"，[1]那么一切个人都已经是"个性化"的、"自我实现"的了，又何必要你萨特出来饶舌呢？！不仅如此，既然现存世界能使每个人都达到"个性化"和"自我实现"，它就已经是"尽善尽美"的了。这样一来，萨特也就正像马克思批判鲍威尔时所说的那样，他的"震撼世界"的词句、他的"全部破坏性工作的结果"就成了"最保守的哲学"。[2] 当然，这不是萨特

---

[1] 《马克思恩格斯全集》第3卷，人民出版社1960年版，第464页。
[2] 《马克思恩格斯全集》第2卷，人民出版社1957年版，第244页。

的本意，却实实在在是其逻辑之必然！

接近于攀上马克思个性观第三层阶梯的是马斯洛和弗罗姆的"人本主义心理学"。这可以说是现代人生哲学个性观的第三种类型。马斯洛从其关于人的需要结构的"五层宝塔"出发，把人格看成是发展的，认为健康的人格和真正的个性在于"自我实现"的需要，而这种高级需要必须在较低级需要至少得到基本满足的基础上才能发挥其行为动机作用。弗罗姆则强调了人对自己的对象可以有两种态度："占有"和"存在"。单纯的"占有"是一种异化，只有使对象对象化的过程成为自己本质的确证过程，才算得上"存在"型的生活方式。

但是，即使马斯洛和弗罗姆也没有真正懂得马克思关于真正的个性在于"独创发展"的精神实质。第一，他们不是把高级需要和高级享受首先看作是自由的活动，而是仅仅归纳为一种高级体验或高级心理。第二，他们仍然没有摆脱人的先验本性的纠缠。马洛斯把人的高级需要归结为人的先天本能（尽管他称之为"似本能"即区别于动物本能的人类本能），弗罗姆则把人的高级享受（即活动本就是享受）说成是人在未被异化之前就已经具有的潜在本性，并企图把这一"人的本性"的范畴强加给马克思。这样一来，他们观点中所包含的"个性是人的需要及其满足方式发展到高级阶段的结果"这一思想就完全落空了；他们实际上回到黑格尔的"种子哲学"。既然人的高级需要和高级享受是一种类似本能的东西或潜在的本性，像"橡籽"尽管不等于"橡树"却包含了一切长成"像树"的内在根据一样，那么，这里存在的就不再是真正的发展，至多不过是个体的"发育"，不过是"展开""显现"而已！

第三节
自我实现：条件和途径

只有马克思的个性观,才真正为人的个性自由和自我实现,指明了条件和途径。

首先,既然个性是一种社会性,是一种只有在社会中才能存在的独立性和以普遍的人类性为基础的具体性,那么人们就不应当在社会之外和人类普遍性之外去追求个性自由,而应当把自我实现过程看作社会化和个性化相统一的过程。

在这个问题上历来存在两种错误观点。一种观点认为:"由于人生来就是个体的,因而个性是无需追求的,需要追求的是人的社会性",所以他们把社会化称为"个人的一条必由之路"。另一种观点则与之相反,认为"人总是准确无误地降生在社会之中,因而社会性是无需人去追求的",所以他们认为只有个性化才是"个人不可逃避的生存使命"。

实际上,这两种观点都是片面的。马克思说:"在任何情况下,个人总是'从自己出发的',但由于从他们彼此不需要发生任何联系这个意义上来说他们不是唯一的,由于他们的需要即他们的本性,以及他们求得满足的方式,把他们联系起来(两性关系、交换、分工),所以他们必然要发生相互关系。但由于他们相互间不是作为纯粹的我,而是作为处在生产力和需要的一定发展阶段上的个人而发生交往的,同时由于这种交往又决定着生产和需要,所以正是个人相互间的这种私人的个人的关系、他们作为个人的相互关系,创立了——并且每天都在重新创立着——现存的关系。"[1]这就是说,把人的个性化和社会化割裂开来、对立起来是完全错误的。人的个性化和社会化实质上是人的自我实现这个同一过程的两个不同侧面。就人的自我意识来说,个人既必须在社会关系中认识和把握自身,又是从个人独立主体和自身需要的角度去认识和把握社会的;就人的自我设计来说,个人生存目标的确定必须同社会发展的客观状况和客观趋势相适应,但社会历史条件又不能直接决定个人生活道路的选择,它是个人自己筹划的结果;就自我实现的过程本身来说,人既必须在一定的社会关系中和一定的历史条件下进行活动,但这种社会关系和历史条件又是个人活动本身造成并不断加以改革着的。

因此那种借口"个人只有在社会才中能存在,只有在集体中才能获得个人自由",来否定人的个性和自我实现的观点,完全抹杀了人的生存方式的自觉能动性,实质上把人的生存变成了动物式的消极适应外部环境的本能活动。马克思当年批判德国的所谓"真正的社会主义"者时所说的,"我们的作者不是把社会、'总合的生命'看作它赖以构成的'单个的生命'之间的相互作用,而只是把它看作还同这些'单个的生命'发生特殊的相互作用的一种特殊的存在。"[2]持有这种观点的人口口声声强调人的"社会性",其实他们本身却把人类社会变成了类似蚂蚁、蜜蜂"社会"那样的生物群体,与其称这种观点为"历史唯物主义",倒不如称之为"社会达尔文主义""社会生物学"更适合。

存在主义者特别是萨特在自我实现问题上的错误,并不在于

---

[1] 《马克思恩格斯全集》第3卷,人民出版社1960年版,第514—515页。
[2] 《马克思恩格斯全集》第3卷,人民出版社1960年版,第562页。

他们强调了"自我设计""自我创造",也不在于他们强调了要成为"有个性的个人"必须不把自己混同于外物或他人,而在于他们片面夸大了个人与情境、他人和社会的对立,仅仅把情境、他人和社会看作个人自由和自我实现的障碍,因而导致了对客观社会条件和人类普遍本质的绝对否定。所谓"个人只有在反对他人时才是自由的""他人就是地狱""社会就是陷阱"等说法,就是这种观点的极端表现。这种观点表面上看似乎突出了个人存在的独立性和具体性,实际上恰恰否定了个性自由和自我实现的客观条件和社会内容,从而架空个性自由和自我实现本身。

与存在主义的观点相类似,我国也有一些"人才学家"提出,真正的"个性自由"和"自我实现"就应该让人才"像野草拼命地长,野花拼命地开,野兔拼命地跑","像一匹野马一样自由自在地驰骋在一望无际的草原上"。在他们看来,社会总是束缚人的个性的、总是压抑人的自由的,只有在自然状态中人才是不受限制的。这同样是错误的。马克思早在批判施蒂纳等人时就指出:"并不是'不自由的野人之子'而正是'文明人'才'认为'野人比文明人更为自由。弗·哈尔姆在舞台上塑造的'野人之子'并不知道文明人的那些限制,因为他不能体验到它们,如同只从剧院中去认识'野人之子'的'文明的'柏林小市民,也丝毫不知道野人的那些限制,这是一样很明显的。"[1] "如果我们的自由历史只能到森林中去找。那么我们的自由历史和野猪的自由历史又有什么区别呢?"[2] 其实,在自然状态中存在的绝不是什么完全的"自由"和真正的"个性",那儿有的只是严酷的自然必然性和本来意义上的生物个体性!

---

1 《马克思恩格斯全集》第3卷,人民出版社1960年版,第343—344页。
2 《马克思恩格斯全集》第3卷,人民出版社2002年版,第202页。

马克思主义在自我实现问题上的第二个基本观点,就是坚持人格形成和自我实现、自由和责任、权利和义务的辩证统一。

在马克思看来,既然人的个性又是一种主体性,它突出地表现在个人的行为自主性和人格独立性上,那么人的个性自由和自我实现,就不仅是一个单纯的"自我"外化的过程,而且同时是一个"自我"形成的过程;就不仅是一个争得自己行为自主权的过程,而且同时是一个履行个人生存职责和义务的过程。

在这个问题上同样存在着两种相互对立的观点,自改革开放以来,我国思想理论界一直为此争论不休。一种观点认为,中国的根本问题在于"个人对自己的冷淡"。持有这种观点的人援引弗罗姆《自我的追寻》中说的"我们的道德问题,是个人对自己的冷淡",认为这话对于我们正好切中要害,因为我国有两千多年忽视个人的传统,而且个人的发现至今仍在阵痛之中,个人的正当地位至今尚未得到确认。另一种观点与之针锋相对,认为中国的道德问题不是什么"个人对自己的冷淡",而是"个人对社会、集体的冷淡"。他们直接诉诸中国历史现实状况的经验证据,指出费孝通先生早在数十年前就在《乡土中国》中深刻揭露过中国人的"私的毛病"。苏州人家后门常通一条河,听起来再美丽没有了,文人笔墨里称之为中国的威尼斯,天底下再没有比苏州城里的水道更脏的了,人们什么东西都往河里倒,明知别人家在河里洗菜洗衣服,也将河当厕所。为什么呢?因为这条小河是公家的。"一说是公家的,差不多就是说大家可以占一点便宜的意思,有权利而没有义务了。"[1]

毫无疑问,上述两种观点所援引的证据都是确凿的,但是他们由此引出的结论却都是片面的。实际上,问题的症结在后一种观

---

[1] 费孝通:《乡土中国生产制度》,北京大学出版社1998年版,第24页。

点所援引的费先生的最后一句话中已经点明了,那就是必须从"权利"和"义务"的辩证统一来看问题。马克思主义所强调的个性自由和自我实现,是以"权利和义务相统一"为前提的。马克思一再指出,所谓个人行为的"自主性"并不仅仅是一种纯粹的权利,它还意味着一种"责任""义务"。"没有无义务的权利,也没有无权利的义务。"[1]离开义务讲权利,就必然会把自由变成一种个人任性的为所欲为,把个性自由变为一种"不开化的利己主义";反之,离开权利讲义务,就会根本抹杀人的个性自由,成为封建专制主义、宗教禁欲主义或者巴枯宁"兵营式共产主义"的辩护士。在马克思看来,这两种畸形的东西尽管表面上绝对对立,实际上却是互为补充的。真正的个性自由和自我实现,本身正是在反对上述两种片面性的过程中才发展起来的。

因此,中国道德问题的解决,当务之急在于确立自由与责任、权利与义务的统一性,而不是鼓吹绝对的"个人权利"或进行抽象的"普遍义务"的说教。离开权利与义务的统一,无论是"对自己的冷淡"还是"对集体的冷淡"都不可能得到解决。

最后,马克思主义在自我实现问题上的第三个基本观点,在于强调自我实现与自我发展、个性自由与人类解放的辩证统一。

自我实现问题上的第三种"二律背反"就是:究竟它是"每个人无可逃避的生存使命"还是"只有少数人才能达到的生存境界"?一种观点认为,既然每个人都是"从自己出发的",他们的活动及其产物当然都是他们的"自我实现"和"自我确证",因而每个人都是自我实现的,差别只在于各自"自我实现"的具体方式不同而已。另一种观点则认为,由于大多数个人"沉沦"于日常在世状态,孜孜

---

[1] 《马克思恩格斯选集》第2卷,人民出版社1960年版,第137页。

以求名,孜孜以求利,终日为生活琐事所"操心""烦",因而只能混迹于外物和他人之中,只有少数超出了日常繁忙状态的人才能真正达到自我实现的高度。

在马克思主义看来,上述两种观点的分歧同样是一种抽象的对立。初看起来,似乎前者是"民主""人道主义"的,后者则带有"贵族式"的烙印,因为他们似乎主张自我实现只是少数人的"特权"。其实,前者对每个人自我实现的权利的普遍承认,是以降低"自我实现"本身的标准为代价的,任何生存状态都被他们看作"自我实现",这种"自我实现"实际上不过是生存的"自身同一"。如果把这种逻辑贯彻到底,可以说连动物、植物甚至一切无机物都是"自我实现"的,因为它们的存在都是它们"自己的存在而不是别的东西的存在"。后一种观点坚持了自我实现的标准,但同样陷入了形而上学的静止观点,没有看到人的生存状态和生存境界在历史上是发展的、不断上升的,今天"少数人才能达到的境界",明天会变成多数人甚至一切人"不可逃避的使命"。

马克思从自己的历史唯物主义立场出发扬弃了上述"二律背反"。他关于人的个性所包含的"个体特异性—行为自主性—活动独创性"的内在结构和历史发展的思想,为人类通向真正的个性自由和自我实现指明了方向。

一方面,马克思没有廉价地将"自我实现"的权利"赐予"一切人。他认为,自我实现并不是个人与生俱来的本性,而是个人生存状态和生存境界发展到一定阶段的产物。在人们的生理活动和必要劳动范围内,个人并未超出"自然个体性"的存在。在谋生活动特别是剩余劳动领域内,个人超出了自然个体性局限,获得了"行为自主性"。但是,即使在这里,个人也未上升到"有个性的个人"的境界,他们仍然只是由一定的社会分工所造成的特定的"社会角色",只是一定的生产关系、社会关系的"人格化"、类型化。只有在"自由活动"中,人才真正进入个性自由和自我实现的殿堂。在这里,个人才能在自己的产品上打上自己独特的印证,活动才会真正成为个性的对象化的确证,每个个人才会真正成为不可替代、无可超越的"唯一者"。要了解这一点,并不需要高深的知识或素养,只要举出一个简单的例子就可以一目了然了。一个茶杯(仅仅作为茶杯而不是作为艺术品)是可以替代的,而一幅名画则是无可替代的,茶杯的制造者是一种"无个性的个人",而名画的创作者则是一种"有个性的个人"。

另一方面,马克思并没有因此而采取鄙视人民大众的"贵族老爷式"态度。第一,他的个性结构思想表明,有个性的个人活动必须建立在无个性的大众活动的基础上,从归根结底的意义上说,正是后者构成了个性自由和自我现实的基础,推动着个性自由和自我实现的发展,"人民群众是历史创造者"。第二,在大多数人仍然处于"无个性的个人"状态时,少数"有个性的个人"的个性自由和自我实现也不可能是完备的;并且他们也是只有使自己的活动有助于推动前者向更高的生存状态上升,才可能成为"有个性的个人"。第三,更为重要的是,马克思认为,在社会历史发展到一定阶段时,人们能够通过自己的革命实践,改变整个人类的生存状态,造成每个人都能做到使自己的个性得到自由全面发展的新世界,这就是人类的共产主义时代。与传统的"马克思主义"观念相反,马克思为之献身的共产主义,正是个性空前繁荣的时代,他要消灭私有制和旧的社会分工的最终目的,并不是要把人类变成无差别的个体集合,恰恰相反,是要使人们之间的个性差别成为唯一的差别,为每个人的自由发展和自我实现开辟最广阔的天地。

当前,我国正处于建立社会主义市场经济体制的过程中,这一体制对人的个性发展的基本要求,是确立独立的人格和行为自主,也为人们自我实现的更高个性追求创造了一定条件。但与此同时,我们也应看到,我国尚有相当多的人口尚未超出最低生存追求的层次。因此,现阶段正确的价值导向只能是:以人格独立化和行为自主权为中轴线,同时鼓励人们把进一步提高个人主体生存境界的追求同改善全民族的客观生存状况的努力结合起来。在这里马克思中学时代就写下的话语"人只有为同时代人的完美、为他们的幸福而工作,自己才能达到完美"[1]仍然应成为一切有志于追求真正个性自由和自我实现的人的座右铭!

---

1 《马克思恩格斯全集》第 1 卷,人民出版社 1995 年版,第 459 页。

第三编

马克思主义哲学研究中的方法论问题

第十章　继承和推进孙伯鍨先生开创的马哲史研究传统

孙伯鍨先生是我国著名的马克思主义哲学家,是我国马克思主义哲学史学科的奠基人之一。孙先生毕生从事马克思主义哲学的教学和研究,培养了大批优秀人才,取得了许多原创性的研究成果。最为珍贵的是 1975 年先生调入南京大学以后,与其他同仁紧密合作,通过长期创造性的研究和锲而不舍的努力,在国内马克思主义哲学史学界开创了一个具有鲜明南大特色的学术研究传统。纪念孙先生,最根本的就是要继承和推进他所开创的这一研究传统,使我国马克思主义哲学史的研究在新世纪取得更大成就。

第一节
文本与解释

孙伯鍨先生开创的学术研究传统,首先体现在其研究的基点和方法上。注重对马克思文本进行深入的历史解读,是孙先生毕生学术研究中最突出的特点。这一特点,包含注重文本的基础性和突出解读的历史性两个方面。长期以来,我国马克思主义哲学的教学和研究是以苏联20世纪30年代形成的"教科书体系"为经典的。孙先生则认为,在"教科书体系"和马克思哲学原著之间,更应该注重后者,因为后者才是"本文",前者不过是"解释"。他有一句名言:"不认真阅读马列主义的原著,说话是没根的。"先生对文本基础性的强调,充分体现了一个学者治学的严谨,这种严谨几乎达到了苛刻的程度。他不仅要求自己的学生老老实实地读原著,而且身体力行,几十年如一日反复阅读。他说:"马克思的著作每读一遍都会有新的体会。"同时,注重文本并非要将其奉为神圣不可侵犯的"经典",而是要从历史的视角读懂马克思。与我国马克思主义哲学界中长期存在的"读经""注经"之风不同,孙先生认为"六经皆史",强调必须以文本为依据注重从历史的视角加以解读。正是从这一观点出发,先生积极倡导和参与了我国马克思主义哲学史学科的创建。先生成为我国马克思主义哲学史学科的奠基人之一,绝不是偶然的,而是其研究的固有价值取向的必然结果。先生文本功底的深厚,在国内学界是公认的;先生从历史解读中取得的多项原创性学术成果,也是学界所公认的。这里略举两例,以见一斑。

一是通过对马克思早期文本的历史解读,提出了马克思早期思想经历"两次转变"和《1844年经济学—哲学手稿》中存在相互对立的"两种逻辑"的观点。孙先生极为重视马克思早期文本的研究。他认为这个时期的著作最能反映马克思主义哲学如何从旧哲学中脱胎出来并走向成熟的极其复杂而曲折的思想演进过程。只有运用历史主义发生学的方法深入钻研文本,分析每一时期每一阶段不同文本中的问题的提法、解决的思路、其特殊语境以及每一个重要哲学术语的深刻内涵,才能真正理解马克思主义哲学变革的实质。正是通过对这些文本的认真解读,孙先生得出了自己既不同于苏联学者、也不同于西方马克思主义者和马克思学者的独到见解。在《探索者道路的探索》一书和其他有关论文中,孙先生以翔实的文本考证和深邃的历史分析指出,马克思新世界观的形成,经历了"两次转变",即从黑格尔和青年黑格尔思辨哲学影响下的唯心主义,转变到费尔巴哈和赫斯式的人本学唯物主义,再转变到历史唯物主义。这是一个连续性和间断性相统一的过程。苏联学者依据列宁的提法认为《德法年鉴》时期便完成了从唯心主义向唯物主义的彻底转变的所谓"一次转变论",否认1844年秋至1845年春马克思思想产生了质的飞跃,夸大了马克思新世界观形成中的连续性;而阿尔都塞所谓的"认识论断裂"说,则夸大了这一过程的间断性。事实上,"两次转变"之间的青年马克思,并不仅仅处于人本主义的"问题系"之中。孙先生认为,《1844年经济学—哲学手稿》中存在着两种截然相反的逻辑:以抽象的人的本质为出发点的思辨逻辑和以现实的经济事实为出发点的科学逻辑。后一种逻辑在《1844年经济学—哲学手稿》中通过对"对象化劳动"和"异化劳动"的区分开始萌芽,在《神圣家族》中得到进一步发展,而到了《评李斯特"经济学"教科书》中就几乎完全取代了前一种逻辑。孙先生对马克思早期文本的这一历史解读,也充分证明不存在截然对立的"两个马克思",也不存在一成不变的"一个马克思",而是"一个马克思"从人本学唯物主义发展到历史唯物主义的"两个阶段",一个"历史的马克思"。

二是通过对经济学文本的哲学解读,深入开掘和系统阐发了马克思《资本论》及其手稿中的历史唯物论和科学方法论思想。孙先生不仅注重解读马克思的哲学文本,而且特别重视对马克思经济学文本进行哲学解读。在他看来,马克思主义的三个组成部分是内在统一的整体,而经济学是马克思主义的主要理论内容;经济学研究和《资本论》的写作是马克思一生贯彻始终的最主要的理论活动，马克思主义哲学的形成和发展是同这一活动紧密联系、不可分割的。早在20世纪70年代末，他就在《马克思主义哲学史》的校内教材中，依据《资本论》的通行版，对其中的哲学思想进行了较为全面的阐发。进入80年代以后，马克思大量经济学手稿的发表和《马克思恩格斯全集》补卷的陆续出版，促使他重新开始并指导自己的研究生对马克思浩繁的经济学文本进行系统阅读。对马克思经济学文本进行哲学解读的丰硕成果，已经汇入我国马克思主义哲学史学科的奠基性著作《马克思主义哲学史》（8卷本）之中。孙先生是第2卷的主编之一，他与笔者合作，撰写了《资本论》中的历史唯物论和科学方法论部分，从哲学视角解读了马克思经济学研究的两大时期和《资本论》创作的四个阶段；严格以文本为依据、深入开掘和系统阐发马克思的社会结构理论、历史进程思想和关于人的学说以及新经济学方法论的创立过程、这一方法的基本内容和实质、新经济学方法论的普遍价值和哲学意义；在统稿过程中，他还和笔者一起，对马克思主义新自然观形成和《资本论》中的科技社会学思想等，通过改写和充实进一步做了系统梳理和深入发掘。其中，关于历史规律和历史唯物主义原理本身的历史性、三大社会形态与四种经济形态、人的本质与经济关系的人格化、异化和人道主义、马克思自由观的实质以及科学的方法只能是从抽象到具体的方法，对辩证法、认识论和逻辑学相统一的新见解，马克思在创立新经济学方法论过程中对英国经验主义和黑格尔辩证法的双重批判和辩证综合还有马克思主义新自然观的实质是以实践为中介的自然观等，可以说都是带有原创性质的新观点。

继承和推进孙伯鍨先生开创的学术研究传统，就要进一步廓清"文本"与"解释"的关系。要像孙先生那样，坚持以"历史"作为

"文本"与"解释"的中介。一方面,把"文本"作为解读的基础,坚持对"文本"进行"历史"的"解释";另一方面,又要看到"解释"本身也是"历史"过程的内在组成部分,"解释"的"历史"对"文本"也具有"构成"性,坚持在"解释"的"历史"中去发现和"建构""文本"。这不仅是因为依据哲学解释学,任何历史都是当代史,都是当代视野中的历史,更在于马克思主义哲学既是历史,又是现实,是活生生发展着的理论运动,是活生生现实运动的理论表现。马克思主义哲学在其发展史中出现的各种"误读"以至"曲解",往往具有历史的合理性。只有把"历史"本身看作"文本",从"文本"的"历史解读"上升到"历史"的"文本解读",把对马克思经典文本的历史解读扩展到对整个马克思主义发展史中流派演化的全面解读,才能真正"回到马克思""走进马克思",即回到和走进真正的"历史的"马克思。

第二节
唯物论与实践论

孙伯鍨先生开创的学术研究传统,也体现在其对马克思主义哲学核心和实质的把握上。坚持唯物主义的实践观,强调实践论的唯物论基础,是孙先生一贯坚持和反复强调的基本观点。改革开放以后,随着社会变革和哲学研究的深入,以"苏联教科书体系"为代表的传统哲学解释框架日益遭到批判,围绕着马克思主义哲学的实质或核心问题,学界展开了激烈的争论,出现了诸如"物质本体论""实践本体论""物质—实践本体论",以至"超越唯物主义和唯心主义"的"实践一元论"等各种观点。孙先生认为,马克思主义哲学可以称之为"实践的唯物主义",但绝不是什么"超越唯物主义和唯心主义的""不带唯物论后缀的"所谓"实践哲学"。这是因为在"实践"这一概念下仍然可以隐藏着对立的哲学路线:是把"实践"看作客观的社会历史范畴,还是看作纯粹的主体性甚至主观性范畴,这实质上是坚持历史唯物主义还是转向抽象人本主义和历史唯心主义的根本问题。孙先生关于这一问题的基本观点,最鲜明地体现在他对于"真理标准问题大讨论"的深层反思和邓小平"南方谈话"的哲学解读中。

其一,孙先生认为,真理标准大讨论的根本意义在于唯物主义实践观的重新确立。孙先生认为马克思所阐明的实践概念,是一个历史范畴。它以"由需要和外在目的规定要做"并处在一定的自然必然性和社会必然性支配之下的物质生产活动为基础和出发点,只要还没有达到"自由王国"的彼岸,实践就不可能变为纯粹"自由自觉的劳动"。马克思正是通过物质生产实践发现了社会生活的真正基础,第一次用唯物主义观点揭示了笼罩在意识形态迷雾中的人类历史的本质和一般规律,创立了唯物史观。由此,孙先生认为真理标准问题的大讨论的更深刻的意义,是通过对实践问题的深入讨论使我们党的指导思想重新回到自觉的唯物主义路线上来。

其二,孙先生认为,社会主义市场经济体制改革方向的选择,体现了手段高于目标的社会实践观。孙先生认为,这就提出了一个哲学问题,即目标和手段的关系问题。二者是对立的统一,但究竟是仅仅根据目标来规定手段和方法,还是根据客观实际来选择手段和方法?他认为从历史唯物主义的观点看,手段的选择高于目标的确立,因为确立目标只是提出任务,选择手段才是实现任务。同时,目标的确立在很大程度上取决于价值导向,而手段的选择则必须严格地依据于客观条件。手段和目标的区分具有相对性:合理的手段使短期目标不断实现是向最终目标的迈进,手段的实现可以是短期目标,但相对于最终目标来讲,仍是手段。因此,孙先生认为邓小平提出建立社会主义市场经济体制、避开姓"社"还是姓"资"的争论,是主张在现实手段和根本目标之间适当地拉开距离,以便在选择手段和方法时多从实际出发。这并不是离开马克思主义实践观的基本原则,恰恰相反,是坚持了实践的社会历史制约性,坚持了实践的历史唯物论。

继承和推进孙伯鍨先生开创的这一学术研究传统,就要像孙先生那样,反对任何割裂"实践论"与"唯物论"的企图,始终坚持二者的内在统一。一方面,我们必须坚持"实践论"的"唯物论"基础,坚持实践的社会历史制约性,脚踏实地地从中国现实的国情出发,构建中国特色的马克思主义哲学;另一方面,必须结合新世纪的时代特点,进一步把"唯物论"提高到"实践论"的时代高度。这里的关键是要深入理解实践范畴的中介性质和中介地位,既要避免仅仅将其视为单纯客体性、本体性和因果性(决定论)范畴,又要反对将其片面解读为单纯主体性、总体性和目的性范畴,使中国的马克思主义哲学真正成为具有当代水平的哲学。

第三节
体系与方法

孙伯鍨先生开创的学术研究传统,还体现在其对马克思主义哲学的理论形态和真实价值的理解上。强调马克思主义哲学不是体系哲学,其本质是内在统一的辩证方法和历史方法,是孙先生马克思主义哲学观的突出之点。在传统教科书解释框架遭到质疑和批判以后,学界对马克思主义哲学的态度经历了"改良—解构—重构"三个阶段。自上世纪90年代的中期以来,出于对马克思主义哲学实质或核心的不同理解,学界出现了各种建构马克思主义哲学理论新形态的尝试。对此,孙先生有着自己独到的见解。

首先,马克思主义哲学本质上不是体系哲学,而是方法。他从马克思思想转变的过程论证了马克思所实现的哲学变革的实质恰恰是以科学的革命的方法论,冲破了体系哲学的牢笼。马克思世界观的第一次转变是方法论的革命,是在批判黑格尔唯心主义方法论的基础上,接受费尔巴哈的人本主义的方法并加以创造性地运用。他把费尔巴哈用于批判宗教的异化理论,推广应用于政治国家和市民社会,提出了异化劳动的理论。马克思世界观的第二次转变也是方法论的革命,是把黑格尔历史主义和费尔巴哈人本主义的方法论结合起来进行唯物主义的改造。马克思从关注现实的政治、经济关系出发,通过改造黑格尔的劳动概念,发现其中的历史辩证法思想,即他不是把人看作单纯的对象,而是看作活动,一种能动地表现自己并创造其自身的生活过程的活动。马克思把劳动理解为"感性的人的活动",即实践。正是抓住了这一点,他获得了改造费尔巴哈唯物主义的重要契机,找到了黑格尔辩证法和费尔巴哈唯物主义的"结合点"。一旦把生产劳动作为实践的基本形式,马克思就获得了理解全部人类历史的钥匙,最终抛弃了费尔巴哈人本主义的原则。在《关于费尔巴哈的提纲》中,马克思确立了以实践作为新哲学的根本出发点,并在《德意志意识形态》中运用这一观点首次系统地分析社会生活,最终实现了自己哲学方法论的变革。作为方法,马克思主义哲学是永远不会被超越的。

其次,马克思主义哲学作为方法,是历史方法和辩证方法的内在统一。孙先生认为,历史唯物主义范畴中的"历史"并不是通常所理解的时空范畴中的社会历史,而是把事实当作"过程"不是当作"实体"来理解的辩证思维方法。马克思在《德意志意识形态》中提出的"历史科学",主要是指把事物当作过程来研究和理解的方法。一切严格意义上的科学都是"历史科学",也就是说,只有把一门科学提高到对其整个历史过程作总体研究时,才能算是上升到了科学的水平。辩证法的基本观点也是不要把研究对象仅仅当作实体,而是把它放在历史过程中,从其产生发展的具体过程中来加以研究。因此,辩证的观点同时就是历史的观点,反之亦然。孙先生认为,当我们不是从通常的角度来理解"历史",而是把"历史"当成一种方法来理解时,"历史"和"辩证"就达到了内在的统一,辩证的唯物主义和历史的唯物主义也就不存在所谓的一般原理和特殊应用的关系了。据此,孙先生认为,历史唯物主义可以从两个方面来理解:一是对社会历史的认识及其理论;二是历史主义的研究方法,运用这种方法来研究问题是更宽泛意义上的历史唯物主义。历史唯物主义的出发点是历史发展本身,是从社会现实中引出原则而非相反。历史不是由单纯的事实堆积起来的,其唯一的出发点应该是"现实—发展"。从现实出发,必须有正确的方法,这就是历史主义方法,即用发生学的观点看待现实。资产阶级经济学家从来不追问资本主义生产关系是如何产生的,在什么限度内具有历史合理性。他们的方法就是非辩证的,非历史的。不是简单地从现存事实出发就是实事求是,真正的唯物主义要有穿透力。资产阶级经济学的方法是从"物"出发,是唯"物"的,但不是唯物主义。历史主义不是简单还原而是着眼于发生学的观点研究现实,不是线性思维方式而是开放的研究方式,遵循从简单到复杂、由抽象到具体的辩证思想路线。马克思的历史主义体现了彻底的唯物主义,也体现了彻底的辩证法。

继承和推进孙伯鍨先生开创的这一学术研究传统,我认为要做到两点:一是要像孙先生那样,反对把马克思主义哲学封闭化、教条化的倾向。既要避免沉迷于构造"新体系"甚至克隆西方的哲学体系,坚持马克思主义哲学的方法论本质;又要避免把"方法"简单化,将其仅仅解读为"工具理性"和"哲学技术",而要从立场、观点、方法辩证统一的视角,将"方法"解读为"生存方式的观念升华"即"哲学范式"。二是在辩证方法和历史方法的内在统一上,不仅要将其解读为一般的变动性、过程性,更要深化为包含主体生成和发展的社会历史的实践性。历史方法既源于(自然的)辩证方法,又扬弃了辩证方法;历史主义原则不仅包含着发生学原则,更体现了历史实践论原则,后者内在地以扬弃的方式包含着"对目的论的合理解释"(马克思语)。

孙先生走了,但先生的精神永存。我深信,由先生开创的具有鲜明南京大学特色的马哲史研究传统,在新世纪一定会得到进一步传承和发展。

第十一章　在学科分化与整合之间保持必要的张力

马克思主义范式分化出三种具体解释模式,"第二国际"和"西方马克思主义"实际上重蹈了"实证科学范式"与"新形而上学范式"的覆辙,而"苏联马克思主义解释模式"更是退回到前科学的"旧形而上学范式"。作为中国的人文社会科学研究者,从马克思主义范式的演化过程中应吸取的经验教训是,在跨学科研究和多学科整合成为当今方法论"显学"的情况下保持清醒的头脑,在学科分化与整合之间保持必要的张力,将大力推进人文社会研究的进一步科学化同充分注意人文社会科学的特殊性统一起来。

第一节

马克思主义产生于 19 世纪 40 年代,其产生既有深刻的社会历史根源和思想文化前提,也有着直接的科学背景。

恩格斯曾反复强调,自然科学的发展为马克思主义特别是其唯物史观的产生提供了科学前提。这在其《反杜林论》的"概论"和

《费尔巴哈论》的"第四章",以及未完成的《自然辩证法》手稿中都有详细的表述。他认为,19世纪30—40年代,自然科学的发展一方面提出了需求,要求"两个取代"——用唯物论取代唯心论,用辩证法取代形而上学;另一方面,这一时期自然科学的发展也为这种变革提供了条件。为此,他回顾了自然科学的形成和发展史。自然科学最初是在哲学中孕育的,在古代只有三门出现萌芽,即数学、力学、天文学。自然科学真正从自然哲学中分离出来,是15世纪中叶至17世纪。用"漫画"的方式简单地说就是三个阶段:哥白尼"日心说"的提出是自然科学的"独立宣言"(恩格斯的比喻),从理论方面为独立的自然科学奠定了理论形式,从内容上说,确立了天上的物理学。接着,是伽利略,在方法上,他确定了自然科学的实验原则,在理论内容上确立了地上的物理学。到了17世纪,牛顿将理论和方法结合起来,把天上的物理学和地上的物理学统一起来,创立起经典物理学的完整体系。牛顿经典物理学的创立,标志着自然科学的形成,后来其他自然科学都是仿照它来建立的。

在此基础上,恩格斯将自然科学自身的发展又划分为两个阶段。到18世纪末为止是其发展的第一阶段,这一阶段自然科学研究有两个特点,一个是收集材料,一个是分门别类研究。因此带来了经验主义的认识方法和形而上学的思维方法。从19世纪开始,在恩格斯看来,自然科学的发展进入了一个新阶段。一是由搜集材料变为整理材料,这样就要求从经验方法上升到理性方法;二是由分门别类研究转入寻找内部联系和跨学科的综合研究,这样就要求以辩证法代替形而上学。但是,此时既有的(黑格尔的)理性辩证法又是唯心主义的,因而必须用唯物论取代唯心论,把黑格尔的唯心主义辩证法改造为唯物主义辩证法,然后运用于自然科学。恩格斯认为,19世纪上半叶的"三大发现"恰好为唯物论取代唯心论、辩证法取代形而上学提供了科学依据。能量守恒定律与笛卡尔提出的物质不灭定律结合起来,表明物质和运动既不能创生也不能消灭,只能由一种形态变成另一种形态。细胞学说表明了生物的统一性:从解剖学上来说,生物体都是由细胞(体细胞)构成的;从发生学上来说,生物都是从一个生殖细胞发育而成的。达尔文进化论则进一步从生物种群演化角度,证明了包括人类在内的物种之间的联系和转化。恩格斯认为,马克思主义就其世界观来说,正是顺应着自然科学发展提出的"两个取代"的需要,并利用了"三大发现"的成果而产生的。

恩格斯的上述说法不够准确。且不说达尔文的《物种起源》发表于1859年,而马克思主义早在1845—1848年已经创立,因此达尔文进化论至多只能被看作马克思主义的"自然史基础"或间接支持;更重要的是恩格斯对自然科学史的分期是错误的。诚然,恩格斯所提出的自然科学从古代萌芽到17世纪形成的历史叙述是基本正确的,但他对自然科学形成后自身发展的阶段划分则是错误的。自然科学的发展确实经历了两个阶段,不过不是恩格斯所说的18—19世纪之交,而是其去世后不久的19—20世纪之交。恩格斯给予了高度评价的所谓自然科学"三大发现",仍然属于以牛顿为代表的经典自然科学阶段;只是到了相对论和量子力学创立后,才进入现代自然科学阶段。

其实,马克思主义产生的直接科学前提并不是自然科学。马克思主义不是一种自然科学理论,而是一种哲学、人文社会科学理论。尽管马克思在《德意志意识形态》中曾经讲到,"我们仅仅知道一门唯一的科学,即历史科学。历史可以从两方面来考察,可以把它划分为自然史和人类史。但这两方面是密切相连的;只要有人存在,自然史和人类史就彼此相互制约"。但他明确表示不研究

"自然史,即所谓自然科学","我们所需要研究的人类史"。[1] 自然科学发展对马克思主义产生的作用,至多只是一种间接的影响:一是自然科学的发展及其在人类精神发展和社会进步中带来的巨大影响,使科学化成为人类认识的主流,造成人文社会研究科学化的潮流,并在19世纪30—40年代达到关键点;二是生物学的发展特别是达尔文的进化论为自然科学与人文社会科学之间架起了一座桥梁。马克思《致拉萨尔(1861.1.16)》的话,达尔文的《物种起源》"不仅第一次给了自然科学中的'目的论'以致命的打击,而且也根据经验阐明了它的合理的意义"。[2] 这就是说,生物界存在的"客观合目的性"的揭示为从无机界的客观因果性向人类社会的自觉目的性的过渡提供了"中介"。

马克思主义产生于人文社会科学形成的关键时期。与自然科学一样,人文社会科学最早也孕育于哲学之中。从西方来说,最早混沌一体的"自然哲学",只是到了苏格拉底,哲学才从天上降到人间,从关于日月星辰的玄思转变为对人生本身的关注。从亚里士多德开始,各门学科才有所分化。整个古代,至多可以说出现了历史学、法学和伦理学等人文社会学科的萌芽。人文社会科学真正从哲学中独立出来,是随着自然科学的形成,从16—17世纪开始的。

首先是经济学。西方经济学的形成大体经历了三个阶段:16—17世纪是货币主义和重商主义,这是经济学的孕育期。从17世纪中叶威廉·配第从流通领域转向生产领域研究开始到19世纪20年代,是经济学的古典期,形成了包括法国重农主义在内,以

---

[1] 《马克思恩格斯全集》第3卷,人民出版社1960年版,第20页。
[2] 《马克思恩格斯全集》第30卷,人民出版社1974年版,第575页。

英国亚当·斯密和大卫·李嘉图为代表的政治经济学理论体系。而从1823年李嘉图去世以后,开始了从古典政治经济学向现代实证经济学的转折期。接着是法学和政治学。把古希腊开始到中世纪的古代自然法理论,改造成为近代自然法理论,是现代法学产生的标志。其代表人物就是格劳修斯、霍布斯、洛克等。而政治学则从马基雅维利开始摆脱了伦理学的束缚,然后产生了"社会契约论",其代表人物为霍布斯、洛克、卢梭等。

在此基础上,维科提出"新科学"的构想,人文社会科学开始酝酿着总体性的变革,到19世纪30—40年代达到了高潮。1830—1840年,孔德出版了《实证哲学教程》三卷,提出社会学的研究也应该像自然科学那样成为经验科学。孔德不仅开创了西方现代哲学的科学主义思潮,而且被公认为西方实证社会学的创始人。社会学之后就是科学人类学和实验心理学。人类学最初的形态是民族学和人种志学,从19世纪60—70年代开始,先在德国,后来在美国发展起来。70年代美国摩尔根出版的《古代社会》,就是当时的一个代表。而实验心理学,则是在90年代,由冯特等人开创的。

马克思恩格斯开始自己政治理论活动的时间分别是1837年和1839年,而马克思主义的形成则是1845—1848年。这一时期,正处于经济学与人类学的产生之间,而与社会学的形成同时代。这清楚地表明,马克思主义本身正是在人文社会研究的科学化潮流中产生的,它代表了人文社会科学以社会关系和历史演进的研究为中介,实现从经济学上升到人类学研究的趋势。

第二节

19世纪30—40年代,不仅是人文社会科学形成的关键时期,也是现代人文社会研究范式形成和分化的关键时期。西方现代人文社会研究中彼此对立的两大类型范式,正是从这一时期开始的。

一是实证主义的科学范式。主要以孔德、约·斯·穆勒和斯宾塞为代表。他们认为,人文社会研究要实现科学化,就必须完全按照自然科学的方式,采用自然科学的研究模式。具体来说,就是经验观察、实验、归纳、数量化等;特别是价值中立性,即强调"事实判断"与"价值判断"的绝对对立和绝对分离。威廉·配第就强调经济学要变成科学,就要量化、经验观察而不是靠假设。他当时把经济学叫作"政治算术"。被马克思称为"英国政治经济学之父"、《政治算术》一书的作者威廉·配第,把自己看成是一门新科学的真正奠基者。他认为,"他的方法'不是传统的'。他不是把一连串比较级和最高级的词汇同抽象的议论拼凑在一起,而是立志要用'数字、重量和尺度'来说话,只利用从感观的经验中得出的论据,只研究在自然中具有可见的根据的原因"[1]。而马尔萨斯和萨伊、巴师夏和凯里等人抛弃李嘉图学派的"劳动价值论",只讲"价格决定",是基于这一方法论基点。直到当代,弗里德曼在《价值经济学的方法论》中,仍然坚持,从原则上说,"实证经济学是独立于任何特别的伦理观念或规范判断的……简言之,实证经济学是,或者可

---

1 《马克思恩格斯全集》第31卷,人民出版社1998年版,第446页。

以说是一门'客观的'的科学,这里'客观'一词的含义完全等同于任一自然科学上的定义"。

另一种则恰恰相反,可以称之为人本主义的"新"形而上学范式。这一范式在哲学上最初滥觞于叔本华1819年提出的"意志主义",到后来新康德主义特别是狄尔泰明确提出"历史主义",即认为历史研究完全不同于自然研究,它具有单一性、不可逆性,只能描述和评价,而不能寻找规律。最后形成了现象学和解释学范式。胡塞尔指出:"19世纪的下半叶,现代人的整个世界观都受到实证科学的规定,并使自己受到实证科学所造就的'繁荣'所迷惑。这种独特性表明,对于那些真正的人来说,极为重要的问题被轻描淡写地抹去了。""早在伽利略那里,一个以数学的方式构成的理念的世界已经取代了这个唯一现实的,通过知觉现实地被给予的、被经验到并可能被经验到的世界——我们的日常生活世界,这是值得重视的最重要的世界。"[1] 胡塞尔试图为人文社会研究奠定精密科学的基础,实际上没有做到。经过海德格尔发展出存在论解释学,到了伽达默尔最终奠定了一套不同于自然科学的人文社会研究范式。这就是:自然科学研究的是主体之外的客体,而历史模式研究的是历史文本;前者从心与物的关系进行解释,后者则解释为心与心的关系;前者力图寻获存在于客体中的真理,后者则寻获人与历史的对话而产生的一种意义,这种意义不能离开理解者本身而存在;前者用的是科学方法,后者则强调对话;在性质上,前者是可重复的、封闭的,后者则是唯一性、不可封闭的。强调人的历史性的合法偏见构成了理解的基础,强调"效果历史"(真理的历时性)、

---

[1] E. Husserl, *Die Krisis der Europaeischen Wissenechatten und die Transzendentale Phaenomenologie*, Hamburger: Felix meiner Verlag, 1982, p. 52.

"视界融合"(真理的共同性)和"问答逻辑",目的不是寻找文本在本体论上的意义(那是找不到的),而是关注文本在现象学上是怎样获得意义的。

从完成形态说,上述两大类型的范式之间的对立集中表现为知识论—逻辑学范式同生存论—解释学范式的对立。前者在强调科学普遍性的同时,抹杀了人文社会科学同自然科学的区别,后者则在突出人文社会研究特殊性的同时,否定了科学的普遍性。

马克思则在这两大类型范式之外,提出了自己的历史主义的理性科学范式。他一方面顺应社会历史研究科学化的趋势,承认人文社会研究像自然研究一样能够而且应该变为科学;另一方面又反对简单地照搬自然科学的研究范式,强调人文社会科学的特殊性,认为人文社会研究的科学化不是自然科学化,而是有着自己的历史性限度。马克思创立的历史唯物主义实质上正是一种新的实践论—历史学范式,使人文社会研究"历史科学"化。这一点,从马克思对待当时英法德三国人文社会研究的成果的态度上,可以看得十分清楚。在经济学领域,马克思将古典经济学称为科学,认为其终结于亚当·斯密和大卫·李嘉图;对马尔萨斯和萨伊、巴师夏和凯里为代表的实证经济学转向持否定态度,将其称之为"庸俗经济学"。在社会学和历史学领域,马克思肯定理论历史学即法国复辟时代(1815—1830)的历史学家基佐、米涅、梯叶里和梯也尔的历史理论;而对以孔德、约·斯·穆勒为代表的实证社会学持否定态度。同时,马克思对德国黑格尔法哲学特别是费尔巴哈哲学人类学的批判,也反映了马克思在反对思辨理性哲学的同时,并不赞同蕴涵在费尔巴哈人本主义哲学中的非理性主义("我欲故我在")倾向。而这一倾向指向的,正是从叔本华和后来的尼采开始,经过新康德主义(狄尔泰)和胡塞尔"现象学",在海德格尔和伽达默尔那里完成的"从旧形而上学到新形而上学"的道路。这表明,马克思创立的实践论&历史学范式,既不同于实证主义的分析理性,也不同于新形而上学的非理性主义,是一种"历史理性"或"辩证理性"范式。

第三节

马克思的实践论—历史学范式形成以后,大体经历了三个阶段的演化过程。

第一阶段是这一范式的原初形态时期。这就是19世纪50—70年代。它首先是在马克思自己的科学研究和社会实践中加以应用并经受检验。用马克思自己的话说,唯物史观的基本结论和基本方法是"我所得到的、并且一经得到就用于指导我的研究作的总的结果"[1]。这种应用研究及其成果主要体现为马克思的政治经济学研究和《资本论》,政治学研究和《法兰西阶级斗争》《路易·波拿巴的雾月十八日》《法兰西内战》等。

第二阶段则是"马克思主义历史学派"的形成和马克思主义研究范式的实证主义化时期。马克思创立的范式真正在人文社会科学研究中发生影响,是在19世纪80—90年代,即第二国际时期。造成这一转变的原因有三:一是19世纪70年代以后,欧洲资本主义进入和平发展时期,工人运动也日益转入合法斗争。同时,人文社会科学发展有了长足的发展,科学主义特别是进化论思潮风靡

---

[1] 《马克思恩格斯全集》第31卷,人民出版社1998年版,第412页。

世界。二是一大批知识分子接受马克思主义,这主要有两次高潮:70年代末至80年代初一大批知识青年(如伯恩施坦和考茨基)和俄国早期革命者(如普列汉诺夫)接受马克思主义,80年代末至90年代初知识精英和主流学界(弗兰茨·梅林、安东尼奥·拉布里奥拉等)接受马克思主义。三是恩格斯的号召、指导和示范。恩格斯反复强调:"我们的历史观首先是进行研究工作的指南,并不是按照黑格尔学派的方式构造体系的诀窍。必须重新研究全部历史,必须详细研究各种社会形态存在的条件,然后设法从这些条件中找出相应的政治、私法、美学、哲学、宗教等等的观点。""……您一定会注意到,在依附于党的青年著作家中间,是很少有人下一番功夫去钻研经济学、经济学史、商业史、工业史、农业史和社会形态发展史的。"[1] 在这一背景下,一方面,出现了一大批运用马克思主义范式研究经济学、政治学、社会学、伦理学、美学、宗教学、历史学、思想史、社会主义史以至于人类学、生态学的著作,在当时的人文社会科学研究中异军突起,形成了"马克思主义的历史学派"(考茨基语)即人文社会科学中的"马克思主义学派"。另一方面,也带来了马克思主义范式实质上的蜕变,即马克思主义范式的实证主义化,唯物辩证法被解释为经验主义发生学,历史唯物论被解释为经济决定论,进化主义和折衷主义成为流行的倾向。这种蜕变也不可避免地引发了马克思主义范式的分化。

第三阶段是马克思主义范式分化、"实证科学模式"和"新""旧"形而上学模式三足鼎立的阶段。马克思主义范式的分化,萌芽于19世纪末20世纪初,形成于第一次世界大战前后。在西方,人们常常把第二国际时期马克思主义范式的实证化,归因于恩格

---

[1]《马克思恩格斯选集》第4卷,人民出版社1958年版,第692页。

斯。诚然,恩格斯的世界观确实带有实证主义倾向,早在70年代的《反杜林论》中,恩格斯就认为,哲学将随着实证科学的发展而趋向消亡。他说:"在以往的全部哲学中还仍旧独立存在的,就只有关于思维及其规律的学说——形式逻辑和辩证法。其他一切都归到关于自然和历史的实证科学中去了。"[1]他的把唯物史观同达尔文学说等量齐观的说法[2]和晚年通信中正确强调上层建筑反作用时的某些提法[3],也在某种程度上诱发了进化主义和折衷主义的倾向。不过,把恩格斯仅仅看作"实证科学模式"的源头是不公正的,实际上,后来分化出来的三种模式都可以追溯到恩格斯。在同普列汉诺夫和安东尼奥·拉布里奥拉的通信中对二人的肯定,表明他同样是另外两种模式的源头。普列汉诺夫正是通过与恩格斯的通信,确立了"斯宾诺莎和18世纪唯物主义—费尔巴哈—马克思"的解释路径,开创了后来苏联"辩证唯物主义"模式。而安东尼奥·拉布里奥拉则通过"实践哲学"的解释路径,实际上预示了后来由卢卡奇等人开创的"西方马克思主义"模式。拉布里奥拉认为,"实践哲学"是历史唯物主义的核心。[4] 在其最后一批哲学著作中,拉布里奥拉更是明确指出,修正主义者所鼓吹地回到康德去,同某些"正统派"鼓吹回到斯宾诺莎和18世纪法国唯物主义者去一样,其含义在于:不是摒弃历史唯物主义,就是毫无益处地重复陈旧的东西,或者纯属折衷主义的混乱。[5]

---

1 《马克思恩格斯选集》第3卷,人民出版社1960年版,第65页。
2 《马克思恩格斯选集》第3卷,人民出版社1960年版,第574页。
3 《马克思恩格斯选集》第4卷,人民出版社1995年版,第690—734页。
4 [意]安东尼奥·拉布里奥拉:《唯物主义历史观概论》,人民出版社1984年版,第297页。
5 [苏]纳尔斯基、[苏]波格丹诺夫、[苏]约夫楚克等:《十九世纪的马克思主义哲学》,中国社会科学出版社1984年版,第299页。

到了第一次世界大战前后,马克思主义范式最终分解为三种具体解释模式。

一是实证科学模式(科学认知模式)。这是以第二国际主流派,包括最初的"修正派"和后来的"中派",其中除了伯恩施坦和考茨基以外,还包括路德维希·伏尔特曼和卡尔·伏伦德尔、麦克斯·阿德勒和鲁道夫·希法亭、亨利希·库诺夫等人。这一模式后来除了在"西方马克思主义"中的"科学的马克思主义"流派(德拉·沃尔佩和科莱蒂的"新实证主义的马克思主义"及阿尔都塞的"结构主义的马克思主义")中一度变形重现之外,基本上消解在西方人文社会科学的实证主义范式即知识论—逻辑学范式之中了。

二是新形而上学模式(人学解释模式)。由安东尼奥·拉布里奥拉发轫地对马克思主义范式的"实践哲学"解读,不仅在意大利经过克罗齐的中介,直接导致了后来葛兰西的"实践哲学";而且同第一次世界大战后到20年代的卢卡奇和科尔施对马克思主义范式的黑格尔式解读方向一致。"西方马克思主义"主流派("批判的或人道的马克思主义")正是沿着这一方向,从"历史实践"出发,经过"社会批判",最终到达"个人生存",构成了同西方生存论—解释学范式相一致的"新形而上学解释模式"(人学解释模式)。

三是旧形而上学模式(玄学解释模式)。由普列汉诺夫开启的向"哲学唯物主义"复归的道路,经过列宁进一步向黑格尔辩证法的返回,最终在斯大林时期形成了"苏联马克思主义"的"辩证唯物主义"解释模式。

不过,上述三种具体解释模式的失败,并不意味着马克思开创的实践论—历史学范式的潜力已经耗尽。恰恰相反,前两种解释模式在消融或归化于西方人文社会研究两大范式的过程中,为它们输入了强大的历史主义因素,推动了它们的发展:即使就最后一种解释模式来说,它也为苏联和中国人文社会研究从前科学向科学的转变提供了一个"桥梁"。特别是在20世纪70年代以后西方人文社会研究中知识论——逻辑学范式和生存论——解释学范式出现危机,"颠覆性的后现代主义"一味破坏,而所谓"建设性的后现代主义"只能求助于向宗教回归的情况下,我们恰恰需要在一定意义上"回到马克思",回到马克思提出的"历史科学"范式,从马克思主义范式的原初形态中汲取活力。

第四节

回顾马克思主义研究范式形成和演化的历史过程,认真总结其经验教训,对于正确看待人文社会科学中学科分化与整合的关系问题,有着重要的启示作用。

第一,如何看待人文社会科学中学科的分化和整合问题,不是单纯的科学方法问题,而是涉及如何看待科学的范式问题。

一般说来,知识论——逻辑学范式以自然科学的方法为楷模,强调科学的经验基础和分析理性,认为人文社会科学的发展必然体现在学科的不断分化之中。相反,生存论——解释学范式则从人生存的不可分割性和社会是一种主体间性出发,强调跨学科的整合,但认为这种整合是"先定的",它不以经验分析为基础、反而构成了经验和分析的前提,并因而认定人文社会研究的非科学性质。只有马克思的实践论——历史学范式,才用社会历史实践将知识和人生连接起来,用历史理性将分析理性与非理性统一起来,既承认人文社会科学学科分化的必然性,又承认跨学科联系、多学科整合的必要性,坚持学科分化与整合两种趋势之间有张力的统一。这一立场,从马克思对待政治经济学的态度中可以清楚地看出来。在马克思主义形成时期,政治经济学还不是现代意义上的经济学,因而马克思认为当时政治经济学是"唯一的一门真正的社会科学"。在《德意志意识形态》中,马克思认为:"政治经济学,在以前无论是金融资本家、银行家、商人,即一切与经济关系直接有关的那些人所研究过的,无论是像霍布斯、洛克、休谟这些有全面教养的人们研究过的(在他们看来,它是百科全书的知识的一个部门),只是通过重农学派才变成一门特殊的科学,并且从那时起它才被作为一门科学加以探讨。作为一门独立的专门的科学,它还得包括其他一些关系,如政治关系、法律关系等等,因为它常把这些关系归结于经济关系。但是它认为这一切关系对它的从属只是这些关系的一个方面,因而在其他方面仍旧让它们保留经济学以外的独立的意义。"[1]这就是说,马克思既把政治经济学看成一门基础社会科学,通过它来实现经济学、法学和政治学的学科整合;同时又充分承认各学科的独立意义,反对对社会和人的简单化、片面化理解。

第二,必须坚持学科分化与整合的统一,任何割裂这种统一的做法最终必然重蹈人文社会研究中的实证主义范式和人本主义范式的覆辙。

从马克思的原初范式分化出来的"第二国际解释模式"和"西方马克思主义解释模式",便是如此。在考茨基看来,马克思主义不是一种哲学,而是和达尔文的进化论具有同样性质的"经验科

---

[1] 《马克思恩格斯全集》第3卷,人民出版社1960年版,第483页。

学"[1];所谓"辩证的唯物主义"或"历史的唯物主义",就是唯物主义方法和辩证(或历史)方法"这两种考察方式"的统一:前者即经验归纳的方法,是要"把作为科学出发点的概念确定下来"[2];后者即"发生学方法"[3],"了解现象的唯一方法就是研究现象怎样发生"[4]。从这种观点出发,就必然会抹杀马克思主义范式的批判精神,只重视学科分化和经验知识的增长,忽视人文社会科学的特点和多学科的整合。第二国际后来对社会生活理解中出现的"因素论"和折衷主义就是明证。与之相反,"西方马克思主义者"则强调人文社会研究的总体性和马克思主义的哲学性质。卢卡奇认为:"不是经济动机在历史解释中的首要地位,而是总体的观点,使马克思主义同资产阶级科学有决定性的区别,总体范畴,整体对各个部分的全面的、决定性的统治地位,是马克思取自黑格尔并独创性地改造成为一门全新科学的基础的方法的本质。"[5]科尔施则把马克思主义与哲学的关系看作一种不可分割的内在本质关系。"我把马克思和恩格斯在19世纪40年代的辩证唯物主义的、批判的革命理论描述为一种'反哲学',尽管它实质上仍是属于哲学的。"[6]科尔施的初衷和该提法的原初涵义是要强调马克思主义的批判精神,强调理论与实践的不可分割性,但这种"反哲学的哲学"最终必然走向"新形而上学"。

第三,在坚持学科分化与整合相互统一的同时,必须在两者之

---

1 [德]考茨基:《关于马克思和马赫的一封信》,载《维也纳斗争杂志》,1909年第10期。
2 [德]考茨基:《唯物主义历史观·第一分册》,上海人民出版社1964年版,第27页。
3 [德]考茨基:《唯物主义历史观·第一分册》,上海人民出版社1964年版,第27页。
4 [德]考茨基:《基督教之基础》,生活·读书·新知三联书店1955年版,第17页。
5 [匈]卢卡奇:《历史与阶级意识》,商务印书馆1992年版,第76页。
6 [德]科尔施:《马克思主义与哲学》,重庆出版社1989年版,第61页。

间保持必要的张力。

人文社会科学从开始的经济学、法学、社会学、心理学等学科分化以来,有了很大发展。特别是随着人类学、文化学、文化人类学的发展,迫切需要超出学科的分割,以便对人与社会进行完整的把握。可以说,跨学科研究、多学科整合已成为今天人文社会科学研究的大趋势。在这种情况下,我们必须保持清醒的头脑。特别是鉴于马克思主义范式本身是主张跨学科研究和多学科整合的,我们更应强调这种统一是有张力的统一。

强调在学科分化与整合之间"保持必要的张力",首先必须看到学科的分化是跨学科研究和多学科整合的基础。就拿经济学—社会学—人类学来说,在坚持整个人文社会研究自身的统一性及其同自然科学的差异性的前提下,同时也要看到人文社会研究不同领域的可分性,以及人文社会研究同自然科学的联系。这就是说,比如,经济学就更接近自然科学,这是因为经济学研究的物质生产领域,是人与自然直接发生关系的领域,是人文社会研究中最接近自然科学的领域。"生产的经济条件方面所发生的物质的"变革,是"可以用自然科学的精确性指明的变革"[1],因而可以更多地借鉴自然科学的研究方法。

强调在学科分化与整合之间"保持必要的张力",还必须看到,任何整合都是相对的、暂时的、历史的,而不是绝对的、永恒的、一劳永逸的。这不仅是因为任何人文社会科学研究都只能选取人类生存和社会生活的某一侧面,只能出自研究者的某种自觉或不自觉的目的,而且更受制于社会认知或历史理解的一般规律。正如马克思所说:"对人类生活形式的思索,从而对这些形式的科学分

---

[1] 《马克思恩格斯选集》第2卷,人民出版社1957年版,第83页。

析,总是采取同实际发展相反的道路。这种思索是从事后开始的,就是说,是从发展过程的完成的结果开始的。"[1]所以马克思强调社会认知的历史性,警告辩证法"要了解自己的限度"。必须适应历史和认识的不同发展阶段打破已有的整合,重建新的整合,不断地"建构—解构—重构"。这也要求我们在"分化"与"整合"之间保持必要的张力。

同样,在科学研究领域中,我们也应当清醒地看到,知识论—逻辑学范式和学科分化对于今天中国的人文社会科学研究有着十分积极的意义,我们应在积极推进人文社会研究进一步科学化的前提下,借鉴生存论—解释学和多学科整合的成果,我们南京大学马克思主义社会理论研究中心的同仁在20世纪90年代提出"回到马克思",也正是为了强调在学科分化与跨学科研究、多学科整合之间的有张力的统一,从人文社会科学研究层面上,强调在促进研究的科学化的前提下注意人文社会科学研究的"历史性限度"。

---

1 《马克思恩格斯全集》第44卷,人民出版社2001年版,第93页。

第十二章　马克思研究"历史科学"化还是"马克思学"化？

近年来,在建构具有当代水平和中国特色的马克思主义哲学解读模式过程中,出现了一种将马克思主义哲学研究的科学化等同于"马克思学"化的片面理解,它源于一系列认识上的误区:在理论界域上将"马克思学"等同于或主要限定为"文献学考证",在理论范式上将"马克思学"看成是超越意识形态的真正科学研究类型,在理论旨趣上将"马克思学"看成是同各种"马克思主义研究"根本不同的纯学术研究。这就需要正确处理三个方面的关系:一是文献学考证、文本学解读、思想史诠释三者之间的关系,二是科学与意识形态的关系,三是思想史研究与应用研究的关系。

第一节
如何看待西方"马克思学"？

近年来,对马克思主义哲学解读模式的反思已成为国内学界关注的热点之一。围绕这一问题,国内许多学者都发表了不少真知灼见。我认为,到目前为止,超越从苏联学界继承下来的"神学叙事"的传统解读模式,实现马克思研究的科学化,已成为学者们的一种共识。这无疑是近年来关于这一问题讨论的最大收获。但是,我们也必须看到,这一问题的讨论还有待进一步深入。因为,套用马克思曾经说过的话,大家尽管对"从何处来",即在对苏东解读模式的弊端的看法上已经比较清楚和一致了,但对"向何处去",即在如何实现马克思主义哲学研究的科学化问题上却存在着迷惘和分歧。

我认为,在"向何处去"问题上出现的种种误解和分歧的焦点,在于如何看待西方"马克思学"。这是因为,在马克思主义哲学的诸多解读模式中,战后影响最大、堪称"显学"的主要是三大模式:"苏东马克思主义哲学解读模式""西方马克思主义解读模式""西方马克思学解读模式"。

我认为,将马克思主义哲学研究的科学化等同于"马克思学"化的主张是不正确的,某些学者提出这一主张是由其认识上存在着一系列的误区造成的。

误区一,是在研究对象或理论界域上将"马克思学"等同于或主要限定为"文献学考证"。我注意到,主张皈依"马克思学"的学者们存在一个共同的看法:似乎"马克思学"就等于"文献学考证"。因此,只有按照"西方马克思学"的榜样,建构"中国的马克思学",把对马克思主义哲学的研究转变为对马克思文本的"第一手"资料的单纯文献学考证,才能真正实现马克思研究的科学化。

必须承认,这种误解的产生有着直接的国际背景。首先是确实有一些原来主要从事马克思文献整理和考证工作的前"苏东马克思主义研究者"(如巴加图利亚和英格·陶伯特),在苏联解体、东欧剧变后"告别意识形态",将文献学考证"独立化";其次是几乎与此同时在一些"西方马克思学者"中也出现了"去西方化"与"文献学化"的新动向,即在充分肯定苏东马克思文献学研究的前提下,主动将自己的研究由"文本学解读"和"思想史诠释"转向"文献学考证"。于是乎,两者在 MEGA2 的新编委会中会聚了:形成了一种似乎"马克思学"已经"全球化"与"文献学化"的表象。

正是上述情况在中国一些马克思主义研究者那里造成了思想混乱:他们认为苏联解体、东欧剧变后"西方马克思学"与 MEGA2 的合流代表了马克思研究的"大趋势";中国马克思主义研究也必须跟在苏联东欧学者后面,转向"马克思学"和单纯的"文献学考证"。

这其实是一种"误解"。因为人们忘记了对前述表象必须进行一点批判的考察:"马克思学"是否等于单纯的文献学考证,而"文献学考证"又是否只能采取"马克思学"的范式呢?

实际上,文献学考证不是一种范式,它与文本学解读、思想史诠释之间的区别来自研究对象或研究界域的划分;它从来都不是独立自在的,其使命只是为文本学解读和思想史诠释提供支点和基础。可以说,任何一种马克思主义的解读模式,任何一种稍微严肃的马克思主义研究,都不能不依赖某种文献学考证的基础。不仅西方马克思学力图构建自己的文献学基础,苏东马克思主义研究有着自己的文献学考证基础,即使在许多反马克思主义的马克思研究中,也经常求助于文献学考证的支持。一个不争的事实是,迄今为止在文献学考证方面做出最大成就的 MEGA 编辑工作,恰恰是在苏联首先发展起来的。

同样,"马克思学"也不等于"文献学",它本质上不是文献考证,而是一种解释范式或解读模式。西方马克思学从未将自己局限于文献学考证的范围在内。尽管在"马克思学"一词的创始者吕贝尔那里,对建构马克思研究的文献学基础具有高度的自觉,也确实做出了一定成绩,但从根本上说,他的这种努力是为了与"苏东马克思主义解读模式"相抗衡,为自己将"马克思"与"马克思主义"绝对对立起来的解读模式作论证。即使在苏联解体、东欧剧变之后,这种状况也没有改变。2000年美国杜克大学的汤姆·洛克莫尔教授的论文《论在马克思主义之后恢复马克思》,尽管被国内某些学者盛赞为代表了"一种旨在从学术层面上避开先定'框架'、情绪化'评判'和中间的'环节','直接而全方位'地面对原始文本,回到马克思当年的历史语境,重新阐释其思想的研究趋向",实际上不仅没有作任何文献考证工作,甚至连文本解读都谈不上,不过是一种纯粹的"思想史叙事"!

误区二,是在研究性质或理论范式上将"马克思学"看成是超越意识形态的真正科学研究类型。主张"马克思学"化的学者认为,在各种马克思文本研究类型中,不仅"苏东马克思主义"对马克思文本的解读充满了意识形态色彩和政治性考量,就是在"西方马克思主义"和东欧"新马克思主义"那里亦是如此。只有"以西方'马克思学'MEGA版的编纂原则为代表的文本研究类型""不受任何意识形态的影响,完全是独立的",是唯一真正科学的研究类型。事情真是如此吗?

诚然,西方"马克思学"一开始就标榜自己是中立的,超越意识形态的;并且我们丝毫也不怀疑确实有相当一部分西方"马克思学"学者在主观意图上"专门以马克思的生平和著述作为研究和阐释对象,力图不抱意识形态的偏见"。但是,"标榜"不等于真实,"主观意图"不等于客观结果,如果把人们的"声明"当作"现实",那就真是过于天真了!只要稍稍回顾一下历史,就可以看出,从费第切尔的"两个马克思的对立",到莱文"马克思与恩格斯的对立",西方"马克思学"不仅研究的论题本身来自意识形态斗争,而且其研究的结论也与某些"西方马克思主义"者甚至公开的反马克思主义者毫无二致。其实,这种情况并非偶然,因为吕贝尔提出的"马克思学"本身,就是以马克思同"马克思主义"的彻底分离为前提的。"马克思学"这一概念本身,就预设了马克思同马克思主义毫不相干的"前判断",隐含着用"马克思"反对"马克思主义"的意识形态陷阱,西方"马克思学"得出的许多明显带有意识形态偏见的"科学结论",其实正是一种地地道道的"解释学循环"。因此,与国内某些学者的断言恰恰相反,西方"马克思学"与"苏东马克思主义"或"西方马克思主义"之间的区别是真实存在的,不过是"隐性意识形态"与"显性意识形态"的区别,而不是什么"科学"与"意识形态"的对立。

值得注意的是,"马克思学"的这种在"非意识形态化"形式下进行意识形态斗争的状况,在苏联解体、东欧剧变之后不仅没有改变,反而更加自觉了。新 MEGA2 的编者英格·陶伯特等人不再延续以往《德意志意识形态》各个版本(包括 MEGA2 试编本在内)"把留传下来的各篇手稿编辑和解释成一部著作的传统",而是要将其"作为独立成篇的文稿加以收录和编辑"的"新思路",集中反映了这一倾向。陶伯特直言不讳地声称,《德意志意识形态》"以往的版本大多打下了政治意图的烙印,试图证明《德意志意识形态》是历史唯物主义的系统形成",其实它不过是"《神圣家族》的回声",这实际上是企图釜底抽薪,从根本上否定马克思恩格斯创立唯物史观的思想史事实!而在《马克思恩格斯年鉴》的编者看来,陶伯特等人的编辑新思路不仅适用于《德意志意识形态》,也适用于《资本论》,它"具有纲领性意义,表明在意识形态时代终结之后能够重新对马克思进行哲学的解构"。

误区三,是在研究目的或理论旨趣上将"马克思学"看成是同各种"马克思主义研究"根本不同的纯学术研究。主张皈依"马克思学"的学者们认为,后者在对马克思的解读和诠释中之所以出现各种理论偏差或"意识形态歧见",根本原因在于"并不是把它当作一种单纯的学术对象,而主要是将其视为一种诠释时代问题和解决现实矛盾的策略、手段来考虑的"。从这一判断出发,他们认为要实现马克思研究的科学化,就必须"回到学术层面",甚至提出了"不要思想家,而要学问家"的口号,而体现这一要求的只有"马克思学"。这里有两个问题不能不加以澄清:一是"思想史研究"与"意义阐释""应用研究"能否绝对地分离开来;二是"马克思学"是否与"意义阐释""应用研究"真正无关。

在第一点中我已指出,尽管研究的侧重点可能各不相同,但任何马克思研究都是"文献考证—文本解读—思想诠释"的统一,归根结底都是要对马克思的思想及其意义作出自己的诠释。绝对意义上的"唯文献而文献""唯文本而文本"实际上是不存在的。特别是对于一个主张"哲学家们只是解释世界,问题在于改变世界"的人,不但单纯的学问家无法真正读懂,就是单纯的思想家也无法完全读懂。在文献学考证与文本学解读、思想史研究与应用研究之间当然应有分工,但决不是"要学问家,不要思想家"。离开文本学解读,文献学考证只能是死的、纯技术的技术鉴定;离开马克思对诠释时代问题和解决现实矛盾的巨大影响,又如何能科学地评价其思想的意义和价值呢?!从马克思思想的科学阐释角度说,"离开马克思的马克思主义必然是扭曲的;而离开马克思主义的马克思只能是已死的"。将马克思研究同阐释、发挥马克思思想和方法的现实批判功能割裂开来,不仅否定了"武器的批判",而且必然把"批判的武器"变为"考古学的对象"和"鉴赏学的文物"。这种"科学研究"至多只是"折戟沉沙铁未销,自将磨洗认前朝"。而从发生学的意义上说,如果没有马克思就没有马克思主义,那么"没有马克思主义(包括马克思之后的马克思主义)就没有马克思学"。事实上,20世纪西方"马克思学"的产生,恰恰是由东方马克思主义的崛起和西方"马克思主义"的复兴引发的。一个对当代不再具有意义的人是不会受到当代人特别是学界关注的,更不能成为一种"显学"。资本是最现实的,它不会出于单纯游戏或鉴赏的目的去出钱资助"马克思学"的。同样,资本主义只有仍然感到马克思"幽灵"的威胁,才会想方设法去驱逐他的"幽灵"。令国内某些学者欢呼雀跃的"在马克思主义之后恢复马克思"的"马克思学"新动向,实际上是要将马克思同化为黑格尔,"在马克思主义之后恢复"的并不是马克思,而是黑格尔!撇开洛克莫尔等人的主观愿望,仅从把马克思对现代性的批判归属于黑格尔这一点来说,甚至可以认为这种倾向客观上成了弗朗西斯·福山"历史终结论"的共谋。

国内某些学者对"马克思学"在上述对象("纯客观")、方法("纯科学")、目的("纯学术")三个方面的误解合到一起,就是要把马克思主义研究学术化、实证化、学院化。如果说这种倾向在理论上主要是受到已被后来的历史主义特别是费耶阿本德颠覆了的西方实证主义科学观的影响,那么在实践上则是"后冷战"和"全球化"时代资本主义意识形态霸权的反映。要知道,"非意识形态化"恰恰是所谓"意识形态终结之后的意识形态"的本质特征。所谓建构中国"马克思学"的主张,实际上正是适应了西方马克思学的"去西方化"和"全球化"的潮流,陷入了西方资产阶级所谓"意识形态终结"的全球化陷阱,不自觉成为资本主义全球话语霸权的共谋。

第二节
如何成为"历史科学"?

当然,我们不赞成在走出"苏联模式"之后走进"马克思学"模式,这并不等于全盘否定"马克思学",更不等于不要加强"文献学"的研究,特别是吸收 MEGA2 的研究成果。这里需要正确处理三个方面的关系:

一是文献学考证、文本学解读、思想史诠释三者之间的关系。迄今为止,我国在马克思研究中文献学基础十分薄弱,甚至可以说是刚刚起步,不仅无法企及苏联的 MEGA 编辑成果,就是同原西方"马克思学"相比也差距甚远。因此必须高度重视这一工作,这里包括必须充分关注和吸收新 MEGA2 的一切研究成果,也包括亟须培养和造就自己的文献学研究专家,建构自己的文献学研究基础。但是,同时不应忘记,在马克思研究中,文献学考证是前提和基础,文本学解读是中介和核心,思想史诠释则是结果和目的。马克思研究要真正成为一门"历史科学",关键在于文本学解读。我们只有抓住文本学解读这个关键环节,才能真正把我国的马克思研究推进到一个新的阶段。

二是科学与意识形态的关系。这里的关键是要在推动马克思研究科学化的同时,充分注意到历史科学的特殊性。历史科学本身不可能完全摆脱叙事性质。我们可以走出"神学"叙事,但永远不能摆脱历史科学的"叙事"性质。费耶阿本德就曾指出,自然科学史本身就是一个理性与非理性异质混杂的过程。哲学史更是如此,马克思主义哲学史尤其如此。非批判的实证主义恰恰不能避免意识形态，而是堕入最坏的"意识形态"即鲍德里亚所说的"零度化的意识形态"陷阱。当然，这并不是说，研究马克思主义哲学必须以首先信仰它为前提，像宗教信徒所说的那样"诚则灵"。马克思主义信仰本身是一种基于科学的信念，它包含着非理性的因素，但不是反理性的。马克思研究范式的性质只能是马克思所谓的"历史科学"，它不是神学，也不是西方实证主义意义上的"科学"。它要求我们将"事实判断"与"价值判断"、科学精神和批判态度统一起来。在当前，我们必须在充分吸收"马克思学"和新 MEGA2 研究成果的同时，对其范式和结论中可能带有的意识形态偏见保持应有的警惕和审慎的批判态度。

三是思想史研究与应用研究的关系。马克思研究的科学化，并不等于学术化、学院化。片面地强调"古为今用""洋为中用"固然是一种低劣的实用主义，但"任何思想史总是当代视野中的思想史"是无可争议的。企图通过"回到学术层面"，把马克思变成"书斋里的学者"，恰恰无法使思想史由"神学叙事"转变为"历史科学"。我们必须把思想史的研究与创建具有当代水平和中国特色的马克思主义、充分发挥马克思主义对当代资本主义现实的批判功能和对中国社会主义实践的指导作用结合起来。苏联历史上强调"理论为现实服务"确实导致了马克思主义沦为官方意识形态，但那并不是应用研究本身的"原罪"，而是由于专制主义的文化管理体制扼杀了马克思主义的革命批判的本质，把马克思变成了现行体制的"辩护士"。这只能靠恢复马克思主义的批判精神，坚持科学态度和批判精神的统一，才能得到纠正；而不是通过"回到学术层面""退回书斋"就能够解决的。

第十三章　五四运动以后两次中西文化论争的当代启示

自从鸦片战争时期西方列强用大炮轰开了古老中国的大门，中国就一直处于中西文化的碰撞、冲突和交汇、融合之中。中西文化问题是中国思想文化界长盛不衰的热点，中西文化之争贯穿了中国近代以来的全部历史。马克思主义的传入和新文化运动的分化，并没有终结中西文化的论争。

五四运动以后，中国思想文化界又爆发过两次大论争：一次是20年代由"东方文化派"挑起的"东西文化之争"，另一次是30年代由中国文化建设道路问题上的"全盘西化论"和"中国本位论"引起的"中西文化之争"。在纪念"五四运动90周年"的今天，反思这两次论争的历史，特别是其与五四之前相比出现的新特点，对于我们认识今天中国社会和文化的发展道路，有着十分重大的现实意义。

第一节
东西文化之争

第一次世界大战造成的严重后果和俄国十月革命的胜利,引发了欧洲资本主义的信仰危机和社会主义运动的高涨。这种情境不仅造成了西方哲学内部科学主义、马克思主义和人本主义"三分天下"的局面,而且直接促成了西方"文化相对主义"思潮和"东方文化主义"思潮的兴起。西方"文化相对主义"思潮以德国文化哲学家施宾格勒为代表。他在《西方的没落》中提出了相对主义的"文化形态史观"。他认为,人类的历史和文化不是一元的,而是多元的;以往的世界历史包括埃及、巴比伦、印度、中国、古希腊罗马、伊斯兰、墨西哥和近代西方八种文化;这些文化在价值上无高低优劣之分,在发展上是各自封闭自足的,都有自己发生、发展和灭亡的历程。"东方文化主义"思潮的主要代表是印度大诗人泰戈尔。20世纪20年代,泰戈尔周游欧美各国,广泛接触各国哲学家、文学家和政治家,到处发表演讲,大力宣扬其"东方文化主义",试图用东方人"人生精神满足"的"智慧"去矫正西方人"物欲无厌追求"的"活动"。[1] 泰戈尔的活动在世界上造成了相当大的影响。他在欧洲"到处受到盛大欢迎,听讲的人盈千累万","这位宽衣博袖岸然道貌的印度哲人,降临于中欧兵劫以后的瓦砾场,使一群丧乱流离惊魂未定的众生,得领略东方恬静和平的福音,以减杀其生命的

---

[1] 参见冯友兰:《与印度泰戈尔谈话》,载陈崧编《五四前后东西文化问题论战文选》,中国社会科学出版社1985年版,第387页。

悲哀"。[1] 20年代中国思想界的"东西文化"之争,正是在这一国际背景下展开的。

这场论争从梁启超《欧游心影录》的发表(1920年)和梁漱溟《东西文化及其哲学》的出版(1921年)开始,接着与"科学与玄学"之争(1923年)交织在一起,到泰戈尔来华讲学(1924年春夏)形成高潮。1918年底至1920年春,梁启超赴欧洲各国考察。战争给欧洲造成的惨状和弥漫于西方的"文化末日感",使这位一直主张引进"西学",革新国民性,逐步改良中国社会的思想家,对西方文明深感失望,转向"东方文化主义"。他认为,欧战的爆发宣告了西方文明的破产,而欧战爆发的原因一是进化论和个人主义导致了西方传统道德的沦丧,二是"科学先生"推动物质和机械的进步,助长了物欲横流和弱肉强食。结果,西方人普遍感到精神空虚,失去了安身立命的根据,人们成了无"家"可归的人。他深信中国文明大有前途,号召青年弘扬传统文化,说这不仅是为中国人,而且是为"人类全体的幸福"负起责任。梁启超大声疾呼:"我们可爱的青年啊,立正,开步走!大海对岸有好几万万人,愁着物质文明破产,哀哀欲绝的喊救命,等着你去超拔他哩!我们在天的祖宗三大圣和好多前辈,眼巴巴盼望你完成他的事业,正拿他的精神来加佑你哩!"[2] 接着,梁漱溟在《东西文化及其哲学》中提出,人类文化分为西洋、中国和印度"三路向",它们分别以"意欲向前""意欲持中""意欲向后"为根本精神,各自偏重于物质(科学)文化、社会(伦理)文化和精神(宗教)文化;而后者既是文化构成的三方面,也是其发展中必须依次经过的三阶段。尽管西洋文化处于最低层次,但它

---

[1] 胡愈之:《台莪尔(即泰戈尔——引者)与东西文化之批判》,载陈崧编《五四前后东西文化问题论战文选》,中国社会科学出版社1985年版,第380页。

[2] 王德峰选编:《梁启超文选》,上海远东出版社2011年版,第219页。

的路向是正常的(除去中世纪一度走上第三条路以外),将随着物质文明的成熟向第二条路过渡;而中国文明特别是印度文明则是畸形早熟的。由此他提出,中国要把西洋文化全盘接受过来,加以"根本改过",同时把自己的孔子文化重新拿出来;而西洋人也需要中国人把他们导于孔子这第二条路上来。梁启超和梁漱溟的观点引起了新文化阵营(尽管此时已分化为以陈独秀为代表的马克思主义和以胡适为代表的"科学主义"两派)的激烈反对。

1922年初,张君劢由欧洲归国,便加入了"二梁"一方,成了当时以梁启超与梁漱溟,以及"国粹派"辜鸿铭和章士钊为代表的中国"东方文化派"的主要成员。他在"中华教育改进社"所作的《欧洲文化之危机及中国新文化之趋向》的演讲中,对欧洲文化做了与"二梁"大体相同的分析。他首先肯定"欧洲文化上已起一种危机",并将其原因归结为"一曰思想之变动,二曰社会组织之动摇,三曰欧战之结果"。但他认为"断定'世界文化即中国文化复兴',不免太早计了",当下最要紧的不是去关心人家西方人是否走中国路子,而是关心自己的路子该怎么走。为此,他提出四点方针,其基本精神是"由我自决",不要跟着西洋人跑;对"吾国旧学说"和"西洋文化"都采取分析态度,扬长避短,兼收并蓄。表面看来他似乎主张"文化折衷主义",但其实质却是提示国人,以人为主体,以心为本位的文化趋向已是世界性的潮流,试图将西方人本主义与中国儒家心性之学融合起来。

泰戈尔继杜威、罗素和杜里舒之后,应"讲学社"之邀,于1924年4月来华讲学,把这场"东西文化"之争推向了高潮。泰戈尔甫抵上海,便公开申明:"余此次来华,……大旨在提倡东洋思想亚细亚固有文化之复活。"[1]他竭力将其"东方文化主义"系统地灌输给中国人特别是中国青年,其态度之鲜明,言词之恳切,远远超过在欧美的讲演。他不仅继续宣传东西方文化是物欲追求与精神满足、分裂征服与天人合一、占有"活动"与人生"智慧"之间的"种类的差异",而且进一步认为东方文化优越于西方。他认为,人类必然经历"蛮荒时代""体力智力战争时代"和"更光明、更深奥、更广阔之世界"三个时期,西方社会尚处于第二期,而东方早已进入了第三期。因此"要晓得把一切精神的美牺牲了去换得西方的所谓的物质文明,是万万犯不着的"。[2]

在同"东方文化主义"思潮的论争中,以胡适为代表的"科学主义派"("西化派")与以陈独秀为代表的马克思主义者("俄化派")站在同一条战线上。胡适指出,这一思潮是对近代以来"新学"传统的反动,其实质是反科学的;而梁启超作为"始作俑者",难辞其咎。"自从中国讲变法维新以来,没有一个自命为新人物的敢公然毁谤'科学'的,直到民国八九年间梁任公先生发表他的'欧游心影录',科学方才在中国文字里正式受了'破产'的宣言"。[3]他还严厉地批判了梁漱溟的《东西文化及其哲学》,称其"都是一堆笼统话","蔽于主观成见和武断太过";强调不同文化不是种类的区别,而"不过是时间上、空间上的一种程度的差异"。[4]丁文江、吴稚晖都对张君劢等人把欧洲文化"破产"归罪于科学进行了批驳。吴稚晖称提倡东方文化是"祸国殃民亡国灭种之谈",认为"当今中国不但物质文明,而且精神文明也大不如西方";提出"要向陈仲甫(即

---

[1] 《泰戈尔与中国新闻社记者谈话》,载《申报》1924年4月14日。
[2] 《泰戈尔对京学界演说》,载《晨报》1924年4月29日。
[3] 胡适:《胡适全集》第二卷,安徽教育出版社2003年版,第196页。
[4] 胡适:《胡适全集》第二卷,安徽教育出版社2003年版,第196页。

陈独秀)胡适之诸位先生商量",在"德先生""赛先生"之外,再请来西方精神文明"穆(Moral,道德)姑娘"。[1]

陈独秀等马克思主义者则进一步运用唯物史观这一新的武器,对东西方文化进行分析。在西方文化方面,他们指出,欧战和欧洲文化破产不是科学和生产力发展之过,而是资本主义社会关系及科学的资本主义应用。不是科学和民主造成了灾难,而是"金力主义"和"军力主义"酿成了惨祸。他们强调,从西方文明危机中应得的教训不是从"西化"退回到"东方文化主义",而是要前进到社会主义和马克思主义。对东方文化,他们强调,"我们不是否认有精神生活这回事,我们是说精神生活不能离开物质生活而存在"。

第二节
中西文化大争论

20世纪30年代中期,中国思想界又爆发了一场关于中西文化问题的大争论。这场论争集中在1935年,其序幕开始于1934年的广东。论争的中心是"中国文化建设的道路"问题。1933年12月29日,陈序经在中山大学作了题为"中国文化之出路"的公开演讲,提出了"全盘西化"的文化主张。以广州《民国日报》的"现代青年"专栏为主要阵地,在广东掀起了一场围绕"全盘西化论"展开的论争。1935年1月10日,王新命、何炳松等十教授在南京《文化建设》杂志上发表了《中国本位的文化建设宣言》,提出了文

---

[1] 杨凤麟:《中国现代哲学史资料汇编》第1集第6册,辽宁大学哲学系1981年版,第175页。

化建设必须"以中国为本位"的文化保守主义主张。"十教授宣言"在全国范围内挑起了一场更大规模的文化论争,吸引了更多的文化派别,国内知名人士如胡适、黄炎培等都加入了讨论,时间持续近一年,其余波延续到抗战时期,形成了五四以后又一次中西文化问题的大论争。

在这场论争中,围绕"中国文化建设的道路"问题,出现了四种观点:

一是"全盘西化论"或"根本西化论",包括胡适、陈序经等。其观点最极端、阐发得最为充分的是陈序经。他在 30 年代初即形成了自己"全盘西化"的文化主张。在论争中,他发表的文章最多,几乎同所有论者都进行了辩驳。陈序经依据西方人类学、社会学、文化学的理论,从文化"有机整体"和"单线发展"的一元模式出发,全面总结了从洋务运动起直至当时为止的中西文化之争,批判了辜鸿铭、梁漱溟为代表的复古主义,批判了将中西文化的关系视为"道器""体用"关系(洋务运动时期曾国藩、张之洞)、"精神文明与物质文明""静的文化与动的文化"关系(五四时期梁启超、杜亚泉)、"植物文化与动物文化""人的文化与物的文化"关系(30 年代初刘鉴泉、"亚洲文化协会")等折衷主义观点,从中国人对西洋文化态度的演化趋向、中国采纳西洋文化的发展进程、西洋文化各方面都较中国文化进步、西洋文化代表世界文化发展方向等四个方面,系统论证了中国文化的出路只能是"西化",而"西化"又必须"全盘"的主张。胡适实质上历来主张"全盘西化",但他认为"全盘西化"只是主观努力的目标,作为客观的结果"文化的惰性自然会把我们拖向折衷调和上去"。[1] 后来又提出"全盘西化"这个词"有

---

[1] 胡适:《编辑后记》,载《独立评论》第 142 号,1935 年 3 月 17 日。

一点语病",最好改用"充分世界化"的提法。[1]

二是"中国本位论",以"十教授宣言"为代表。宣言强调中国地域与时代的特殊性,反对"完全模仿英美、苏俄或意德";提出文化建设必须坚持"中国本位",既不能守旧,也不应盲从;对欧美文化,只能根据中国此时此地的需要,"吸收其所当吸收,而不应以全盘承受的态度,连渣滓都吸收过来"。[2] "十教授宣言"表面上折衷("不守旧,不盲从"),骨子里是要守旧和复古("中国本位")。客观上是与当时国民党当局提倡"尊孔读经"的复古主义教育,推行以"礼义廉耻"为内容的所谓"新生活运动"相一致的。

三是"分析综合论",包括吴景超等论争中的多数人。他们主张对中西文化都应持分析态度,取其精华,去其糟粕,然后加以综合,建设中国新的文化。其中既有像陈石泉那样主张"西洋科学与中国旧文化的美德相结合"的真正的折衷派,也包括许多正确的意见。例如,吴景超就针对陈序经的"文化整体论",指出文化具有可分和不可分两重性,并将西方文化具体分为四个部分,提出应分别采取不同态度:自然科学和医学等整个接受,并用来替代中国文化中的类似部分;哲学文学等整个接受,但要与中国文化中的相应部分一起加以研究;资本主义等要分成两方面,生产方法可取,唯利是图要排斥;而对迷信的宗教、过分的奢侈等,则要不客气地完全排弃。[3] 但是,由于他们找不到正确的分析方法和实现综合的历史基础,所以即便是比较正确的意见,也常常流于支离、肤浅甚至自相矛盾,确实带有某些折衷色彩。

---

[1] 胡适:《充分世界化与全盘西化》,载天津《大公报》,1935年6月23日。

[2] 王新命、何炳松等:《中国本位的文化建设宣言》,载《文化建设》第1卷第4期,1935年1月10日。

[3] 参见吴景超:《建设问题与东西文化》、《答陈序经先生的全盘西化论》等,载《中国文化建设讨论集》,龙文书店1935年版。

四是"经济史观"即唯物史观派,以张磬为代表。在1934年广东省的争论中,张磬从"经济史观"出发,在广州《民国日报》上先后发表了《中国文化之死路》(1934年1月25日)和《在文化运动战线上答陈序经博士》(2月2日)两篇文章,与陈序经展开论争。他阐述了文艺复兴的精神文化由于经济基础的变更而产生的历史过程,批评陈序经颠倒了物质文化与精神文化的因果关系;认为"全盘西化派"企图把西洋文化全盘移植于中国封建经济基础上,根本不会成功。因此,目前中国文化运动最迫切的工作,是把封建经济基础推翻,建立一个现代化的新经济基础,然后才会有现代的文化,否则中国文化只能在死路上徘徊。对西洋文化,他认为应该严格解剖批判,反对笼统的无条件的全盘接受。因为现代的西洋文化已不是单纯的资产阶级文化,由于资本主义的内在矛盾和危机,产生了无产阶级的社会主义文化,还有小资产阶级的法西斯文化。必须指出,张磬的观点并未全面准确地表达中国马克思主义者的看法和主张。

由于当时国内反共浪潮甚嚣尘上,红军处于长征之中,所以1935年全国范围内的文化论争马克思主义者基本上没能参与。不过此前的"中国社会史"论争中(1932—1933年达到高潮),围绕"亚细亚生产方式"的涵义所展开的大讨论,也从"制度文化"(经济制度和政治制度)的角度涉及"东西文化"和"中西文化"的发展道路问题,即东方社会是否存在不同于西方社会发展的独特的"亚细亚生产方式"?中国是否属于"亚细亚生产方式"?到了抗战时期,毛泽东写作了《新民主主义论》一文,不仅从物质文化和制度文化的角度制定了新民主主义的经济纲领和政治纲领,而且在精神文化方面提出了在新民主主义基础上批判地继承中国传统文化的精华,批判地吸取西方文化优秀成果,建设"民族的科学的大众的文化"的文化纲领,形成了完整的"新民主主义"的文化理论。《新民主主义论》的发表,不仅标志着毛泽东思想和中国共产党政治路线的成熟,而且在文化问题上也具有里程碑意义。该文原题为"新民主主义的政治和新民主主义的文化",最初发表于杂志《中国文化》"创刊号"上,这表明其写作动因与中西文化论争直接相关,其观点集中代表了中国马克思主义者在中西文化问题上的立场,实际上为近代以来特别是新民主主义革命时期的文化论争作了一个总结。

第三节
文化论争的历史启示

在纪念五四运动 90 周年的今天,回顾上述文化论争的历史脉络,我们可以得到以下三点启示:

首先,作为现代化发展的"外源"型、"后发"型的国家,中西文化之争必然贯穿中国社会转型和民族复兴的全部历史过程。对于中国来说,现代物质文明、制度文明和精神文明最初是外来的,同时"后发的"现代化过程还要受到"先发"国家的制约,因此其发展过程中两种文化之间的矛盾不可避免地表现为"外来文化"同"本土文化"之间的冲突。

其次,中西文化论争尽管涉及的领域十分宽泛,且随着历史语境的变化其言说、论辩的内容以至方式也不断嬗变,但其核心或实质始终是"中国社会发展道路"问题。初看起来,前述两次大论争都发生于思想文化界,论争的内容也基本上属于精神文化领域;特别是 20 世纪 20 年代的论争似乎更带有"学术"性质,关注于从物质文化与精神文化、科技理性与人生伦理、生活态度与文化路向等关系的角度比较东西方文化的优劣。实际上，论争从一开始就是由"中国文化向何处去？"的问题引发并一直围绕着这一问题展开的，而文化取向论争的焦点又在于制度文化的选择，"中国文化向何处去？"的关键正是"中国社会向何处去？"从20年代一般的东西方文化之争，到30年代中国文化建设道路的论辩，再到40年代毛泽东"新民主主义论"特别是抗战胜利前夕中共与国民党两个"中国之命运"的对抗，历史发展本身一步步展示了中西文化论争的实质。这一实质同样体现在改革开放以来中西文化的新论争之中，只是由于历史环境的变化和中国本身的发展赋予了新的时代内容：由殖民主义列强侵略下的"救亡图存"转变为资本主义全球化条件下的"发展崛起"。

最后，20世纪20—30年代的两次大论争还告诉我们，只有马克思主义才能真正解决"中国社会发展道路"问题。与旧民主主义革命时期相比，新民主主义革命时期两次中西文化论争的一个突出特点，就是原先的"西学"与"中学"两军对垒变成了"中、西、马"三足鼎立。马克思主义的传入并不是偶然的，它本身正是中西文化冲突和交汇的结果，而作为这一结果又赋予中西文化之争以新的时代内容和特点。马克思主义战胜"西学"与"中学"的结果也不是偶然的。这是因为"西学"与"中学"，以及它们开出的"全盘西化"或"中国本位"药方都无法真正解决"中国社会和文化发展道路"问题。

初看起来，似乎问题很简单：西方是现代化的发源地，要实现现代化，"全盘西化"最彻底；传统文化是最"中国"的，要复兴民族文化，当然必须坚持"中国本位"。可是，历史就是如此奇特：从鸦片战争开始，中国人不断向西方找真理，由西方的"器物文明"到

"政治体制"再到"学术文化",但总是失败,"先生老是打学生"。同样,马克思主义哲学传入以前,在中国传统文化问题上,也一直未能采取科学的分析的态度:一强调尊重中华民族的文化传统,就往往会滑到无批判地颂扬封建主义,或至少是折衷主义的立场上去;而一强调对封建主义思想文化的批判,又往往走向全盘否定中国传统文化的民族虚无主义的极端。只有马克思主义,不仅指明了经济上政治上的中国社会变革之路,而且指明了中国文化建设之路:既以革命的方式继承了中国近代启蒙思想的传统,并以前所未有的广度和深度促进了中国人民的思想解放和观念更新;又为批判地继承中国传统文化的精华提供了科学的基础,推动了中华民族文化的现代复兴,真正实现了二者的统一。

这里的原因除了马克思主义能够为研究中国社会和文化发展道路问题提供唯物史观和辩证方法之外,我想指出一个人们一直没有认识到的文化上的根源。马克思主义诞生于19世纪40年代的欧洲,从时代特征和文化背景来说,它与其以前的古典政治经济学和空想社会主义,同时代的实证主义哲学和人本主义哲学,以至整个"现代主义"思潮和后来的"后现代主义"思潮一样,属于现代文化和西方文化范畴。但是,与资产阶级政治经济学、实证主义哲学以至于整个"现代主义"思潮所代表的以资本主义为核心的现代文化和西方文化的自我肯定不同,也与空想社会主义、人本主义哲学和后来的"后现代主义"思潮所代表的对以资本主义为核心的现代文化和西方文化的外在批判不同,马克思主义代表了以资本主义为核心的现代文化和西方文化的内在的自我批判,即从资本主义的内在矛盾出发,揭示资本主义由于自身的内在矛盾发展,必然最终走向自我否定,并为更高的社会形态所代替。由此也造成了马克思主义在"现代性"问题和"东西方文化"问题上同前两种思潮根本不同的取向:如果说第一种思潮必然导致对"现代性"的全盘肯定和"西方中心主义";第二种思潮必然导致对"现代性"的全盘否定和"文化相对主义",甚至不惜因此而"回到前现代"和"走向东方";那么马克思主义则主张对"现代性"的批判继承和"东西方文化"的辩证综合。正是马克思主义的这一文化特质,使它成为中国社会变革和中国文化现代复兴的旗帜。"自从中国人学会了马克思列宁主义以后,中国人在精神上就由被动转入主动。从这时起,近代世界历史上那种看不起中国人,看不起中国文化的时代应当完结了。伟大的胜利的中国人民解放战争和人民大革命,已经复兴了并正在复兴着伟大的中国人民的文化。"[1]

今天,当我们纪念五四运动90周年,并认真学习和实践"科学发展观"的时候,我认为,重温这段历史,强调马克思主义的这一文化上的特点是有意义的。

中西文化问题是中国思想文化界长盛不衰的课题,中西文化之争贯串了中国近代以来的全部历史。五四之后,20世纪20年代由"东方文化派"挑起了"东西文化之争",30年代由中国文化建设道路问题上的"全盘西化论"和"中国本位论"引起了"中西文化之争"。这两次大论争的实质是中国社会发展的道路问题。历史证明,只有马克思主义才能指明经济上、政治上的中国社会变革之路以及中国文化的建设之路。

---

[1] 毛泽东:《唯心历史观的破产》,载《毛泽东选集》第4卷,人民出版社1991年版,第1516页。

第四编

比较视野中的马克思主义哲学

第十四章　论马克思关于人的需要的理论
——兼论马克思同弗洛伊德和马斯洛的关系

本章立足于马克思的文本，系统地阐发马克思关于人的需要的理论。指出人的需要范畴在马克思主义中占有重要地位，但它并不是马克思主义的出发点。实践作为马克思主义的根本出发点，也是马克思关于人的需要理论的根本出发点。正是从实践出发，马克思确定了人的需要的社会历史性，并第一次建构了"需要的社会体系"和"需要的历史序列"。本章在阐发马克思需要理论的同时，对其同弗洛伊德的"性本能"和马斯洛的"似本能"的需要理论的关系，进行了批判性的分析。

第一节
幼虫与成虫：从罗素的一则"幽默"谈起

1927年3月13日，纽约犹太人社会主义机关刊物《前进》杂志刊登了英国著名学者伯特兰·罗素（Bertrand Russell）的一篇讨论"为什么精神分析学如此受人欢迎"的文章。在这篇文章中，罗素对弗洛伊德主义与马克思主义进行了比较研究，其结论是这两种学说在根本上是不相容的。"因为马克思看重与自我保存有密切联系的经济动机，而精神分析学则恰恰相反，强调通过繁殖与种的繁衍发生联系的生物学动机。毫无疑问，双方的观点都是片面的，实际上两种动机都起着作用。"

接着，罗素便谈到了蜉蝣。蜉蝣在幼虫阶段只具有吃东西的器官，而没有恋爱的器官。但是变成成虫以后，却只能自由地使用生殖器官，而不再使用吸收营养的器官了。它并不需要后者，因为它在这个阶段只生存几个小时。说到这里，罗素便提出了一个假设：如果蜉蝣能够进行理论思维，会出现什么样的情况呢？他自己回答道："蜉蝣在幼虫时会是一个马克思主义者，而到了成虫时就会是一个弗洛伊德主义者。"

于是，在罗素眼里，马克思"这个不列颠博物馆的书蠹"，就成了"幼虫哲学"的真正代表者。

这个比喻，初看起来，确实够"幽默"的，可以博得一些读者的廉价笑声。不过稍稍回味一下，就会发觉真正可笑的并非"幼虫哲学家"马克思，而是这一"幽默"的制造者罗素本人。

因为一向以数学大师、逻辑大师，兼数理逻辑大师著称的罗素，理应是极其严密的（这三门学问都教我们严密）；遗憾的是，这一比喻本身不仅在推理上根本不合逻辑，而且在治学态度上也是极不严肃的。

首先，就逻辑来说，从"马克思看重经济动机"和"蜉蝣的幼虫只有吃东西的意识"这两个前提，不能推出"马克思主义＝幼虫哲学"的结论。因为，"经济动机"属于社会性的动机，"食欲"（"吃东西的意识"）属于生物性动机，两者根本不是一回事。这里用经济动机"与自我保存有极密切联系"来过渡也是非法的，因为"与一个东西有联系"不等于"是这个东西"。因此,如果说这一比喻中"弗洛伊德主义＝成虫哲学"的结论还算符合逻辑的话(因为弗洛伊德确实强调的是人的"性本能"),那么"马克思主义＝幼虫哲学"的推理则是违反逻辑的。

其次,就治学态度来说也是极不严肃的。因为罗素本人十分清楚地知道,马克思主义并不是从食欲出发,把人归结为"饕餮之徒"的那种粗俗的唯物主义。尽管他一直把马克思主义片面归结为"经济唯物主义",但他在自己的哲学史著作中也承认"只有马克思提供了一种可以称为历史理论(尽管是在片面的形式下)的学说",并声称这一学说对他写作该哲学史著作有相当大的启发作用。而在这里,不知他是忘掉了自己的评价和声明,还是为了追求新闻的轰动效应而故意无视这一切。

最后,即使就本能问题来说,他也应该知道,马克思主义并不否认人除了食欲等之外还有性本能。如果说罗素当时尚未读到《1844年经济学哲学手稿》和《德意志意识形态》(它们是在1927年以后到30年代初发表的),那么作为一个严谨的学者,要对马克思主义作负责任的评价,总该研究一下恩格斯的《家庭、私有制和国家的起源》,至少也应浏览一下该书的"序言"。在那里,恩格斯不仅明确指出,作为历史基础的"直接生活的生产和再生产"本身包括两种:物质资料的生产和"人本身的生产,即种的繁衍";而且特别声明,这一观点早在马克思主义形成之初就已包含于其中,并引用了"1846年旧稿"(即《德意志意识形态》)中的话加以证明。当然,与"物质资料的生产"是社会的历史的生产一样,在马克思主义看来,"人类本身的生产"也是受社会历史制约的,但它毕竟是以人的性本能为其自然基础的。

不过,我们并不打算对罗素这个已流为历史笑柄的比喻作出全面评价，也不打算对弗洛伊德主义与马克思主义的关系进行全面探讨。在这里引起我们兴趣的，只是马克思和弗洛伊德对人的需要的性质及其在人的行为和历史发展中的作用问题上的看法。

与罗素不同，我们认为，在人的需要问题上，马克思与弗洛伊德的关系起码应包括两个方面：第一，二者的相同之处在于，他们都是17、18世纪以来近代理性主义、认识论主义（"主智论"）的反叛者。他们都反对把人和历史的本质归结为单纯的理性或知识，都强调人的行为和历史发展不是由单纯的理性动因和知识进步造成的，在自觉的理性背后，存在着"看不见的手"。一句话，就是他们都认为人的需要（而不是单纯的知识或理性）在人的行为和历史发展中起着相当大的作用。[1]

第二，马克思与弗洛伊德之间又存在根本的区别。弗洛伊德把人的需要归结为人的生物学本能特别是性本能，认为人的行为和一切社会（文化）现象都是由这一本能的冲动、分化、压抑和升华造成的，人的需要永远同社会、文明处于对抗之中。而马克思则认为，人的生物学本能（包括食欲、性欲等在内）只是人的需要的自然前提，人的需要本身是通过实践，在改造自己的自然本性的基础上形成和发展起来的，人的需要与社会、文明在实践的基础上辩证统一。

马克思历来十分重视需要的作用。在他尚未成为"马克思"，即尚未完成世界观的彻底转变之前，他把人的需要看作人的本质。他认为，人不仅直接地是一种自然存在物，而且是一种有生命的自然存在物；而有生命的自然存在物的特点就在于它有需要。一般

---

[1] ［美］埃里希·弗洛姆：《在幻想锁链的彼岸：我所理解的马克思和弗洛伊德》，湖南人民出版社1986年版，第126页。

的需要("有需要"——需要的存在)是生命本质的确证,特定的需要则是特定的生物本质的确证。因而,人的需要便是人的本质特点的确证。一方面,需要"作为欲望存在于人身上",证明人"具有自然力、生命力,是能动的自然存在物";另一方面,需要作为一种匮乏,表明"他的欲望的对象是作为不依赖地于他的对象而存在于他之外的",证明人"同动植物一样,是受动的、受制约的和受限制的存在物"。[1] 在马克思主义形成以后,尽管马克思不再把需要看作人的本质,强调人的本质在于其社会性、历史性和实践性,但他仍然极为重视需要的作用。他把人的需要称为"人的本性",把人的自然需要叫作"人的一般本性",把人的社会(性)需要叫作"历史地发生了变化的人的本性"。[2] 他强调:人们的"需要即他们的本性",需要是人作为"生产者的素质"。恩格斯由于更带有自然决定论的色彩,甚至认为承认不承认人的需要是区别唯物史观和唯心史观的重要依据(认为不承认人的需要是唯心史观的社会认识论根源)。他说,由于体力劳动和脑力劳动的分工,"人们已经习惯于以他们的思维而不是以他们的需要来解释他们的行为(当然,这些需要是反映在头脑中,是被意识到的)。这样,随着时间的推移,便产生了唯心主义('唯心主义'应译为'观念论')的世界观"。[3]

需要不仅是人的本性,而且作为人的"内心的意向",构成了人们活动的原动力和原目的。"在现实生活中,人有各种需要","任何人如果不同时为自己的某种需要和为这种需要的器官做事,他就什么也不能做"。[4] 当然,需要本身还不等于活动的动力和目

---

[1] 《马克思恩格斯全集》第3卷,人民出版社2002年版,第324页。
[2] 《马克思恩格斯全集》第44卷,人民出版社2001年版,第704页。
[3] 《马克思恩格斯选集》第3卷,人民出版社1972年版,第515页。
[4] 《马克思恩格斯选集》第3卷,人民出版社1972年版,第286页。

的,但它构成二者的最初基础。如果说欲望是人们"一定的、自己真正体验到了的需要"[1],动机是正在向活动转化的需要,那么目的则是已经成为活动内在要素的、与客观手段相统一的需要。马克思在分析一般劳动过程的特点时指出,"劳动过程,就我们在上面把它描述为它的简单的、抽象的要素来说,是制造使用价值的有目的的活动,是为了人类的需要而对自然物的占有"[2],是"以与一定的需要相应的方式占有自然物质的活动"。马克思关于劳动二重性的提法本身,就体现了这一精神。他把"具体劳动"又称为"有用劳动",就是要说明离开了人的需要,劳动(即人的活动本身)就失去了意义。人的具体需要决定了人的各种具体活动和日常行为的具体目的,人生的根本需要则决定了人生的根本目的。人生的目标和追求,是人的各种具体目的的集中和升华;而人生的价值,又从根本上依赖于人生的目的。从这个意义上说,需要构成了人生价值的最终基础。

最后,正因为需要构成了实践活动的原动力和原目的,所以它通过实践赋予了世界以价值和意义。动物也有需要,但它与环境之间并不构成价值关系;只有基于劳动—实践的需要,即只有需要上升为活动的目的,这种关系才成为价值关系。马克思指出:"价值,这个普遍的概念是从人们对待满足他们需要的外界物的关系中产生的。"[3] 人之外的物与物之间发生关系,只表现为机械的、物理的、化学的、生物的等等自然属性;只有当物与人的生活需要发生关系时,物的能满足人的需要的那些属性才表现为物的价值。当然,正像需要和目的不是直接同一的一样,需要和价值也不是直

---

1 《马克思恩格斯选集》第3卷,人民出版社1972年版,第347页。
2 《马克思恩格斯全集》第44卷,人民出版社2001年版,第215页。
3 《马克思恩格斯全集》第19卷,人民出版社1963年版,第406页。

接同一的,它们都是以"劳动"或"实践"为中介的。但是,无论如何,需要总是构成了人的世界的价值的基础。离开了人的需要,世界就只是一种"自在的存在"。所谓世界的意义,正是源于"自在之物"向"为我之物"的转化;所谓价值,就是"为我"(或"为人")意义上的存在。当人们从价值论的角度引用普罗塔哥拉的名句"人是万物的尺度"的时候,实际上已经赋予它以新的含义,即"人的需要是万物价值的尺度",而不再仅仅是其原义"人的知觉是万物显现(在古希腊人看来,显现=存在)的尺度"了。

第二节
狗的本性与人的本性:需要的社会历史性质

马克思主义十分重视人的需要,但人的"需要"并不是马克思主义的出发点。

这是因为,从需要出发,必然带来一个"悖论":无论从人的什么样的需要出发,都不可能达到真正的人的规定,其结果要么把人归结为"野兽",要么变成"天使",恰恰错失了人本身!

从人的自然需要出发,从人与动物相同的需要出发,认为这种需要规定了人的活动的本质,那么人就与动物没有区别了。"吃、喝、生殖等等,固然也是真正的人的机能,但是,如果加以抽象,使这些机能脱离了人的其他活动领域并成为最后的和唯一的终极目的,那它们就是动物的机能。"[1]

相反,如果坚持人的"超自然的"需要,从人不同于动物的需要

---

[1] 《马克思恩格斯全集》第3卷,人民出版社2002年版,第271页。

出发，那么就会走到另一个极端，把人变成不食人间烟火的"天使"。马克思在其早期著作《1844年经济学哲学手稿》中正是这样做的。他说："诚然，动物也生产。它也为自己营造巢穴或住所，如蜜蜂、海狸、蚂蚁等。但是，动物只生产它自己或它的幼仔所直接需要的东西；动物的生产是片面的，而人生产是全面的；动物只是在直接的肉体需要的支配下生产，而人甚至不受肉体需要的影响也进行生产，并且只有不受这种需要的支配时才进行真正的生产；动物只生产自身，而人再生产整个自然界；动物的产品直接属于它的肉体，而人则自由地面对自己的产品。动物只是按照它所属的那个种的尺度和需要来建造，而人懂得按照任何一个种的尺度来进行生产，并且懂得怎样处处都把内在的尺度运用于对象；因此，人也按照美的规律来构造。"[1] 由于人是起源于动物的，现实的人的需要与动物的需要总有某些共同点，因而像这样把人的需要定义为与动物绝对不同、毫无共同之处的东西，那么现实的人就必然被看作"非人"，而"真正的人"则成了非现实的。这正是马克思在当时未能摆脱伦理主义（规范）目的论的根源之一！

因此，人与其他动物的最初区别不在于需要，而在于满足需要的方式。"需要"并不是马克思主义哲学的出发点。

黑格尔其实已经懂得了这一点。他说："手段是比外在的合目的性更高的东西；——锄头比由锄头所造成的、作为目的的、直接的享受更尊贵些。工具保存下来，而直接的享受却是暂时的，并会被遗忘的。人因自己的工具而具有支配外部自然界的力量，然而就其自己的目的来说，他却是服从自然界的。"[2] 列宁肯定这一观

---

[1] 《马克思恩格斯全集》第3卷，人民出版社2002年版，第273—274页。
[2] 列宁：《哲学笔记》，人民出版社1974年版，第202页。

点是"黑格尔的历史唯物主义的萌芽"。[1]

人们为了生活,当然首先就需要衣、食、住以及其他东西,这一步是由他们的肉体组织决定的。人自然需要同地质条件、地理条件以及人们所遇到的其他条件一样,属于人的生存的自然前提。但是,使人同动物区别开来的"第一个历史活动",并不是这些自然需要(直接满足这些自然需要的生理活动),而是由这些自然需要所推动的生产活动,即(间接)满足自然需要的"非自然"方式。因此,马克思恩格斯说:"一当人们开始生产他们所必需的生活资料的时候,他们就开始把自己和动物区别开来。"[2]

正是在生产活动中,人改造了自己的自然需要,产生了新的历史的需要。已经得到满足的第一个需要本身、满足这一需要的"第一个历史活动"及活动所创造的工具,又引起新的"第二个"需要,这种"第二个"需要才是"第一个历史需要"。

"自然需要(第一个需要)——劳动(第一个历史活动)——人的(历史形成的)需要(第二个需要)",这就是马克思"需要和实践的辩证法"。人的需要在劳动—实践的基础上形成和发展,这一点决定了人的需要不同于其他生物的需要,决定了人的需要具有社会性和历史性。马克思在《德意志意识形态》中谈到这一点时说:"当然,物质生活的这样或那样的组织,每次都依赖于已经发展了的需求,而这些需求的产生,也像它们的满足一样,本身是一个历史过程,这一过程在羊或狗那里是没有的(这是施蒂纳顽固地提出来反对人的主要论据),尽管目前状态下的羊或狗无疑是历史过程的产物——诚然,不以它们的意志为转移。"[3] 看来施蒂纳的说法

---

[1] 列宁:《哲学笔记》,人民出版社 1974 年版,第 202 页。
[2] 《马克思恩格斯选集》第 3 卷,人民出版社 1972 年版,第 26 页。
[3] 《马克思恩格斯选集》第 3 卷,人民出版社 1972 年版,第 80 页。

给马克思留下了深刻的印象,因为后来他在《资本论》中再次强调,人的需要或人的本性根本不同于狗的需要或狗的本性;狗的本性是不变的(相对于人的本性来说)、自然赋予的;而人的本性则是变化、社会历史性的。因而,要研究人的需要,就"首先要研究人的一般本性,然后要研究在每个时代历史地发生了变化的人的本性"。[1]

在马克思看来,人的需要的社会历史性质表现在以下几个方面:

第一,人的自然需要本身受到了社会历史的制约和改造。这些需要已经不再是纯粹的自然需要,而是只能通过社会方式加以满足的、随着历史上一定的文化水平而发生变化的自然需要。"饥饿总是饥饿,但是用刀叉吃熟肉来解除的饥饿不同于用手、指甲和牙齿啃生肉来解除的饥饿。"[2]

第二,人在自然需要之上产生了新的历史形成的需要。例如,社会交往的需要,认识的需要,精神生活和文化生活的需要,表现(实现)和发展自己独特个性的需要等。

第三,无论人的自然需要还是新形成的需要,都受到社会关系和历史条件的制约。人们的需要总是受其社会地位、生活方式等等制约的,不存在抽象的"一般人的需要"。马克思在批判瓦格纳泛泛谈论"人的需要"时说:"'人'?如果这里指的是一般的人这个范畴,那末他根本没有'任何'需要;如果指的是孤立地站在自然面前的人,那末他应该被看作是一种非群居的动物;如果这是一个生活在不论哪种社会形式中的人,……那末出发点就是,应该具有社

---

1 《马克思恩格斯全集》第44卷,人民出版社2001年版,第704页。
2 《马克思恩格斯全集》第30卷,人民出版社1995年版,第33页。

会人的一定性质,即他所生活的那个社会的一定性质,因为在这里,生产,即他获取生活资料的过程,已经具有这样或那样的社会性质。"[1]

第四,人的需要无论在量和质、横向和纵向方面都是不断变化发展的,这种变化发展呈现出一种不断上升的趋势。从量上说,人们对生活必需品的需要尽管在一个限度,但它并不"取决于自然的量",而是随着生产的发展和文明的进步而不断地扩大。从质上说,"需要的范围,和满足这些需要的方式一样,本身是历史的产物","由于人类自然(应译为"本性"——引者)发展的规律,一旦满足了某一范围的需要,又会游离出、创造出新的需要"。[2] 这就是马克思提出的"本性发展的规律"或"需要上升的规律"。

第五,由于上述这一切,需要的尺度也是社会历史的。"我们的需要和享受是由社会产生的,因此,我们对于需要和享受是以社会的尺度,而不是以满足它的物品去衡量的。"[3] 即使一个人的消费和享受就其绝对量来说是增长了,但是如果这种增长的幅度低于其他个人或阶级、阶层,甚至低于一般社会文明进步水平,那么他仍然会感到匮乏。人们常说的"需求攀比""心理消费",实际上正是这种尺度的具体表现。

---

1 《马克思恩格斯全集》第19卷,人民出版社1963年版,第404页。
2 《马克思恩格斯全集》第47卷,人民出版社1979年版,第260页。
3 《马克思恩格斯选集》第1卷,人民出版社1972年版,第367页。

第三节
马克思的"阶梯"与马斯洛的"宝塔"：
需要的系统与序列

人的需要是多种多样、纷繁复杂、变动不居的。从需要的发生学角度，可以划分为自然形成的需要（人的第一本性）和历史地形成的需要（人的"第二本性"）；从需要的主体角度，可以划分为群体的（社会的、阶级的、阶层的或某一社会集团的）需要和个体的需要；从需要的对象或满足需要的方式来说，可以划分为物质的需要、交往的需要和精神的需要、对象性的需要（必须用对象来满足的需要）和活动性的需要（只能通过活动来满足的需要）等。

但是，无论人的需要如何复杂和多变，它们又总是内在统一、有规律可循的。早在古希腊时代，人们就开始寻找人的各种需要之间的内在联系，并企图以此为基础来解释社会现象和人的行为。例如，柏拉图就曾经用人的需要的多样性与个人才能的片面性来解释公社内部的分工。到了近代，随着商品经济的发展和资本主义的兴起，资产阶级古典经济学家特别是亚当·斯密等人，又力图用上述需要和才能之间的矛盾来说明分工和交换都起源于人的天性。而在"自然法"理论、"社会契约论"和各种"人性论"之中，许多近代思想家还把人的需要的理论扩展到法权、政治、伦理等社会生活的一切领域，企图用人的需要、人的天赋本性来说明法权规范、伦理道德、政治国家以至整个人类社会的形成和实质。进入现代以后，对需要的整体把握和系统分析，更是成了各种社会历史哲学和人生哲学不可缺少的内在组成部分。在这些关于需要体系的学说中,最富代表性的,当属马克思和马斯洛的需要理论。

马克思可以说是现代提出"人的需要的体系"概念,并对这一体系进行了深入而全面探讨的第一人。他从历史唯物论和人的实践本质出发,揭示了人的需要体系的三个特点。首先,就任何一个特定的历史阶段来说,人的需要构成了一个"需要的社会体系"。人的需要是多方面的,但是由于这些需要从根本上说又都是社会性的,正是人的社会关系这种"内在联系把各种不同的需要结成一个自然的体系"。其次,就人的需要的发展过程来说,人的需要又构成了一个"需要的历史序列"。人的需要是变动的,但是这些需要的变动从总体上呈现出一个向上发展的趋势。就整个人类历史来说,人的需要体系表现为一个不断地由"较低的系统"向"较高的系统"发展的过程。最后,人的"需要体系"以社会"劳动的体系"或"生产的体系"为基础,并随后者的发展而发展。人的需要尽管构成了人们劳动或生产的最初动因,但从根本上说,它却是受后者制约的。因而归根结底,人的开放性需要体系的形成和发展,是建立在劳动体系的创造性本质这一基础上的。

正是从上述基本思想出发,马克思提出了自己关于人的需要的"三级阶梯"理论。这一理论从需要的社会体系和历史序列相统一的角度,把人的需要分成三个层次和三个阶段:

第一是人的生存或生理需要。它既包括吃、喝、排泄、睡眠等"原有个体生命的再生产"需要,也包括生育等"新的个体生命的再生产"或种的繁衍的需要。这里既有(个)人的自然生命即肉体的再生产,又有人(群)的自然血缘联系的再生产。从内容上说,这些需要是人自然形成的需要,是人作为自然存在物的需要。"必要的需要就是本身归结为自然主体的那种个人的需要。"[1] 从形式或满足需要的方式上说,这些需要也是受一定的社会关系和历史条件制约的,用马克思的话说,是"社会的自然需要",是人作为"社会的自然存在物的需要"。人的生存或生理需要,构成了每一特定历史阶段上"需要的社会体系"的基础,构成了整个人类发展着的"需要的历史序列"的前提,是人的"劳动体系"或"生产体系"形成的最初动因。

第二是人的谋生或占有需要。人要满足自己的自然生存或生理需要,就必须从事劳动和生产(占有活动)。但要从事劳动和生产,又使人必须超出单纯维持自身生存的需要限度,把自己作为生产当事人(劳动者或非劳动者的占有者)来再生产。劳动者的再生产要求人们不仅要生产出维持个体生存和家族繁衍的生存资料,而且要追加生产劳动力的教育训练费用等生活资料;其次,生活资料的生产本身的发展又要求人们不断扩大生产资料的生产;最后,由于生产总是在一定社会关系中进行的,物质资料的生产还必须扩大到把一定历史阶段上生产所必需的各种生产当事人和为社会再生产所必需的各种非生产当事人的生活资料统统生产出来。因此,这里的劳动需要既包括必要劳动的需要,也包括剩余劳动的需要;既包括直接的物质生产活动的需要,也包括再生产过程所必需的各种经济活动的需要。

第二类需要与第一类相比,具有两方面的突出特点。一方面,它不仅在形式上,而且在内容上超出了人的自然需要,构成人区别于动物的新的社会需要;超出了人的单纯对象性需要,使活动本身成了人的需要;使人不再仅仅作为自然存在物来再生产,而且作为

---

[1] 《马克思恩格斯全集》第 46 卷下册,人民出版社 1980 年版,第 20 页。

能动的生产者来再生产。这是一种"历史地自行产生的需要即由生产本身产生的需要"。[1] 另一方面,它仍然是一种作为谋生活动而出现的间接需要。人不是通过这种劳动和生产活动本身来满足自己的需要,而是以此为手段,通过这种活动来获取满足自己自然需要的物质资料。它固然在内容上超出了生存需要,但这只是就手段或满足需要的方式来说的,其最终目的仍然是生存需要。因此,马克思称这类需要为"外在的"需要。这一需要实质上是人与动物既相联系又相区别的环节,它不仅构成了每一特定历史阶段上"需要的社会体系",而且构成了人类发展着的"需要的历史序列"的过渡阶段。

第二是人的自我实现和全面发展的需要。在人的劳动和生产(谋生或占有)活动发展的基础上,人的高级需要产生和发展起来了。它包括人的科学探究需要、社会交往需要、审美创造需要等等。在这里,人的需要已不再是单纯内在的自然需要,也不再是单纯外在的、过渡性的自然历史需要,而是内在与外在相统一的真正的历史需要;人也不再仅仅是自然存在物或生产当事人,而是真正成为社会自由人,成为与社会性直接统一的自由个性了;活动本身也不再是出于自然欲望的驱使或外在力量的强制,而是变成人的能力和个性需要的展开。按照马克思的说法,这时的人才是真正的内在富有的人,"富有的人同时就是需要有总体的人的生命表现的人,在这样的人的身上,他自己的实现作为内在的必然性,作为需要而存在"。[2] 在这里,生产和消费、劳动和享受、奉献和索取的对立消失了。"个性的劳动也不再表现为劳动,而表现为活动本身

---

1 《马克思恩格斯全集》第46卷下册,人民出版社1980年版,第19页。
2 《马克思恩格斯全集》第3卷,人民出版社2002年版,第308页。

的充分发展,而在这种发展状况下,直接形式的自然必然性消失了;这是因为一种历史地形成的需要代替了自然的需要。"[1] 人的需要从形式到内容、从手段到目的都彻里彻外、彻头彻尾社会化、历史化了;并且这种社会化和历史化不再表现为对自然需要的单纯否定,而是在更高的基础上向自然需要"回复",表现为一种"自然"形式的需要(第二"天性"扬弃了第一天性)。这是"需要的社会体系"的高级层次,是"需要的历史序列"的高级阶段。不过,它并不意味着人的需要上升和发展的终结,恰恰相反,它表明人类最终脱离了动物界,开始了自己的"真正人类历史时期"。鲁迅曾接受过尼采的观点,认为从猿到人的转变不过是从"类人猿"进化到了"类猿人";恩格斯也说过,只有在共产主义"人才在一定意义上最终脱离了动物界,从动物的生存条件进入真正人的生存条件"。[2] 因而,如果说终结的话,终结的只是"类猿人"的自然历史,"人"的真正历史不过才刚刚开始!

继马克思的"三级阶梯"式的需要理论之后,20世纪50年代,美国心理学家马斯洛提出了自己"五层宝塔"式的需要理论。

马斯洛认为,从古到今,不同文化背景下的人尽管具体需要各不相同,但这些具体需要中包含着一些共同的永恒的基质。他将这些基质称为"基本需要"。他认为,这些基本需要对人来说好像盐、钙和维生素,人得不到满足时就会产生匮乏感,出现生理上或心理上的疾病;而得到满足以后,人则有惬意感,健康而幸福。因而这些基本需要是驱使人类活动的动机基础。[3]

马斯洛把人的基本需要分为生理需要、安全需要、爱和归属的

---

1 《马克思恩格斯全集》第30卷,人民出版社1995年版,第286页。
2 《马克思恩格斯选集》第3卷,人民出版1972年版,第323页。
3 [美]马斯洛:《人性能达得到境界》,云南人民出版社1987年版,第28页。

需要、尊重的需要和自我实现的需要五种。他认为,五种基本需要之间是一种相互联系、依次上升的关系,它们共同构成了一个"有相对优势关系的等级体系"。如果低一级的需要得不到起码的满足,它就是激发人的行为的动机因素;而一旦得到满足,它就让位于高一级的需要。需要的层次越高,在个体发展中出现得就越晚,与生存的联系也越间接,越属于精神世界范畴。人的动机越是来源于较高级的需要,人就越少兽性而越多人性,人的本质也就越得到充分的显现。[1]

马斯洛的需求动机理论,具有十分积极的意义。这首先在于它根本改变了行为主义和弗洛伊德主义对人的心理的片面理解,开辟了心理学研究的新方向。在马斯洛以前,以华生为代表的行为主义心理学,通过动物实验来寻找人的本性;而弗洛伊德则把人的本质归结为原始的本能欲望,并认为其中最根本的是破坏性的"死本能"。马斯洛对这两者均持批判态度,他认为"用动物来研究,一开始就注定要忽视只有人类才有的那种能力"[2]和美好品质,而"对畸形的、发育不全的、不成熟的和不健全的人进行研究,就只能产生畸形的心理学和哲学"[3];相反,只有从"自我实现的人"这种"人类最好的典范"去研究,才能揭示真正的人、健康的人的心理,把握人的本质。

同时,马斯洛的需要动机理论,还同马克思的需要理论有着许多相似之处。这突出地表现在他同马克思一样,都把人的需要看

---

[1] [美]弗兰克·戈布尔:《第三思潮:马斯洛心理学》,上海译文出版社 1986 年版,第 39 页。

[2] [美]弗兰克·戈布尔:《第三思潮:马斯洛心理学》,上海译文出版社 1986 年版,第 57 页。

[3] [美]弗兰克·戈布尔:《第三思潮:马斯洛心理学》,上海译文出版社 1986 年版,第 14 页。

成一个有内在联系的有机体系,都认识到人的基本需要是一个上升的序列,并且都认为人的需要是以人的自然生存需要为基础、以人的自我实现为高峰的系统。从这个意义上可以说,马斯洛的需要理论是从实验心理学的角度,对马克思历史唯物主义需要理论的证实和发展。

但是,我们不应夸大马斯洛需要动机理论的意义。与马克思的需要理论相比,它毕竟仍存在着以下几个方面的根本缺陷。

首先,从历史观的基础上说,马斯洛是从生理—心理主义出发的,因而不可能根本摆脱自然主义和唯心主义历史观的局限。这突出地表现在,他把人的需要包括自我实现的高级需要,都归结为人的固有的不变的自然本能。他认为,"驱动人类的是若干始终不变的、遗传的、本能的需要",人的需要是一种固有的潜能,就像一粒橡籽"迫切趋向于"长成橡树一样,人的自我实现也只是固有潜能的展开。诚然,马斯洛曾竭力同行为主义和弗洛伊德主义的自然主义划清界限,强调人的需要与动物的需要不同,后者才属于完全的本能,而前者只是一种"似本能"。[1] 但是,问题在于,他又把"似本能"与"本能"的区别规定为:前者是由人种遗传获得,后者是由动物遗传获得;前者不如后者牢固、强烈,容易为文化改变或淹没。这实质上仍然是把"似本能"归结为本能,不过换了一个名词而已。需要说明的是,马克思也认为,自我实现的需要具有"似本能"的形式。他说:"密尔顿出于同春蚕吐丝一样的必要而创作《失乐园》。那是他的天性的能动表现。"[2] 但这只是在更高的基础上"仿佛向旧事物的回复",只是在形式上,而就其内容来说完全是历

---

[1] [美]马斯洛:《人性能达得到境界》,云南人民出版社1987年版,第310页。
[2] 《马克思恩格斯全集》第26卷第Ⅰ册,人民出版社1975年版,第432页。

史形成的新需要。借用中国传统哲学的说法,自我实现的需要是"道表法里",表现形式上"清静无为任自然",骨子里早已"化性起伪"了。马斯洛的错误在于把表象误认为实质,这正是由其所谓"彻底的经验主义"造成的。

其次,就需要理论的具体内容来看,马斯洛是从孤立的个体出发的,因而其对人的需要各层次的描述缺乏内在的社会规定性,甚至完全把人的谋生和占有需要排斥于人的基本需要之外。这就使马斯洛需要和动机理论中的人,十分接近于萨特的摆脱一切情境和他人关系,甚至摆脱任何内在规定性的孤零零、空洞洞的"自我"("自为存在")。马斯洛实际上对此也毫不隐讳,他公开将自己的心理学命名为"存在心理学"[1]。当然,马克思主义并不反对分析个人,甚至更为推崇"个性自由",但是它强调个人总是一定社会关系中的个人,强调真正的自由个性同时具有直接社会性,强调人的个性化与社会化是同一过程的两个不可分割的方面。马斯洛在其晚年已觉察到这一点,表示要同存在主义划清界限。只是他由于不懂得历史唯物论,结果又偏向了宗教神秘主义一边。其后期提出用以补充"高峰体验"的"高原体验",就带有明显的宗教色彩。[2]

再次,从认识论和方法论上说,马斯洛也同马克思不同。他所遵循的是经验主义的归纳原则,其基本研究方法是与休谟考察人性的方法相一致的。休谟用当时的英国法国人去推断古希腊罗马人,马斯洛则不仅由今及古,而且用"一小部分成熟的人"去推断"所有的人"。应该承认,要使人的需要理论成为实证心理学的内容,经验方法和归纳原则是必需的。不过,心理学既然是一门人的

1　[美]马斯洛:《存在心理学探索》,云南人民出版社1987年版,第8—16页。
2　[美]马斯洛:《人性能达到境界》,云南人民出版社1987年版,第343—344页。

科学,完全实证化便是不可能的,也是不应该的。正确的方法只能像马克思那样,把基于历史唯物论的认识辩证法作为根本方法。

最后,就这一理论的社会功能和实践意义来说,马斯洛的需要理论也具有极大的局限性。由于他不懂得历史唯物论和历史辩证法,其理论不可避免地带有浓厚的空想色彩和明显的"贵族臀印"。他力图推动人们将自己的需要提升到自我实现的层次,但又发现现实中这种人不足总数的 1%[1],找不到发展人的需要的现实途径。因而,只能是要么幻想到"一个被人遗弃的荒岛上"去建立"自我实现者"的移民区;要么创设暂时性的心理疗养式的"成长中心";要么沉醉于宗教体验对人性的"净化作用"。只有马克思,才把人的需要的提升建立在历史发展的客观规律和无产阶级的革命实践上,认为随着共产主义社会的实现,每个人都将成为"自我实现"的人。可以说,在自我实现问题上,海德格尔、尼采、马斯洛等人只承认少数上帝的"选民",马克思则把"遗产"留给了所有的人。

---

[1] [美]弗兰克·戈布尔:《第三思潮:马斯洛心理学》,上海译文出版社 1986 年版,第 16 页。

第十五章 鲍德里亚对马克思劳动概念的误读及其方法论根源

鲍德里亚与历史唯物论彻底决裂,由西方马克思主义转向后马克思主义(思潮),是从对"劳动"范畴的全面批判和解构入手的。但他对马克思劳动范畴的批判和解构,是建立在其对这一范畴的误读和曲解基础上的。鲍德里亚对劳动范畴的误读和曲解,不仅有着直接的理论和现实原因,而且有其深层的方法论根源。正是这种错误的方法论,导致了他在理论上对唯物史观解构的非法性,并在实际上从对资本主义的绝望反抗走向对资本主义反抗的绝望。

第一节
从"劳动"入手

鲍德里亚的思想发展,经历了从西方马克思主义到后马克思主义的转向。这一转变过程,大体包括以下几个阶段:接受并运用西方马克思主义的范式(《物体系》《消费社会》);补充并修正西方马克思主义的范式(《符号政治经济学》);根本否弃西方马克思主义以致一般马克思主义的范式(《生产之镜》);全面建构自己的"象征交换"的范式(《象征交换与死亡》)。其中,《生产之镜》是鲍德里亚思想转折中的标志性著作。

在《生产之镜》中,鲍德里亚对唯物史观的批判和颠覆,是从马克思的"劳动"概念入手的。鲍德里亚认为,"劳动"概念是贯穿马克思唯物史观、政治经济学批判和社会革命理论的核心概念之一。应该承认,他的这一判断是十分正确的。但是,他对"劳动"概念的批判,却是建立在对这一概念的误读和曲解的基础上的。

在鲍德里亚看来,马克思的"劳动"概念实际上就是"劳动力的使用价值",因此他对马克思"劳动"概念的批判就是"使用价值和劳动力批判"(这是鲍德里亚书中的第一个小标题)。他承认,马克思在政治经济学批判中"赋予交换价值(既定的经济公式)以逻辑的优先性",但指责马克思"没有将这一图式激进化","揭示出使用价值是被交换价值生产出来的"。因而判定马克思"把产品看作是有用的,看作是对需要的满足,这是对抽象的经济交换的最有学识、最为内在的表达";"将劳动力看作是'具体的'社会财富的来源,是对劳动力抽象操控的彻底表达:资本的真理在这种把人看作价值生产的'根据'中达到了顶点"。而马克思的"政治经济学批判"的理论旨趣和"劳动解放"的革命要求,正是要从交换价值体系的统治下解放使用价值,从劳动力的交换价值体系统治下解放劳动力的使用价值,这实际上恰恰是交换价值体系和资产阶级政治经济学本身要求的实现。所以,鲍德里亚给马克思主义的判决书是:马克思的政治经济学批判实际上是政治经济学体系的"完成",马克思的劳动解放的革命实际上是资本主义社会和资产阶级的"共谋"。

这里需要澄清几个根本问题:

一是"使用价值"问题。马克思是否如鲍德里亚指责的那样,由于没有"揭示出使用价值是被交换价值生产出来的",因而实际上将资本主义生产方式所特有的"使用价值"概念泛化为一般人类学范畴,即任何社会形态下社会财富的物质内容,甚至泛化为一般自然观范畴即把整个自然界都看作是使用价值呢?

答案是否定的。诚然,马克思说,"不论财富的社会形式如何,使用价值总是构成财富的物质内容"。但是,马克思紧接着指出,"在我们所要考察的社会形式中,使用价值同时又是交换价值的物质承担者"[1]。这就是说,马克思把使用价值区分为"非商品的使用价值"和"商品的使用价值"。只有后者即"商品的使用价值",作为商品的二因素之一,才不能脱离交换价值而独立存在,它是为了交换价值而生产,并通过交换价值来实现的。用鲍德里亚的话说,就是"被交换价值生产出来的"使用价值。但商品的使用价值并非一般意义上的使用价值,而是特殊社会意义上的使用价值,即对其所有者(生产者)是非使用价值,对其非所有者(消费者)是使用价值。不仅如此,马克思进一步指出,商品的使用价值还是仅仅在社会形式上为交换价值体系所建构,只有发展到货币和资本,其使用价值在内容上才完全由交换价值体系(和资本主义生产方式)造成。货币材料本身具有自己的使用价值,但作为货币的使用价值则是由交换过程造成的,它体现为货币的职能(价值尺度、流通手段、贮藏手段、支付手段、世界货币),这是使用价值的二次方。而资本(西方经济学所谓"资本货物")的使用价值呢?能够带来剩余价值就是资本的使用价值,作为资本的使用价值更是发达的交换价值体系的产物,这是使用价值的三次方。至于在自然观上,马克

---

1 《马克思恩格斯全集》第44卷,人民出版社2001年版,第49页。

思更是明确区分了物质的自然属性和使用价值,就在鲍德里亚大段引用过的《评瓦格纳的"政治经济学教科书"》中,马克思便以"羊"为例,诙谐地说明了这一点。也正是马克思,早在鲍德里亚自以为"首次"发现的 100 年前,就明确指出:只有在资本主义下,整个自然才被看作"使用价值体系"。

二是"劳动"概念问题。鲍德里亚指责马克思把"劳动"看作社会财富的主体源泉,实际上就是"将劳动力看作是'具体的'社会财富的来源,是对劳动力抽象操控的彻底表达:资本的真理在这种把人看作价值生产的'根据'中达到了顶点"。这里存在着三重误读和曲解:首先是将马克思历史观中作为人的活动意义上的一般"劳动"概念,同经济学中作为创造使用价值的"生产劳动"("有用劳动")混为一谈;其次是在经济学中将简单商品生产者的"劳动",同资本主义雇佣劳动者的"劳动"混为一谈;最后是在资本主义生产方式中将作为商品"劳动力的使用价值",同创造使用价值的"劳动过程"混为一谈。在马克思那里,"人"并不等于单纯的劳动力,作为人的活动的一般范畴"劳动"也不等于"劳动力的使用价值";商品生产者并不等于单纯"劳动力的所有者",生产商品的劳动也不仅仅创造"具体"的物质财富(使用价值),它还形成"抽象"的社会财富(交换价值);而"资本的真理"更在于"劳动力商品"的特殊"使用价值",它不仅不在于创造"具体"的物质财富(使用价值),甚至不在于形成"抽象"的社会财富(交换价值),而在于这一"商品"能够产生比自身的(交换)价值更大的(交换)价值。

三是"解放"问题。鲍德里亚认为,马克思的"政治经济学批判"的最终目的,是要从交换价值体系的统治下解放使用价值,从劳动力的交换价值体系统治下解放劳动力的使用价值。这也是一种误读和曲解。正如上面我们已经指出的,既然马克思认为,商品、货币和资本的使用价值离不开交换价值体系,商品生产者的劳动本身具有二重性,劳动力商品的特殊使用价值本身在于能够生产剩余价值,那么他又怎么可能试图将它们从交换价值体系中解放出来呢?当然,鲍德里亚可以辩解说,他指的只是一般产品的使用价值和一般劳动力的使用价值。但这只能表明鲍德里亚自己混淆了一般使用价值和"被交换价值生产出来的使用价值",混淆了一般劳动力的使用价值和"劳动力商品的使用价值"。实际上,马克思无论在自然观还是历史观上都比鲍德里亚所理解得更为彻底:他的真正目的并不是解放"使用价值"和"劳动",而是要使自然"从使用价值中解放出来",使人"从劳动中解放出来"。前者在第一点中已经说明了,这里只谈"劳动解放"问题。鲍德里亚实际上将两个问题混为一谈了:一是马克思并不主张革命仅仅是要使"劳动力"摆脱商品属性,而是要使"劳动者"摆脱"劳动力商品所有者(即雇佣劳动者)"的社会属性,并因而获得作为"人"(自由而全面发展的"个人")的社会条件和社会地位。或者更简明地说,马克思不是要仅仅解放"劳动",而是要解放"人"。二是要解放"人",又必须从解放"劳动"出发。"劳动力"摆脱商品属性——"劳动者"摆脱"雇佣劳动者"身份,成为主体劳动者——"人"摆脱单纯劳动者身份,由"工人"上升为"自由个性",这是一个"劳动力→劳动者→自由活动的个人"三位一体的过程。因此,"使用价值"和"劳动力"的解放只是人的解放的物质前提和初始形式,而不是解放的目的和内容本身。

四是"自由"问题。鲍德里亚并非没有看到马克思的根本目的不是"劳动的解放",而是"从劳动中解放出来"。他注意到了马克思在《资本论》第三卷关于"必然王国"和"自由王国"关系的著名论断,但遗憾的是并没有正确理解这一论断,而是按照马尔库塞的观点对马克思的这一论断进行了错误的解读。他认为,马克思承认"必然王国"(真正的物质生产领域)是基础,就是认为"劳动"是人的永恒"天职",这是对资本主义政治经济学"劳动的伦理"的肯定;而以此为基础又在其"彼岸"的"自由王国"不过是同样畸形的"非劳动"的"游戏美学"。"虽然人们希望游戏能超越劳动,但游戏只是劳动的延续,延续始终不过是对劳动强制性的审美升华。运用这个概念,我们将永远处于必然与自由的问题式中,这是典型的资产阶级问题式","对劳动加以剥削,反过来导致对非劳动的痴迷,对自由时间的幻想(强制时间—自由时间,充满的时间—空闲的时间:这是将现代秩序的霸权凝固化的另一种形式,而它正好是现代秩序的产物)。非劳动仍然只不过是劳动力的压抑性反升华,充当二者择一的对立面。这就是非劳动的地位"。因而鲍德里亚断言,这不过是一种畸形的互补:"在马克思主义思想的精髓处,与劳动的伦理相对立的是非劳动的美学或游戏。"[1]"虽然非劳动的概念被幻想为政治经济学的废除,但它仍然作为符号回落到政治经济学领域中,而且仅仅是作为废除政治经济学的符号。它已经放弃了进入'新社会'的革命方案。"

第二节
何以误读"劳动"

从鲍德里亚的这一错误解读来看,我怀疑除了《"政治经济学批判"导言》之外,他根本没有读过马克思《1857—1858年经济学

---

[1] [法]鲍德里亚:《生产之镜》,仰海峰译,中央编译出版社2005年版,第19页。

手稿》的正文。因为在那里,马克思恰恰对体现政治经济学"劳动伦理"的斯密"牺牲论"和体现"非劳动"的"美学"幻想的傅立叶"游戏说"进行了双重批判:"劳动会成为吸引人的劳动,成为个人的自我实现。但这决不是说,劳动不过是一种娱乐,一种消遣,就像傅立叶完全以一个浪漫女郎的方式极其天真地理解的那样。真正自由的劳动,例如作曲,同时也是非常严肃,极其紧张的事情。"[1] 马克思还由此探讨了"物质生产成为自由活动"的"科学化"和"社会化"两个条件。我认为,这才是对上述《资本论》第三卷引文的唯一正确解读。它表明,马克思主张的根本不是什么"劳动的伦理学"与"非劳动的美学"之间的畸形互补,而是对二者的双重颠覆;当然,他也与鲍德里亚不同,并不将理想看作是绝对外在于现实的,而是坚持从现实的"必然王国"到理想的"自由王国"的上升,并把这种上升的历史过程看作是资本主义内在矛盾引发的量变与质变的统一和否定之否定过程。只有作为这种历史过程结果的"真正的自由王国",才扬弃了"内容的、充实的劳动"与"形式的、空洞的非劳动"的外在对立和畸形互补:在那里,"自由时间"和"发展空间"是形式,"个人的自由而全面的发展"是内容。形式不是空洞的,而是社会历史的;内容更不是空洞的任意性,而是个人的能力、关系和需要结构的发展和提升!

造成鲍德里亚对马克思"劳动"概念误读和曲解的直接原因,我认为主要有理论和现实两个方面。就理论方面来说,主要是因为他原本是一名"西方马克思主义者",他对马克思主义的理解是以"西方马克思主义"为中介的,因此他总是自觉不自觉地透过"西方马克思主义"的棱镜来解读马克思主义。这在《生产之镜》中表

---

[1] 《马克思恩格斯全集》第 26 卷下册,人民出版社 1980 年版,第 113 页。

现得十分明显:除了前引他对"必然王国"和"自由王国"的解读完全依赖于马尔库塞以外,他对"劳动两重性"以至整个《资本论》方法论的解读就完全依赖于阿尔都塞。鲍德里亚指责马克思陷入"生产之镜",其实在解读马克思时他自己恰恰陷入了"西马之镜"。就现实来说,鲍德里亚企图颠覆马克思的"生产逻辑"和唯物史观时,其现实的参照系显然是苏联和东欧的"现实社会主义体制",他把"苏联模式"看作是马克思主义的对象化和直接现实。鲍德里亚对"生产逻辑"的批判确实击中了"苏联模式"的要害。当鲍德里亚指责"生产逻辑"的结论只能是"使用价值"和"劳动力"的解放时,他的批判并不完全是无的放矢,甚至他关于"生产逻辑""导致了世界范围的经济与政治的帝国主义,所有现代资本主义和社会主义的西方国家都实行着这种帝国主义"的观点,也不无合理之处。但他把这一切归咎于马克思就错了,因为这只是由这些国家未经过发达的资本主义发展阶段、急需实现工业化和现代化的历史原因造成的。鲍德里亚在这里陷入了"苏联之镜",即以"苏联模式"为中介来解读马克思的幻象!

进一步说,鲍德里亚曲解马克思"劳动"概念、并由此出发"解构历史唯物主义",还有着自己的深层方法论根源。必须承认,鲍德里亚对马克思的批判,是有着高度的方法论自觉的。他在《生产之镜》中专门列出了四个"认识论"问题进行讨论,力图从方法论的高度解构和颠覆马克思主义。我认为他提出的四个问题,实质上可以进一步概括为两个:第一个问题是显性的,即鲍德里亚明确提出的;第二个问题则是隐性的,即鲍德里亚自己并未明确提出,甚至在一定意义上是他尚未意识到的。

鲍德里亚明确提出的是关于概念的历史性与普遍性问题。这个问题是鲍德里亚对马克思发难的主要"杀手锏",他不仅在"认识论一"中专门作了讨论,而且在后面的三个认识论问题中不断地回到这一问题上来。鲍德里亚的核心论点是,马克思把作为一定历史阶段现实反映的具体概念泛化了,把它变成永恒的一般人类学概念。"在马克思主义中,历史被超历史化了,通过放大自己而普遍化了。"就"劳动"概念来说,马克思在《"政治经济学批判"导言》中说,"劳动这个例子令人信服地表明,哪怕是最抽象的范畴,虽然正是由于抽象而适用于一切时代,但是就这个抽象的规定性本身来说,同样是历史条件的产物,而且只有对于这些条件并在这些条件之内才具有充分的适用性。"[1]鲍德里亚认为,马克思在这一段话中既说"适用于一切时代",又说"仅仅适用于某一时代",这意味着一种神秘化。"正是这种劳动范畴的抽象普遍性带来了问题。在这种抽象性导致劳动(劳动力)的抽象普遍性的同时,我们这个时代创造出劳动范畴的普遍抽象性以及这个范畴能适用于过去所有社会的幻觉。"鲍德里亚据此给马克思加上了"没有逃出纯粹形而上学的陷阱"("认识论一")、"妄想根据资本主义政治经济学的当下结构来解释早期社会"("认识论二")、"是将西方文化理解为一种普遍性的文化的种族中心主义"("认识论三")、"这种唯物主义是在意象中工作,它使对象成为盲点,导致的不仅是对早期社会的无知,也是对资本主义形态的无知"("认识论四")等一系列罪名。

---

1 《马克思恩格斯全集》第 30 卷,人民出版社 1995 年版,第 46 页。

第三节
"劳动"的普遍性

那么,作为历史产物的当下性的概念(例如"劳动")是否可以具有普遍性呢?答案是肯定的。因为从认识论角度看,这不过是社会认识的一般规律。正如马克思所说,"对人类生活形式的思索,从而对这些形式的科学分析,总是采取同实际发展相反的道路。这种思索是从事后开始的,就是说,是从发展过程的完成的结果开始的"[1]。这一社会认识规律有着自己的合法性根据和合理性限度,二者都存在于历史之中。其合法性根据在于历史发展过程的连续性,任何社会现象都不是凭空产生的,而是一定历史发展的产物;其合理性限度则在于历史发展过程的间断性,历史发展过程中不仅存在量的累进,而且存在着质的飞跃。正因为如此,马克思才在肯定"人体解剖对于猴体解剖是一把钥匙"的同时,强调"这也只能在一定意义上来理解",即前者只是"在发展了的、萎缩了的、漫画式的种种形式上,总是在有本质区别的形式上,包含着"后者。[2] 否定这一社会认识规律,得到的并不是鲍德里亚所说的历史范畴和历史规律的"历史性",而是任何社会现象的"当下性"即"非历史性":历史过程必然被"碎片化",而每个碎片本身又必然被"完整化"(即被看成是"自满自足的")。只要你承认"人类历史",承认今天的资本主义社会是从欧洲原始社会、古希腊社会等发展

---

[1]《马克思恩格斯全集》第44卷,人民出版社2001年版,第93页。
[2]《马克思恩格斯全集》第30卷,人民出版社1995年版,第47页。

来的，你就不能否认"人体解剖"与"猴体解剖"之间的联系！即使是鲍德里亚本人，也无法逃脱这一规律。他在论证"政治经济学发展的三阶段"（剩余产品交换——物质产品交换——一切东西都进入交换）时，一方面认为这三阶段之间都发生了"断裂"，第二阶段是生产和政治经济学模式占统治地位；另一方面却说"这并不是说，语言、符号和表现的政治经济学，在物质生产之前根本不可能产生出来。如果说生产力的量化操作已经能够维持近两个世纪，就像语言学中基本的指涉一样，那么，这可能只是表面运动。在很长一段时间里，符码的操作化都是根本性的（分工、抽象、功能体系和结构安排），只是在今天，它的后果才呈现出来"。鲍德里亚在这里不仅同样把他所谓第三阶段的概念和模式泛化了，甚至实际上否定了它同第二阶段的质的区别（仅仅看成是"潜在"与"显现"的差异），这才是真正犯了他自己在前面强加在马克思身上的那种错误！

鲍德里亚并未明确提出的另一个根本方法论问题是批判的内在性与外在性问题。我们知道，马克思的政治经济学批判，既与资产阶级政治经济学的资本主义自我肯定不同，也与空想社会主义对资本主义的外在批判不同，它强调的是资本主义的自我批判，即从资本主义的内在矛盾出发，揭示资本主义由于自身的内在矛盾发展，必然最终走向自我否定，并为更高形态的社会所代替。因此，这是一种从内在批判出发、最终导致外在否定的辩证过程。鲍德里亚从阿尔都塞对《资本论》的解读出发，认为马克思"只是从内容的终极目的性（传统的进化论）转向到模式及其自身分析的结构合目的性"，而"模式从来不会超越自身"，"政治经济学模式从来不会允许我们超越政治经济学，或者去理解在它之外的问题"。反对马克思从内在矛盾出发的批判，指责"内在批判的观点""只能导致西方文化的扩大再生产"。因而把马克思的资本主义的"自我否定"看成是与资本主义的"共谋","历史唯物主义不可能超越政治经济学的模式来理解过去,就像它不可能实现对原始社会的解码一样,同样它也不可能面对未来。它越来越不可能描绘出真正超越政治经济学的革命前景。它'辩证地'挣扎在资本的死胡同里,就像它挣扎在象征的误解中一样"。唯一的出路只能是"象征交换关系"的外在批判和整体颠覆。

鲍德里亚对内在批判与外在批判关系的理解充分暴露了他的"结构主义"立场,当然,与阿尔都塞不同,他是"带负号的结构主义"。《生产之镜》的译者仰海峰曾指出鲍德里亚的两个根本问题。第一是"技术决定论",这一认定是正确的,只是过于一般化了,应该是"符码决定论"。鲍德里亚强调"形式"(符号),又把符号归结为"编码"。这与其最初的"物体系"观点相比既有发展,又有继承:发展的是"物→符号",继承的是"体系→编码"。其实"物→符号"不仅是形式变化,它本身还有"内容→形式"的含义,而这一点正是更加强化了"结构",因为"结构"就是内容本身的形式规定性。仰海峰讲的第二点是"大拒绝",其实是与第一点相联系的:既然"模式从来不会超越自身",即结构不会自我"扬弃",那就只能从外部整体拒斥;而且,既然"符码(结构)"是"超稳定结构",那就必然成为"超真实","大拒绝"就只能成为"绝望的反抗",并最终走向"(对)反抗的绝望"!

两极相通。鲍德里亚的"超真实"表明,他的"超革命"立场,最终只能由"超级革命"转变到"超越革命""告别革命"的反面。说穿了,鲍德里亚的立场不过是"(认识论上)承认现状的拜物教立场+(价值观上)绝望的反抗(后期连反抗也没有了,只剩下"绝望")立场"。鲍德里亚是从批判拜物教出发的,但他实际上反对的只是

"去魅"的拜物教,代之而来的却是"返魅"的拜物教,只是以"返魅"颠覆"去魅"的形式变换,难怪他指责马克思只注重生产方式的内容,忽视了生产形式以至生产原则本身!从反物化的历史学主体性,到反历史的人类学主体性,再到反主体的符号学拜物教,西方马克思主义走完了自己的逻辑循环。鲍德里亚也回复到卢卡奇等第一代西方马克思主义者由此出发的批判前提——第二国际的"经济决定论"立场上,不过是在更高的阶段上,即不再是内容上的"政治经济学"拜物教,而是形式上的"符号编码学"拜物教。因此,在一定意义上可以说,《生产之镜》不仅是鲍德里亚本人终结与西方马克思主义关系的标志,也是整个西方马克思主义本身逻辑终结的标志!

正如鲍德里亚自己的判决:"在对这种形式进行批判还原的分析中,可以看到这一形式同生产和政治经济学秩序的共谋!"从非实证的批判主义,经过绝望的反抗和反抗的绝望,最终走到非批判的实证主义这一"命定论"逻辑证明:物质技术批判和人本伦理批判这两极是相通的,出路只能在于抛弃这种两极化思维方式,回到马克思的生产方式的、实践的、中介的批判立场,只有抓住主客体关系、主体间关系这一中介,只有从资本主义生产方式和社会形态的内在矛盾和自我否定出发,只有从马克思的政治经济学批判即政治经济学的自我批判出发,才能克服工具理性批判和价值理性批判的两种片面性,中介不是调和,自我批判不是共谋,两极化和外在批判才是真正的共谋!这就是我们从鲍德里亚对马克思批判的理论后果(对唯物史观解构的非法性)和实践后果(反抗现代资本主义的无效性)中,应该得出的方法论教训。

第十六章　从文献考证与文本解读统一的视角看马克思在《德意志意识形态》写作中的主导作用

日本马克思主义学者广松涉在进行《德意志意识形态》的版本考证过程中,作为副产品提出了恩格斯在马克思主义形成史上的地位问题。他认为,与通常人们形成的观念不同,不是马克思,而是恩格斯在历史唯物主义的形成过程中发挥了主导作用。在《青年恩格斯的思想形成》一文中,他为此提出了一系列论据,其中文献学方面的依据首先和主要来自对《德意志意识形态》特别是"费尔巴哈"章写作过程的考证。[1]

我认为,广松涉确实提出了一个重大的理论问题,他的文章也给我们提供了不少重要启示;但对其基本观点却不敢苟同。这是因为,在我看来,他的文献学考证存在着一定的缺陷。

---

[1] [日]广松涉:《文献学语境中的〈德意志意识形态〉》,彭曦译,南京大学出版社2005年版,第358—375页。

第一节

首先，广松涉的论据仅仅是建立在对《德意志意识形态》第一卷第一章已有不同版本的考证和主观猜测的基础上的。且不说涩谷正已经通过对原稿的直接调查，否定了恩格斯与马克思在"生产力"这一德文术语缀词法上的不同[1]，即使作为广松论据的主要之点，即《德意志意识形态》特别是第一卷第一章"费尔巴哈"的所谓"基底稿"的笔迹是恩格斯的，这一公认的确凿事实，也是可以作出不同解释的。广松涉猜测的主观性，特别明显地表现在对手稿{10}c＝[25]页恩格斯与马克思笔迹交替出现这一事实的解释上。他推断："这一点不能成为主张第一部分从开头起就是两人直接合作的证据。"张一兵已指出了广松涉在这一点上"显然是毫无道理的推断"[2]。

在文献学考证方面我只想补充强调两点：一是手稿上马克思、恩格斯不同笔迹的文字和符号确凿无误地表明，尽管马克思直接动笔较少，但他对文章的内容、结构乃至于表述方式都具有不容怀疑的最终决定权；二是"基底稿"最后马克思所写下的供进一步修改手稿用的"纲目"（新 MEGA2 称为"笔记"，广松称为"备忘录"），以及最后写下的"序言"（这两者均是马克思的笔迹），也都确

1　[日]广松涉：《文献学语境中的〈德意志意识形态〉》，彭曦译，南京大学出版社 2005 年版，第 378 页。

2　[日]广松涉：《文献学语境中的〈德意志意识形态〉》，彭曦译，南京大学出版社 2005 年版，第 15 页。

凿无疑地表明，马克思是手稿的写作过程的主导者和最后的定稿者。

第二节

更为重要的是，单纯文献学技术考证的意义是极为有限的，只有将文献学考证与文本学解读结合起来，从马克思、恩格斯在写作"费尔巴哈"时已有的明确署名文本或有把握确定作者的文本出发，将其同"基底稿"联系起来进行"互文式"的比较解读，才能真正把握马克思和恩格斯在当时各自达到的思想境界，从而准确判断"基底稿"思想的原始提出者。

从这一观点出发，并利用新 MEGA2 的考证成果，本文拟对《德意志意识形态》的手稿进行三个方面的"互文式"解读：第一卷内部三章之间的比较解读，第一卷与第二卷之间的比较解读，《德意志意识形态》与马克思恩格斯其他相关文本之间的比较解读。这种比较主要围绕以下几个问题展开。

一、对施蒂纳的评价

主要是恩格斯 1844 年 11 月 19 日和 1845 年 1 月 20 日给马克思的信中论及施蒂纳的两封信与第一卷第三章比较。

恩格斯在前一封信中对施蒂纳在《唯一者及其所有物》中对费尔巴哈的批判持基本肯定的态度。他认为尽管施蒂纳的利己主义原则具有"片面性"，"可是，这种原则里的正确东西，我们也必须吸收。"我们应当"把它翻转过来之后,在它上面继续进行建设。"[1]而在接到马克思回信后的第二封信中,恩格斯则改变了自己的看法:"说到施蒂纳的书,我完全同意你的看法。我以前给你写信的时候,还受到对该书直接印象的很大影响,而在我把它放在一边,能多多地思考以后,我也发现了你所发现的问题。赫斯(他还在这里,两星期前我在波恩同他交谈过一次)动摇一阵之后,也同你的结论一致了。"[2]

由于马克思的回信没有留传下来,我们无法确切地了解他在其中的具体观点。但是,《德意志意识形态》第一卷第三章现存手稿对施蒂纳的评价,恰好与恩格斯原有的观点相反。这一章认为,"'施蒂纳'无条件地接受了费尔巴哈的幻想,并以此为根据继续创立自己的理论。"[3]"他把费尔巴哈的这些变为主词的宾词神圣地奉为统治着世界的现实的个人,他把这些有关各种关系的词句恭顺地看作是现实的关系,并给它们加上'神圣的'这个宾词,又把这个宾词变为主词,变为'圣物',这就是说,他所做的同他责备费尔巴哈所做的完全相同。在他用这种方法完全摆脱了这里所谈的那种确定的内容之后,他便开始了他的斗争,即放肆地'仇视'这一'圣物'当然,这一'圣物'永远是依然如故。……虽然费尔巴哈过分强调了反对这种幻想的斗争的意义。而在'施蒂纳'那里,连这种意识也'全部完了',他真正相信意识形态的各种抽象思想统治着现代世界,他深信在其反对'宾词'、反对'概念'的斗争中攻击的已不是幻想,而是统治世界的现实力量。"[4]这就是说,施蒂纳不仅

---

[1] 《马克思恩格斯全集》第27卷,人民出版社1972年版,第11—14页。
[2] 《马克思恩格斯全集》第3卷,人民出版社1960年版,第16页。
[3] 《马克思恩格斯全集》第3卷,人民出版社1960年版,第260页。
[4] 《马克思恩格斯全集》第3卷,人民出版社1960年版,第262—263页。

没有超越费尔巴哈,甚至比费尔巴哈倒退了。

上述文本的比较解读表明,第三章批判施蒂纳的手稿体现的正是马克思在他的回信中提出、后来又进一步发挥和成熟了的思想。联系到陶伯特从写作风格角度做出的文献学考证,即"手稿恐怕主要出自马克思之手,其篇幅在写作过程中变得越来越长。此外,马克思是按照自己的习惯根据施蒂纳著作的结构写作的"。[1] 我们不能不得出结论,尽管这一部分的手稿笔迹是恩格斯的,但其思想是属于马克思的。由此引申出的进一步结论就是,原先构成第三章一部分、后来转入第一章的"大束手稿"第二、三部分的真正作者是马克思。

二、对"真正的社会主义"的评价

这集中表现在《德意志意识形态》第一卷与第二卷对赫斯的评价发生了根本的转变。

通过对两卷文本的阅读和比较,我们可以发现:从最初大概拟题为《莱比锡宗教会议》的"基底稿"(除了后来构成第一卷三章的内容外,还包括后来抽掉的赫斯所写的批判"格拉齐安诺博士"即卢格的部分),到后来的整个第一卷的三章中,尽管多处提到赫斯,但总的态度是肯定(两处)和中性(多处),只有一处有所保留,即声明"'莫·赫斯'(对于他的述,恩格斯和马克思完全不负任何责任)"。[2] 但是,第二卷从一开始的导论性质的"真正的社会主义",到第一章("莱茵年鉴")和第四章("评格律恩"),即除了赫斯本人

---

[1] [德]英格·陶伯特:《〈德意志意识形态〉手稿和刊印稿的问题和结果》,载《马克思恩格斯列宁斯大林研究》2001年第2期。

[2] 《马克思恩格斯全集》第3卷,人民出版社1960年版,第113页。

写的第五章("霍尔曼")之外的整个第二卷,却把赫斯及其著作作为"真正的社会主义"的总代表进行直接(点名)或间接(不点名)的批判。

上述文本学的比较解读,得到了文献学考证的印证,这就是陶伯特文章提供的有关1846年2月底马克思同赫斯、恩格斯发生分歧与冲突的资料。据陶伯特文章说:"马克思在1846年2月底肯定写过一封信(此信没有留传下来),其中谈到一些明显的分歧,并怀疑赫斯和恩格斯是否有从事严肃的科学工作的能力。在一封同样没有留传下来的写给燕妮·马克思的信(此信写于1846年3月23日的前两天或前三天,1846年3月23日寄到特利尔)中,马克思又一次谈到这些冲突,谈到他同赫斯在哲学问题上的意见分歧。(由于这些冲突和意见分歧,燕妮称赫斯为'纯粹的玄想家',并谈到导致赫斯动身离去的'彻底决裂'。赫斯至早是在1846年3月22日、至迟是在3月29日动身离去的。1846年3月30日,马克思同魏特林展开了激烈的争论,这场争论引起了轰动。)"[1] "不早不晚,也是在那个时候,即1846年2月底至3月底,第2卷的计划也拟订好了,该卷分为'真正的社会主义'的哲学、诗歌、历史编纂学和预言等内容。""魏德迈1846年4月中旬离开布鲁塞尔。那时已经确定出版两卷著作,其中第二卷的内容是评论德国的或'真正的社会主义'。"[2]

陶伯特的考证与我对文本的比较解读结果之间只存在一个差异:那就是陶伯特认为两卷的写作计划是在批判施蒂纳的"旧约"

---

[1] [德]英格·陶伯特:《〈德意志意识形态〉手稿和刊印稿的问题和结果》,载《马克思恩格斯列宁斯大林研究》2001年第2期。

[2] [德]英格·陶伯特:《〈德意志意识形态〉手稿和刊印稿的问题和结果》,载《马克思恩格斯列宁斯大林研究》2001年第2期。

和"新约"之间[1];而"新约"[2]和"2. 辩护性的评注"[3]的文本表明,其中对赫斯的态度并没有变化[4]。因而我甚至推测第二卷的计划也有可能是在整个批判施蒂纳的手稿,即不仅包括"旧约",而且包括"新约"甚至"2. 辩护性的评注"完成以后才制定的。这样一来,"三、圣麦克斯"就应完成于1846年3月22—29日即马克思同赫斯冲突之前,而如此篇幅庞大的手稿就不大可能像陶伯特所推测的"是在1846年1月初开始写的"[5],而很有可能是在施蒂纳《唯一者及其所有物》出版后、《维干德季刊》发表鲍威尔和施蒂纳文章前,就作为独立的著作开始写了。这里有两个文献学证据:其一是"1846年3月24日,燕妮询问批判施蒂纳的著作写得怎么样了,进展如何。她没有提及其他手稿"。[6] 其二是马克思1844年12月《致亨利希·伯恩施太因》也表明他在那时就曾经有一个要出版批判施蒂纳的书的打算。[7] 当然,这只是一种推测,因为它同陶伯特关于文中标注的考证、特别是同"新约""作为资产阶级社会的社会"一节正文中出现的"这就实现了我们的'真正的社会主义者'的一个虔诚的愿望"[8]的证据相矛盾。但是,从这一点来看,起码迪特·戴希塞尔关于第2卷第4章"格律恩"可能写于《圣麦克斯》之

---

1 [德]英格·陶伯特:《〈德意志意识形态〉手稿和刊印稿的问题和结果》,载《马克思恩格斯列宁斯大林研究》2001年第2期。
2 《马克思恩格斯全集》第3卷,人民出版社1960年版,第266—521页。
3 《马克思恩格斯全集》第3卷,人民出版社1960年版,第522—530页。
4 参见《马克思恩格斯全集》第3卷,人民出版社1960年版,第293、387、391、486、524页。
5 [德]英格·陶伯特:《〈德意志意识形态〉手稿和刊印稿的问题和结果》,载《马克思恩格斯列宁斯大林研究》2001年第2期。
6 [德]英格·陶伯特:《〈德意志意识形态〉手稿和刊印稿的问题和结果》,载《马克思恩格斯列宁斯大林研究》2001年第2期。
7 参见《马克思恩格斯全集》第27卷,人民出版社1972年版,第455页。
8 《马克思恩格斯全集》第3卷,人民出版社1960年版,第434页。

前的推断是值得怀疑的,因为这一章开始不久就点名批判赫斯。

联系到"1846年3月7日,丹尼尔斯在信中谈到马克思关于重新出版所谓的《德法年鉴》……以便'审查'共产主义的哲学的计划",以及马克思一贯的写作风格,我认为有充分的理由断定批判"真正的社会主义的哲学"的第一章为马克思所写,更不用说后来明确署名马克思而公开发表的第四章了。至此,《德意志意识形态》两卷本的结构和第二卷的思想属于马克思,这一结论可以说已得到基本确认。唯一需要消除的疑问就是:赫斯是第二卷第五章的作者,如何解释"赫斯既是批判者又是被批判的对象"这样一个有趣的现象? 或者说,赫斯为什么愿意处于此种尴尬境地?

其实,问题的答案就在第二卷导论部分"真正的社会主义"之中。那里说:"由于德国现在事实上存在着的各种关系,所以不可避免地形成了这个中间派别,不可避免地产生了想把共产主义和流行观念调和起来的企图。同时,以下的情况也是不可避免的:许多曾以哲学为出发点的德国共产主义者,正是通过这样的转变过程走向了并且继续走向共产主义,而其他那些不能摆脱意识形态的羁绊的人,将终生宣传这种'真正的社会主义'。因此,我们不可能知道,'真正的社会主义'代表人物中那些不久前写了我们在下面所批判的文章的人,究竟是停留在'真正的社会主义'的观点上,还是已经前进了。我们一般并不反对个别人,我们只是把刊印出来的文件看作是在德国这样一个泥潭里必定会产生的那个流派的表现。"[1] 这就是说,对以赫斯为总代表的"真正的社会主义"的批判,同时也是一种自我批判。马克思自觉地通过批判和自我批判"已经前进了",恩格斯在马克思的影响下"正在前进着",只有赫斯

---

1 《马克思恩格斯全集》第3卷,人民出版社1960年版,第537页。

(尽管主观上想前进)最终没能"摆脱意识形态的羁绊",实际上"停留在'真正的社会主义'的观点上"。

三、对费尔巴哈的评价

主要是马克思"关于费尔巴哈的提纲"、恩格斯的"费尔巴哈"札记与"基底稿"特别是"大束手稿"第一部分的比较。

由于"大束手稿"的二、三两部分已在前面讨论过了,这里只就第一部分进行比较。据陶伯特的考证,"这篇手稿是对鲍威尔进行批判的那篇文章的草稿,它没有完整地留传下来。此文批判的是发表在《维干德季刊》第3卷上的《评路德维希·费尔巴哈》一文。从留传下来的几张手稿看,对鲍威尔的批判是按照鲍威尔文章的结构展开的。留传下来的第6—11张的内容是针对鲍威尔文章中'费尔巴哈的唯物主义'这一部分而写的(鲍威尔在这一部分批判了费尔巴哈《未来哲学原理》一书),其内容主要是讨论费尔巴哈的'感性'范畴。"[1] 与之相关的、有明确归属的文本是恩格斯的"费尔巴哈"的札记和马克思"关于费尔巴哈的提纲"。

恩格斯"费尔巴哈"札记的写作时间,MEGA Ⅰ 编者曾推断为1845年秋,俄文第二版编者也曾推断为1845年11月,广松则推断为恩格斯1846年逗留巴黎期间,应马克思之约作为撰写《德意志意识形态》第一卷第一章的素材而写的。[2] 从这一文本的内容,特别是所反映的恩格斯当时的认识水平来看,广松的推断是正确

---

[1] [德]英格·陶伯特:《〈德意志意识形态〉手稿和刊印稿的问题和结果》,载《马克思恩格斯列宁斯大林研究》2001年第2期。

[2] [日]广松涉:《文献学语境中的〈德意志意识形态〉》,彭曦译,南京大学出版社2005年版,第162页。

的。因为,一方面,其中的第3点(马克思改为"e")关于"存在"与"本质","鱼"与"水"的论述,几乎完全再现于"大束手稿"第一部分的最后和巴纳1962年新发现的"半张稿纸"中。另一方面,整个札记对费尔巴哈的评价是全盘否定,这显然与第三章既批判费尔巴哈又承认其历史贡献的基调不相一致:后者强调"由于费尔巴哈揭露了宗教世界是世俗世界的幻想(世俗世界在费尔巴哈那里仍然不过是些词句),在德国理论面前就自然而然产生了一个费尔巴哈所没有回答的问题:人们是怎样把这些幻想'塞进自己头脑'的?这个问题甚至为德国理论家开辟了通向唯物主义世界观的道路,这种世界观没有前提是绝对不行的,它根据经验去研究现实的物质前提,因而最先是真正批判的世界观。这一道路已在'德法年鉴'中,即在'黑格尔法哲学批判导言'和'论犹太人问题'这两篇文章中指出了"。[1] 而我们知道,"大束手稿"的二、三部分原来正是属于第三章的。特别是札记中的最后一点即第6点(马克思改为"b"),更是全盘否定了费尔巴哈关于没有抽象的"自我",个人总是男人和女人,并由此进一步引出人的类本质这一观点,不仅认为"如果费尔巴哈指的主要不是性行为、种的延续的行为、自我和你的共同性","人就是自我和你的统一""这句话是根本不能成立的",甚至说"正是因为人=头+心,为了创造人而需要两个人,——在他们的交往中一个作为头,另一个作为心——男人和女人。否则就不可想象,为什么两个人比一个人更人性一些"。[2] 恩格斯的这一观点是直接与"大束手稿"第一部分{7}a=[12]页关于"一开始就纳入历史发展过程的第三种关系"的论述相对立的:那

---

[1] 《马克思恩格斯全集》第3卷,人民出版社1960年版,第261—262页。
[2] [日]广松涉:《文献学语境中的〈德意志意识形态〉》,彭曦译,南京大学出版社2005年版,第162页。

里恰恰强调这种关系是从"两性关系""家庭关系"发展到"社会关系"的。[1]

上述情况表明,恩格斯的札记应写于1846年2至3月马克思同赫斯与他的争论之后,处于前面指出过的"正在前进着"的过程中,他直到此时的观点仍然与"基底稿"中以他的笔迹出现的思想有距离。

第三节

在明确了上述三个问题上恩格斯的观点发生过根本性的转变以后,我还试图进一步说明恩格斯的这些转变是在马克思的影响下发生的。这只要从《神圣家族》到《德意志意识形态》之间,在上述三个问题上恩格斯观点转变的"断裂性"和马克思观点演变的"中介性"比较中就可以清楚地看出。这里主要涉及马克思《评李斯特》《笔记本中的札记》《关于费尔巴哈的提纲》和恩格斯的《爱北斐特的演说》《英国工人阶级状况》等文本的比较解读。在施蒂纳问题上的恩格斯的观点是直接在马克思影响下转变的,前面已经说明。这里只简略地就后两个问题作一些比较。

在对待赫斯和真正的社会主义的其他代表的态度上,恩格斯的转变有着明显的"断裂性"。恩格斯从1843年11月初在《大陆上社会改革运动的进展》第二部分中,认定德国的"共产主义是新

---

[1] [日]广松涉:《文献学语境中的〈德意志意识形态〉》,彭曦译,南京大学出版社2005年版,第24页。

黑格尔派哲学的必然产物"、赫斯"是该党第一个成为共产主义者的"[1]之后,一直"停留"在"真正的社会主义"的立场上。写完《神圣家族》中他所分担的部分返回德国以后,他一直和赫斯等人一起在巴门和爱北斐特进行"真正的社会主义"的宣传和组织活动。这在他的《大陆社会主义》《爱北斐特的演说》(两次)和许多书信中都有反映。如,1844年9月20日写道:"在爱北斐特,大约有我的六个朋友以及其他几个人都是共产主义者。"[2] 1844年11月9日又写了《共产主义在德国的迅速发展》一文。1845年3月17日在《致马克思》的信中说:"昨天晚上我和赫斯在爱北斐特宣传共产主义直到深夜两点。"[3] 直到1845年10月中恩格斯还为德国"共产主义杂志《莱茵年鉴》"和在瑞士的"德国共产主义作家奥·贝克尔先生,以及属于同一党派的西·施米特先生和库尔曼博士"呼吁。[4] 而这些人正是后来《德意志意识形态》作为批判对象的"真正的社会主义"的代表人物。

恩格斯在"书信"中对赫斯态度的改变,根据我所掌握的极不完备的资料,首见于1846年7月17日和8月19日《致马克思》的两封信。[5] 最为明确的是1846年9月16日《致布鲁塞尔共产主义通讯委员会》的信。恩格斯在这封信中写道:"赫斯老爷子。……可是前不久我却收到这位共产主义老爷子叫一个名叫莱茵哈特的人转来的信,想要重新和好。看了这封信,叫人笑得要死。当然,他是装着什么事也没有发生,完全显得平静而快乐,而且仍然是过去的那个老赫斯。他肯定他同'党'重新在某种程度上取得了谅解

---

1 《马克思恩格斯全集》第1卷,人民出版社1956年版,第591页。
2 《马克思恩格斯全集》第42卷,人民出版社1979年版,第218页。
3 《马克思恩格斯全集》第27卷,人民出版社1972年版,第31页。
4 参见《马克思恩格斯全集》第42卷,人民出版社1979年版,第289—299页。
5 参见《马克思恩格斯全集》第27卷,人民出版社1972年版,第35、36页。

(犹太帮显然已经破产),说他'重新产生了工作的愿望'(这样的大事真应当敲起钟来宣传宣传)……我自然完全不理睬这个笨蛋……"[1]并将赫斯的思想和著作称为"赫斯的一切胡说八道"[2]。恩格斯公开批判"真正的社会主义"的第一篇文章是《傅立叶论商业的片断》,第二篇是《在伦敦举行的各族人民庆祝大会》,分别载于1846年夏天出版的《德国公民手册》年鉴(1846年卷)和1846年年底出版的《莱茵社会改革年鉴》(第2卷),俄文第二版编者分别推断为"写于1845年底"(后改为"1845年下半年")和"写于1845年年底",我认为是错误的,这两篇文章都只能写于1846年2—3月马克思同赫斯决裂以后。[3] 这里有一个佐证,就是恩格斯以《德国状况》为总标题、用书信形式连载于伦敦《北极星报》的一组文章的突然中断。恩格斯在前两封信中叙述了从"神圣罗马帝国"开始,直到1815年拿破仑垮台得以"光荣复兴"的德国历史和社会状况的演变,从"第三封信"开始,转入研究"'革命'是怎样进入德国的"。"第三封信"写于1846年2月20日,载于1846年4月4日该报第438号,其中叙述了从1815年到1840年间德国资产阶级运动的状况,并在结尾处预告"将在下一封信里谈谈近六年来运动的情况"。但是,恩格斯应允的最后一封信未见于该报以下各号,而是突然中断了。[4] 由于原定要写的"第四封信"的内容正是"青年黑格尔派"和"真正的社会主义"运动,联系到下面我要说到的马克思1846年1月的《声明》和前面已经说过的1846年2—3月马克思同赫斯和他的冲突,其原因就不言而喻了。

---

[1] 《马克思恩格斯全集》第27卷,人民出版社1972年版,第49—50页。

[2] 《马克思恩格斯全集》第27卷,人民出版社1972年版,第51页。

[3] 参见《马克思恩格斯全集》第2卷,人民出版社1957年版,第661、676页;《马克思恩格斯全集》第42卷,人民出版社1979年版,第359页。

[4] 参见《马克思恩格斯全集》第2卷,人民出版社1957年版,第646—653页。

同样,在对待费尔巴哈的态度上,恩格斯在 1846 年 2—3 月前后也出现了"断裂"。直到 1845 年 2 月 2 日,恩格斯还在以《共产主义在德国的迅速进展》为总标题的第二篇文章中写道:"但是从我上次给你去信以来,我所知道的最重要的事情是……费尔巴哈博士宣布他自己是共产主义者。"并欢呼:"这样,德国哲学家(费尔巴哈是他们的最杰出的代表)和德国工人(以魏特林为代表)的联盟,即马克思博士一年前所预言的联盟,就快要实现了。如果我们有哲学家和我们一起思考,有工人和我们一起为我们的事业奋斗,那么世界上还有什么力量能阻挡我们前进呢?"[1] 但是,在前引的《费尔巴哈》札记中,他已经对费尔巴哈持全盘否定的态度了。

在恩格斯写作《德意志意识形态》之前的书信和著作中,找不到任何预示后来观点转变的蛛丝马迹,相反我们可以在马克思在《神圣家族》到《德意志意识形态》之间看到观点演变的明显轨迹。在《神圣家族》和 1844 年 8 月 11 日《致路·费尔巴哈》的信中最后表现了"费尔巴哈崇拜"之后,通过进一步研究政治经济学、现代国家问题和英法社会主义文献,马克思开始怀疑费尔巴哈式的人本学唯物主义的真理性,特别是施蒂纳《唯一者及其所有物》更促使他重新审视费尔巴哈哲学以及从鲍威尔到施蒂纳的整个黑格尔哲学余脉。我做出上述推测的文本依据是这一时期留传下来的马克思的两部笔记("布鲁塞尔笔记"和"曼彻斯特笔记")、两个计划("现代国家"和"社会主义者文丛")、两份札记("黑格尔现象学的结构"和"笔记本中的札记")。重新审视哲学的成果,就是从《评李斯特》开始,到《关于费尔巴哈的提纲》完成的颠覆旧"哲学范式"的根本思想革命。

---

[1] 《马克思恩格斯全集》第 2 卷,人民出版社 1957 年版,第 594、595 页。

陶伯特等人依据"在写有《提纲》的笔记本中,在《提纲》第一条前面有四行文字(即《笔记本中的札记》——引者),将《提纲》的写作时间推延至1845年7月以后"[1],我认为是有道理的;但因此而指认马克思的《提纲》"只是《神圣家族》中唯物主义思想的延续",就失于片面和武断了。诚然,这"四行文字"的内容同《神圣家族》中"对法国革命的批判的战斗"和"对法国唯物主义的批判的战斗"直接相关,紧接着的《提纲》从论题上看也是《神圣家族》中唯物主义论题的延续。[2] 但是,《提纲》的写作意旨特别是立场、观点、方法却是对《神圣家族》同一论题阐述的否定和超越:费尔巴哈不再被看作终结了"概念"和"实体"的争论、超越了黑格尔哲学的人,而是与包括法国唯物主义在内的"从前的一切唯物主义"一起成了批判的对象;原先肯定费尔巴哈的"以自然为基础的现实的人",现在被认定为"抽象的人",并以马克思自己的"以实践为基础的、特定社会关系中的人"取代了。联系到在鲍威尔《评路德维希·费尔巴哈》中"费尔巴哈被授予'实体'的骑士的称号"、施蒂纳的"唯一者"被称为"最强硬的实体"[3],马克思后来在《德意志意识形态》里批判施蒂纳和鲍威尔一样是用"概念"来反对费尔巴哈"实体",特别是法国唯物主义(以及边沁)在《德意志意识形态》中已不再作为社会主义的哲学前提,而是被看作资产阶级的意识形态,我们不能不得出结论,"四行文字"和《提纲》正是构成《神圣家族》到《德意志意识形态》过渡的"中介"。我甚至推测其不仅写于马克思读了施蒂纳的《唯一者》之后,甚至更晚,有可能《维干德》第三卷(1845年11

---

1 鲁克俭:《"马克思文本解读"研究不能无视版本研究的新成果》,载《马克思主义与现实》2006年第1期。

2 参见聂锦芳:《清理与超越:马克思文本的意旨、基础与方法》,北京大学出版社2005年版,第122—125页。

3 《马克思恩格斯全集》第3卷,人民出版社1960年版,第91、532页。

月)以后,因为只是在这一卷,论战的各方才全面卷入。陶伯特等人认定《提纲》与《神圣家族》有关,其实不但不能否定、反而更加证明了《提纲》同《德意志意识形态》的联系,因为马克思恩格斯写作《德意志意识形态》的最初动因恰恰来自鲍威尔和施蒂纳对《神圣家族》的批判。

从上述对这一文本的解读来看,"四行文字"和紧接着的《提纲》,正是构成了《德意志意识形态》全书、特别是第一卷"对费尔巴哈、布·鲍威尔和施蒂纳所代表的现代德国哲学的批判"的思想提纲。而马克思写于1846年1月18日,发表于1846年1月26日《特利尔日报》的《声明》,则是《德意志意识形态》第二卷"对各式各样先知所代表的德国社会主义的批判"的战争宣言。因为正是在这一《声明》中,马克思第一次宣布了他与"真正的社会主义"彻底决裂:"我从来没有为该报写过片纸只字,因为该报那种资产阶级的慈悲的、十足非共产主义的倾向是同我毫不相容的。"[1]

通过上述研究,我的结论是:尽管后来构成《德意志意识形态》第一卷第一章的"基底稿"的笔迹主要是恩格斯的,但其基本思想是属于马克思的。"口授记录说"固然难于成立,但马克思叙述后,至少是在马克思主导下两人讨论后,再由恩格斯复述性地写下来的推断,应该说是合理的。

当然,认定马克思在《德意志意识形态》的写作、从而在马克思主义形成的关键过程中起了主导作用,并不意味着否定恩格斯在马克思主义形成中的应有地位,也不意味着全盘否定广松涉《青年恩格斯思想的形成》一文的历史和理论贡献。不过,那将是另一篇文章的任务了。

---

[1] 《马克思恩格斯全集》第2卷,人民出版社1957年版,第677页。

第十七章　准确评价恩格斯在马克思主义形成过程中的作用

日本学者广松涉所提出的马克思主义形成过程中的"恩格斯主导论"在思想史论据方面存在瑕疵。要准确评价恩格斯在马克思主义形成过程中的作用，就必须从马克思恩格斯早期思想发展的"两次转变论"和各自实现世界观转变的"两条道路说"出发，在确认马克思"第二次转变"即马克思主义最终形成中起主导作用的前提下，充分肯定恩格斯在"第一次转变"中的主导地位和他"经验社会学研究"的独特道路对"第二次转变"的积极作用。广松涉对《德意志意识形态》的版本考证和他的《青年恩格斯思想的形成》一文的最大成果，就在于深化了马克思恩格斯早期思想发展中"第一次转变"和马克思主义形成史中"恩格斯独特道路"的研究；他的错误在于夸大了"第一次转变"和"恩格斯独特道路"的意义。广松涉在这一问题上的"偏差"有其世界观的内在基础。

第一节

日本马克思主义学者广松涉在《青年恩格斯的思想形成》一文中，提出了重新评价恩格斯在马克思主义形成史上的地位问题。他认为，与通常人们形成的观念不同，不是马克思，而是恩格斯"在确立历史唯物主义以及与之融为一体的共产主义之际，拉响第一小提琴"，发挥了主导作用。他为此提出了包括文献学考证和思想史诠释两个方面的一系列论据。[1]

我认为，广松涉夸大了恩格斯在马克思主义形成过程中的作用，他所提出的论据也是站不住脚的。对于广松涉在《德意志意识形态》第一卷第一章版本考证中提出的单纯文献学依据，笔者已另文进行了批驳，这里主要针对他提出的思想史论据作进一步的辨析。

广松涉从思想史诠释角度论证"恩格斯主导说"的具体论据之一，就是断言马克思在分工问题上落后于恩格斯。他认为，在《德意志意识形态》第一卷第一章手稿中，恩格斯把"分工"当作论述的杠杆，从"有身体的每个人"出发，从性别分工到"市民社会"的分工，涉及范围十分广泛。而马克思则相反，认为分工只是源于"共同体之间的分工"，不是从"有身体的每个人"出发的。[2]

1　[日]广松涉：《文献学语境中的〈德意志意识形态〉》，彭曦译，南京大学出版社2005年版，第358—375页。

2　[日]广松涉：《文献学语境中的〈德意志意识形态〉》，彭曦译，南京大学出版社2005年版，第369页。

必须指出,广松涉把《德意志意识形态》第一卷第一章手稿中关于"分工"的提法完全归于恩格斯,是非常武断的。因为,他自己也承认"对于这样的内容,马克思是否积极赞成,我们从马克思对手稿中的补充修改中很难加以判断"。广松涉对事实的认定并不奇怪,我也认为很难在手稿里两人不同笔迹的论述中发现原则区别,后来另一位日本学者望月清司提出的两种"分工逻辑"说十分牵强。[1] 他关于马克思只认为分工起源于"共同体之间的分工"的指责,当然在《德意志意识形态》中也就没有丝毫文本依据,所列举的全是《德意志意识形态》之外的文本,除去《形态》之前文本他说"暂且不谈",说《马克思致安年柯夫》和《哲学的贫困》中未提分工之外,真正作为文本依据的只是《政治经济学批判大纲》和《资本论》。

实际上,早在《1844年经济学哲学手稿》的"第三手稿"中,马克思就专门考察了"需要、生产和分工",指出:"考察分工和交换是很有意思的,因为分工和交换是人的活动和本质力量——作为类的活动和本质力量——的明显外化的表现",强调"分工和交换是这样的两个现象,国民经济学家在考察它们时夸耀自己的科学的社会性,同时也无意中说出了他的科学所包含的矛盾,即依靠非社会的特殊利益来论证社会",并拟定了进一步考察的计划(未完成)。[2] 正由于把分工与交换看作是"非社会"的"社会性",使马克思在《穆勒"政治经济学原理"一书摘要》中进一步把"(自我)异化的劳动"的根源归结为由分工造成的"谋生的劳动"。"生产越是多方面的,就是说,一方面,需要越是多方面的,另一方面,生产者完

---

[1] 韩立新:《〈德意志意识形态〉的文献学研究和日本学界对广松版的评价》,载《中国社会科学》,2006年第2期。

[2] 《马克思恩格斯全集》第3卷,人民出版社2002年版,第357—358页。

成的制品越是单方面的,他的劳动就越是陷入谋生的劳动的范畴。""交换关系的前提是劳动成为直接谋生的劳动","因此,交换或物物交换是社会的、类的行为,社会的联系,社会的交往和人在私有权范围内的联合因而是外部的、外化的、类的行为"。[1] 到了《神圣家族》中,这一由分工从而谋生劳动造成的"物物交换"关系发展成为"人的实物关系":"实物是为人的存在,是人的实物存在,同时也就是人为他人的定在,是他对他人的人的关系,是人对人的社会关系。"[2] 而同一时期的恩格斯主要是用"商业"和"竞争"(《政治经济学批判大纲》)来抨击私有制,用"科学进步"和"产业革命"(《英国状况》)来解释社会发展。这说明在"当时关于经济学的知识还不充分"的情况下,是以马克思为主导采用了带有"泛分工论"的方式来阐释和论证新的历史观。广松涉说,在《致安年柯夫》的信和《哲学的贫困》中"仍然看不到那样的姿态",如果是指像《形态》中那样用分工来解释各种历史现象的"泛分工论",确实"看不到"了,因为"分工"是作为工场手工业发展阶段表现的亚当·斯密经济学的核心范畴,而马克思这时已前进到对反映机器大工业发展阶段的李嘉图学说进行批判的高度了,"泛分工论"理所当然地被扬弃了。如果指的是马克思没有研究分工,那就是闭眼不看事实了。在《致安年柯夫》的信中,马克思在谈到蒲鲁东"永恒理性的经济进化系列"时,第一个批判的就是蒲鲁东对"分工"的理解。他用两个"难道"重申了分工的普遍性:"难道各族人民的整个内部组织、他们的一切国际关系不都是某种分工的表现吗?难道这一切不是一定要随着分工的改变而改变吗?"这里初看起来仍然带有

---

1 《马克思恩格斯全集》第42卷,人民出版社1979年版,第27—28页。
2 《马克思恩格斯全集》第2卷,人民出版社1957年版,第52页。

《形态》中"泛分工论"的影子,但加上了"某种""改变"的限制词;又用了四个"难道"强调了不同时代、不同种类分工之间的"根本不同"。并强调分工总是"一定生产方式的产物",指出"蒲鲁东就分工问题所说的一切,最多不过是亚当·斯密和其他许多人在他以前说过的东西的归纳"[1]。而在《哲学的贫困》中,马克思更是将"分工"与"机器"结合起来,专门用一节的篇幅讨论分工。他不仅再次批判了蒲鲁东把分工看作"一种永恒的规律""一种单纯而抽象的范畴",企图"用一个分字来解释""种姓、行会、工场手工业、大工业"的唯心史观,而且进一步指出分工即"劳动的组成和划分视其所拥有的工具而各有不同。手工磨所决定的分工不同于蒸汽磨所决定的分工"。特别值得注意的是,正是在这一著作中,马克思第一次明确区分了"企业内部的分工"和"整个社会的分工"。[2]

至于广松涉援引《政治经济学批判大纲》和《资本论》来为自己的观点作证,那就更站不住脚了。他指责马克思在前者中"还从作为对种族存在进行重新解释的类存在出发",我认为指的应是"导言"中的这一条:"出发点当然是自然规定性;主观地和客观地。部落、种族等。"[3]这一条谈的是社会物质生产活动的自然前提,"部落、种族等等"是与"客观"的土地等等("外部自然")相对的"主观"(应译为"主体"——引者)前提("人本身的自然"),这里恰恰不能仅仅从"有身体的个人"出发,因为"我们越往前追溯历史,个人,从而也是进行生产的个人,就越表现为不独立,从属于一个较大的整体:最初还是十分自然地在家庭和扩大为氏族的家庭(后来随着人类学研究的发展,马克思知道不是由家庭扩大为氏族和部落,而是

---

[1] 《马克思恩格斯全集》第 27 卷,人民出版社 1972 年版,第 479—480 页。
[2] 《马克思恩格斯全集》第 4 卷,人民出版社 1958 年版,第 159、163、165 页。
[3] 《马克思恩格斯全集》第 30 卷,人民出版社 1995 年版,第 51 页。

由后者分解为前者。但这一点在当前的语境中无关紧要——引者)中;后来是在由氏族间的冲突和融合而形成的各种形式的公社中"。这早已不是什么"类存在"的"重新解释",而是和《德意志意识形态》第一卷第一章"生产的第三个规定"相一致的生产中的人与人关系从"自然关系"向"社会(历史形成的)关系"的上升!竭力主张"关系本体论"的广松涉从这里引出如此看法,犯这种小儿科的低级错误,真是令人大跌眼镜!而他指责马克思在后一著作中只认为分工源于"共同体之间的分工",其实是广松涉自己没有读懂《资本论》:马克思在那里进一步发挥了《哲学的贫困》中的思想,专门用了一节的篇幅论述了"工场手工业内部的分工和社会分工"之间的区别和联系。说明"企业内部的分工"不以商品交换为纽带,"社会分工"必须以商品交换为纽带;只有"社会分工"才是由"共同体之间的分工"发展而来;当然,这两种不同性质的分工又相互依存,并在一定条件下相互转化。[1]

第二节

广松涉从《德意志意识形态》第一卷第一章文本出发提出的另外两个论据:(1)马克思在关于共产主义的见解上也落后于恩格斯。在"基底稿"(最初的手稿)中,恩格斯将共产主义设定为公有制的、没有固定化分工的社会,马克思却认为共产主义"不是应当

---

[1] 《马克思恩格斯全集》第44卷,人民出版社1972年版,第406—416页。

确立的状况",而是"消灭现存状况的运动"。¹（2）马克思在异化论的超越问题上更是落后于恩格斯。恩格斯除了从{90}d=[67]最后一行到{91}a=[68]开头那一段中使用过一次以外,从来不使用"异化"这个词,马克思却写下了"用哲学家易懂的话来说,这种'异化'"等内容,说明马克思只是在恩格斯的影响下才摆脱了《1844年经济学哲学手稿》中的自我异化论。²

广松涉列出的这两点论据,恰恰是反证:它们证明了恩格斯此时落后于马克思,尚处于摆脱"真正的社会主义"羁绊的过程中。³就广松涉提出的第(1)点论据来说,应该承认,他对"基底稿"中马克思同恩格斯之间在社会主义、共产主义的理解上存在着"运动"观与"制度"观区别的判读是准确的。特别是他指出,马克思在手稿{8c}=[18]栏外加写的"共产主义对我们来说不是应当确立的状况,不是现实应当与之相适应的理想。我们所称为共产主义的是现实的运动,那种消灭（aufheben,扬弃）现存状况的现实的运动。这个运动的条件是由现有的前提产生的"。这一段话是针对{8b}=[17]恩格斯关于"在共产主义社会里"人们可以"上午打猎,下午捕鱼,傍晚从事畜牧"的论述,在将恩格斯的论述修改为调侃的口气以后而写的。并且指出,"从字面来看,这一段文字与其说是底稿的一部分,还不如说像是写给恩格斯看的。"⁴ 广松涉认为:"马克思的这一段话与恩格斯的主张显然是矛盾的",它"将恩

---

1 ［日］广松涉:《文献学语境中的〈德意志意识形态〉》,彭曦译,南京大学出版社2005年版,第367页。

2 ［日］广松涉:《文献学语境中的〈德意志意识形态〉》,彭曦译,南京大学出版社2005年版,第369—370页。

3 《马克思恩格斯全集》第3卷,人民出版社1960年版,第537页。

4 ［日］广松涉:《文献学语境中的〈德意志意识形态〉》,彭曦译,南京大学出版社2005年版,第34—37页。

格斯在手稿中随处所尝试的关于'共产主义社会'的论述——恩格斯不是作为理想和运动,而是作为应该建立起来的状态来论述共产主义社会——推翻了"[1]。到此为止,除了"不是作为理想"这几个字(因为"应该建立起来的状态"当然不是"现实",而是现实应当与之相适应的"理想"!),广松涉的说法不仅十分准确,简直可以说是精辟极了!

但是,广松涉由这一判读引出的两点结论,我就不敢苟同了:一是说"马克思的栏外增补证明马克思还没有把共产主义作为一种应该建立的社会体制、最终的社会体制来思考",即是说"马克思落后于恩格斯";二是"不得不考虑在 Urtext 中所看到的共产主义社会论——它分布在手稿的各处,并构成有机的成分",因此这证明"基底稿"的真正的著者是恩格斯,"基底稿"体现了"恩格斯的独创性意见"。[2] 只要我们联系前引对"真正的社会主义"批判的第一点,以及马克思与赫斯、恩格斯在 1846 年 2—3 月发生过的分歧和冲突,就不难得出以下判断:(1) 马克思不是"还没有",而是始终反对"把共产主义作为一种应该建立的社会体制、最终的社会体制来思考";两人观点的差异证明的不是"马克思落后于恩格斯",恰恰相反,是"恩格斯落后于马克思",在社会主义观上尚未彻底摆脱"真正的社会主义"的羁绊,处于"正在前进"的过程中。(2) 马克思并未否定共产主义也是社会制度,而是反对把它作为脱离"现实运动"的单纯"应当"的"状况"和"理想";因而,不能断言"在 Urtext(即"基底稿"——引者)中所看到的共产主义社会论——它

---

[1] [日]广松涉:《文献学语境中的〈德意志意识形态〉》,彭曦译,南京大学出版社 2005 年版,第 367 页。

[2] [日]广松涉:《文献学语境中的〈德意志意识形态〉》,彭曦译,南京大学出版社 2005 年版,第 367 页。

分布在手稿的各处,并构成有机的成分",就是"恩格斯的独创性意见"。

同样,广松提出的第(2)点论据实际上证明了恩格斯此时尚未摆脱"真正的社会主义"的哲学基础或其历史观的羁绊;不过在表现形式上不像第(1)点那么直接。如果说在第(1)点上他是由正确的前提引出了错误的结论,那么他在第(2)点上便是停留于表象未能深入本质。

广松涉说:"马克思对在黑格尔哲学中'异化只在思维的圈子里来被思考'感到惋惜,而恩格斯则排斥'异化理论'本身。之所以会这样,是因为恩格斯迅速地将费尔巴哈的'人'朝着施蒂纳的方向,即不是把类存在变为自立的主体,而是分解为具体的、经验的每个人的方向迈进了。"[1] 为了证明这一点,他引了我们前面引证过的恩格斯论及施蒂纳《唯一者》的第一封信中的话:"施蒂纳屏弃费尔巴哈的'人',屏弃起码是《基督教的本质》里的'人',是正确的。费尔巴哈的'人'是……无疑还戴着抽象概念的神学光轮。……我们必须从'我',从经验的、肉体的个人出发……简言之,如果要使我们的思想,尤其是要使我们的'人'成为某种真实的东西,我们就必须从经验主义和唯物主义出发;我们必须从个别物中引出普遍物,而不要从本身中或者像黑格尔那样从虚无中去引申。"[2] 然后说:"当时,马克思正在对《神圣家族》进行最后的修改(翌年2月出版)。在该书中,将费尔巴哈的'人'与鲍威尔的'自我意识'相对峙,并主张'唯灵论与唯物主义过去在各方面的对立已经在斗争中

---

[1] [日]广松涉:《文献学语境中的〈德意志意识形态〉》,彭曦译,南京大学出版社2005年版,第363—364页。
[2] 《马克思恩格斯全集》第47卷,人民出版社2004年版,第329—330页。

消除,并为费尔巴哈永远克服'[1],而恩格斯已经早就在对费尔巴哈进行批判的同时,采取了唯物主义的立场。"[2] 这两段话之间反差如此之大,确实给我们以强烈的震撼。只可惜这里有两个"小小的"疏忽:一是"张冠李戴"。后面这一段被他当作马克思的话,属于第六章第(2)节第(a)目,恰恰是恩格斯写的。[3] 因此,广松涉最多只能指责马克思在定稿时为什么没有加以修改。二是"只知其一不知其二"。

实际上,恩格斯在受到马克思批评后写的第二封信(《恩格斯致马克思(1845.1.20)》)中已经改变了自己对施蒂纳的上述看法:"说到施蒂纳的书。我完全同意你的看法。我以前给你写信的时候,还太多地拘泥于该书给我的直接印象,而在我把它放在一边,能更深入地思考之后,我也发现了你所发现的问题。"[4]

实际上,马克思同恩格斯的分歧不仅仅涉及对施蒂纳的评价,而是关乎"共产主义的哲学基础"的根本问题,这也是马克思后来曾有过"重新出版所谓的《德法年鉴》以便'审查'共产主义的哲学的计划"[5] 的最初动因。诚如广松涉所说,恩格斯的信对施蒂纳"进行了批判,在其中也包含着对费尔巴哈和赫斯的批判",并"采取了唯物主义的立场"。[6] 但是问题在于,恩格斯是以什么方式进行的批判?他采取的又是什么样的唯物主义?我认为,恩格斯在

---

1 《马克思恩格斯全集》第2卷,人民出版社1957年版,第120页。
2 [日]广松涉:《文献学语境中的〈德意志意识形态〉》,彭曦译,南京大学出版社2005年版,第365页。
3 参见《马克思恩格斯全集》第2卷,人民出版社1957年版,第Ⅱ页。
4 《马克思恩格斯全集》第47卷,人民出版社2004年版,第334页。
5 [德]英格·陶伯特:《〈德意志意识形态〉手稿和刊印稿的问题和结果》,载《马克思恩格斯列宁斯大林研究》,2001年第2期。
6 [日]广松涉:《文献学语境中的〈德意志意识形态〉》,彭曦译,南京大学出版社2005年版,第365页。

这封信中的批判绝不是广松所说的"与在《德意志意识形态》中相近的方式",恩格斯此时的唯物主义也不是历史唯物主义。解开这个"谜"的关键就在于边沁。

恩格斯在谈到施蒂纳《唯一者及其所有物》时一开头就说:"这位高贵的施蒂纳的原则,就是边沁的利己主义,只不过从一方面看实行得比较彻底,而从另一方面看又彻底罢了。说他比较彻底,是因为施蒂纳作为一个无神论者,也把个人置于上帝之上,或者更确切地说,宣称个人是至高无上的,而边沁却让上帝在朦胧的远处凌驾于个人之上;总之,是因为施蒂纳是以德国唯心主义(应译为'观念论',与下文'经验论'相对应——引者)为基础,是转向唯物主义和经验主义(经验论——引者)的唯心主义者(观念论者——引者),而边沁是一个单纯的经验主义者(经验论者——引者)。说施蒂纳欠彻底,是因为他想避免边沁所实行的对分解为原子的社会的重建,但这是办不到的。这种利己主义只不过是现代社会和现代人的被意识到的本质,是现代社会所能用来反对我们的最后论据,是现存的愚蠢事物范围内的一切理论的顶峰。"[1] 联系信中对此书评价的最后一句话:"施蒂纳的这本书再次表明,抽象概念在柏林人的头脑中是多么根深蒂固。施蒂纳在'自由人'当中显然是最有才能,最富独立性和最勤奋的,但是尽管如此,他还是从唯心主义的抽象概念跌到了唯物主义的抽象概念,结果一无所获。"[2] 我们就可以看出,恩格斯此时不仅是"朝着施蒂纳的方向",更是"朝着边沁的方向""迈进了"一步。他认为,施蒂纳与边沁都以"利己主义"为原则,但两者又有不同:施蒂纳是"唯物主义的观念论"

---

[1] 《马克思恩格斯全集》第47卷,人民出版社2004年版,第328—329页。
[2] 《马克思恩格斯全集》第47卷,人民出版社2004年版,第331页。

(即"唯物主义的抽象概念"),而边沁是"单一的(纯粹的)经验论";施蒂纳是极端的利己主义者,而边沁则力图从利己主义引出利他主义,以实现"最大多数人的最大幸福"。因而恩格斯将边沁的"单一的经验论"改造成"唯物主义的经验论",并以"唯物主义经验论"的方式批判了施蒂纳以及费尔巴哈、赫斯"唯物主义观念论"的不彻底性。恩格斯所谓"必须从经验主义和唯物主义出发",包括两个方面:从认识论上说,是"从个别物中引伸出普遍物";从价值观方面看,是"从利己主义上升到共产主义"。这两个方面是一致的,都是从"我"到"人"的道路。用恩格斯本人的话说,就是"我们必须从我,从经验的、肉体的个人出发,不是为了像施蒂纳那样陷在里面,而是为了从那里上升到'人'"。[1] 这条道路的实质是什么呢?确实是唯物主义,也确实不同于费尔巴哈、赫斯和施蒂纳,它是带有浓厚英国特色的经验论的唯物主义。这种经验论唯物主义在历史观上的出发点是人性论或"人的本性"论,它同马克思《1844年经济学哲学手稿》中的异化论或"人的本质"论是既相互对立、又互为补充的两极。尽管前者强调"人的固有的自然本性",后者强调"人的应有的伦理本质",但二者都不能真正把握"人的实践的历史本性和社会本质",都属于历史的唯心主义。特别是在费尔巴哈的"人本学唯物主义"和以赫斯为代表的"真正的社会主义"那里,这畸形的两极直接相通:费尔巴哈直接从人的自然需要特别是"两性关系"引出"对自己的欲望以合理的抑制""对人以爱"的伦理律令;而"真正的社会主义"则宣布,"只有自然的东西才是真正的东西,而真正的东西才是道德的东西。"[2] 因此,恩格斯尽管几乎不用"异

---

[1]《马克思恩格斯全集》第47卷,人民出版社2004年版,第330页。
[2]《马克思恩格斯全集》第3卷,人民出版社1960年版,第545页。

化"一词，甚至在信中说，"所有这些理论上的废话一天比一天更使我感到厌倦；谈到'人'的问题而不得不说的每一句话，为反对神学和抽象概念以及反对粗陋的唯物主义而不得不写下的每一行字，都使我非常恼火"，但是经验论的唯物主义立场使他无法超越费尔巴哈和赫斯。就在这一封信中，恩格斯一方面批判赫斯"过于抽象"，指出赫斯因为"憎恨各式各样的利己主义，宣扬博爱等等，这就又回到了基督教的自我牺牲上面。但是，如果说有血有肉的个人是我们的'人'的真正的基础，真正的出发点，那么，不言而喻，利己主义——当然，不仅仅是施蒂纳的理智的利己主义，而且也包括心灵的利己主义——也就是我们的博爱的出发点，否则这种爱就要漂浮在空中了"。[1] 所谓"心灵的利己主义"，按照恩格斯自己的解释，就是"人的心灵，从一开始就直接由于自己的利己主义而是无私的和富有牺牲精神的"[2]。这不仅不能同赫斯划清界限，反而更糟了：由于把"对人的爱"归结为"个人的本性"，个人就被二元化了，分裂成为肉体和灵魂、头和心了，前者是理性的、自己的、本来（肯定）意义上的利己主义，后者则是心灵的、为他的、引申（否定）意义上的"利己主义"。这正是后来恩格斯自己在1846年《费尔巴哈》札记中批判的"人＝头＋心"公式。[3]

限于篇幅，这里我们不再引证恩格斯著作中用"人的本性"立论的大量证据，只指出一点，那就是直到1845年3月《英国工人阶级状况》的结尾部分，恩格斯还说，关于共产主义的必然性和革命的不可避免性，"我们可以满怀信心地做出所有这些结论，因为这

---

[1] 《马克思恩格斯全集》第27卷，人民出版社1972年版，第330页。
[2] 《马克思恩格斯全集》第27卷，人民出版社1972年版，第329页。
[3] ［日］广松涉：《文献学语境中的〈德意志意识形态〉》，彭曦译，南京大学出版社2005年版，第162页。

些结论所依据的一方面是历史发展的无可争辩的事实,另一方面是人类的本性"。[1] 而在《德意志意识形态》中,只有赫斯撰写的第二卷第五章观点与之相近。赫斯在那里说:"共产主义的最重要的不同于一切反动的社会主义的原则之一就是下面这个以研究人的本性为基础的实际信念,即人们的头脑和智力的差别,根本不应引起胃和肉体需要的差别;由此可见,'按能力计报酬'这个以我们目前的制度为基础的不正确的原理应当——因为这个原理是仅就狭义的消费而言——变为'按需分配'这样一个原理,换句话说:活动上,劳动上的差别不会引起占有和消费方面的任何不平等,任何特权。"[2]

与恩格斯和赫斯的观点形成鲜明对比的是,马克思在批判施蒂纳时指出:"他(指施蒂纳——引者)完全没有考虑到:孩子的发展能力取决于父母的发展,存在于现存社会关系中的一切缺陷是历史地产生的,同样也要通过历史的发展才能消除。甚至连那些桑乔(即施蒂纳——引者)根本没有谈到的天然产生的差别,如种族差别等等,也都能够而且必须通过历史的发展加以消除。"[3] 而在专门批判"真正的社会主义的哲学"的第二卷第一章中,马克思明确点出了"人的本性"问题:"一切人所共有的关系在这里成了'人的本质'的产物、人的本性的产物,而实际上,这些关系像对于平等的意识一样是历史的产物。"[4]

与对社会主义哲学基础的理解或历史观上的情况相似,恩格斯在社会主义的实现途径或实践策略上,也一直与其他"真正的社

---

[1] 《马克思恩格斯全集》第2卷,人民出版社1957年版,第586页。
[2] 《马克思恩格斯全集》第3卷,人民出版社1960年版,第637—638页。
[3] 《马克思恩格斯全集》第3卷,人民出版社1960年版,第498页。
[4] 《马克思恩格斯全集》第3卷,人民出版社1960年版,第566页。

会主义者"一样,不是诉诸无产阶级的阶级斗争,而是面向德国小资产阶级呼吁"人类之爱"的。这些证据在《德意志意识形态》以前恩格斯的书信和文章中比比皆是。例如,在《英国工人阶级状况》中,恩格斯认为:"因为共产主义超乎无产阶级和资产阶级间的对立,所以它和纯粹无产阶级的宪章主义比起来,更容易为资产阶级的优秀的代表人物所赞同。"[1]在写于1845年2月25日,发于1845年3月7日的《致马克思》的信中:"爱北斐特这里正在出现奇迹。昨天,我们在这个城市一个上等饭店的大厅里召开了第三次共产主义者大会。第一次大会有40人参加,第二次大会有130人参加,第三次大会至少有200人参加。整个爱北斐特和巴门,从金钱贵族到小店主都有代表参加,只有无产阶级例外。赫斯作了报告。会上朗诵了弥勒和皮特曼的诗以及雪莱的诗的一些片断,还宣读了登在《公民手册》上的关于今日尚存的共产主义移民区的文章(作者为恩格斯——引者)。然后大家一直讨论到一点钟。收效极大。共产主义成了人们唯一的话题,拥护我们的人与日俱增。伍珀河谷的共产主义已经成为现实,甚至已成为一种力量。这里有多么好的基础啊,你是无法想象的。甚至连最迟钝、最无所用心、最庸俗、对世界上任何事情都漠不关心的人,现在差不多也开始向往共产主义了。"[2]而在写于1844年11月9日—1845年4月5日左右、题为《共产主义在德国的发展》的连载文章中,恩格斯甚至进一步谈到了他积极参与的"真正的社会主义"的整个实践策略。他说:"我们在各种人当中,在商人、厂主、律师、官吏、军官、医生、编辑、土地承租人等等当中都有我们的支持者;我们的大量的

---

[1] 《马克思恩格斯全集》第2卷,人民出版社1957年版,第587页。
[2] 《马克思恩格斯全集》第47卷,人民出版社2004年版,第344页。

刊物正在印刷中,虽然暂时还只出了三四种。如果我们能在最近四五年内取得像这一年当中所取得的那样的成就,那么我们就能迅速地建立共产主义的移民区。你知道,我们这些德国理论家正在成为实践的专家。事实上我们当中已经有一个人受托参照欧文、傅立叶等人的计划并利用美洲各移民区及你们的'和谐'移民区的经验来拟定一个组织及管理共产主义移民区的具体计划。这个计划将发到各地去讨论并将和各地提出的修正意见一起发表。"[1]

恩格斯只是在《德意志意识形态》的写作特别是 1846 年 1 月马克思《声明》发表和 1846 年 2—3 月冲突发生之后,也就是说,在马克思的影响下才摆脱了"真正的社会主义"的羁绊。这一点广松涉没有涉及,我认为有必要作上述补充说明。

第三节

广松涉为了论证"恩格斯主导论",还进一步把思想史的考察扩展到整个马克思主义形成和发展史的范围,列举了大量证据,力图证明从 1842 年底到 1845 年,甚至直到《1857—1858 年经济学手稿》之前,恩格斯的思想发展一直走在马克思之前。[2] 对他所提出的这一努力,我们就不能像前面那样全盘否定了。

认定马克思在《德意志意识形态》写作过程中起了主导作用,

---

[1] 《马克思恩格斯全集》第 47 卷,人民出版社 2004 年版,第 591 页。
[2] [日]广松涉:《文献学语境中的〈德意志意识形态〉》,彭曦译,南京大学出版社 2005 年版,第 369 页。

并不意味着否定恩格斯在马克思主义形成中的应有地位,也不意味着全盘否定广松涉《青年恩格斯思想的形成》一文的历史和理论贡献。我认为,这里的关键是破除马克思恩格斯早期思想发展中的"一次转变论"和"恩格斯依附说"的成说,确立"两次转变论"和"两条道路说"。

所谓"两次转变论",是指认马克思恩格斯早期思想的发展经历了"两次转变",即从最初的唯心主义和革命民主主义,到费尔巴哈式的人本学唯物主义和哲学共产主义,再到历史唯物主义和科学共产主义。这一解读模式,最初是由已故的中国著名的马克思主义哲学史学家孙伯鍨教授在20世纪70年代提出,然后由他同他的弟子们合作在20世纪八九十年代加以充实完善,并在近年来又由中国南京大学马克思主义哲学学科点的同仁们进一步深化发展了。而所谓"两条道路说",是指马克思本人在《〈政治经济学批判〉(第一分册)序言》所说的"自从弗里德利希·恩格斯批判经济学范畴的天才大纲(在《德法年鉴》上)发表以后,我同他不断通讯交换意见,他从另一条道路(参看他的《英国工人阶级状况》)得出同我一样的结果"[1]。从恩格斯《英国工人阶级状况》的副标题"根据亲身观察和可靠材料"中,我们可以明确,这就是与马克思的"哲学人类学批判"道路不同的"经验(实证)社会学研究"道路。

我认为,广松涉对《德意志意识形态》的版本考证和他的《青年恩格斯思想的形成》一文的最大成果,就在于深化了马克思恩格斯早期思想发展中"第一次转变"和马克思主义形成史中"恩格斯独特道路"的研究。然而,"福兮祸所伏",他的错误也正在于夸大了"第一次转变"和"恩格斯独特道路"的意义。

---

[1] 《马克思恩格斯全集》第31卷,人民出版社1998年版,第413页。

确实如广松涉所说,恩格斯无论在哲学上还是在社会主义问题上,无论在理论上还是在实践上,都比马克思更早地发生了转变。我基本赞同广松涉的下述观点,即恩格斯在政治立场上从革命民主主义转向共产主义始于1842年11月,确实是由受到赫斯影响、与工人运动(首先是宪章运动)的接触、对英国社会状况特别是工人阶级状况的经验(实证)社会学研究等原因促成的。这一点,广松涉在文章的第二部分已有详细论证,不再重复,只补充恩格斯在理论观点上从唯心主义向唯物主义的转变。从本人接触到的相关文本来看,我认为这一方面的转变稍晚于前一方面,大概在1843年5—6月,以发表于同年6月9日《瑞士共和主义者》第46期上的《伦敦来信》之"三"为标志。在刚到英国时所写的《国内危机》(1842.11.30)和《各个政党的立场》(1842.12.19)中,我们可以清楚地看到,恩格斯仍然站在德国思辨唯心主义的立场上鄙视英国人的"利益史观"和"经验认识论"。他写道,"对于一个顽固的不列颠人,却无论如何也讲不明白,那就是所谓物质利益在历史上从来也不可能作为独立的、主导的目的出现,而总是有意无意地为引导着历史进步方向的原则服务。"[1] "如果我们像英国人做的那样,只注重眼前的事物,只注重接触到的现实和实际活动的表面,那么应该目前的形势就显得非常复杂;如果我们把这些表面现象归因于它的根本内容,应该目前的形势就很简单了。"[2] 这种唯心主义立场甚至使恩格斯把英国看作欧洲最落后的国家:"像英国这样一个由于政治上的排他性和故步自封而终于比大陆落后了几个世纪的国家,一个认为自由就是任意而为,完全浸沉在中世纪里的国

---

1 《马克思恩格斯全集》第3卷,人民出版社2002年版,第407—408页。
2 《马克思恩格斯全集》第3卷,人民出版社2002年版,第151页。

家,要是最终不和当时已经走在前面的精神发展发生冲突,那是不可能的。"[1]而在第三封《伦敦来信》中谈到英国社会主义者的演讲时,恩格斯明显转变了看法。他转而认为,"演讲者由非常出色的推理方法:一切都从经验和可证实的或直观的事实出发,但同时又富有原则性的阐发",称赞他们否定上帝存在"是以'真正的事实'为立足点","他们在论证自己其他的共产主义论点时也都是以确实经过慎重选择的事实为论证根据的"[2]。从此以后,恩格斯一直站在共产主义和唯物主义的立场上。

马克思完成世界观的"第一次转变",不仅在时间上晚于恩格斯,而且在转变方式上也不同于恩格斯,其理论观点的转变早于政治立场的转变。马克思是在《莱茵报》期间"遇到要对所谓物质利益发表意见的难事",从根本上动摇了他原有对黑格尔"理性"和"精神自由"的信仰之后,在1843年10月通过"政治史"的研究和"法哲学"批判,首先在理论观点上转向唯物主义。他在政治立场上转向共产主义,则以1844年2月发表在《德法年鉴》上的《论犹太人问题》和《黑格尔法哲学批判导言》为标志,显然是直接受到恩格斯《政治经济学批判大纲》和《评卡莱尔》,以及赫斯"二十一印张"文章的影响。

马克思、恩格斯实现世界观"第一次转变"的道路是不同的:马克思的道路是曲折的、艰难的,由"宗教异化"到"政治异化",再到"经济异化";而在"经济异化"中,又由"财产异化"深入到"劳动异化"。鲍威尔—卢格—费尔巴哈—赫斯,马克思在不断对别人的批判中进行自我批判,终于从"法哲学批判"走到了"政治经济学批

---

[1] 《马克思恩格斯全集》第3卷,人民出版社2002年版,第408页。
[2] 《马克思恩格斯全集》第3卷,人民出版社2002年版,第432—433页。

判",但以"人的应有本质"为基础的规范目的论局限,最终还是使他从哲学人类学批判的立场完成"政治和国民经济学批判"的计划流产,只留下了未完成的《1844年经济学哲学手稿》。相比之下,恩格斯的道路则直接、简单和有成效得多,他脱离了柏林"自由人"以后,直接通过费尔巴哈和赫斯,走向了英国经验主义和英法共产主义,通过以"人的固有本性"为基础的经验社会学研究,完成了《英国工人阶级状况》的写作。尽管从总体上说,二人此时同属于"费尔巴哈式的人本学唯物主义"和以赫斯为总代表的"哲学共产主义"(后来称之为"真正的社会主义");但仅仅从表象上来看,似乎恩格斯的实证社会学研究和经验唯物主义立场,更接近《德意志意识形态》中的"历史科学"和"实证科学"的提法,而马克思此时的哲学人类学批判和规范目的论立场更远离历史唯物主义。这就是阿尔都塞说过的"黎明前的黑暗",而广松涉正是为这一"黑暗"所遮蔽,没有看到此时的"黑暗"正预示着"辉煌的日出"。

只要我们仔细地分析一下马克思此时的哲学人类学批判和规范目的论的具体立场,就会发现马克思远离的只是英国经验论的唯物主义,其实他比恩格斯更接近历史唯物主义。英国经验论的立场,就是坚持从"我"到"人"的路线,即认识论上的归纳主义和历史观上的个人主义。而德国观念论的立场正好与之相反,主张的是从"人"到"我"的路线,即认识论上的演绎主义和历史观上的族类主义。用广松涉的话说,这是两种不同的"地平"。即使同样讲到"关系"和"活动",两者的理解也根本不同:前者讲的是"人对物的关系""人对物的活动";后者则是"人的自身关系"和"人的自我活动"。恩格斯把费尔巴哈的"人(类)""分解为具体的、经验的每个人",实际上只是从一个"地平"转到另一个"地平";而马克思把费尔巴哈的"(人)类"转换成理想化的"社会(关系)"和"自由自觉的劳动",虽然暂时尚未完全超出德国"地平",但已突破了"自身关系""自我活动"的德国理解,只要再前进一步,克服理想化的"社会(关系)"同现存"异化关系""自由自觉的劳动"与现存"异化劳动"的二元对立,就会立即开拓出一个根本不同于已有两个"地平"的新"地平"了。这一步实际上从《神圣家族》中已经开始,到《评李斯特》时几乎可以说接近完成了。

正因为如此,我认为施蒂纳《唯一者》一书给马克思和恩格斯造成的影响是不同的。在恩格斯看来,施蒂纳打中了费尔巴哈(甚至赫斯)的要害,仿佛竖立起一块路标,使他坚定了"朝向边沁的方向"。而在马克思看来,施蒂纳不过代表了与费尔巴哈既相对立、又互为补充的另一个极端,甚至比费尔巴哈倒退了一步;至多只是提供了一个参照系,表明离开"关系"和"活动",无论从"人类"出发,还是从"个人"(即使是"经验的、肉体的个人")出发,都不能真正把握现实的人和社会。由此,我们就可以理解,当马克思在《德意志意识形态》中说,费尔巴哈对宗教的批判客观上"为德国理论家开辟了通向唯物主义世界观的道路",而"这一道路已在'德法年鉴'中,即在'黑格尔法哲学批判导言'和'论犹太人问题'这两篇文章中指出了。但当时由于这一切还是用哲学词句来表达的,所以那里见到的一些习惯的哲学术语,如'人的本质''类'等等,给了德国理论家们以可乘之机去不正确地理解真实的思想过程并以为这里的一切都不过是他们的穿旧了的理论外衣的翻新"[1]这一段话时,并不完全是一种事后的自我辩护或自我"拔高"。同样,也就可以理解马克思为什么多次将底稿中恩格斯写下的"自我活动"或

---

[1]《马克思恩格斯全集》第 3 卷,人民出版社 1960 年版,第 261—262 页。

"自主活动"改为"活动"或"实践",[1]并针对恩格斯较多使用"有身体的""经验"的个人,强调"关系"与"活动"中的个人才是现实的。[2]

恩格斯在马克思主义形成过程中的贡献,不仅体现在"第一次转变"中的先行性、推动性和主导性作用上,而且体现在"第二次转变"中的尽管是非主导性的、却是不可或缺的作用上。这种作用可以归结为三个方面:一是恩格斯的经验论唯物主义世界观,虽然并非如广松涉所言的那样直接导向新世界观的形成,却为新世界观的形成提供了条件。因为无论费尔巴哈和施蒂纳,甚至赫斯,都没有超出德国观念论哲学的"地平",只有恩格斯走入了"另一个地平",他的带有浓厚英国经验论色彩的唯物主义立场及从这一立场出发对德国哲学的批判,无疑为马克思最终超越德国"地平"并开拓新的"地平"提供了刺激和参照系。二是恩格斯的实证社会学研究,不仅为新世界观的系统阐发提供了知识储备,而且进一步推动了马克思的政治经济学研究。经验主义的世界观和方法论是要批判的,但对经验材料的研究却是必需的。马克思在《德意志意识形态》中就明确写道:"这种世界观没有前提是绝对不行的,它根据经验去研究现实的物质前提,因而最先是真正批判的世界观。"[3]我甚至推测,"基底稿"之所以由恩格斯执笔,不仅是由于他笔迹清晰或表述明快,而且由于他对经验材料的熟悉。三是恩格斯对英法社会主义、共产主义思潮的研究,特别是他对英国工人阶级状况的研究、同工人组织和实际运动的密切联系,直接推动和促成了科学

---

1 [日]广松涉:《文献学语境中的〈德意志意识形态〉》,彭曦译,南京大学出版社2005年版,第130页。
2 [日]广松涉:《文献学语境中的〈德意志意识形态〉》,彭曦译,南京大学出版社2005年版,第20、28、50、152页。
3 《马克思恩格斯全集》第3卷,人民出版社1960年版,第261页。

与社会主义的结合,理论与实践(工人运动)的结合。这一点,已经不需要证明了。

马克思在《黑格尔法哲学批判导言》中曾提出要把哲学(头脑)和无产阶级(心脏)结合起来[1],恩格斯曾宣称这一要求已经在"费尔巴哈和魏特林的结合"中实现了[2],其实那只是他们在"哲学共产主义"即"真正的社会主义"阶段的意识形态幻象。"科学"与"社会主义"的真正结合,恰恰是马克思与恩格斯之间的结合,以及他们与"共产主义者同盟"的结合,前一结合的标志是《德意志意识形态》,后一结合的标志则是《共产党宣言》!

因此,我们既不能贬低恩格斯的作用,像苏东学者那样断言恩格斯似乎始终是马克思的依附者或追随者,甚至像"西方马克思主义者"那样把恩格斯说成是"马克思的背叛者";但是,也不能像广松涉那样片面夸大恩格斯的作用,甚至似乎马克思主义都应更名为"恩格斯主义"。而且我认为,这并不像广松涉所说的那样"第一小提琴由谁拉响的这一事情本身并不重要","算不了什么",[3] 因为这不仅是一个荣誉问题或历史问题,它还直接涉及对历史唯物主义以至整个马克思主义精神实质的理解问题。历史的经验已经告诉我们,第二国际时期马克思主义的实证化和"经济唯物主义"的解读模式,以苏联30年代教科书体系为代表的马克思主义解释框架,"西方马克思主义"把马克思主义人本主义化(以及科学主义化),都或多或少、有意无意地与对马克思、恩格斯在马克思主义形成史上各自的作用问题的评价相关。我这里想补充的只有一点,

---

1 《马克思恩格斯全集》第3卷,人民出版社2002年版,第214页。
2 《马克思恩格斯全集》第2卷,人民出版社1957年版,第594—595页。
3 [日]广松涉:《文献学语境中的〈德意志意识形态〉》,彭曦译,南京大学出版社2005年版,第357—358页。

即使广松涉夸大恩格斯的作用,也不是像他所说的仅仅是为了造成轰动效应、促进人们对这一问题的研究,实际上是同他自身对马克思主义的理解相关的,正是广松涉自己的主智主义(把哲学主要规定为认识论)、经验主义、科学主义和拜物教倾向(把"在商品世界中存在"特有的物像化,变为"在世界中存在"的一般规律,泛化为一般存在论和一般认识论),导致了他对这一问题的独特见解。在我看来,他的见解,从一定意义上可以说,是第二国际马克思主义解读模式在新的基础上的再现。

第十八章　马克思"三大社会形式"理论的原像

日本马克思学者望月清司在其代表作《马克思历史理论的研究》中,以"纯粹培养"(Reinkultur)马克思的方式,通过从《1844年经济学哲学手稿》和《穆勒评注》到1857—1858年《政治经济学批判大纲》的文本解读,对马克思的历史理论做出了自己的独特解释。我们认为,望月对上述诸文本的解读都是偏颇的,有必要逐一加以辨正。由于《政治经济学批判大纲》是望月立论的核心依据,本文首先就其对这一文本的解读进行澄清,主要有三个问题:一是所谓"依赖关系"史论,二是所谓"劳动和所有的同一性"逻辑,三是望月对所谓"异化统治论"的拒斥。我们认为,只有清除望月对这三个问题的曲解,才能真正弄清马克思在该书中提出的"三大社会形式"理论的原像。

第一节

日本马克思学者望月清司在其出版于1973年的代表作《马克思历史理论的研究》中认为,马克思的历史理论是将世界史描述为

"共同体—市民社会—社会主义"三个阶段,其中心是说明"市民社会"的产生和发展过程。他认为,这一理论发轫于《1844年经济学哲学手稿》和《穆勒评注》,完成于1857—1858年的《政治经济学批判大纲》(以下简称为《大纲》)。为此,望月采取了"剥离马克思和恩格斯的统一关系,将马克思纯粹培养(Reinkultur)"[1]的策略,对这一过程中的各个文本进行了颇为详尽的解读。望月的这一研究成果,产生了较大的学术影响:不仅在日本成了"市民社会派马克思主义"的经典文本,获得了"望月史学"的美誉,而且近来被中国某些学者称为"在世界马克思学界是罕见的"、对中国马克思主义研究带有"启蒙"意义的成果。

我们认为,望月的这一代表作确实属于国际上较早对马克思"三大社会形式"理论进行系统研究的专著之列,其对苏联"教义体系"所遗忘的马克思关于"市民社会"的思想进行的深入开掘和发挥也是极富启发性的。但是,同样不可忽视的是,在我们看来,望月对马克思历史理论的解释是片面的,他用来作为立论依据的、对马克思一系列相关文本的解读不仅如广松涉所说"是勉强的",甚至充满了误读和曲解,有必要逐一加以辨正。由于《大纲》完全是马克思一个人的著作,又被望月指认为马克思历史理论的最成熟的表述,是"望月史学"的核心文本依据,本文首先就其对这一文本的解读进行澄清。主要针对《马克思历史理论的研究》的核心部分第五、六两章和"结语",重点讨论望月的两个"贯穿"和一个拒斥问题,即所谓"依赖关系的历史贯穿性"和"'劳动和所有的同一性'原理的历史贯穿性"的结论,以及其对"异化统治论"的拒斥,以期恢

---

[1] 小林良正语,转引自韩立新:《望月清司对马克思市民社会理论的研究》,载《南京大学学报》,2009年第4期。

复马克思整个历史理论特别是"三大社会形式"理论的原像。

望月对《大纲》解读的第一个结论就是马克思的"三大社会形式"理论实际上是"人的依赖关系三阶段"理论,"人的依赖关系"贯穿于整个社会历史。集中在望月《马克思历史理论的研究》一书的第五章,其解读的文本主要是《大纲》的"导言"和"货币章"。

众所周知,马克思是在《大纲》"货币章"中提出著名的"三大社会形式"理论的。马克思本人的表述是:

> 人格的依赖关系(persön liche Abhängigkeitsverhältnise)(起初完全是自然发生的),是最初的社会形式,在这种形式下,人的生产能力(mensch liche Produktivität)只是在狭小的范围内和孤立的地点上发展着。
>
> 以物象的依赖性为基础的人格的非依赖性(persön liche Unabhängigkeit,独立性),是第二大形式,在这种形式下,才形成普遍的社会物质代谢、普遍的关系(universale Beziehungen)、多方面的需要以及全面的能力的体系。
>
> 建立在个人的全面发展,和这些个人共同的、社会的生产能力作为他们的社会能力而被吸纳的这一基础上的自由个体性,是第三阶段。
>
> 第二个阶段为第三个阶段创造了条件。因此,家长制的、古代的(以及封建的)状态随着商业、奢侈、货币、交换价值的发展而没落下去,近代社会则随着这些东西同

步发展起来。[1]

望月把马克思的上述思想概括为"本源共同体→市民社会→未来共同体"的世界史像，或者径直称之为"共同体—市民社会—共产主义(社会主义)"逻辑。[2]

初看起来，望月的概括是符合马克思的原义的。但是，只要我们进一步分析一下，就会发现，实际情况根本不是那么一回事。

首先，望月抹杀了"共同体"(Gemeinschaft)和"社会"(Gesellschaft)之间的质的区别。在第四章中，他就从这一理解出发来界定"社会"和"共同体"这两个概念。他说，社会学曾使用过"共同社会"和"利益社会"的译名，但这一对概念却让人联想起所谓的两个发展阶段学说。

而马克思则不同，他认为共同体和社会作为人的属人的二类的集结和统合原理，其性质是一样的。只不过前者的集结方式是直接的、没有中介的，而后者则要通过某种中介物，才能将没有人格接触的个人彼此联系起来。两者只是集结方式的差异。[3]

这完全是对马克思的曲解。与望月的说法相反，马克思恰恰认为本源共同体与市民社会之间有着质的区别。他在《导言》中说：

---

[1] 《马克思恩格斯全集》第 30 卷，人民出版社 1995 年版，第 107—108 页。这里用的是望月书中的译文([日]望月清司：《马克思历史理论的研究》，韩立新译，北京师范大学出版社 2009 年版，第 279—280 页)。

[2] [日]望月清司：《马克思历史理论的研究》，韩立新译，北京师范大学出版社 2009 年版，第 225、506 页。

[3] [日]望月清司：《马克思历史理论的研究》，韩立新译，北京师范大学出版社 2009 年版，第 218 页。

市民社会是最发达的和最多样性的历史的生产组织。因此,那些表现它的各种关系的范畴以及对它的结构的理解,同时也能使我们透视一切已经覆灭的社会形式的结构和生产关系。……人体解剖对于猴体解剖是一把钥匙。反过来说,低等生物身上表露的高等动物的征兆,只有在高等动物本身已被认识之后才能理解。因此,市民经济为古代经济等等提供了钥匙。但是,决不是像那些抹杀一切历史差别、把一切社会形式都看成市民社会形式的经济学家所理解的那样。人们认识了地租,就能理解代役租、什一税等等。但是不应当把它们等同起来。……因此,如果说市民经济的范畴适用于一切其他社会形式这种说法是对的,那末,这也只能在一定意义上来理解。这些范畴可以在发展了的、萎缩了的、漫画式的种种形式上,总是在有本质区别的形式上,包含着这些社会形式。……资产阶级经济学只有在市民社会的自我批判已经开始时,才能理解封建的、古代的和东方的经济。[1]

望月只引了这段话中"但是"前的一半,并强调"'人体解剖对于猴体解剖是一把钥匙'这一命题反过来也照样成立",把"猴子"解释为"现在的猴子"。[2] 从这种理解出发,望月断言:

---

[1] 《马克思恩格斯全集》第30卷,人民出版社1995年版,第46—47页。其中的"市民"中译文为"资产阶级"。

[2] [日]望月清司:《马克思历史理论的研究》,韩立新译,北京师范大学出版社2009年版,第264、265页。

古典古代的奴隶制之所以进入经济学批判体系的视野,只是因为出于这样的需要,即要说明美国棉花和砂糖庄园里的黑人奴隶制在美国资本家生产方式内部以及在包括整个欧洲世界资本家交往关系中所处的地位和作用,而决不是相反;对封建土地所有制的分析之所以被动员去补充经济学批判体系,也只是因为要理解"地租"="近代的土地所有制"所发挥的作用,而决不是相反;对东方=(斯拉夫、古克尔特)土地所有制形式的批判研究之所以成为市民社会解剖学的材料,也只是因为要说明英国以爱尔兰为对象的资本主义原始积累和以印度为对象的扩大原始积累——它们是与产业革命以后本来意义上的积累同时进行的过程,而决不是相反。[1]

只要对照一下马克思的下述论述:

> 要揭示资产阶级经济的规律,无须描述生产关系的真实历史。但是,把这些生产关系作为历史上已经形成的关系来正确地加以考察和推断,总是会得出这样一些原始的方程式,——就像例如自然科学中的经验数据一样,——这些方程式将说明在这个制度以前存在的过去。这样,这些启示连同对现代的正确理解,也给我们提供了一把理解过去的钥匙——这也是我们希望做的一项独立的工作。另一方面,这种正确的考察同样会得出预示着

---

[1] [日]望月清司:《马克思历史理论的研究》,韩立新译,北京师范大学出版社2009年版,第265页。

生产关系的现代形式被扬弃之点,从而预示着未来的先兆,变易的运动。如果说一方面资产阶级前的阶段表现为仅仅是历史的,即已经被扬弃的前提,那么,现在的生产条件就表现为正在扬弃自身,从而正在为新社会制度存在历史前提的生产条件。[1]

就不难发现两者的根本区别:马克思的结构分析方法是同历史分析方法内在统一的,而望月则以结构分析为口实,根本拒斥历史分析,实际上否定了马克思视野中奴隶制、封建制和东方社会同市民社会的本质区别。这清楚地表明,望月并不是无意识的误读,而是有意识的颠倒和曲解了。

更为重要的是,望月用人格化和物象化二者关系的转换过程,遮蔽和消解了马克思"三阶段"论的实质内容。他把马克思的三阶段诠释为:

(1) 强调物象的依赖关系是市民社会以前的人格依赖关系的基础;

(2) 分析出人格的依赖关系反过来以颠倒的方式贯穿于市民社会的物象联系之中这一双重"继承"的视点;通过对此的检索,我们还在第三阶段规定,即

(3) 由普遍地自己发展起来的个人,以社会的方式组织起来的、自由的人格依赖关系。[2]

---

[1] 《马克思恩格斯全集》第30卷,人民出版社1995年版,第452—453页。
[2] [日]望月清司:《马克思历史理论的研究》,韩立新译,北京师范大学出版社2009年版,第305页。

应该承认,仅就第二阶段来说,望月针对广松涉的物象化理论,强调市民社会的物象化与人格化是不可分割的两个方面,相对于认为市民社会是"物化统治""见物不见人"的流俗见解来说不失为一种卓越的见解。但是他并不满足于此,而是将其作为贯穿于三个阶段的基本矛盾,把三阶段诠释为"物象依赖关系表现为人格依赖关系→人格依赖关系表现为物象依赖关系→摆脱了物象依赖关系的人格依赖关系"的过程,并认为其实质是"人格依赖关系发展的三个阶段"。这就在否定三个阶段之间质的区别的基础上,进一步遮蔽和消解了马克思三大社会形式是一个上升过程的实质内容。

实际上,马克思的三大社会形式是一个"自然共同体→经济的社会形态(经济的结合体)→自由人联合体"的上升过程。这个上升过程的实质内容有二:第一,从人与人之间联系的纽带或社会的结构来说,三阶段有着质的不同,是一个"自然—血缘联系→生产—经济关系→自主—自由联合"的上升过程,而不是像望月理解的那样仅仅是物的关系和人的关系之间的简单转换;第二,从人的发展来说,三阶段也有着质的不同,是一个"自然存在物—无个性的有机整体→生产当事人—经济关系的人格化→自主活动者—自由个性"的上升过程,而不是像望月理解的那样仅仅是人格依赖关系的简单回复。

望月把马克思所说的第一阶段的"人格的依赖关系"解读为"物象关系表现为人格关系"。他说:

> 在马克思看来,以人格关系表现出来的是"以人格关系为基础的物象关系",只是由于这一物象关系"具有局部的、为自然所决定的"狭隘性质,它才"表现为类似人格

那样的关系"。[1]

马克思的这一段话原文是：

> 当然，对于封建时代的"纯粹人的关系"等等的错觉，一刻也不能忘记：(1)这种关系在自己的范围内，在一定的阶段上具有物的性质，例如，从纯粹军事隶属关系到地产关系的发展就表明这一点；但是(2)由这些关系没落而转变成的物的关系，其本身具有狭隘的、为自然所决定的性质，因而表现为人的关系，而在现代社会中，人的关系则表现为生产关系和交换关系的纯粹产物。[2]

从马克思的原话中可以看出：

第一，他指的只是"封建社会"，而不是整个"第一阶段"。而封建社会正是第一阶段的末期，因此出现从"人格关系"向"物象关系"的转化是必然的。马克思在前一页自己就说：

> 如果考察的是产生出不发达的交换、交换价值和货币的制度的那种社会关系，或者有它们的不发达程度与自身相适应的那种社会关系，那么一开始就很清楚，虽然个人之间的关系表现为较明显的人的关系，但他们只是作为具有某种规定性的个人而互相发生关系，如作为封建主和臣仆、地主和农奴等等，或作为种姓成员等等，或

---

[1] [日]望月清司：《马克思历史理论的研究》，韩立新译，北京师范大学出版社2009年版，第282页。
[2] 《马克思恩格斯全集》第30卷，人民出版社1995年版，第114—115页。

属于每个等级等等。[1]

第二,第一阶段向第二阶段转变的实质不在于人格关系与物象关系的"颠倒",而在于"自然关系"向"生产关系和交换关系"的上升。问题在于,第一阶段的人的关系同时是物的关系,因为当时是人和物在自然状态下的原始同一,即人和物尚未完全分化、尚未完全脱离自然的原始同一状态!望月说:"关键在于马克思从领主和农奴、封建主和臣仆等关系中发现了这一事实,即这种'人的'生产能力在现象中是人格的依赖关系,而在深处则是物象的依赖关系。"[2]这表明他根本没有理解马克思思想的原义。

就第二阶段来说,望月清司的理解有三点是正确的:一是指认第二阶段是市民社会,二是强调物象依赖关系是人格的依赖关系的表现,三是确认第二阶段的人格与人格之间的关系是一种横向关系。但是,其错误仍然十分突出。望月清司没有认识到,现代社会超越了自然—血缘联系,"人的关系表现为生产关系和交换关系的纯粹产物"。只有人造物(劳动产品=商品和货币),而不是自然物才造成严格意义上的"物象关系";同样,只有生产—经济关系,而不是自然—血缘联系才造成严格意义上的"人格关系"。在"货币章"的论域内,前者是"交换价值",不是本来意义上的"使用价值";后者则是"法人,进行交换的个人的各种规定"[3],不是一般心理学、人类学意义上的"不可与他人交换的躯体、资质以及'脸

---

1 《马克思恩格斯全集》第30卷,人民出版社1995年版,第113页。
2 [日]望月清司:《马克思历史理论的研究》,韩立新译,北京师范大学出版社2009年版,第283页。
3 《马克思恩格斯全集》第30卷,人民出版社1995年版,第200页。

面'",也不是前资本主义中人的"脸面和关系"[1]（更准确地说,是人的"身份"）。正因为经济关系"物象化"了,不再直接表现为人的身份差异,个人才作为抽象的"人格"而"独立化"了。马克思才说：

> 这种与人的依赖关系相对立的物的依赖关系也表现出这样的情形（物的依赖关系无非是与外表上独立的个人相对立的独立的社会关系,也就是与这些个人本身相对立而独立化的、他们互相间的生产关系）；个人现在受抽象统治,而他们以前是互相依赖的。但是,抽象或观念,无非是那些统治个人的物质关系的理论表现。[2]

由于望月清司分不清马克思广义和狭义的人格概念,因而完全否定了第二阶段"人格的独立性"。他批评人们"这样一个普遍性认识,即随着物象依赖关系的出现,人从人格依赖关系的'桎梏'中解放出来,开始享受'人格的独立性'",认为"这样来理解就大错特错了","只要我们忠实地遵循马克思的逻辑,这一概念实际上正好相反"："所谓'人格的独立性'是指贯穿于物象依赖关系当中的、'抛弃了幻想'的人格依赖关系的异化形式"。[3] 确实,马克思强调："产生这种孤立个人（vereinzelne Einzelne）的观点的时代,正是具有迄今为止最发达的社会关系的时代。"[4] 但是,只要我们仔细分析一下就会发现,马克思否定的只是"孤立个人"（vereinzelne

---

[1] [日]望月清司：《马克思历史理论的研究》,韩立新译,北京师范大学出版社2009年版,第257、285页。
[2] 《马克思恩格斯全集》第30卷,人民出版社1995年版,第114页。
[3] [日]望月清司：《马克思历史理论的研究》,韩立新译,北京师范大学出版社2009年版,第284—285页。
[4] 《马克思恩格斯全集》第30卷,人民出版社1995年版,第25页。

Einzelne)的幻想,而不是否定这一阶段"人格的独立性"(persönliche Unabhängigkeit)的现实。

望月清司同样无法理解马克思关于第二阶段向第三阶段发展的实质内容。他沿袭了花崎皋平和森田同郎的错误诠释,将"第三阶段"看成是"全面社会化了的、自由个人的人格的依赖关系阶段"和"作为共同存在的人剥去物象的中介外衣之后直接表现出来的那一"阶段。[1] 因此,从第二阶段到第三阶段的转变仅仅意味着:

> 随着物象的依赖关系被扬弃,人格的社会联系褪掉外衣重见天日,人格的"社会依赖性"将被置于他们自觉的有意识的控制之下。如果扯掉人格的独立性这一资产阶级的面纱,每个个人将在真正的意义上被赋予人格作为社会成员的合法资格,即个体性(Individualtät),这一个体性也就是扯掉了异化外衣的共同存在性。[2]

这样一来,第三阶段不过是第一阶段人格依赖关系的直接继承和第二阶段物象依赖关系的间接继承("扯掉外衣""自觉控制"),三阶段不再是"人格的依赖关系→物象的依赖关系基础上的人格的独立性→自由个性"的上升过程,而仅仅是"人格的依赖关系发展的三阶段"了。"当我们从这一视角来重新考察'依赖关系'史论时,呈现于我们面前的将是'人格的依赖关系'所具有的历史

---

[1] [日]望月清司:《马克思历史理论的研究》,韩立新译,北京师范大学出版社2009年版,第292页。
[2] [日]望月清司:《马克思历史理论的研究》,韩立新译,北京师范大学出版社2009年版,第292页。

贯穿性,以及马克思要在将来实现人的联系这种结构的理想。"[1]即:

> 没被异化但在局部发展的人格依赖关系→普遍发展但被异化和物象化了的人格依赖关系→普遍发展且剥去了异化=物象化外衣的人格依赖关系。[2]

戏法终于变成了:马克思的历史理论成了"依赖关系史论"的"望月史学"了,马克思的"三阶段"就这样被变成了"一阶段"了:

> 马克思从一开始就没有想去描述历史学本身所固有的、唯美的世界史体系的基本图式,他的兴趣主要集中在,要将只有劳动者才是真正的所有者这一未来图景看成是"现代"的内在契机必然发展的结果。因此,"过去"是作为旁证而被动员起来的,它未必一定是从世界史开端到"现代"为止的全部历史。[3]

马克思的历史理论不过是市民社会的起源、异化和复归罢了!用望月自己的话说,就是:

> 这一"世界史的三阶段"理论的炮座是不变的,他置

---

[1] [日]望月清司:《马克思历史理论的研究》,韩立新译,北京师范大学出版社2009年版,第293页。

[2] [日]望月清司:《马克思历史理论的研究》,韩立新译,北京师范大学出版社2009年版,第293页。

[3] [日]望月清司:《马克思历史理论的研究》,韩立新译,北京师范大学出版社2009年版,第500页。

于"市民社会"(第二阶段)之上,以交换和交换价值的逻辑为瞄准器,将世界史视为前市民社会→市民社会→被扬弃的市民社会的转变＝展开过程。这里需要注意的是,第一阶段不是非市民社会,而是前市民社会。[1]

第二节

望月清司对《大纲》解读的第二个结论是"'劳动和所有的同一性'原理的历史贯穿性",将"等价交换"的市民社会原理泛化为贯穿三大社会形式的普遍原则。集中在望月清司《马克思历史理论的研究》一书的第六章,其解读的文本主要是《大纲》"资本章"的"资本主义生产以前的各种形式"[2]。

马克思在《各种形式》之前的一节(《我自己的笔记本的提要》将其称为"占有规律的转化"[3])中说:

> 为了把资本同雇佣劳动的各种关系表述为所有关系或各种规律,我们只需要把双方在价值增殖过程中的关系行为表述为领有过程。例如,剩余劳动变为资本的剩

---

[1] [日]望月清司:《马克思历史理论的研究》,韩立新译,北京师范大学出版社2009年版,第295页。

[2] 望月清司译为"资本主义生产以前的各种形式"。但他也承认,译成"资本制(的)"也不错,其实这等于承认马克思尽管极少使用名词"资本主义",却普遍使用了形容词"资本主义(的)"。

[3] 《马克思恩格斯全集》第31卷,人民出版社1998年版,第613页。

余价值,这一点意味着:劳动者并不领有他自己的劳动产品,这个产品对劳动来说表现为他人的(fremd,异己的)所有,反过来说,他人的(fremd,异己的)劳动表现为资本的所有。市民所有的这第二条规律是第一条规律转变来的……它同第一条规律一样被承认为规律。第一条规律是劳动和所有的同一性;第二条规律是劳动表现为被否定的所有,或者说所有表现为对他人劳动的异己性的否定。[1]

望月清司引了马克思的这一段论述,认为"教义体系"用"劳动(力)商品"来解释"此处的'辩证的转化'对于非马克思主义者来说是毫无说服力的机械之神","让这一机械之神登上舞台只会使马克思的这一方法变成枯燥无味的形式原理,这种形式化的尝试最终也会使自己变成一副形式化了的躯壳"。[2] 因此,马克思虽然搬出了辩证法,但又不得不用"奇妙的因果关系"来敷衍了事,这说明马克思在这里遇到了困难:

在单纯流通中做"劳动和所有的分离"的设想,作为异化论是没有问题的,但作为经济理论还只能是一种逻辑上的可能性。这种可能性,无论做怎样的逻辑操作,都不可能飞跃到在历史中现实存在的"劳动和所有的分离"。正是因为如此,马克思从需要将对本源积累历史过

---

[1] 《马克思恩格斯全集》第30卷,人民出版社1995年版,第463页。这里采用的是望月清司书中的译文,区别在于中译本将"所有"译为"所有权","领有"译为"占有","市民所有的"译为"资产阶级所有权的"。

[2] [日]望月清司:《马克思历史理论的研究》,韩立新译,北京师范大学出版社2009年版,第331页。

程的反省和研究有机地纳入到资本章中,才会将《各种形式》设定为推动第一条规律向第二条"领有规律转化"的枢轴。[1]

望月清司认为,这里的关键就是要认清"劳动和所有的同一性"原理的历史贯穿性。"我们曾多次重复,'劳动和所有的同一性'是马克思不变的世界史认识。"[2]是马克思"历史理论的问题意识和理论要求"[3]。"所谓马克思世界历史分析的坐标就是我们在本章中特别予以强调的'劳动和所有的同一性'。"[4]具体来说,"马克思的方法是要在劳动和所有的同一性及其分离、扬弃分离后再向同一性回归这一世界史认识中去构建经济学逻辑"[5]:

> 与资本家私人所有相对立的,只能是透过上述小经营看到的、以歪曲的形式贯彻于其中的、作为私人所有母体的、那一没有私人所有的"劳动和所有的同一性"。因此,人类史的世界史开端,首先只能是最狭隘意义上的"本源共同体"及其到解体的过渡类型,即所谓"共同体所有的三种形式"。至此,我们通过对历史的大胆追溯,终于可以在马克思本人的世界史像中作出如下构想,即在

---

[1] [日]望月清司:《马克思历史理论的研究》,韩立新译,北京师范大学出版社2009年版,第330—331页。
[2] [日]望月清司:《马克思历史理论的研究》,韩立新译,北京师范大学出版社2009年版,第326页。
[3] [日]望月清司:《马克思历史理论的研究》,韩立新译,北京师范大学出版社2009年版,第344页。
[4] [日]望月清司:《马克思历史理论的研究》,韩立新译,北京师范大学出版社2009年版,第392页。
[5] [日]望月清司:《马克思历史理论的研究》,韩立新译,北京师范大学出版社2009年版,第331页。

未来共同体中废除私人所有,再现"劳动和所有的同一性"的扬弃形态。[1]

事情真的是这样的吗? 答案只能是否定的。

首先,"劳动和所有的同一性"即"基于劳动的所有"[2]并不是"马克思不变的世界史认识",恰恰是市民社会的特殊规律,是资产阶级社会的法权形式和意识形态。

望月清司认为:"在历史上,'第一条领有规律'出现于广义的本源共同体(狭义的本源共同体及其三种形式)之中;在逻辑上,它被认为比资本和劳动在假象上的等价交换关系更为单纯和基础,是单纯商品流通的前提。"[3]他在引了马克思"在这两种形式(指自由的小土地所有制和以东方公社为基础的公共土地所有制——本文作者注)中,劳动者把自己劳动的客观条件当作自己的所有"之后说:

> 只有从事劳动和生产的人才是而且必须是其生产资料和劳动果实的真正所有者。这是马克思从其早期作品以来一贯坚持的有关"所有"的历史认识。现在,这一历史认识通过《大纲》资本章中《资本家生产以前的各种形式》和《原始积累以前的过程》两节,在那一"剩余资本——

---

[1] [日]望月清司:《马克思历史理论的研究》,韩立新译,北京师范大学出版社2009年版,第327页。

[2] [日]望月清司:《马克思历史理论的研究》,韩立新译,北京师范大学出版社2009年版,第375页。

[3] [日]望月清司:《马克思历史理论的研究》,韩立新译,北京师范大学出版社2009年版,第328页。

领有权转化"逻辑的基础上又得到了新的发展。[1]

其实,这种解释恰恰与马克思的原意相反,因为马克思紧接着说"因此,劳动者不依赖劳动就具有对象的存在。个人把自己当作所有者,当作自身现实性的条件的主人"。[2] 就是说,马克思认为,基于劳动的所有权恰恰仅仅是市民社会和资本主义的所有权规律,在前资本主义或共同体那里,正好相反,是不基于劳动的所有,是基于所有的劳动。

为了自圆其说,望月清司把马克思的"自由的劳动"解释为"拥有所有物的劳动",并将马克思关于"真正自由的劳动"混同于"自由的劳动"。由于得不到《大纲》的文本支持,他只好辩解说,"尽管从整个《大纲》来看,马克思也有动摇之时,但是在他那里,所谓'劳动'基本上就是指'自我实现,主体的对象化,也就是实在的自由——而这种自由见之于活动恰恰就是劳动'。"[3] 可惜的是,这救不了望月清司,因为马克思似乎已经预料到有人要曲解他的话,特别强调他这里讲的是"真正自由的劳动"! 望月清司说:"劳动和所有的同一之处,才有'自由的劳动';劳动和所有分离之时,'自由劳动者'的血汗就要受到剥削。"[4] 这里已陷入了逻辑混乱:既然"劳动和所有的同一之处,才有'自由的劳动'",那么"劳动和所有分离之时","自由的劳动"就不存在了,哪里还有什么"自由劳动者"!

---

1 [日]望月清司:《马克思历史理论的研究》,韩立新译,北京师范大学出版社2009年版,第343页。
2 《马克思恩格斯全集》第30卷,人民出版社1995年版,第465页。
3 [日]望月清司:《马克思历史理论的研究》,韩立新译,北京师范大学出版社2009年版,第343页。
4 [日]望月清司:《马克思历史理论的研究》,韩立新译,北京师范大学出版社2009年版,第343页。

你这里的"自由劳动者"不就是"自由的雇佣劳动者"了吗?! 看来，不是"马克思也有动摇之时"，而是你无法摆脱"混乱之处"！

不仅如此，马克思似乎故意要为难望月清司，他在接下来的一个自然段又说："在这两种形式中，各个个人都不是把自己当作劳动者，而是把自己当作所有者和同时也进行劳动的共同体成员。……个人变为上述一无所有的工人，这本身是历史的产物。"[1]

这一下真的把望月逼到墙脚上去了！看看望月清司的解释多么牵强、多么拙劣、多么困窘吧：

> 如果在这里提出"不是把自己当作劳动者"显然要与《各种形式》中马克思本人的逻辑相撞车。在同一段的末尾，还出现了这样一句，即"把个人以他赤裸裸的形式（in dieser Nacktheit）设定为一个劳动者，这本身是历史的产物"。如果将这句话与"不是把自己当作劳动者"相对照作善意的解释，"不是"一侧的劳动者也许就是一般所说的雇佣劳动者。但是，"同时也是进行劳动的共同体成员"却是马克思本来意义上的"劳动者"。正是因为如此，马克思才在末尾设定一个不是人们通常所想象的"一贯赤裸裸的劳动者"（手岛译文），而是没有感到异化的重压，体现着劳动等于所有，在与其他个人一道为维持共同体而进行劳动的、如同婴儿般保持着本源的赤裸裸状态（Nacktheit）的"劳动者"，并且还称他为"历史的产物"。[2]

---

[1]《马克思恩格斯全集》第30卷，人民出版社1995年版，第466页。

[2][日]望月清司：《马克思历史理论的研究》，韩立新译，北京师范大学出版社2009年版，第347页。

在这里,"一无所有的劳动者"被解释成"如同婴儿般保持着本源赤裸裸状态的劳动者"。这种"赤裸裸状态"的颠倒黑白,与其说是"启蒙",倒不如说是企图让我们重返"婴儿般"的蒙昧状态罢了!马克思的话其实再清楚不过了,他是说,所谓"基于劳动的所有权规律"不过是商品经济的即市民社会的规律。

如果认为,在一切生产状态下,生产,从而社会,都建立在单纯的劳动同劳动的交换上,那就错了。在劳动把它的生产条件看作是自己的财产的各种形式中,劳动者的再生产绝不是由单纯的劳动所决定的,因而劳动者的所有权关系不是他的劳动的结果,而是它的劳动的前提。这一点在土地所有权上是很明显的;在行会制度下也必然清楚的是,由劳动所构成的特殊形式的财产,并不是建立在单纯的劳动或劳动的交换上,而是建立在劳动者同一定的共同体的客观联系上,建立在劳动者同他所遇到的、作为他由以出发的基础的一定条件的客观联系上。……因此,价值增殖的前提也不是单纯的劳动。只是劳动同劳动发生交换的那种状态——不管是以直接的活劳动的形式进行交换,还是以产品的形式进行交换——,其前提是劳动从它同它的客观条件的原始共生状态中脱离出来,由于这种脱离,一方面,劳动表现为单纯的劳动,另一方面,劳动的产品作为对象化劳动,获得了同(活)劳动相对立的作为价值的完全独立的存在。劳动同劳动相交换——这看起来是劳动者所有权的条件——是以劳动者一无所有为基础的。[1]

望月引了这一段,却完全将其意思理解反了:"毋庸赘言,这一结论从'劳动和所有的同一性'角度对资产阶级经济学的——包括其最出色的构成要素劳动价值论——'所有'理论进行了根本批判。"[2] "劳动和所有的同一性"恰恰不是马克思批判的出发点,而是批判的对象,是资产阶级经济学的"所有"理论。

其次,马克思本人正是用"劳动(力)商品"来解释所有权的"辩证转化"的:

> 资本换进的这种劳动是活劳动,是生产财富的一般力量,是增加财富的活动。可见,很明显,工人通过这种交换不可能致富,因为,就像以扫为了一碗红豆汤而出卖自己的长子权一样,工人也是为了一个既定量的劳动能力(的价值)而出卖劳动的创造力。相反,我们往下就会知道,工人必然会变得贫穷,因为他的劳动的创造力作为资本的力量,作为他人的权力而同他相对立。他把劳动作为生产财富的力量转让出去;而资本把劳动作为这种力量据为己有。可见,劳动和劳动产品所有权的分离,劳动和财富的分离,已经包含在这种交换行为本身之中。作为悖论的结果出现的东西,已经存在于前提本身之中。经济学家们或多或少地凭经验表达了这一点。[3]

---

[1] 《马克思恩格斯全集》第30卷,人民出版社1995年版,第511页。

[2] [日]望月清司:《马克思历史理论的研究》,韩立新译,北京师范大学出版社2009年版,第333页。

[3] 《马克思恩格斯全集》第30卷,人民出版社1995年版,第266页。

既然连"经济学家们"都"或多或少地凭经验表达了这一点",哪里还有什么"机械之神"和"形式化了的躯壳",还有什么"经济理论"上的"逻辑跳跃"?!望月清司不能理解这一"奇异的因果关系",其原因正在于前面我们已经指出的,他把劳动所有权中的"劳动"理解为"拥有所有物的劳动"。

其实,马克思的原始积累恰恰是要考察"劳动力商品"形成的历史前提——即主客体两方面自由(人身自由和自由得一无所有)的劳动者的形成,也就是人与自然的原始同一(生产的原始条件)的彻底分离。马克思说:

> 雇佣劳动的前提和资本的历史条件之一,是自由劳动以及这种自由劳动同货币相交换,以便再生产货币并增殖其价值,也就是说,以便这种自由劳动不是作为用于享受的使用价值,而是作为用于获取货币的使用价值,被货币所消耗;而另一个前提就是自由劳动同实现自由劳动的客观条件相分离,即同劳动资料和劳动材料相分离。可见,首要的是,劳动者同他的天然的实验场即土地相脱离,从而自由的小土地所有制解体,以及以东方公社为基础的公共土地所有制解体。[1]

正是出于这一目的,马克思从考察了"本源共同体"及其现存的三种形式。望月清司说,《各种形式》就不是"为研究共同体理论的原始积累理论",而是相反,是"为研究原始积累理论的共同体理论",这是正确的。但马克思写作《各种形式》的目的,并不是像望

---

[1] 《马克思恩格斯全集》第30卷,人民出版社1995年版,第465页。

月所说的那样，用历史描述去弥补经济论证的"缺少的一环"，而是其"逻辑与历史统一"的方法论使然；更不是为了通过对资本主义生产以前三种共同体形式的分析，去发现其中只有哪一种形式才有可能产生"本源的市民社会"，而是试图从已知的三种并存形式的差异中去探寻劳动者同生产条件之间从原始同一到彻底分离的历史线索。

再次，所谓"'劳动和所有的同一性'的历史贯穿性"错误的根源在于混淆了"生产条件所有"和"产品所有"。这集中体现在望月对马克思批判蒲鲁东关于"所有（财产）的非经济起源"的论述的解读中。他说：

> 本来，蒲鲁东由于将"基于劳动的所有"设定为所有的本质，曾经让马克思刮目相看，而且他的所有理论对当时的工人阶级也产生了根深蒂固的影响。但是后来，蒲鲁东的所有理论却成了马克思不断进行批判，并通过批判来逐渐磨炼自己的社会＝历史认识，最后在理论上和实践上超越的目标。……如果按照蒲鲁东理论来探究所有的起源，所有的起源就必然是因"盗窃"——不是因为劳动、抢先占领或法律——而产生的土地所有。然而，以这种逻辑来揭发所有的罪恶，结果会掩盖近代资产阶级所有的起源（原始积累！）。因为蒲鲁东的"盗窃"中虽然包含了高利贷、地租和不正当利润，但却没有包含"正常的报酬"。对"所有的非经济起源"的攻击固然可以成为对近代大土地所有的批判——对高利贷的批判虽然时髦，但只具有次要的意义——，但还不足以形成对资本的批判。因此，马克思对蒲鲁东的批判集中在以下三点：

(1)所有的本源形式并不是所谓的"土地所有";(2)所有的本源形式本身就具有经济起源的性质;(3)"现代"批判所有的矛头应该指向资本家＝市民所有。[1]

望月清司十分可笑地将马克思对蒲鲁东的批判形象化地说成是:"马克思挑战道:'勇敢的蒲鲁东!'你不是盛气凌人地称土地所有是'盗窃'吗?你不是说所有的非经济起源才是资本家生产方式的发生史吗?那么,你为何不给我们展示一下本源的积累过程,将资本家称作'盗窃'者呢?"[2]

实际上,马克思批判的恰恰是蒲鲁东的所谓"基于劳动的所有"这一原则,强调赤裸裸的劳动之间的交换"是以一个历史过程为前提的","生产的原始条件……最初本身不可能是生产出来的,不可能是生产的结果"。[3] 因此,"基于劳动的所有"即望月清司所津津乐道的"劳动和所有的同一性"恰恰是市民＝资产阶级的所有权规律,它本身就必然包含着"劳动和所有的分离"即资本主义的无偿占有实质。望月清司误读这一原则的根源在于他和蒲鲁东一样,停留在"财产"(即"所有")的抽象一般概念上,没有区分"生产条件"和"生产结果(产品)"。马克思强调:"我们把这种财产归结为对生产条件的关系。"[4] 因此,望月清司把"劳动和所有的同一性"作为本源共同体和市民社会的共同原则是错误的,本源共同体是"基于所有的劳动",市民社会＝资本主义才是"基于劳动的所

---

1 [日]望月清司:《马克思历史理论的研究》,韩立新译,北京师范大学出版社2009年版,第375—376页。
2 [日]望月清司:《马克思历史理论的研究》,韩立新译,北京师范大学出版社2009年版,377页。
3 《马克思恩格斯全集》第30卷,人民出版社1995年版,第481页。
4 《马克思恩格斯全集》第30卷,人民出版社1995年版,485页。

有"。正因为如此,马克思后来才在《哥达纲领批判》中批判了"劳动是一切财富的源泉"的说法,并指出这恰恰是资产阶级的提法,是资产阶级的法权和意识形态。

> 只有一个人事先就以所有者的身份来对待自然界这个一切劳动资料和劳动对象的第一源泉,把自然界当作隶属于他的东西来处置,他的劳动才成为使用价值的源泉,因而也成为财富的源泉。资产者有很充分的理由给劳动加上一种超自然的创造力,因为正是从劳动所受的自然制约性中才产生出如下的情况:一个除自己的劳动力外没有任何其他财产的人,在任何社会的和文化的状态中,都不得不为占有劳动的物质条件的他人做奴隶。他只有得到他人的允许才能劳动,因而只有得到他人的允许才能生存。[1]

因此,"所谓马克思世界历史分析的坐标"并不是望月清司所说的"劳动和所有的同一性",而是"劳动对生产条件的关系"。马克思的三大社会形式理论的基础也不是望月所说的"劳动和所有的同一性及其分离、扬弃分离后再向同一性回归",而是"劳动和生产条件的原始同一、分离及其在更高基础上的重新统一"。望月清司所说的"劳动者共同体→私人市民的社会(其转变形式是资本家社会)→以及再次出现的劳动者共同体"[2]只是看起来与马克思的表述相似,因为其不仅没有揭示出马克思三阶段理论中关于"基于

---

[1] 《马克思恩格斯选集》第3卷,人民出版社1972年版,第5页。
[2] [日]望月清司:《马克思历史理论的研究》,韩立新译,北京师范大学出版社2009年版,第502页。

自然的所有→基于劳动的所有及其无偿占有的必然后果→超越所有的主体自由活动"的上升内容,而且在具体表述中被望月清司改变为这样三个阶段:"劳动和所有的同一(本源共同体+本源的市民社会)→二者的分离(本源的积累)→二者的重新结合(本来的积累=资本家市民社会+共同体=市民社会的恢复)。"他说:

> 所谓马克思世界历史分析的坐标就是我们在本章中特别予以强调的"劳动和所有的同一性"。这种同一性曾经存在于本源共同体并"再现"于近代的小块土地所有——其本身的生产还需要以共同体(Gemeinde)为中介——当中,它虽然在市民=资本家私人所有的条件下被彻底摧毁("原始积累以前=解体"过程),但却在资本家"经营"的劳动过程中——尽管披着厚厚的异化外衣——又被重新"结合"起来。过去曾在共同体内交往中实现的"所有",现在将在经营内部共同体的分工和协作的条件下在更高层次上获得新生。《大纲》所有理论正是在对这种"结合"="劳动和所有的同一性"的复归——在异化形式下,而后又从这一异化中摆脱出来的——展望中,成了《大纲》原始积累理论的核心规定。[1]

最后,望月做出所谓"'劳动和所有的同一性'的历史贯穿性"结论的根本目的,在于论证"等价交换"这一"市民社会的原理"是马克思历史理论的核心,是马克思社会主义的根本纲领。他说:

---

[1] [日]望月清司:《马克思历史理论的研究》,韩立新译,北京师范大学出版社2009年版,第392页。

马克思从一开始就没有想去描述历史学本身所固有的、唯美的世界史体系的基本图式,他的兴趣主要集中在,要将只有劳动者才是真正的所有者这一未来图景看成是"现代"的内在契机必然发展的结果。因此,"过去"是作为旁证而被动员起来的,它未必一定是从世界史开端到"现代"为止的全部历史。[1]

资本家阶级曾相信这里出现的市民社会原理——建立在"劳动和所有的同一性"基础上的人的共感(sympathy)——可以转化为隐瞒自己对奴隶的统治、迷惑人的炫目的盖子,既可以作不折不扣的遮眼罩,又可以作佯攻的目标。但是,马克思却与资本家阶级的愿望相反,认为它才是活跃于资本家统治深处的、"建设新社会=变革旧社会"的根本契机。[2]

第三节

讨论完望月清司的两个"贯穿",我们再来谈谈其对《大纲》解读中的一个"拒斥",包括在解读的对象上对《大纲》"资本章"主体部分的悬置,特别是在解读的主旨上对所谓"异化统治论""剩余价

---

[1] [日]望月清司:《马克思历史理论的研究》,韩立新译,北京师范大学出版社 2009 年版,第 500 页。

[2] [日]望月清司:《马克思历史理论的研究》,韩立新译,北京师范大学出版社 2009 年版,第 503 页。

值论"的否定。

望月清司从两个方面对自己的这一拒斥进行了合法性辩护：

一是从马克思历史理论本身以及对这一理论研究视角的多维性来论证：

> 马克思究竟将世界史看成了一个什么样的谱系或者发展阶段呢？众所周知，人们在这一问题上众说纷纭。在《〈政治经济学批判〉序言》中，马克思曾从对亚细亚生产方式的讨论开始，将生产方式的社会构成当作标尺。还有，正如我们从《政治经济学批判大纲》的"依赖关系史论"和"人类史的三阶段论"中所清楚地看到的那样，马克思本人还曾尝试着从不同的视角来把握这一问题。因此，我们不能说，在马克思那里只有"无剥削的共同所有→在阶级分裂和剥削基础上的所有→无剥削的共同所有在更高形态上的复活"这一逻辑才是正确的，其他的逻辑都是错误的；同理，我们也不能说"无阶级社会→阶级社会→无阶级社会的辩证发展"才是唯一的钥匙。研究方法不同，世界史也完全可以描绘成"从共同体到市民社会"两个阶段。在这里，马克思关于"从人类社会的史前时期到正史"的构图显然就属于这一两个阶段的认识。[1]

二是从《大纲》本身的内容和性质进行论证。他说：

---

[1] [日]望月清司：《马克思历史理论的研究》，韩立新译，北京师范大学出版社2009年版，第499页。

用"依赖关系"来划分"世界史"的方法,在一定的理论层面上对于确认市民社会联系的连续性和继承性是十分有效的,但是,如果要让这一单一的历史认识担负起从资本家社会的角度,即从价值规律和经济以外的强制、资本和土地所有的角度来反省和概括资本主义以前各种社会形式的任务,恐怕还只能是一种美好的愿望。因为,这一历史认识,基本上如平田所说,还属于"商品的历史理论",不包含要将分工逻辑改变为统治逻辑的志向。"依赖关系"史论与那种按历史顺序阐述单纯的所有制形式和权力结构的阶段理论不同,它的基本态度是要用经济学理论来完成对世界史的批判性展望。试图从这一史论中发现一个历史理论是正确的,但是这一史论在原理上有两点局限:第一,《大纲》在体系上属于商品=货币理论的层次;第二,《大纲》处于政治经济学批判体系的生成时期(特别是马克思对土地所有制的历史认识还未成熟)。[1]

就第一点来说,除去他对马克思历史理论的具体判断,其辩护是成功的。我们不仅认为他有从事这一研究的权利,而且认为他对马克思的市民社会理论的研究付出了巨大的劳动,其这一方面代表作也是宏伟的巨著,且其中不乏真知灼见。但是对望月清司的第二点辩护,我们就不敢苟同了。

"三大社会形式"理论确实有局限性,因为它不能涵盖马克思

---

[1] [日]望月清司:《马克思历史理论的研究》,韩立新译,北京师范大学出版社2009年版,第303页。

的全部历史理论,"基本上如平田所说,还属于'商品的历史理论'"。但是,第一,《大纲》的主体部分是资本章,只是以此为基础正式出版的《政治经济学批判(第一分册)》才是"在体系上属于商品＝货币理论的层次"。第二,更为重要的是,马克思的商品＝货币理论是同其资本＝剥削理论内在统一的,所以他才认为"商品是资本主义的经济细胞""在商品中包含着资本主义生产方式一切矛盾的胚芽"。第三,《大纲》标志着马克思政治经济学批判的思想形成。不仅劳动价值论完备化了,狭义剩余价值论也已成熟,只是广义剩余价值理论尚待进一步阐发。诚然马克思对土地所有制的阐述尚未展开,但那是由"六册结构"决定的写作顺序造成的,并非"对土地所有制的历史认识还未成熟"。实际上,望月的说法不过是"市民社会派马克思主义"共同的理论偏见。正如他引证的,"高岛善哉曾指出,本来意义上的《资本论》是到第 1 卷第 3 章为止,它的分析对象就是市民社会"。[1] 连《资本论》都被归结为仅仅是"商品和货币"的理论,何况《大纲》呢?!

基于上述认识,我们认为,离开《大纲》资本章的主体部分和"异化统治论",就不可能真正把握马克思三大社会形式理论的原像。望月清司的这一"拒斥",是同前面讨论过的两个"贯穿"一致的,其目的是要将马克思的三大社会形式理论曲解为"一个社会(即剥离掉资本家社会的市民社会)的非历史表象",把马克思改塑为斯密＋韦伯。

首先,离开"统治关系"(望月清司所谓"垂直关系")及其演化,就不可能真正理解"市民社会"的"人格关系"(望月清司所谓"水平

---

[1] [日]望月清司:《马克思历史理论的研究》,韩立新译,北京师范大学出版社 2009 年版,第 512 页。

关系")。望月将"统治关系"和"人格关系"或"社会联系"完全对立起来了。他在引了马克思关于"交换价值是人格与人格之间的一种关系……是隐藏在物的外壳之下的一种关系"[1]的论述之后说：

顺便提醒一下读者，恩格斯曾为此书(《政治经济学批判(第一分册)》——引者)撰写过书评，在这一书评中，恩格斯将《政治经济学批判》中的这一规定解释成"经济学所研究的不是物，而是人和人之间的关系，归根到底是研究阶级和阶级之间的关系的"[2]（完全是按照《马克思恩格斯全集》日译本的翻译），这一解释后来成了教义体系"生产关系"概念的根据。当然，恩格斯并没有采取那种表面的、庸俗的做法，即认为只要提物象化就可以解释全部资本家社会生产关系，他注意到了"人格"之间的联系。但是，他却将这一本属于分工理论＝交换过程理论层面上的"人格"一下子提升到了"阶级"的高度。按照恩格斯的理解，所谓"人格和人格之间的社会联系"，竟成了资本家和雇佣工人这两大阶级之间的——他将马克思的规定修改成了(两个)人格之间的各种联系(die Verhältnise zwischen Personen)——各种对抗关系。恩格斯是将马克思阐述的水平关系改成了垂直关系。由于这种误解——马克思对此也应负一半的责任——具有权威性，那么当有人说《大纲》和《政治经济学批判》时期人格依赖关系已经

---

[1] 《马克思恩格斯全集》中文2版第31卷，人民出版社1998年版，第426页。
[2] 《马克思恩格斯全集》中文1版第13卷，人民出版社1960年版，第533页。

是人格统治＝隶属关系就不足为奇了。[1]

实际上，并不是恩格斯曲解了马克思，而是马克思自己认为"人格关系"包含着"统治关系"。马克思对此不是"应负一半的责任"，而是应负全责。他在谈到由人们之间的关系由"第一阶段"向"第二阶段"转变时说：

> 这种关系先前得以表现的条件，或者说表现为生成这种关系的历史前提的那些条件，乍一看来表现出某种二重性：一方面是**活劳动**的比较低级形式的解体，另一方面（对直接生产者来说）是比较幸福的关系的解体。
>
> 首先第一个前提，是奴隶制或农奴制关系的消灭。活劳动能力属于本人自己，并且通过交换才能支配它的力的表现。双方作为人格互相对立。在形式上他们之间的关系是一般交换者之间的平等和自由的关系。
>
> 至于这种形式是表面现象，而且是骗人的表面现象，这一点在考察法律关系时表现为处于这种关系之外的东西。……但是，就单个的、现实的人格来说，在这种情况下，工人有选择和任意行动的广阔余地，因而有<u>形式上的自由</u>的广阔余地。在奴隶制关系下，劳动者属于**个别的、特殊的**所有者，是这种所有者的工作机。劳动者作为力的表现的总体，作为劳动能力，是属于他人的物，因而劳动者不是作为主体同自己的力的特殊表现即自己的活的

---

[1] ［日］望月清司：《马克思历史理论的研究》，韩立新译，北京师范大学出版社2009年版，第286—287页。

劳动活动发生关系。在农奴制关系下,劳动者表现为土地财产本身的要素,完全和役畜一样是土地的附属品。……对于自由工人来说,他的总体上的劳动能力本身表现为他的财产,表现为他的要素之一,他作为主体支配着这个要素,通过让渡它而保存它。……[1]

这就是说,不仅第一阶段"广义的人格(依赖)关系"包含着"统治关系"(奴隶制和农奴制),即使第二阶段"狭义的人格(独立)关系"也不仅包含着商品生产者(所谓"本源的市民社会")和资本家(所谓"资本家的市民社会")之间的"水平关系",同时更基本的是"资本家"和"自由个人"之间的关系。这种"人格关系"具有二重性:"在形式上"是"水平关系",在内容上仍然是"垂直关系"(资本对雇佣劳动的统治);这二者统一起来就是"劳动力的人格化"和"资本的人格化"之间的关系。马克思说:"在资本的概念中包含着这样一点:劳动的客观条件(而这种客观条件是劳动本身的产物)对劳动来说人格化了,或者同样可以说,客观条件表现为对工人来说是异己的人格的财产。资本的概念中包含着资本家。"[2]

> 同活劳动能力相对立的价值的独立的自为存在——从而价值作为资本的存在;劳动的客观条件对活劳动能力的客观的漠不相干性即**异己性**——已经达到如此地步,以致<u>这些条件以资本家的人格的形式,即作为具有自己的意志和利益的人格化,同工人的人格相对立</u>;财产即

---

[1] 《马克思恩格斯全集》第30卷,人民出版社1995年版,第457页。黑体字是原有的,加着重号的是本文作者强调的。

[2] 《马克思恩格斯全集》第30卷,人民出版社1995年版,第508页。

> 劳动的物质条件同活劳动能力的这种绝对的**分裂**或**分离**——以致劳动条件作为他人的财产,作为另一个法人的实在,作为这个法人的意志的绝对领域,同活劳动能力相对立,因而另一方面,劳动表现为同人格化为资本家的价值相对立的,或者说同劳动条件相对立的他人的劳动;……[1]

更为重要的是,马克思继在《德意志意识形态》中指出"真正的市民社会是随着资产阶级发展起来的"之后,在《大纲》中进一步强调:交换价值制度不是独立的制度,这种交换制度是以资本为基础的,资本对剩余劳动的无偿占有是这一制度的前提和隐蔽背景。他说:

> 以交换价值为基础的生产和以这种交换价值的交换为基础的共同体,……这种交换制度是以**资本**为基础的,而且,如果把它同资本分开来考察,像它在表面上所表现的那样,把它看作**独立**的制度,那末,这只是一种**假象**,不过这是**必然的假象**。
>
> 因此,现在已经毫不奇怪的是,交换价值制度,以劳动为尺度的等价物的交换,会转化为不通过交换而对他人劳动的占有,转化为劳动与财产的完全分离,或者更确切地说,会把这种情况当作这一制度的隐蔽背景而显示出来。因为,交换价值本身和生产交换价值的生产占统

---

[1] 《马克思恩格斯全集》第 30 卷,人民出版社 1995 年版,第 443—444 页。黑体字是原有的,加着重号的是本文作者强调的。

治地位**的前提是**：他人的劳动能力本身是交换价值，也就是说，活的劳动能力与其客观条件相分离；对客观条件的关系——或劳动能力对自己的客观性的关系——成了对他人的财产的关系；一句话，对客观条件的关系，成了对**资本**的关系。[1]

其次，拒斥"异化统治论"，仅仅把目光集中在"本源的市民社会"或"资本主义社会"的"市民社会"层面，恰恰会走到望月愿望的反面，与其所反对的"教义体系"一样，忽视"资本"的历史作用。望月一直回避"资本和剩余劳动"，生怕沾到"统治关系"的一点气味。其实，如果说"市民社会"的历史作用重大，那么"资本"的历史作用更大。马克思不仅没有停留在"教义体系"所承认的"社会化生产力"层面上，也没有像"望月史学"那样仅仅再加上一个"市民社会"的普遍交往层面，他甚至认为资本对剩余劳动的"狼一样的贪欲"也对人的需要从而整个生存方式的提升具有客观上的历史意义。这才是马克思最彻底的历史辩证法。他说：

> 资本的伟大的历史方面就是**创造**这种**剩余劳动**，即从单纯使用价值的观点，从单纯生存的观点来看的多余劳动，而一旦到了那样的时候，即一方面，需要发展到这种程度，以致超过必要劳动的剩余劳动本身成了普遍需要，成为从个人需要本身产生的东西，另一方面普遍的勤劳，由于世世代代所经历的资本的严格纪律，发展成为新

---

[1] 《马克思恩格斯全集》第30卷，人民出版社1995年版，第504—505页。黑体字是原有的，加着重号的是本文作者强调的。

的一代的普遍财产,最后,这种普遍的劳动,由于资本的无止境的致富欲望及其唯一能实现这种欲望的条件不断地驱使劳动生产力向前发展,而达到这样的程度,以致一方面整个社会只需用较少的劳动时间就能占有并保持普遍财富,另一方面劳动的社会将科学地对待自己的不断发展的再生产过程,对待自己的越来越丰富的再生产过程,从而,人不再从事那种可以让物来替人从事的劳动,——一旦到了那样的时候,资本的历史使命就完成了。[1]

最后,更重要的在于,抛斥"异化统治论",仅仅局限于"异化分工论",严重地限制了望月为代表的"市民社会派马克思主义"者们的眼界,根本无法理解"第三阶段"即马克思关于"自由人联合体"理想的精髓。

如果说马克思在《德意志意识形态》中由于仍然停留在斯密的"分工论"基础上,认为物质生产"现在是自主活动的唯一可能形式"[2]。那么,从《哲学的贫困》开始,由于已经站到了李嘉图"机器大工业"的基础上,他得出了新的结论。这就是他在《大纲》"资本章"中指出的:机器体系的发展必然造成生产的科学化和社会化趋势,从而为社会创造出越来越多的"自由时间"。

> 在这个转变中,表现为生产和财富的宏大基石的,既不是人本身完成的直接劳动,也不是人从事的劳动时间,

---

[1] 《马克思恩格斯全集》第 30 卷,人民出版社 1995 年版,286 页。
[2] 《马克思恩格斯全集》第 3 卷,人民出版社 1960 年版,第 75—76 页。

而是对人本身的一般生产力的占有,是人对自然界的了解和通过人作为社会体的存在来对自然界的统治,总之,是社会个人的发展。**现今财富的基础是盗窃他人的劳动时间**,这同新发展起来的由大工业本身创造的基础相比,显得太可怜了。一旦直接形式的劳动不再是财富的巨大源泉,劳动时间就不再是,而且必然不再是财富的尺度,因而交换价值也不再是使用价值的尺度。**群众的剩余劳动**不再是一般财富发展的条件,同样,**少数人的非劳动**不再是人类头脑的一般能力发展的条件。于是,以交换价值为基础的生产便会崩溃,直接的物质生产过程本身也就摆脱了贫困和对立的形式。个性得到自由发展,因此,并不是为了获得剩余劳动而缩减必要劳动时间,而是直接把社会必要劳动缩减到最低限度,那时,与此相适应,由于给所有的人腾出了时间和创造了手段,个人会在艺术、科学等等方面得到发展。[1]

正是以此为基础,马克思形成了自己关于"第三阶段"的崭新思想:物质生产领域内的自由只能是相对的,低级的;真正的自由王国既以这个必然王国为基础又在其之外。这就是后来在《资本论》第 3 卷中的著名论断:

> 事实上,自由王国只是在由必需和外在目的规定要做的劳动终止的地方才开始;因而按照事物的本性来说,它存在于真正物质生产领域的彼岸。……这个领域(指

---

[1] 《马克思恩格斯全集》第 31 卷,人民出版社 1998 年版,第 100—101 页。

"真正物质生产领域"——引者)内的自由只能是：社会化的人，联合起来的生产者，将合理地调节他们和自然之间的物质变换，把它置于他们的共同控制之下，而不让它作为盲目的力量来统治自己；靠消耗最小的力量，在最无愧于和最适合于他们的人类本性的条件下来进行这种物质变换。但是，不管怎样，这个领域始终是一个必然王国。在这个必然王国的彼岸，作为目的自身的人类能力的发展，真正的自由王国，就开始了。但是，这个自由王国只有建立在必然王国的基础上，才能繁荣起来。工作日的缩短是根本条件。[1]

望月说："马克思对历史理论多次雕琢的结果是《资本论》第3卷第48章'三位一体的公式'，在这一公式中（应是"对这一公式的批判中"——本文作者），马克思在论述必然王国和自由王国时谈到：

> 这个领域"必然王国"内的自由只能是：社会化的人，联合起来的生产者（der vergeselschaftete Mensch, die ass oziirten Produzenten），将合理地调节他们和自然之间的物质代谢，把它置于他们的控制之下，而不让它作为盲目的力量来统治自己。[2]

只有到了这一阶段，那一在私人所有条件下只能透过理论之

1　《马克思恩格斯全集》第 25 卷，人民出版社 1974 年版，第 926—927 页。
2　《马克思恩格斯全集》第 46 卷，人民出版社 2003 年版，第 928 页。

光才能隐约可见的非异化的'人类'社会才会出现在历史现实之中。联合起来的生产者从'市民社会'中发现,只有组成社会才能将大工业变成为我之物,未来的共同体就是由联合起来的生产者所组成的自觉的共同体。这是马克思的结论,也是第十条提纲'人的社会'的真正含义。"[1]

对照一下就可发现,不仅"必然王国内的相对自由"仅仅引了一半;"真正的自由王国"更是被排斥在外。这种具有望月特色的"半截子"引证方式(还有前面提到的他对"人体解剖是体解剖的一把钥匙"那一段"导言"中话的引证)表明,望月(以及其所代表的所谓"市民社会派马克思主义"者)并不是马克思主义者,而是马克思学者;至多只是"半截子"马克思主义者,而且是"下半截子"马克思主义者,即构成马克思主义思想来源的、被马克思扬弃了的其思想先驱者的信徒。是在经济学上由马克思回到斯密,在哲学上由马克思回到费尔巴哈。这与美国马克思学者博托莫尔在《马克思主义之后的马克思》中实际上从马克思回到黑格尔一样。韩立新和张一兵曾争论望月清司等属于"日本马克思主义"还是"日本新马克思主义"[2],我认为,他们称之为"日本马克思学"可能更为合适。

望月清司自己说过:

> 马克思紧接着"依赖关系"理论开头的一节提到了亚当·斯密的名字,并介绍说古典经济学派的经济学家们在某种意义上正确地表达了马克思本人的命题,即生产者

---

[1] [日]望月清司:《马克思历史理论的研究》,韩立新译,北京师范大学出版社2009年版,第215—216页。

[2] 张一兵、韩立新:《是"日本马克思主义"还是"日本新马克思主义"——关于日本马克思主义的学术定位的对话》,载《中国社会科学报》,2010年3月25日。

之间要全面地互相依赖,尽管他们是以每个人对自己私人利益的追逐最终必将客观地促进所有人的利益这样的形式。如果重新定义这一命题,就是异化＝全面的依赖性。[1]

不过,望月清司并非仅仅从马克思"回到斯密",他还从斯密进一步"走到韦伯"。"当我们以这种问题意识来重新研究马克思时,其中一个工作就是要将马克斯·韦伯解读成一个马克思的研究者,因为他深入地学习了马克思,创造出了一个与教义体系完全不同的世界史像。"[2] 这个韦伯,其实就是望月自己,不过他不是把韦伯解读成马克思,而是把马克思解读成了韦伯! 因为他自己就坦承:"要以深入地学习了马克思的韦伯为'线索',重新去构筑马克思的历史理论,然后再从这一高度反过来彻底地批判韦伯。"[3] 这里的顺序是明白无误的:"韦伯→马克思→韦伯",韦伯是望月解读马克思的出发点和归宿。

然而,辩证法就是那么喜欢捉弄人。望月信誓旦旦地反对"教义体系",表示与之"不共戴天"。但是,辩证法告诉我们:"两极相通。"如果说望月清司在"回到斯密"(市民社会的法权形式和积极作用)上确实同"教义体系"相对立,那么由于他同样拒斥"资本主义的历史作用",特别是他进一步"走向韦伯"(共同体和大工业的分工联系、"社会结构"),结果在对未来社会的看法上竟然同"教义体系"惊人的一致。从恩格斯经过第二国际理论家到苏联的社会

---

[1] [日]望月清司:《马克思历史理论的研究》,韩立新译,北京师范大学出版社 2009 年版,第 271—272 页。

[2] [日]望月清司:《马克思历史理论的研究》,韩立新译,北京师范大学出版社 2009 年版,第 481 页。

[3] [日]望月清司:《马克思历史理论的研究》,韩立新译,北京师范大学出版社 2009 年版,第 497 页。

主义模式,都是把人类社会的发展是一个从社会生活的局部控制和自发调节向全面的自觉控制转变的过程。这里的典型就是希法亭的名著《金融资本》中的具体表述,即人类历史发展是一个否定之否定过程:

> 共产主义部落和自给自足的家长制家庭这种局部性的自觉控制社会→商品经济特别是资本主义的全面性的自发调节社会→社会主义的全面性的自觉控制社会。[1]

对照一下望月清司的公式之一:

> 没被异化但在局部发展的人格依赖关系→普遍发展但被异化和物象化了的人格依赖关系→普遍发展且剥去了异化=物象化外衣的人格依赖关系。[2]

二者何其相似!显而易见,和希法亭一样,望月清司在历史观上同样无法真正超越必然王国,他的"从市民社会到社会主义的转变",同希法亭从"自发调节社会"到"自觉组织社会"的转变一样,都无法到达马克思"真正的自由王国"的理想彼岸,只能停留在"外在的经济必然性王国"。望月清司自己在评论韦伯时就说:"不过,根据他的观察,'官僚制'社会主义是资本主义的末路,这是一个决

---

[1] 姚顺良:《希法亭对马克思资本主义理解模式的逻辑转换》,载《南京大学学报》,2009年第3期。
[2] [日]望月清司:《马克思历史理论的研究》,韩立新译,北京师范大学出版社2009年版,第293页。

定性的因素。"[1]其实,望月清司的"市民社会的社会主义",只比韦伯的"官僚制社会主义"、苏联的"计划经济的社会主义"多了一点市场经济和自由主义的色彩,同希法亭后来的"有组织的资本主义"倒是完全一致的。

当然,我们并不否认"望月史学"具有积极价值包括"启蒙"意义,但那不是对马克思研究的启蒙,而是以马克思的名义进行的启蒙,这种启蒙对于日本这样一个带有浓厚前现代遗迹的国家确实是具有重大的历史合理性,对于中国的现代化进程也有现实意义。但是,把马克思变成启蒙学者,把马克思改塑成斯密、韦伯,就不仅在实践上成了资本主义的共谋,而且在理论上也不是什么"启蒙",而是"遮蔽"甚至"阉割"了。我曾经批评过把马克思研究"马克思学"化的倾向[2],现在需要进一步指出,这种理论上的实证主义倾向是同实践上将马克思主义自由主义化内在统一的。同样需要强调的是,马克思主义不同于马克思之前的粗陋平均的共产主义,它并不是全盘否定和完全抛弃自由主义,而是对其作辩证的扬弃;但把马克思主义归结为自由主义,即使在东方,在亟须现代化的中国,也是错误的、有害的。如果说,"苏联马克思主义"(用望月的说法,即"教义体系")对自由主义采取了绝对的否定态度,反映了其所谓社会主义更多地带有向马克思以前的粗陋的平均的共产主义的"回复",那么"望月史学"就和在哲学上第二国际时期伯恩施坦等人"回到康德去"、博托莫尔在"马克思主义以后""回到黑格尔去"一样,在经济学上把马克思拉回到斯密去了:马克思由一个资

---

1 [日]望月清司:《马克思历史理论的研究》,韩立新译,北京师范大学出版社2009年版,第496页。
2 姚顺良:《马克思研究:"历史科学"化,还是"马克思学"化?》,载《南京社会科学》,2007年第10期。

本主义的辩证批判家变成了资本主义的精致的辩护士了！马克思说过：粗陋的平均的共产主义"低于私有财产"，但是马克思批判这种粗陋的平均的共产主义决不是要对"私有财产"顶礼膜拜，而是要上升到"私有财产"之上，即上升到科学的共产主义！这就是本文的最后结论。

第十九章 《资本论》与"自我所有权"

柯亨在《自我所有、自由和平等》一书中,批评马克思主义特别是其剥削理论和社会理想是建立在与自由主义同样的"自我所有理论"的基础上的。以《资本论》中的所有权理论为依据,从马克思在何种意义上承认自我所有权、自我所有权同价值理论和剥削理论的关系、自我所有权的超越与马克思对未来社会及其实现条件的设想三个方面对柯亨的"马克思批评"进行批判性反思,可以发现柯亨对马克思的这一批评是建立在对《资本论》的误读和偏见之上的。这不仅表明柯亨已从"分析的马克思主义"转到了"后马克思主义"立场,而且从反面证明了《资本论》的政治哲学意义和当代价值。《资本论》的所有权理论从历史唯物主义出发,坚持科学性与规范性相统一的原则,在科学的劳动价值论和剩余价值论的基础上,深刻地揭示了资本主义法权关系、政治制度和意识形态的本质,对其作了历史的批判。其核心内容就是通过对"劳动力商品"的分析展开的对所谓劳动所有权的批判。用一句话来概括就是:"商品生产的所有权规律转化为资本主义的占有规律。"这一核心思想与"从生产出发超越生产"的"生产超越逻辑"一起,构成了《资本论》最核心的观点。两者的统一就是马克思关于"自由王国只能建立在必然王国的基础上但又在这个必然王国的彼岸"的思想。

柯亨"后马克思"转向的这一教训，从反面再一次告诫我们：在后冷战和资本主义全球化时代，马克思的《资本论》仍然保持着强大的生命力，其所有权理论仍然是对包括新自由主义在内的各种资产阶级法权观念和意识形态进行政治哲学批判的强大思想武器。

第一节

20世纪七八十年代，西方英语世界爆发了一场关于正义问题的大论战。在这场论战中，G. A. 柯亨对诺齐克（以及罗尔斯）的批判，引起了马克思主义者的特别关注。这不仅因为柯亨和诺齐克代表了平等主义和自由主义的两极，抑或柯亨的批判是公开从"为社会主义辩护"的立场出发的，更是因为作为刚刚完成"为马克思的历史理论辩护"并因此而成为"分析马克思主义"奠基人和主要代表的柯亨，在这一批判中同时对马克思主义本身提出了批评，认为马克思对资本主义的批判是从与自由主义同样的前提——"自我所有理论"出发的，因而不可能战胜自由主义。只有超越马克思，彻底抛弃"自我所有理论"，才能在现时代维护社会主义的理想，寻求实现社会主义的现实途径。

必须承认，柯亨提出的问题是带有根本性的，而且这一问题到目前为止在国内外马克思主义学界似乎尚未得到认真的回应。基于上述考虑，笔者拟以《资本论》（包括手稿和有独立意义的不同版本，下同）中的所有权理论为依据，从马克思在何种意义上承认自我所有权、自我所有权同价值理论和剥削理论的关系、自我所有权的超越与马克思对未来社会及其实现条件的设想三个方面，对柯亨的"马克思批评"做出反批评。在此基础上,笔者认定:柯亨的这一批评是建立在对《资本论》的误读和偏见之上的,这不仅表明柯亨已从"分析的马克思主义"转到了"后马克思主义"立场,而且从反面证明了《资本论》的政治哲学意义和当代价值。

柯亨对马克思和马克思主义的批评,集中在"自我所有理论"上。这是因为,他认为这一理论是自由主义政治哲学的核心或根本基础。当然,柯亨并不是一开始就认识到这一点的,而是通过对当代新自由主义政治哲学的代表人物诺齐克的批判逐步认识到的。根据他自己的回顾,这一过程大体经历了三个阶段:最初,他着重通过所谓张伯伦事例研究了诺齐克的持有正义论,反驳了诺齐克从程序正义必然推出结果正义的观点,并指出诺齐克误用了自由概念。此时,尚未意识到自由主义的基础是自我所有理论。后来,他开始认识到这一点,但仍然企图将自我所有权同平等结合起来,但遭到了失败。最后,他认识到自我所有权与平等的不可兼容性,否定了任何试图将两者结合起来的可能,认为为了坚持平等就必须彻底否定自我所有权,并且力图通过自己的批判性的分析反驳自我所有理论。他认为,自我所有理论虽然不能被完全驳倒,但可以通过他的辨析消除其内在的优越性,祛除其魅力。

正是从上述认识出发,柯亨在批判诺齐克的同时,把相当大的精力花费在对马克思和马克思主义本身的批评性分析上,他不仅在一系列文章中,而且在其政治哲学的代表作《自我所有、自由和平等》一书的11章中用了4章(第5—8章)的篇幅专门进行了详细的分析。柯亨得出的主要结论之一就是:马克思不仅没有认识到自我所有理论是自由主义的根本基础,还不自觉以其作为自己的基础。对于马克思主义者来说,尽管自我所有论"并没有在他们的信仰中完全公开地得到承认",甚至在对这一问题的态度上有时陷于矛盾,但他们实际上"习惯性地系统地运用"了这一论点[1];马克思主义对自我所有论的承认,不仅使其无法同左翼自由主义划清界限,而且无法真正战胜右翼自由主义。因此,诺齐克对马克思主义来说更为危险,因为他似乎抓住了马克思的软肋。

事实真的如此吗?

诚然,在马克思那里,确实存在着对柯亨所谓自我所有权的某种承认;同时,揭示"自我所有理论"是自由主义的理论基础,这从一定意义上说,也确实是柯亨对诺齐克批判中的最重要功绩。但是,由此得出马克思和马克思主义同自由主义有着共同的理论基础的结论,却是轻率且错误的。

与柯亨所断言的相反,马克思对所谓自我所有权的态度,并非暧昧或矛盾,而是从一开始就是十分明确、自觉而系统的。这就是马克思在《资本论》中提出并系统论证了的所有权理论——商品生产的所有权规律及其转化为资本主义占有规律的完整理论。正是在这一理论中,包含着马克思历史的、同生产的客观条件有着特定关系的具体的"自我所有"理论,即以劳动所有权为历史前提和法权形式的劳动力所有权理论。

首先,是商品生产的劳动所有权规律。马克思指出:"商品总是作为现成的东西进入流通。因此,商品的生成过程,从而商品的最初占有过程,发生在流通之外。但是,只有通过流通,即通过自己的等价物的转让,才能占有他人的等价物,因此,必须承认自己的劳动是最初的占有过程,而流通实际上只是体现在各种各样产品中的劳动的相互交换。因此,劳动和对自己劳动成果的所有权表现为基本前提,没有这个前提就不可能通过流通而实行第二级

---

[1] [英]柯亨:《自我所有、自由和平等》,李朝晖译,东方出版社2008年版,第179页。

的占有。以自己的劳动为基础的所有权，在流通中成为占有他人劳动的基础。……而从流通的观点来看，只有通过自己劳动转让才能占有他人商品即他人劳动，所以从这一观点来看，发生在流通之前的商品占有过程必然表现为通过劳动而占有。商品作为交换价值只是对象化劳动，而从流通的观点来看，流通本身仅仅是交换价值的运动，他人的对象化劳动不通过等价物的交换是不能占有的，因此，商品实际上只不过是自己的劳动的对象化，并且正像自己的劳动实际上是对自然产品的实际占有过程一样，自己的劳动同样也表现为法律上的所有权证书。流通仅仅表明，这种直接占有怎样通过某种社会行动的中介，使对自己的劳动的所有权转变为对社会劳动的所有权。"[1]在这里，"自我所有权"表现为同生产资料所有权（柯亨等人所谓世界资源所有权）相统一的劳动力所有权（所谓自我所有权），因而是包括生产条件（资源）、过程和产品在内的完全意义上的劳动所有权。这种所有权规律可以简化为以下两个句子：

（1）自己劳动的对象化或对自己劳动的占有（第一级的占有）。

（2）等价物的交换或自己劳动的所有权通过转让（alienation）对他人劳动的所有权的占有（第二级的占有）。

这里需要强调的是，根据马克思的观点，尽管（1）是（2）的前提，但（1）本身并不是自明的，反倒是（2）的逻辑推论。这种所有权规律构成了其法权关系和意识形态的基础："流通中发展起来的交换价值过程，不但尊重自由和平等，而且自由和平等是它的产物；它是自由和平等的现实基础。作为纯粹观念，自由和平等是交换

---

[1]《马克思恩格斯全集》第31卷，人民出版社1998年版，第348—349页。

价值过程的各种要素的一种理想化的表现；作为在法律的、政治的和社会的关系上发展了的东西，自由和平等不过是另一次方上的再生产物而已。"[1]

其次，是资本主义的占有规律。在这里，"自我所有权"的法权形式并没有改变："劳动力的买和卖是在流通领域或商品交换领域的界限以内进行的，这个领域确实是天赋人权的真正伊甸园。那里占统治地位的只是自由、平等、所有权和边沁。自由！因为商品例如劳动力的买者和卖者，只取决于自己的自由意志。他们是作为自由的、在法律上平等的人缔结契约的。契约是他们的意志借以得到共同的法律表现的最后结果。平等！因为他们彼此只是作为商品所有者发生关系，用等价物交换等价物。所有权！因为他们都只支配自己的东西。边沁！因为双方都只顾自己。使他们连在一起并发生关系的唯一力量，是他们的利己心，是他们的特殊利益，是他们的私人利益。正因为人人只顾自己，谁也不管别人，所以大家都是在事物的前定的和谐下，或者说，在全能的神的保佑下，完成着互惠互利、共同有益、全体有利的事业。"[2]

但是，由于"自我所有权"已经变为同生产资料所有权（"世界资源所有权"）相分离的单纯劳动力所有权，其实质内容便发生了质变，流通领域中形式上的转让在生产过程中转变为实质上的异化："为了把资本同雇佣劳动的关系表述为所有权的关系或规律，我们只需要把双方在价值增值过程中的行为表述为占有的过程。例如，剩余劳动变为资本的剩余价值，这一点意味着：工人并不占有他自己劳动的产品，这个产品对他来说表现为他人的财产，反过

---

[1]《马克思恩格斯全集》第31卷，人民出版社1998年版，第362页。
[2]《马克思恩格斯全集》第44卷，人民出版社2001年版，第204—205页。

来说,他人的劳动表现为资本的财产。资产阶级所有权的这第二条规律是第一条规律[1]转变来的,并通过继承权等等而长期存在下去,不受单个资本家的易逝性的影响;它同第一条规律一样被承认为规律。第一条是劳动和所有权的同一性;第二条是劳动表现为被否定的所有权,或者说,所有权表现为对他人劳动的异己性的否定。"[2]

资本主义占有规律可以简化为两个句子:

(3) 从占有的法权形式上来看,包括劳动力的买和卖在内的一切商品的交换仍然表现为劳动和所有权的同一性(第一条规律,商品生产的所有权规律)。

(4) 从占有的实质内容上来看,生产过程转变为劳动力商品的使用过程,对自己劳动的占有转变为劳动的非占有和非劳动(资本)的占有(第二条规律,资本主义的占有规律)。

这里的(3)实际上包含了(1)和(2)。

最后,在资本主义再生产的过程中,不仅资本不断地生产出剩余价值,而且剩余价值不断地转化为资本,资本主义占有规律的实质内容有了进一步的发展:"我们已经看到,甚至在简单再生产的情况下,全部预付资本,不管它的来源如何,都转化为积累的资本或资本化的剩余价值。但在生产的巨流中,全部原预付资本,与直接积累的资本即重新转化为资本(不论它是在积累者手中,还是在他人手中执行职能)的剩余价值或剩余产品比较起来,总是一个近于消失的量(数学意义上的无限小的量)。"[3]

---

[1] 俄文版编者注,"指对自己劳动的产品拥有所有权的规律"。不准确,容易造成仅指"第一级的占有"[命题(1)]的误读。应为包括两级占有[命题(1)和(2)]在内的"商品生产的(劳动)所有权规律"。

[2] 《马克思恩格斯全集》第30卷,人民出版社1995年版,第463页。

[3] 《马克思恩格斯全集》第44卷,人民出版社2001年版,第678页。

但所有权的法权形式始终不变:"现在执行职能的资本,不管它经过的周期的再生产和先行积累的系列多么长,总是保持着它本来的处女性。尽管每一个单独考察的交换行为仍遵循交换规律,但占有方式却会发生根本的变革,而这丝毫不触犯与商品生产相适应的所有权。这同一所有权,在产品归生产者所有,生产者用等价物交换等价物,只能靠自己劳动致富的初期,是有效的;在社会财富越来越多地成为那些能不断地重新占有别人无酬劳动的人的财产的资本主义时期,也是有效的。"[1]

资本主义再生产过程是资本主义占有规律的最终完成:

(5)在再生产过程中,全部资本,不管来源如何,都或迟或早地转化为资本化的剩余价值。

(6)不管经过的周期的再生产和先行积累的序列多么长,资本总是保持着它本来的处女性。

只要我们将马克思的上述所有权理论同诺齐克的"持有正义论"三原则比较一下,就可以发现两者在"自我所有权"问题上的本质区别。诺齐克的三原则是:"(1)一个符合获取的正义原则获得一个持有的人,对那个持有是有权利的(获取原则);(2)一个符合转让的正义原则,从别的对持有拥有权利的人那里获得一个持有的,对这个持有是有权利的(转让原则);(3)除非通过前两个原则的(重复)应用,没有人对一个持有拥有权利(矫正原则)。"[2]很明显,诺齐克的三原则不过是马克思(1)、(2)、(6)三个命题的抽象化改写。这种改写从三个方面把马克思的命题抽象化了:一是占有主体的抽象化。马克思那里的"劳动者"或"劳动力所有者"变成抽

---

1 《马克思恩格斯全集》第44卷,人民出版社2001年版,第677页。
2 [美]诺齐克:《无政府、国家和乌托邦》,何怀宏等译,中国社会科学出版社1991年版,第157页。

象的"个人",生产的主体条件(劳动力)的所有者(劳动者)同生产的客观条件(生产资料)的所有者(资本家)之间的界限消失了。二是占有过程的抽象化。马克思那里的生产过程中通过劳动的"第一级占有"[命题(1)]和流通过程中通过交换的"第二级占有"[命题(2)],被诺齐克"获取原则"和"转让原则"中的同一个词"获得"取代,劳动过程和劳动力商品的使用过程的界限被抹杀了。三是占有对象的抽象化。抽象的"拥有"混淆了对生产条件(资源)的所有与对生产结果(产品)的所有,用资本主义所有权的法权形式[(3)=(1)+(2),(6)]掩盖了其占有实质[(4),(5)],把"单纯劳动力的所有权"(=劳动的非所有权+非劳动的所有权)这一资本主义的占有规律偷换为简单商品生产的"劳动的所有权"规律。不过,这种手法并非诺齐克的首创,而是马克思早已揭露过的资产阶级经济学家和法学家的故伎重演。

"不仅资本主义生产方式的理论(政治经济学,法哲学等),而且资本家本人在自己的观念中,都喜欢把自己的所有制形式和占有形式(这种形式在自己的发展过程中以占有他人劳动为基础,以剥夺直接生产者为自己的基础)与这样一种生产方式混为一谈,这种生产方式恰恰相反,它是以直接生产者对自身生产条件的私有制为前提的(在这种前提下,资本主义生产方式在农业和工业等等中都是不可能的),因而也喜欢把对资本主义占有形式的任何侵犯说成是对任何一种以劳动为基础的所有制的侵犯,甚至说成是对一切所有制的侵犯。……所以从洛克到李嘉图的一般法律观念都是小资产阶级所有制的观念,而他们所阐述的生产关系则属于资本主义生产方式。使这一点成为可能的是:在这两种形式中买者与卖者的关系在形式上始终是一样的。在所有这些作者身上都可以发现两重性的东西:

(1) 在经济上,他们都反对以劳动为基础的私有制,证明对群众的剥夺的优越性和资本主义生产方式的优越性;

(2) 在意识形态和法律上,他们把以劳动为基础的私有制的意识形态硬搬到以剥夺直接生产者为基础的所有制上来。"[1]

归结一下马克思、诺齐克、柯亨在所谓"自我所有权"上的分歧,就会分析出三个人的关系发生了奇妙的变化:初看起来,马克思由于在一定意义上承认"自我所有权",似乎站到了与诺齐克一致的立场上去了;柯亨则站在他们的对立面。实际上恰恰相反,诺齐克承认抽象的"自我所有"的绝对权利,并以此为自己正义论的基础;柯亨否认"自我所有"的任何权利,但对抽象的"自我所有"概念的理解上却正好同诺齐克完全一致(用柯亨自己的话说,他认为不能成立的是"自我所有理论",而不是"自我所有"概念);马克思反对抽象的"自我所有"概念和理论,主张对"自我"和"所有权"作具体的历史的分析,承认以劳动所有权为历史前提和法权形式的劳动力所有权。

至此,在被批评者马克思和批评者柯亨之间,谁是谁非已经十分清楚了。只是作为"分析马克思主义"奠基人的柯亨,虽然对"自我所有权利"概念作了不厌其烦的细致分析,并在《自我所有、自由和平等》一书中为此专辟了一章,却不仅忘记了在马克思《资本论》的"词典"中,首要的"条目"就是对"自我"作"劳动者或劳动力商品的人格化"和"资产者或生产的客观条件的人格化"的分析,对"所有"作"条件(生产的主客观要素)的所有"和"结果(产品)的所有"的分析;甚至忘记了自己在刚刚完成的《马克思的历史理论——一个辩护》中富有见地地对法律意义上的所有"权利"和经济意义上

---

[1] 《马克思恩格斯全集》第 49 卷,人民出版社 1982 年版,第 144 页。

的占有"权力"的区分，没有对资本主义的法权形式和占有实质作认真的分析，我们不能不为之感到遗憾！

第二节

明确了马克思在何种意义上承认"自我所有权"，我们就可以进一步考察柯亨对马克思资本主义批判理论的批评了。

柯亨本人十分重视他对马克思资本主义批判理论的批评，不仅在《自我所有、自由和平等》一书的第5章强调其是马克思主义者没有与自由主义者拉开距离的两个领域之一，而且紧接着用了第6、7、8三章的篇幅进行了论证。其基本观点就是"自我所有理论"不能充当批判资本主义的理论基础。马克思主义运用"自我所有理论"批判资本主义，本意是"就势顺势""让资本主义搬起石头砸自己的脚"，结果却是搬起石头砸了马克思主义自己的脚。[1] 因为"标准的马克思主义对资本主义剥削的批判只有在反对具有肮脏历史的资本主义生产方式时才起作用"[2]。而对于"出身干净的资本主义"[3]，马克思主义就必定会丧失其批判效力。下面我们分别就这些批评展开分析。

首先，柯亨认为，剩余价值论或资本主义剥削理论的基础——劳动价值论是站不住脚的，因为它是从"自我所有原则"出发的。

1　参见［德］柯亨：《自我所有、自由和平等》，李朝晖译，东方出版社2008年版，第179页。
2　［德］柯亨：《自我所有、自由和平等》，李朝晖译，东方出版社2008年版，第18页。
3　［德］柯亨：《自我所有、自由和平等》，李朝晖译，东方出版社2008年版，第179—183页。

在发表于《自我所有、自由和平等》一书之前的若干论文中,柯亨采用的主要是割裂马克思关于"价值实体"和"价值量"规定之间关系的手法。他认为,所谓劳动创造价值只是一种通俗的说法,而马克思关于"商品的价值由现时再生产商品的社会必要劳动时间决定"的说法,才是一种科学上的严格规定。但正是这一严格规定本身,恰恰否定了前一种通俗说法,并在实质上否定了劳动价值论。因为既然价值不能脱离一定的物(商品)而存在,而过去创造的商品,其价值要由现时的社会必要劳动时间决定,那么承认"劳动创造价值"就意味着过去的产品或自然物是由现时的劳动创造的,这显然是一种明显的悖论[1]。遗憾的是,这不过是我们这位"严格的"分析哲学家本身制造出来的诡辩。价值量的尺度是社会必要劳动时间,即现有的、当下的平均生产条件下的劳动时间,并不等于说过去的产品是现在劳动的产物,而只是说尺度变化了,只能用再生产该商品的时间来衡量。马克思区分价值实体和价值量的意义就在这里。

在《自我所有、自由和平等》一书中,柯亨的反驳论据发生了变化。他提出了马克思的劳动价值论是建立在逻辑矛盾的基础上的:"马克思在诊断资本主义剥削时赋予世界资源的分配(即生产资料所有制——引者注)极为重要的意义,而在说明价值的源泉时,把它归结为劳动的投入,没有赋予世界资源以任何意义,我认为这两者之间存在着尖锐的矛盾。因此,我指出,劳动是价值的唯一源泉这一观念是有问题的(确实令人迷惑不解),而正是这一观念可以用来得出不平等主义的结论"。[2]

---

1 [德]柯亨:《劳动价值论与剥削概念》,载吕增奎:《马克思与诺齐克之间——G. A. 柯亨文选》,江苏人民出版社 2007 年版,第 24—46 页。
2 [德]柯亨:《自我所有、自由和平等》,李朝晖译,东方出版社 2008 年版,第 19 页。

这实际上是混淆使用价值和价值的资产阶级经济学的老调重弹。不仅柯亨所说的"劳动创造价值"由于没有区分商品的二因素和劳动的两重性，因而只是一种"通俗的说法"，甚至在马克思主义经济学界流行的"具体劳动创造使用价值，抽象劳动创造价值"命题也是不准确的，严格的命题应是"具体劳动和生产资料的结合创造使用价值，抽象劳动（唯一地）形成价值"。实际上，劳动价值论与柯亨所想象的意义毫不相干，既不是为了说明劳动增加了自然物的价值（这当然只能是马克思意义上的使用价值），也不是为了论证人只有凭借"劳动的渗入"才能取得占有外物的权利（这是洛克的观点），而只是用来说明人类要创造对自己有用的物品而必须付出的劳动代价（即人类劳动力的耗费）。这种代价本身，当然不包括"世界资源的任何意义"，只包括社会所耗费的总劳动量及其内部不同劳动间的比例；但劳动耗费又随着生产条件的优劣而变化，"世界资源"（以及社会需求）的多寡和种类制约着社会总劳动量和不同劳动之间分配的比例。因此，柯亨所发现的马克思的"矛盾"，不过是他自己混淆了劳动耗费的内在规定同其外部条件的概念而已。马克思在《资本论》刚刚出版后，针对《中央报》上刊登的一篇书评的指责，早已说得十分清楚："胡扯什么价值概念必须加以证明，只不过是由于既对所谈的东西一无所知，又对科学方法一窍不通。任何一个民族，如果停止劳动，不用说一年，就是几个星期，也要灭亡，这是每一个小孩都知道的。小孩子都同样知道，要想得到和各种不同的需要量相适应的产品量，就要付出各种不同的和一定量的社会总劳动量。这种按一定比例分配社会劳动的必要性，绝不可能被社会生产的一定形式所取消，而可能改变的只是它的表现形式，这是不言而喻的。自然规律是根本不能取消的。在不同的历史条件下能够发生变化的，只是这些规律借以实现的形式。而在社会劳动的联系体现为个人劳动产品的私人交换的社会制度下，这种按比例分配劳动所借以实现的形式，正是这些产品的交换价值。"[1]

至于柯亨说什么根本不需要劳动价值理论，只要从单纯的日常经验出发，就可以看出产品是由工人创造出来的；甚至即使说自然赋予了其产物的价值，或者消费成就了物品的价值，都不妨碍资本家占有工人的劳动产品这一判断的真实性等，其荒谬性倒真的是一眼就可以看穿，不值一驳了。

其次，柯亨指责剩余价值论或资本主义的剥削理论本身，更是从"自我所有原则"出发的。因为只有承认工人对自己劳动和产品拥有所有权，才能指责资本家占有了工人的劳动或产品。这不过是马克思为了单纯的政治策略而牺牲了严格的科学原则，用资产阶级的"自我所有原则"让"资本主义搬起石头砸自己的脚"；结果却是搬起石头砸了马克思主义自己的脚，因为诺齐克恰恰用同一原则论证了资本家"持有的正义性"。甚至马克思自己都说过，资本家占有工人的剩余价值，并不是不公正的。承认"自我所有原则"，不仅使马克思主义陷于自相矛盾，而且无权指责资本家的占有是剥削。实际上，我们在前文对《资本论》中马克思所有权理论的说明中，已经阐明了马克思所理解的"自我所有权"即劳动者的"单纯劳动力所有权"（或劳动力商品的所有权）对揭露资本主义剥削秘密的意义，也表明这一理解马克思的"劳动力商品"范畴实在是从劳动价值论上升到剩余价值论的关键性中介，是马克思资本主义批判理论的核心范畴。需要补充的只有一点，就是所谓马克思陷于自相矛盾或失去道德指责的说法，不过是柯亨自己面对分

---

[1] 《马克思恩格斯选集》第 4 卷，人民出版社 1972 年版，第 368 页。

析哲学和政治哲学的思维方式,无法理解马克思的科学与价值相统一的历史批判罢了。实际上,马克思的剥削理论揭露了资本主义的法权形式同占有实质之间的矛盾,揭示了资本主义生产方式的历史性。马克思承认资本家"有权"可以占有剩余价值,只是说"并不侵犯符合于商品交换的权利"[1],即只是从资本主义历史阶段本身及其法权形式角度肯定了其正当性;他不仅仍然"有权利",而且更加有能力从资本主义占有的实质内容和人类历史发展总趋势的角度,揭示这种剥削的非正当性和暂时性。正如马克思指出的,"资本家只有作为人格化的资本,他才有历史的价值,才有……历史存在权。也只有这样,他本身的暂时必然性才包含在资本主义生产方式的暂时必然性中"[2]。

最后,着重分析一下柯亨所谓击中了马克思资本主义剥削理论要害的"出身干净的资本主义"问题。

先要澄清一个事实。马克思并非像柯亨所指责的那样,将资本的原始积累仅仅看作是"肮脏的过程"。他不否认有通过所谓劳动致富、勤劳致富而成为资本家的现象,甚至认为在资本主义形成初期具有普遍性。正是在《资本论》第一卷"所谓原始积累"一章的关键一节"工业资本家的产生"中,马克思一开头就说:"毫无疑问,有些小行会师傅和更多的独立小手工业者,甚至雇佣工人,转化成了小资本家,并且由于逐渐扩大对雇佣劳动的剥削和相应的积累,成为不折不扣的资本家。在中世纪城市的幼年时期,逃跑的农奴中谁成为主人,谁成为仆人的问题,多半取决于他们逃出来的日期的先后,在资本主义生产的幼年时期,情形往往也是这样。但是这

---

[1] 《马克思恩格斯全集》第19卷,人民出版社1963年版,第401页。
[2] 《马克思恩格斯全集》第44卷,人民出版社2001年版,第683页。

种方法的蜗牛爬行的进度,无论如何也不能适应15世纪末各种大发现所造成的新的世界市场的贸易需求。"[1]

但是,正像一个人一样,其"家庭出身"不等于"本人成分",即使是"出身干净",即最初的"货币积累"是劳动的产物,但只要成为"资本主义"即这种积累起来的货币一旦转化为资本,就已经成为"肮脏"的了。柯亨之所以得出其错误结论,在于他犯了类似斯密把"总产品的价值"归结为"纯产品价值或收入"的推理中所犯的"无穷类推"错误。他没有看到"再生产"恰恰是生产结果转化为(新)生产前提,更没有看到再生产过程中生产的主体条件会转化为生产的客观条件。为了清晰起见,我在这里再次仿效柯亨,采用分析哲学的命题式:

(1) 生产过程:在生产的客观条件相同的情况下,仅仅由于生产的主体条件不同,带来不同生产结果及不同收入(起点:"干净的"和公正的"劳动收入");

(2) 再生产过程:在生产的结果和收入转化为新生产的条件时,不仅原有的主客体条件被再生产出来,而且由原有生产的优越主体条件产生的较多劳动收入也会转化为优越的客观条件,于是生产的主客观条件都不同了,由优越的客观条件带来的超额收益进一步加剧了再生产结果和收入的不同(过渡环节:"灰色的"和欠公正的"超额收益");

(3) 再生产重复的一定阶段:生产的主客体条件的所有者分离,客观条件的所有者转化为资本家,单纯主体条件(劳动力)的所有者转化为雇佣劳动者(完成:"肮脏的"和非公正的"剥削收入")。

需要说明的是,上述三个命题在马克思那里只有(1)和(3)是

---

[1] 《马克思恩格斯全集》第44卷,人民出版社2001年版,第859—860页。

显性的、确定的,命题(2)则是隐性的甚至暧昧的,是我针对当代所谓知识经济和人力资本的新现象,特别是本文涉及的"正义"问题大论战围绕的中心点所作的"自以为是"(即自认为符合《资本论》的思想实质)的狗尾续貂。

从(1)到(3)的转变是一种质变,其实质是"劳动收入"转化为"剥削手段",因此在马克思看来,这正是由"干净"到"肮脏"、由公正到不公正的关键环节。而从(1)到(2)转变的实质则是生产的主体条件向客观条件的转化,这种转化并没有变更所有者,并没有造成生产的主客体条件在不同当事人之间的分离。因此,在马克思看来,这至多是一种量变,由此带来的"超额收益"的性质仍然是"劳动收入",是干净的和正义的。我则认为,这已经是一种"部分质变",尽管还不是"肮脏的剥削收入",但已经是一种"灰色收入",带有某种"非劳动收入"的"欠公正"性质,是从"干净的劳动收入"到"肮脏的剥削收入"转变的开始和这一转变的关键性过渡环节。马克思的看法在他的时代(原始积累和工业革命)是可以的,但在所谓知识经济和人力资本时代,我认为已经超出科学所能容忍的误差范围了。鉴于《资本论》对"资本和雇佣劳动关系"的立论基础就是生产主客观要素之间的分离和对抗,也强调科学和智力因素同直接操作劳动的分离和对抗是资本主义的固有趋势,只不过马克思只承认发生在不同主体或当事人之间的,而不承认发生在同一主体(包括个人和阶级)内部的分离和对抗。同时,马克思在论述资本主义的利润平均化和地租时,还提出了"超额剩余价值"和"超额利润"的概念。所以,我不揣冒昧,大胆地越"雷池"一步,但愿没有像列宁说过的"仿佛向同一方向多迈出一小步,真理就转化为谬误"了!

"干净的劳动收入"经过"灰色的超额收益"转化为"肮脏的剥

削手段",这就是"出身干净的资本主义"的全部秘密所在。这里有两次转变:第二次转变是"劳动收入"转化为"剥削收入"的根本性质变,第一次转变则是优越的生产条件本身由主体向客体的转化,由此带来的只是收入性质的部分质变。但第一次转变的意义却不容忽视,它不仅在资本的原始积累时代构成了小商品经济通过分化产生资本主义的重要原因之一,更是现时代新型资本形成的关键性过渡环节。柯亨既没有真正读懂马克思,更没有从马克思出发真正理解资本主义出现的新现象。这集中反映在他对马克思和约·勒默尔(John Roemer)所谓"流动中的不公正"观点的评论中。[1]

柯亨在"出身干净的资本主义"问题上的错误,有着直接的思想根源和深层的历史背景。柯亨在坚决反对诺齐克"自我所有理论"的同时却无批判地接受了他的"自我所有"概念:似乎离开生产的客观要素,"人力资本"就可以独立创造财富;甚至正是因为后者他才彻底否定"自我所有"具有正当性。他清楚地认识到马克思主义特别强调"外部资源(生产资料)所有"的意义,却仅仅将其理解为"外部资源的原初分配",忘记了资本主义生产的"外部资源"恰恰不是原初的,而是"生产出来的生产资料"。[2] 这是其无法认识上述"两次转变"的思想根源。而这一思想根源又是同当代资本主义经济事实和资产阶级经济理论的发展有着不可分割的联系的。随着产业结构的升级和所谓知识经济的发展,生产的主体条件(劳动力)特别是其中的智力因素相对于客体要素(生产资料)在生产过程中的作用大大增强以及作为这一客观趋势所反映的,从20世

---

[1] [德]柯亨:《自我所有、自由和平等》,李朝晖译,东方出版社2008年版,第229—234页。

[2] [德]柯亨:《自我所有、自由和平等》,李朝晖译,东方出版社2008年版,第133—141页。

纪50年代开始发展起来的,由美国舒尔茨等人创立的所谓人力资本论,也是造成柯亨上述思想错误的历史原因。我们必须批判性地看待这一现象和理论。须知"人力资本"不仅是高级劳动力所有者的特权(低级劳动力仍然是只能为资本所利用的"人力资源"),而且作为"活资本"也仍然处于"死资本"的控制之下,因为只有当其报酬以股权、期权的形式出现时,即转化为"死资本"时才被追认为"活资本"。更不用说以专利等知识产权形式出现时,实际上仍然是物质资本,不过不是以实物,而是以符码形式出现的罢了。

实际上,柯亨认为剥削理论是不必要的。因为他认为剥削理论是建立在"自我所有理论"基础上的,只能为劳动者——被剥削者辩护,因而无法为那些并非劳动者的穷人请命,无法进一步为福利国家辩护。更进一步,甚至可以说柯亨对马克思的批评客观上起了为资本主义剥削作辩护的效果。因为他把剩余价值的占有完全说成主体条件造成的,不仅认为"出身干净的资本主义"同样是今天资本主义社会中存在着的普遍现象[1],甚至将"快乐的工人"与"弱智资本家"作为讨论资本主义剥削问题的典型例证。[2]

第三节

柯亨批评马克思的另一个重点,是"自我所有权"的超越或如何看待《资本论》对未来理想社会的构想问题。

1　[德]柯亨:《自我所有、自由和平等》,李朝晖译,东方出版社2008年版,第183页。
2　[德]柯亨:《自我所有、自由和平等》,李朝晖译,东方出版社2008年版,第170页。

在这一问题上,柯亨同样指责马克思对未来社会的设想仍然是建立在"自我所有原则"基础上的。社会主义的分配原则(各尽所能,按劳分配)是这一原则的直接体现。就是"共产主义的分配原则('各尽所能,按需分配')",尽管看起来"是与自我所有原则相矛盾的",其实也是一种误解。因为"共产主义的公民可以'随自己的心愿',是其自身有力的主宰者"[1]。只是由于物质财富的无限丰裕才使自我所有原则无须发挥作用。因此,马克思把实现未来社会的可能性和途径建立在"阶级主体性"(穷人和劳动者的同一性)和"技术麻醉剂"(物质的无限丰裕)上,但这在当代工人阶级解体和认识到地球资源有限的条件下已经是一种幻想,只有彻底抛弃自我所有权理论,前进到全部资源(包括自我和世界)占有的平等主义立场上,才能找到出路。

首先,是共产主义的实质问题。

其一,马克思本人的文本依据。初看起来,柯亨似乎是有充分根据的。因为在《资本论》第一卷第24章最后第7节"资本主义积累的历史趋势"中,马克思说过:"从资本主义生产方式产生的资本主义占有方式,从而资本主义的私有制,是对个人的、以自己劳动为基础的私有制的第一个否定,但资本主义生产由于自然过程的必然性,造成了对自身的否定。这是否定的否定。这种否定不是重新建立私有制,而是在资本主义时代的成就的基础上,也就是说,在协作和对土地及靠劳动本身生产的生产资料的共同占有的基础上,重新建立个人所有制。"[2]

同时,他还设想了"一个自由人联合体",在那里,"每个生产者

---

[1] [德]柯亨:《自我所有、自由和平等》,李朝晖译,东方出版社2008年版,第178—179页。
[2] 《马克思恩格斯全集》第44卷,人民出版社2001年版,第874页。

在生活资料中得到的份额是由他的劳动时间决定的"[1]。恩格斯在《反杜林论》中正是援引马克思这一"设想"作为证据,将上述马克思的话解释为:"可见,靠剥夺剥夺者而建立起来的状态,被称为以土地和靠劳动本身生产的生产资料的公有制为基础的个人所有制的恢复。对任何一个懂德语的人来说,这就是,公有制包括土地和其他生产资料,个人所有制包括产品即消费品。"[2]

实际上,马克思在提出前述"设想"时自己已经作了一个限定,即"仅仅为了同商品生产进行对比",并强调个人消费品"分配的方式会随着社会生产机体本身的特殊方式和随着生产者的相应的历史发展程度而改变"[3]。联系《德意志意识形态》明确反对"按劳分配"而主张"按需分配"原则[4]和后来的《哥达纲领批判》对共产主义社会发展两阶段及其不同的分配原则论述,可以认定这一"设想"和恩格斯后来的解释仅仅适用于未来社会的初级阶段(社会主义),并不适用于共产主义(高级阶段)。在马克思亲自修改并认为有独立价值的法文版中,这一在共同占有生产资料基础上重建的"个人所有制"被更为明确、更为直接地表述为"联合起来的个人的所有制":"如果单个工人作为单独的人要再恢复对生产条件的所有制,那只有将生产力和大规模劳动发展分离开来才有可能。资本家对这种劳动的异己的所有制,只有通过他的所有制改造为非孤立的单个人的所有制,也就是改造为联合起来的社会个人的所有制,才可能被消灭。"[5]

---

1 《马克思恩格斯全集》第44卷,人民出版社2001年版,第96页。
2 《马克思恩格斯选集》第3卷,人民出版社1972年版,第170页。
3 《马克思恩格斯全集》第44卷,人民出版社2001年版,第96页。
4 参见《德意志意识形态》第2卷第5章(《马克思恩格斯选集》第3卷,人民出版社1972年版)。该章是莫·赫斯写的,显然马克思和恩格斯是赞同这一主张的。
5 《马克思恩格斯全集》第48卷,人民出版社1985年版,第21页。

显然，这种"联合起来的个人的所有制"同所谓自我所有原则有着原则的区别。而马克思本人在《哥达纲领批判》中也明确地将"按劳分配"称为"资产阶级法权"（或译为"市民权利"），尽管其形式和内容根本改变了，原则和实践也实现了统一；但仍然属于新社会中的旧制度遗迹。但这只能证明柯亨关于社会主义分配原则同"自我所有原则"有着内在联系的观点是有道理的。甚至柯亨本人，也承认马克思在这里阐述的是一种过渡性质的社会状态，不代表马克思关于理想社会的标准构想。正是在这篇文章中，马克思强调，只有"完全超出资产阶级（法权）的狭隘眼界，社会才能在自己的旗帜上写上：各尽所能，各取所需！"

其二，柯亨提出的论据。除了上文引用的"共产主义的公民可以'随自己的心愿'，是其自身有力的主宰者"外，柯亨还认为，只有"为了维护条件平等，个体必须把自己的能力献给社会，因此不能按照自己所选择的方式运用自己的能力"，才是超越了"自我所有权"。[1] 不需要仔细分析，就可看出两个问题：一是柯亨犯了他自己批判诺齐克时指出过的同样错误，即混淆了"自我所有权"同"自愿""自主权"概念；二是犯了把"自我实现"同"自我牺牲"绝对地对立起来的错误。而马克思早在《德意志意识形态》中就批判了施蒂纳的这一错误。在《1857—1858年经济学手稿》中，又进一步批判了斯密把劳动仅仅看做"牺牲"和傅立叶幻想未来社会中劳动将变为"游戏"两种错误观点，提出了自己关于"劳动是实在的自由"的观点。[2]

实际上，马克思关于理想社会构想的实质不是所谓"自我所有

1　[德]柯亨：《自我所有、自由和平等》，李朝晖译，东方出版社2008年版，第145页。
2　《马克思恩格斯全集》第30卷，人民出版社1995年版，第615—616页。

权"的真正实现,而是超越了所有权的"个人的自由而全面的发展"。这一实质,在《德意志意识形态》中被理解为"世界历史性"的个人的"自主活动"和"独创发展"[1];在《共产党宣言》中被表述为"每个人的自由发展是一切人的自由发展的条件"[2];而在《资本论》及其手稿中,则不仅在科学的劳动价值论的基础上提出了"人的依赖关系——以物的依赖关系为基础的个人的独立性——建立在全面发展和共同占有基础上的自由个性"三大社会形式的理论,[3]还进一步在科学的剩余价值论的基础上提出了"以必要劳动为基础的自然必然性王国——以剩余劳动为基础的外在必然性王国——作为目的本身的人类能力的发展的真正的自由王国"的思想[4]。这一理论和思想,深刻地揭示了所谓自我所有权只是第二大社会形式和外在必然性王国的基础和表现,而共产主义(高级阶段)则不仅从主体方面超越了第二大社会形式抽象的人格独立("自我"),而且在活动方面超越了外在必然性王国狭隘的占有性质("所有权"),达到了真正的自由个性的自我实现与自我发展的统一。

其次,在理想社会的实现条件上,柯亨同样曲解了马克思。在主体条件方面,他批评马克思的"阶级主体性"。列举了工人阶级的 6 个特征,认为这些特征特别是前 4 个特征的一致性是马克思论证工人阶级是社会变革的主体力量的根据,而其中关键的是基于"自我所有原则"的"被剥削者(劳动者)"与"贫穷者"的一致

---

[1] 《马克思恩格斯全集》第 3 卷,人民出版社 1960 年版,第 42 页。
[2] 《马克思恩格斯选集》第 1 卷,人民出版社 1995 年版,第 294 页。
[3] 《马克思恩格斯全集》第 30 卷,人民出版社 1995 年版,第 107—108 页。
[4] 《马克思恩格斯全集》第 46 卷,人民出版社 2003 年版,第 928—929 页。

性。[1] 但是,由于当代这些特征正失去一致性,特别是"剥削和贫穷日益分离。这就使人们必须在自我所有原则以及利益和负担面前人人平等的原则之间做出选择,前者就包含在剥削说中,后者则是对自我所有原则的否定,要求为不是生产者因此也不是(被)剥削者的穷人提供帮助"[2]。应该承认,柯亨对上述工人阶级特征及其一致性的解释基本符合马克思的原意,对当代新变化的描述也不无合理之处,但他批评马克思主义者仅仅"习惯于把无业者看成失业者",[3]认为马克思的剥削理论不能说明非劳动者的贫穷,无权"要求为不是生产者因此也不是(被)剥削者的穷人提供帮助",就完全错误了。从理论上说,其根源在于柯亨不懂得社会现象的复杂性和统一性并不是绝对地对立的。正如马克思在《〈政治经济学批判〉导言》中指出的:"在一切社会形式中都有一种一定的生产决定其他一切生产的地位和影响,因而它的关系也决定其他一切关系的地位和影响。这是一种普照的光,它掩盖了一切其他色彩,改变着它们的特点。这是一种特殊的以太,它决定着它里面显露出来的一切存在的比重。"[4]

被柯亨斥为以"自我所有原则"为基础的资本与雇佣劳动之间的关系,就是资本主义社会形式中的"普照的光"和"特殊的以太",它不仅支配着作为自身人格化的劳动者和资产者或被剥削者和剥削者之间的关系,支配自己所派生的次生的第二级或第三级关系的人格化如劳动者、剥削者各自内部的关系,还支配着与自身并存但有质的区别的小商品生产者以至土地所有者的关系。就事实来

---

[1] [德]柯亨:《自我所有、自由和平等》,李朝晖译,东方出版社2008年版,第175—176页。
[2] [德]柯亨:《自我所有、自由和平等》,李朝晖译,东方出版社2008年版,第176页。
[3] [德]柯亨:《自我所有、自由和平等》,李朝晖译,东方出版社2008年版,第181页。
[4] 《马克思恩格斯全集》第30卷,人民出版社1995年版,第48页。

看,《资本论》在论述"资本积累的一般规律"时就不仅阐述了"劳动者—被剥削者"的贫困,也考察了"不是生产者因此也不是(被)剥削者的穷人"的贫困;在论述"相对过剩人口的各种形式"时,还在前者的三种基本形式(流动的、潜在的、停滞的)之外,专门将后者列为"陷于需要救济的赤贫的境地"的"相对人口过剩的最底层"[1],将其视为"现役劳动军"(就业者等于被剥削者)、"产业后备军"(失业者等于被解雇者)之外的"死荷重"(无业者等于被救济者);以至直接表述为"资本主义积累的一般规律的"基本内容,"社会的财富即执行职能的资本越大,它的增长的规模和能力越大,从而无产阶级的绝对数量和他们的劳动生产力越大,产业后备军也就越大。……工人阶级中贫苦阶层和产业后备军越大,官方认为需要救济的贫民也就越多。这就是资本主义积累的绝对的、一般的规律"。[2]

当然,对当代非劳动者的贫民急剧增长这一新现象的解释不能停留在马克思《资本论》的原有结论上。但是,只要资本主义社会的性质没有根本改变,以资本和雇佣劳动关系为核心的生产和占有就仍然是其产生的根本原因,对这种新现象的解释恰恰要从这种根本关系本身的新发展出发。我不打算详细讨论这一问题,只指出一点,即这实际上是由产业结构升级、以所谓知识经济和人力资本为代表的生产方式转型,并因而社会自由时间增多和人们需求结构改变的结果。从规范哲学的角度来看,即使作为相对过剩人口这个资本周期性再生产的劳动力"蓄水池"中的"死水位",也已经不再是资本周期性再生产的条件。但是,(1)按照权利与

---

[1] 《马克思恩格斯全集》第46卷,人民出版社2003年版。第706—707页。
[2] 《马克思恩格斯全集》第44卷,人民出版社2001年版,第742页。

责任一致性的资产阶级法权,作为资本循环的后果,资本主义社会及其正式代表——资产阶级国家也必须负责。(2)他不作为劳动力仍然作为消费者,即使是缺乏购买力的消费者,至少在负面和消极的意义上构成了资本进一步积累的条件(障碍)。更不用说,出于资本主义再生产外部条件的社会安全保障方面的需要等,都是国家要从资产阶级整体利益出发的不可推卸的责任。当然,这两个方面都只是从消极的方面提出的,工人阶级是否已经解体,社会变革的主体是否已经转移,尚需进一步深入探讨。即便如此,我认为也比柯亨从抽象的人格平等和普遍福利提出的权利要求更为充分有力!

在实现理想社会的客观条件方面,柯亨指责马克思迷失于"技术麻醉剂"。实际上,马克思并没有把希望仅仅寄托在物质财富的无限丰富上,而只是强调在物资匮乏的基础上不可能建立起新的社会制度。与其说他重视生产结果(产品)的量的增长,不如说他更强调生产条件(生产力)的质的提升;与其说他重视生产过程的效率提高,不如说他更强调劳动过程的性质改变。正是在我们前面提到的马克思批判斯密和傅立叶的论述之后,马克思论述了"物质生产转变为自由活动"的两个条件,那就是生产的科学化和社会化。就前者而言,并不是像我们通常理解的,仅仅是为了强调科学是第一生产力,更是要说明生产将转变为"科学的应用"[1]。同样,在前引的关于"必然王国和自由王国关系"的论述中,马克思强调在"真正的物质生产领域"[2]。仍然需要"靠消耗最小的力量……来进行这种物质变换",即提高劳动生产率,其主要目的并非像通

---

1 《马克思恩格斯全集》第 30 卷,人民出版社 1995 年版,第 616 页。
2 《资本论》,郭大力、王亚南译,此处将其译为"狭义的物质生产领域",似乎更好。

常理解的仅仅为了使物质财富极大增长,而是为了减少生产劳动时间,为人们创造更多的"自由时间"。正因为如此,马克思强调,就实现理想社会的客观条件来说,"工作日的缩短是根本条件"[1]。

柯亨否定马克思关于理想社会及其实现条件的构想,目的是提出和论证自己"人格平等—平均分配—普遍福利"的伦理(平均的)社会主义,并在"次富裕社会"主要通过"自愿平等"的伦理道德途径加以实现。他说:"在这种状态下,物质的富裕程度还太低,因此不可能消灭利益冲突,但也得到一定的发展,因此足以能够不借助胁迫而达成有利于平等的解决办法,这并不是空想。……我认为这样的社会是可行的,这并不是因为我认为人们全都变得具备公正感,因此准备不顾一切地为了正义而牺牲自己的利益,而是我认为他们会或可能会具有足够的正义感,愿意在一定的富裕程度下实施平等分配。这就是我对自愿平等应该如何可能问题的回答(我在这里只涉及动机,我不想详谈制度性的细节,但是,为了生动起见,我们可以假设,这种平等是通过一种灵活的平等主义的再分配税法而实现的,但不交税并不会受到惩罚,只会理所当然地受到谴责。但是,甚至这种惩罚也不会得到实施,因为每个人都愿意缴纳所需的税款)。"[2] 至此,已经不需要任何分析了,因为任何人都可以一眼看出,柯亨的所谓彻底平等主义的"伦理社会主义"构想,一旦落到实处,不过是一种改良资本主义"福利国家"的翻版!

---

[1] 《马克思恩格斯全集》第46卷,人民出版社2003年版,第929页。
[2] [德]柯亨:《自我所有、自由和平等》,李朝晖译,东方出版社2008年版,第183—184页。

第四节

从上面的分析可以得出三点结论。

第一,柯亨的"马克思批评"是其"后马克思"转向的标志。

柯亨在马克思主义学界,至少是国内学界,普遍被称为"马克思主义者"或至少是"西方马克思主义者"("分析的马克思主义者")。然而,通过上文对柯亨批评的反批评,我认为,柯亨的"马克思批评",表明他已经完成了从"西方马克思主义者"到"后马克思主义者"的转变。

这一认定,源于对柯亨"马克思批评"性质的以下判断:(1) 就批评的对象说,柯亨对马克思主义的错误解释尽管仍然根本不同于反马克思主义者的蓄意甚至恶意曲解,但已经更多的不是源于不同思想范式的认识论意义上的误读,而是出自不同政治立场和实践态度的意识形态偏见。(2) 就批评的内容来说,他对马克思基于所谓自我所有理论的剥削理论和社会理想的批评,已经从哲学、经济学和社会政治理论三个方面否定了马克思的科学社会主义,具有根本性和全面性。(3) 就批评的目的来说(这是最为本质的),柯亨对马克思的批评并不是为了完善马克思主义,连补充甚至马克思主义的自我超越也不是,而是为了取代马克思主义,即用他的"抽象人格平等—绝对平均分配—普遍福利社会"的伦理(平均)社会主义取代科学社会主义。

需要说明的有两点:一是我以柯亨的"马克思批评"而不是《自我所有、自由和平等》一书作为转向标志,是因为该书是柯亨在其论文基础上集结修订而成的、以诺齐克为主要批判对象的,其出版晚于这一批评,又包含了多于这一批评的内容,所以只是其"后马克思"阶段思想的代表作。二是确认柯亨的"后马克思"转向,并不会否定柯亨对马克思主义和社会主义做出的贡献。除去早年信奉苏联传统的马克思主义和社会主义的阶段之外,柯亨的理论学术生涯可以划分为"分析的马克思主义"和"伦理的(或规范的)社会主义"两个阶段,其贡献也可以用两本代表性著作和两个"辩护"概括。前一个辩护直接写入了著作的标题,即出版于1978年的《马克思的历史理论——一个辩护》,是在英语世界这个实证主义和分析哲学的世袭领地里,为马克思主义的科学性辩护;后一个辩护就是本文所论及的对象《自我所有、自由和平等》,则是在1973—1975年"滞胀"危机之后新自由主义卷土重来、甚嚣尘上(所谓后凯恩斯时代),特别是东欧剧变、苏联解体和社会主义低潮(所谓后冷战时代)的时代,为社会主义的正当性辩护。这两者都表现出柯亨的巨大的理论勇气和坚定的政治信仰,为其赢得了"分析的马克思主义"主要代表和"平等主义的良心"的崇高声誉。学界之所以面对柯亨"马克思批评"明显同马克思主义的对立性质熟视无睹,可能正是担心会造成对此的否定或无法解释其转向的原因。这一点我们将在下面一点中加以说明。

第二,柯亨"后马克思"转向的特点和教训。

柯亨的"后马克思"转向同鲍德里亚极为相似,都是从不完全的马克思或马克思主义的辩护者或拥护者转变为批评者和反对者,他们把自己对马克思主义的误读看成马克思主义的本质,一旦面临与之相矛盾的状况就会对马克思主义的信念发生动摇;而这种动摇会反过来强化原来的误读,并逐渐转化为意识形态的偏见,最终同马克思主义决裂。而如果他们不放弃左翼的政治立场,就会变得更加激进,从"左"的方面批评马克思主义。柯亨在《自我所有、自由和平等》第 4 章的一个注中,把马克思对"自我所有权"的态度看作"马克思主义所继承的、从而使它与资产阶级没有划清界限的资产阶级遗产之一",紧接着在括号内明确指认"另一个这样的遗产可能就是有些人所说的'生产主义(Productionism)'"[1]。众所周知,这个"有些人"中首当其冲的就是鲍德里亚。这不仅证实了我们的上述看法,甚至使我们有理由猜测,柯亨的转向直接受鲍德里亚的影响。

我在《鲍德里亚对马克思劳动概念的误读及其方法论根源》[2]中已经对鲍德里亚"后马克思"转向的特点、内在原因和实践后果作了较为系统的分析,它同样适用于柯亨。这里不再展开,只对柯亨转向的个性特色作几点简要补充。一是柯亨转向的特点和原因上,柯亨的转向过程还具有急剧性的特点。按照柯亨的自述,就代表作而言,在《马克思的历史理论——一个辩护》尚未出版的时候,他就开始考虑诺齐克提出的问题和自由主义的理论基础了,而这种思考不久便转变为对马克思的批评和根本否定。其原因可以用苏联、东欧的政治剧变加速了柯亨对马克思主义和传统社会主义的信念破灭来解释。二是在转向的后果和教训上,鲍德里亚是"带负号的结构主义"和浪漫主义,柯亨则是"带负号的分析主义"和平均主义;前者公开否定马克思主义和社会主义,后者只要求马克思主义同"左翼自由主义"划清界限,强调平等主义(实质是平均主义)是社会主义的本质。如果说鲍德里亚浪漫主义是在后现代向前现代的回返,最终只能由"绝望的反抗"走到"(对)反抗的绝望";

---

1 [德]柯亨:《自我所有、自由和平等》,李朝晖译,东方出版社 2008 年版,第 324 页。
2 姚顺良:《鲍德里亚对马克思劳动概念的误读及其方法论根源》,载《现代哲学》,2007 年第 2 期。

那么柯亨的后马克思阶段恰恰是前马克思的社会主义思潮如巴贝夫"平等派"的复归,最终只能由"温和的彻底"(通过"自愿平等"的道德途径实现"普遍福利"的理想制度设计)走到"彻底的温和"(在"次富裕社会"通过"自愿纳税"重建"福利国家"),至多是"生产的市场社会主义"加"分配的平等主义"的折衷主义的"卡伦斯的乌托邦。"[1]

第三,充分认识《资本论》的政治哲学意义及其当代价值。

柯亨的"马克思批评"是围绕《资本论》展开的,这从反面推动我们对《资本论》丰富内涵的再认识。《资本论》不仅是马克思政治经济批判的代表作,也是马克思主义政治哲学批判的代表作。《资本论》的政治哲学意义,集中体现在其关于所有权理论上。这一理论从历史唯物主义出发,坚持科学性与规范性相统一的原则,在科学的劳动价值论和剩余价值论的基础上,深刻地揭示了资本主义法权关系、政治制度和意识形态的本质,对其做了历史的批判。其核心内容,就是通过对"劳动力商品"的分析展开的对所谓劳动所有权(或称"劳动与所有权的同一性")的批判。用一句话来概括,"商品生产的所有权规律转化为资本主义的占有规律"。这一核心思想与"从生产出发超越生产"的"生产超越逻辑"一起,构成了《资本论》最核心的观点。两者的统一就是马克思关于"自由王国只能建立在必然王国的基础上但又在这个必然王国的彼岸"的思想。我在《物质生产与自由活动——〈1857—1858年经济学手稿〉对〈德意志意识形态〉的一个重大发展》一文中明确指出过,这一思想是历史唯物主义的最高成就。现在再作一点补充:它不仅是马克思经济学思想的升华和历史唯物主义的最高成果,也是其所有权

---

[1] [德]柯亨:《自我所有、自由和平等》,李朝晖译,东方出版社2008年版,第297页。

理论的升华和政治哲学批判的最高成果。

柯亨的"后马克思"转向用以平均分配为目标的"伦理社会主义"取代马克思的以自由个性为目标的"科学社会主义",尽管在规范政治学意义上和关于"正义"问题的论战中,表现得比罗尔斯自由平等主义的"分配正义论"更彻底、比马克思主义更"左",同诺齐克的绝对自由主义的"持有正义论"构成了论战中的两极,[1]但是一旦付诸实践,不过是彻底温和的改良主义"福利国家"的翻版。柯亨"后马克思"转向的这一教训,也从反面再一次告诫我们:在后冷战和资本主义全球化时代,马克思的《资本论》仍然保持着强大的生命力,其所有权理论仍然是对包括新自由主义在内的各种资产阶级法权观念和意识形态进行政治哲学批判的强大思想武器;马克思主义及其政治哲学需要发展,但正如列宁和萨特很早以前就说过的:这种发展只能循着马克思的道路前进,而不是另辟蹊径,那样只能退回到前马克思时代去。

---

[1] 顺便说一句,前引过的吕增奎编的《马克思与诺齐克之间——C. A. 柯亨文选》,尽管编者认为其标题"极为传神而富于神韵",可惜从科学意义上是错误的,是马克思在柯亨与诺齐克之间,更确切地说是"之上",即超越了这两个既相对立又互为补充的两个极端。

第二十章　马克思主义生态学思想与西方生态哲学的比较研究

戴·埃伦费尔德的《人道主义的僭妄》，是西方生态主义由经验研究发展到从哲学世界观高度对人与自然界关系的全面反思的代表作之一。马克思主义生态学思想同以埃伦费尔德为代表的西方生态哲学之间的根本分歧，主要体现在如何看待生态保护的哲学基础、生态危机的根本原因和实现生态平衡的实践对策三个方面。只有坚持"实践唯物主义"的自然观和历史观，坚持科技进步、经济发展与生态保护的统一，促进社会关系的变革和人的生存方式的提升，才是解决生态问题的真正途径。

第一节

20世纪60年代末以来，人类生存环境的恶化日益突出。人口剧增、耕地锐减、森林植被破坏、大气污染、水土流失、沙漠扩展、海洋污染（水源紧缺）、动植物种类加速减少以及工业污染引发的酸雨、温室效应和臭氧层耗损等，已发展成为危及整个人类生存的全球问题。这种严重局面迫使人类重新审视自己与自然的关系，引发了人类对自然态度的重大转变。这种转变开始于民间的抗议活动，如世界"地球日"的确定、绿色和平运动的兴起等；然后发展到政府的决策和国际组织的协调干预，如联合国有关组织关于"可持续发展"战略的提出、有各国首脑参加的"世界环境与发展大会"等。就理论方面来说，由自然生态科学家的研究和呼吁，如《寂静的春天》的出版、"罗马俱乐部"的报告等；发展到从哲学世界观高度对人与自然界关系的全面反思。1978 年美国戴维·埃伦费尔德所写的《人道主义的僭妄》，就是西方非马克思主义生态哲学的一个代表。本文拟以该书为例，对马克思主义生态学思想同西方生态哲学的观点作一个比较研究。

  埃伦费尔德在这本书中着重探讨了三个问题：造成人类生存环境恶化的根本原因，环境保护主义的哲学基础，以及实现人与自然和谐统一的对策。他认为，造成当前人类生存环境恶化的根本原因在于文艺复兴特别是近代以来人们对自然界形成的人道主义观念。他所谓的"人道主义"有着特定的含义，大体相当于后来西方生态学和环境保护主义者所谓"人类中心主义"。不仅是指人类把自己看作整个自然的目的，认为自然界存在的意义就在于为人类所利用，而且是指人类对自己理性和能力的绝对信念，认为人类能够完全洞察自然的奥秘，掌握自然界的客观规律，从而完全可以实现对自然生态环境的绝对控制。[1]

  他认为，这两个方面的信念其实都是一种盲目的、没有任何根据的迷信，实际上是一种人类的"自大狂"，把自己看成全知全善全

---

1 ［美］戴维·埃伦费尔德：《人道主义的僭妄》，国际文化出版公司 1988 年版，第 3—4 页。

能的上帝。实际上,自然界并非为人而存在的,它是自在自主的;人的理性、科学是有局限性的,人永远也不可能完全把握自然的规律;因而,人的能力也是受限制的,人永远不可能完全自觉地控制自然生态环境。正是盲目信仰与冷峻现实之间的这种尖锐的反差和冲突,造成生态环境的日趋恶化。

既然如此,那么"人道主义"世界观显然不能成为环境保护主义的思想基础。从人的利害关系出发、以对人是否有利为标准来保护自然界,结果只能是"南辕北辙"。为此,他进一步发挥了生态学奠基人之一查尔斯·埃尔顿的观点,提出了自己的自然保护主义的"诺亚原理"。所谓"诺亚原理",是埃伦费尔德借用"圣经"中"诺亚方舟"的传说而命名的[1]。在一切都被洪水淹没的情况下,诺亚不仅自己借助方舟逃脱了灾难,而且把其他动物也救上了船,没有一种物种被遗弃。"洁净的畜类和不洁净的畜类、飞鸟并地上一切的昆虫,都是一对一对的,有公有母,到诺亚那里进入方舟,正如上帝所吩咐诺亚的。"这就是说,保护自然的根据不在于对人是否有用,每一个物种的存在本身就代表着一种"生存权利"。"它们应当受到保护,因为它们存在,因为这种存在本身就代表了极其古老、庄严的历史延续过程。"[2]一句话,"存在本身就是权利","凡是存在的就应继续存在下去",这就是"诺亚原理"的基本内容。

从上述两点,埃伦费尔德引出了他的实际对策。他认为,关键是人要放弃僭夺上帝地位的狂妄野心,冷静地认清自己并不是"造物主",而不过是受造物主委托照料其他存在物的"管家"。这里不

---

[1] [美]戴维·埃伦费尔德:《人道主义的僭妄》,国际文化出版公司1988年版,第173页。

[2] [美]戴维·埃伦费尔德:《人道主义的僭妄》,国际文化出版公司1988年版,第176页。

仅包括要平等地对待其他存在物，尊重其他生物的"生存权"，而且包括要放弃对自己理性和能力的迷信，更多地按照自己的感觉去行动。因为感觉是亿万斯年生命与环境相互作用的产物，它在保障我们生存的有效性方面，要比人类在短暂时间内形成的理性和创造的工具等等可靠得多。[1]

埃伦费尔德确实提出了一系列值得深思的根本问题，但是他对这些问题的解答却是不能令人满意的。他在这里暴露出来的局限性，实际上正是西方一般生态哲学同马克思主义生态学思想的根本差异。

第二节

在如何看待和处理人和自然关系的根本出发点上，埃伦费尔德同马克思主义既有共同点又存在着巨大的差异。

马克思主义同样认为，人道主义的自然观不能为人们看待和处理自己同自然界的关系提供正确的基点。自然界先于人而存在，人是自然界长期发展的产物；自然界为人类的存在提供了生理基础和活动条件，无论人的肉体、人的生活资料、生产资料和发展资料，都离不开自然界。不承认自然界的先在性、基础性和客观性，就从根本上否定了人自身的生存。正如马克思强调指出的，即使是人们的创造活动，也必须以"物质的先行存在"为前提；"人并

---

[1] [美]戴维·埃伦费尔德：《人道主义的僭妄》，国际文化出版公司1988年版，第109—147页。

没有创造物质本身。甚至人创造物质的这种或那种生产能力,也只是在物质本身预先存在的条件下才能进行。"[1]正是从这一点出发,他表示赞同威廉·配第关于"劳动是财富之父,土地是财富之母"的观点。也正是由于这一原因,他严厉批判了"哥达纲领"中所袭用的拉萨尔主义的"劳动是一切财富的源泉"的抽象提法[2]。他认为,人可以通过自己的劳动改造自然对象,但劳动对象本身又以自己固有的自然属性制约着人的这种改造活动。"外部自然条件在经济上可以分为两大类:生活资料的自然富源,例如土壤的肥力、渔产丰富的水域等等;劳动资料的自然富源,如奔腾的瀑布、可以航行的河流、森林、金属、煤炭等。在文明初期第一类自然富源具有决定性的意义;在较高的发展阶段,第二类自然富源具有决定性的意义。"[3]尽管随着合成材料和遗传工程等的发展,劳动对象方面的自然限制不断被打破,但合成材料的生产和遗传工程等本身所需要的仍然是具有特定自然属性的物质。人的劳动对象和劳动资料永远也不可能像人本主义者所断言的那样,变成自身没有任何规定性、可由人们任意塑形的纯粹"质料";劳动产品也永远不会仅仅是人本身需要和活动的单方面的"对象化",而只能是人和自然相互作用的产物;甚至"人本身单纯作为劳动力的存在来看,也是自然对象,是物,不过是活的有意识的物,而劳动本身则是这种力在物上的表现"[4]。不仅如此,马克思还特别注意到人的生存活动同自然生态平衡之间的紧密联系。他指出,人的生产和生活过程,归根结底是人和自然之间的物质变换(从现代的观点来看,

---

1 《马克思恩格斯全集》第2卷,人民出版社1957年版,第58页。
2 《马克思恩格斯选集》第3卷,人民出版社1960年版,第5页。
3 《马克思恩格斯全集》第44卷,人民出版社2001年版,第586页。
4 《马克思恩格斯全集》第44卷,人民出版社2001年版,第235页。

还应包括能量交换和信息交流）。这种变换，一方面是社会的自觉的过程，即"人以自身的活动来中介、调整和控制人和自然之间的物质变换"、人"在对自身生活有用的形式上占有自然物质"的过程[1]；另一方面则是自然的自发的过程，即被人的生产和生活消费掉的产物重新回到自然的过程。这两种变换互为条件，只有它们的正常进行，才能使人和自然之间的物质变换从而人的生存活动得以健康地持续下去。

但是，埃伦费尔德并不以此为满足，他代自然界向人类提出了"权利请愿书"，要求承认自然物的存在本身就是一种权利。这就未免走得太远了，滑到自然主义的拜物教观念上去了。须知，任何"权利"都是一种社会的、历史的、主体的范畴。离开了人这个主体，就谈不上"权利"。他把自然存在的客观因果性根据，"拔高"为一种基于社会历史的主体价值性根据，似乎不如此，便不能真正尊重自然。实际上，他错了：对自然的尊重，只能是对自然存在的客观性、对自然生态的系统性、对自然运动的规律性的尊重。如果把自然存在物人格化，赋予其主体性的权利，就必然要抹杀人的存在的特殊性，把人贬低为单纯的自然存在物。这样一来，人就只能成为自然的驯服奴隶，只能在自然所规定的范围内像其他动物一样生存，就实际上同样否定了人的存在本身。人本主义自然观的错误并不在于它承认人的生存的特殊性，不在于它承认人的主体性，而在于它夸大了这种特殊性，否认人的主体性必须以承认自然的客观性为基础。

---

1 《马克思恩格斯全集》第 44 卷，人民出版社 2001 年版，第 207—208 页。

第三节

在生态破坏、环境恶化的根源问题上,埃伦费尔德的看法也是肤浅的。这里的问题在于他离开了人和自然关系的历史发展,抽象地静态地看待这一关系。

埃伦费尔德企图从世界观、人生观和价值观的高度揭示生态环境问题的根源,并把抨击的矛头直指近代以来流行的抽象人道主义思潮,确实有其合理之处。但是,他忘记了这样一个问题:为什么人们会产生并接受这种观念,而且为什么恰恰是近代以来才产生并接受这种观念呢?这个问题只能由进一步考察人的生存方式、考察这一生存方式的历史演化才能解决。埃伦费尔德在这里停住了:他的自然主义世界观转变成了唯心主义的历史观,他只能诉诸人们的观念。

"那种排除历史过程的、抽象的自然科学的唯物主义的缺点,每当它的代表越出自己的专业范围时,就有他们的抽象的和唯心主义的观念中立刻显露出来。"[1]这里只能求教于马克思。在马克思看来,人和自然关系的发展大体可以划分为三大阶段。

第一阶段是古代,人与自然的原始同一。当时,物质生产刚刚产生,还只是一种单纯的"占有经济",它只限于利用人的自然器官和自然结合去"占有现成的、自然界本身业已为消费准备好的东西

---

[1] 《马克思恩格斯选集》第3卷,人民出版社1972年版,第513页。

来再生产他自身的躯体"[1]。人还不能从根本上摆脱对自然界的单纯依赖状态。因此在观念上也表现为自然崇拜下的"天人合一"思想，并在这种总体观念下以各种自然和社会禁忌的形式保护自己的生存资源、维护自然的生态平衡。

第二阶段是近代以来，人与自然的分离和对立。这种分离和对立在资本主义下达到了顶点。以资本为基础的生产，一方面创造了一个普遍利用自决属性和人的属性的体系，创造出一个普遍有用性的体系，甚至科学也同人的一切物质的和精神的属性一样，表现为这个普遍有用性体系的体现者，而且再也没有什么东西在这个范围之外表现为自在的更高的东西，表现为自为的合理性的东西。古代的自然崇拜已经被对人们的劳动产物的崇拜以及对抽象的人的崇拜所取代。"只有在资本主义制度下自然界才真正是人的对象，真正是有用物；它不再被认为是自为的力量；而对自然界的独立规律的理论认识本身不过表现为狡猾，其目的是使自然界服从人的需要。"[2]

第三阶段则是未来共产主义社会下，人与自然的重新统一。这种统一并不是要退回到古代那种自然统治下的原始同一，而是要在人的生产能力、社会关系和自身生存方式充分发展的基础上，实现人和自然的协调发展。

根据这种观点，我们不难看出，生态环境的危机，正是人类以自己的活动打破了自然界原有的平衡状态，但尚未建立起新的平衡这一过程阶段的必然反映。它表明，人开始摆脱对自然的奴隶般依附地位，但尚未合理地认识和确定自己的主体地位；人在谋求

---

[1] 《马克思恩格斯全集》第 30 卷，人民出版社 1995 年版，第 485 页。

[2] 《马克思恩格斯全集》第 30 卷，人民出版社 1995 年版，第 390 页。

对自然的统治权力的同时，尚未意识到和肩负起由此而带来的对自然的责任；人的生存方式本身有了巨大进步，但这种进步尚未摆脱对抗的社会形式和谋生活动的性质。正是从这种历史唯物主义的观点出发，马克思揭示了资本主义生产方式在人与自然关系上的二重历史作用："它一方面聚集着社会的历史动力，另一方面又破坏着人和土地之间的物质变换，也就是使人以衣食形式消费掉的土地的组成部分不能回归土地，从而破坏土地持久肥力的永恒的自然条件。"[1]"在社会的以及由生活的自然规律决定的物质变换的联系中造成一个无法弥补的裂缝。"[2]

第四节

埃伦费尔德不可能真正找到救治生态环境恶化的药方。他的自决主义的世界观和唯心主义的历史观，使其提出的对策只能流于一种浪漫主义的空想。

说他是浪漫主义，是因为他要求人们摒弃理性和文化，返回到天赋的感觉和自然的生活，返回到田园牧歌式的社会状态，返回到自然崇拜的观念。他提出了"超越人道主义"[3]的口号，但实质上却是从人道主义倒退。他甚至确信："新的情况还会唤起古老的观

---

1 《马克思恩格斯全集》第44卷，人民出版社2001年版，第579页。
2 《马克思恩格斯全集》第46卷，人民出版社2003年版，第919页。
3 [美]戴维·埃伦费尔德：《人道主义的僭妄》，国际文化出版公司1988年版，第198页。

念,这些观念将动摇世界。"[1] 说他是空想,则是因为历史不可能倒退,现实的人的生存方式、社会条件和现实的自然环境都远远不同于产生那些古老观念的时代。埃伦费尔德自己也承认这一点,他不得不以折衷主义的态度与现实达成妥协,补充说可以保留"中间性的技术""某种最低限度的技术"。[2] 然而就连这一点也是不可能实现的:不仅什么是"中间性的"或"最低限度的"本身是含混的,而且要使社会保持在"普遍的中庸状态"也是不可能的。真正的出路只能是从现实出发,在更高的基础上重建人与自然的协调统一。这不是像埃伦费尔德主张的那样,要人从僭夺的"造物主"地位返回到上帝的"管家"身份;而是要像马克思所指出过的,使人由片面的自然"征服者"转变为自觉的地球"好家长"。[3]

要实现这一转变,第一个条件仍然是要发展人类认识和改造自然的能力。摒弃理性和文化不可能真正实现人和自然的和谐统一。"在文化初期,已经取得的劳动生产力很低,但是需要也很低",只是由于人口稀少和需求不高,才使当时的自然生态平衡得以维持,其实当时的生产方式本身,与资本主义和现代商品经济相比,更带有直接的攫取性质;甚至相当于恩格斯所说的"动物式的滥用资源"。[4] 在现代的人口和需要的条件下,企图沿袭或返回这种生产方式,只能造成更加严重的生态环境破坏。这一点已为发展中国家和我国贫困地区的现实所证实。问题不在于科学和技术的发展本身,而在于我们如何对待和运用它们。恩格斯说:"我们

---

[1] [美]戴维·埃伦费尔德:《人道主义的僭妄》,国际文化出版公司1988年版,第214页。

[2] [美]戴维·埃伦费尔德:《人道主义的僭妄》,国际文化出版公司1988年版,第220—221页。

[3] 《马克思恩格斯全集》第46卷,人民出版社2003年版,第878页。

[4] 《马克思恩格斯选集》第3卷,人民出版社1972年版,第513页。

必须时时记住:我们统治自然界,决不像征服者统治异民族一样,决不像站在自然界之外的人一样,——相反地,我们连同我们的肉、血和头脑都是属于自然界,存在于自然界的;我们对于自然界的整个统治,是在于我们比其他一切动物强,认识和正确运用自然规律。"[1]马克思也强调,人所支配的自然力,"既是通常所谓的'自然'力,又是人本身的自然力"[2]。这表明,马克思主义对科学技术历史作用和人的主体地位的肯定,绝非埃伦费尔德所谓"人道主义"观念那种对"理性万能主义"和"人类中心主义"的迷信,[3]而是在其本身中就包含着对二者的合理限定。

人和自然的协调统一,还依赖于人们社会关系的发展。资本主义生产方式,就其打破人与自然的原始同一、为更高基础上的重新统一创造条件这一意义来说,具有巨大的革命作用;但是其本身却必然导致人与自然的对立。人类目前的生态环境恶化,从根本上说,正是资本主义制度的直接产物。资本主义生产的目的是最大限度地追求剩余价值,这种追求剩余价值的无限贪欲,虽然在一定限度内极大地发展了社会生产力,却同时以掠夺式的经营方式对待一切财富的两个原始源泉——劳动力和土地,即导致对自然生产力的破坏。只有在共产主义下,人们才不再以私有者的身份对待自然,才能超出所有权这一"使用和滥用的权利"的狭隘眼界。那时,"甚至整个社会,一个民族,以至一切同时存在的社会加在一起,都不是土地的所有者。他们只是土地的占有者,土地的利用者,并且他们必须像好家长那样,把土地改良后供给后代"。[4]

---

1 《马克思恩格斯选集》第3卷,人民出版社1972年版,第518页。
2 《马克思恩格斯全集》第30卷,人民出版社1995年版,第479页。
3 参见[美]戴维·埃伦费尔德:《人道主义的僭妄》,国际文化出版公司1988年版,第211—213页。
4 《马克思恩格斯全集》第46卷,人民出版社2003年版,第878页。

实现人与自然和谐统一的第三个条件,则是人的生存方式的根本改变。人们常常以为马克思主义只主张前两个条件,实际上,在马克思看来,就第三个条件最为重要。因为只要人的生存方式不改变,人们的需要本身不改变,仍然处于单纯谋生活动之中,那么就不可能改变自己对自然界的"征服者"态度。"忧心忡忡的穷人甚至对最美丽的景色都没有什么感觉;贩卖矿物的商人只看到矿物的商业价值,而看不到矿物的美和特性;他没有矿物学的感觉。"[1]只有当人的生存状态已上升到以发展自己的个性为目的的自由活动、人的主要活动已变为科学研究、社会交往、艺术创造等等之时,人们才有可能真正以"平等"的态度对待自然。"因此,需要和享受失去了自己的利己主义性质,而自然界失去了自己的纯粹有用性。"[2]那时,人不仅按照自己的主观尺度,而且按照自然的客观尺度,并把二者真正统一起来,即按照"美的规律"去活动。这种生存状态的普遍实现,便是马克思设想的共产主义社会。费尔巴哈认为只有离开实践(他把实践仅仅看成"卑污的犹太人的谋利活动")才能做到的"哲学直观",埃伦费尔德认为只有返回古代才能实现的"自然保护",可恰恰只有通过实践和历史本身的发展才能真正达到!

---

[1] 《马克思恩格斯全集》第42卷,人民出版社1979年版,第126页。
[2] 《马克思恩格斯全集》第42卷,人民出版社1979年版,第124—125页。

第五编

应该重视和加强对第二国际的研究

第二十一章 应该重视和加强对第二国际的研究

第二国际是马克思主义和社会主义发展史上的一个重要时期。今天重新审视第二国际的历史演化和思想遗产，不仅对于完整地把握马克思主义的发展史，而且对于准确地理解马克思主义的精神实质，科学地认识当代社会主义运动和中国特色的社会主义实践，都具有重要的意义。本刊（《国外理论动态》）就这一问题采访了南京大学马克思主义社会理论研究中心姚顺良教授，请他就第二国际的历史地位、理论和实践贡献、内部分化和演变过程、当前研究第二国际的意义和路径等问题谈了自己的看法。下面是他与本刊记者的谈话。

记者：姚教授近年来发表了一些关于考茨基、希法亭、卢森堡的研究论文，并在"长江三角洲马克思哲学论坛"上提出要加强对第二国际的研究。今天想请您就这个问题更深入地谈谈自己的看法。

姚顺良：要说明这一研究的意义，首先要从第二国际本身在马克思主义发展史上的地位来看。我认为，如果把马克思主义的发展史比作一个链条，第二国际就是这一链条中最为关键的一环。

这是由第二国际所处的时空特点决定的,第二国际处于19世纪与20世纪之交,恰好是两个时代(古典资本主义和现代资本主义)、两个世界(西方和东方)的交叉点。它既造成了马克思主义在19世纪的全盛时代,也构成了从"原生态马克思主义"向"马克思之后的马克思主义"的过渡阶段;既是马克思主义和社会主义运动从欧洲走向世界的时期,也是马克思主义分化为"西方马克思主义"和"东方马克思主义"、社会主义运动分化为"社会民主主义"和"革命共产主义"的时期。简言之,第二国际的地位可以用两个词来概括:"胜利(古典资本主义、西方)"和"过渡(从古典资本主义向现代资本主义、从西方向东方)"。所以,如果我们在研究马克思主义发展史的过程中不关注第二国际的问题,那么将必然形成一个断裂的链条,也就不可能完整地把握马克思主义的发展史,这包括马克思主义哲学史、马克思主义经济学说史和社会主义思想及运动史。

记者:科拉科夫斯基在《马克思主义的主要流派》一书中曾经称第二国际时期是马克思主义的"黄金时代",您说"第二国际造成了马克思主义在19世纪的全盛时代",这是否表明您赞成他的看法?

姚顺良:我并不完全赞同科拉科夫斯基全书的观点,但他的这一说法并不为过。第二国际时期确实可以被称为马克思主义在19世纪欧洲的"黄金时代"。这主要体现在理论和实践两个方面。

就理论方面来说,虽然马克思早在19世纪40年代中期就已经创立了唯物史观,从而为刚刚兴起的人文社会科学研究提供了既不同于实证主义、又不同于人本主义的崭新范式,并在19世纪50—70年代将其应用于自己的科学研究。其经济学研究成果如《资本论》、政治学研究成果如《法兰西阶级斗争》《路易·波拿巴的雾月十八日》《法兰西内战》等在西方学界均产生了重大影响。但马克思创立的唯物史观范式真正对西方人文社会科学研究发生影响,是在19世纪80—90年代,即第二国际时期。造成这一转变的原因,一是一大批知识分子接受马克思主义,这主要有两次高潮:70年代末至80年代初一大批知识青年(如伯恩施坦和考茨基)和工人运动领袖(如普列汉诺夫)接受了马克思主义,80年代末至90年代初知识精英和主流学界(弗兰茨·梅林、安东尼奥·拉布里奥拉等)接受了马克思主义。二是恩格斯的号召、指导和示范。恩格斯反复强调,"我们的历史观首先是进行研究工作的指南","必须重新研究全部历史","下一番功夫去钻研经济学、经济学史、商业史、工业史、农业史和社会形态发展史"。[1] 在这一背景下,出现了一大批自觉运用唯物史观研究经济学、政治学、社会学、伦理学、美学、宗教学、历史学、思想史、社会主义史以至于人类学、生态学的著作,在当时的人文社会科学研究中异军突起,形成了"马克思主义的历史学派"(考茨基语),即人文社会科学中的"马克思主义学派"。

记者:如果说在理论方面是指对人文社会科学研究发生影响,那么在实践方面就应该是指对工人运动的指导作用了?

姚顺良:对。马克思主义的创立本身就是同工人运动的实践不可分离地联系在一起的。马克思主义诞生的标志《共产党宣言》,就是作为第一个自觉的无产阶级政党"共产主义者同盟"的纲领问世的。但是,我们也不能不看到,当时马克思的科学社会主义不过是形形色色社会主义思潮中的一个流派。即使当1848年革命淘汰了非无产阶级的社会主义之后,在1864—1876年的第一国际时期,仍然有工联主义、蒲鲁东主义、布朗基主义、马志尼主义、

---

[1] 《马克思恩格斯选集》第4卷,人民出版社1995年版,第692页。

拉萨尔主义、巴枯宁主义等"社会主义和半社会主义流派"同科学社会主义并存。只是从1869年德国社会民主党（爱森纳赫派）起，随着欧洲各民族国家的群众性工人政党逐步建立，特别是1889年第二国际成立，马克思主义才真正成为欧洲工人运动中占主导地位的指导思想的理论基础。这一方面的标志就是1891年德国社会民主党《爱尔福特纲领》的制定，该《纲领》确立了马克思主义理论的主导地位，不仅在德国社会民主党党内最终肃清了拉萨尔主义的影响，而且后来成了第二国际各国党，包括苏联共产党的前身——俄国社会民主工党制定党纲的范例。

记者：从您刚才的谈话中，是否可以得出这样的结论，即第二国际促成马克思主义的胜利这一点主要体现在19世纪的欧洲范围内？

姚顺良：不仅如此，第二国际使马克思主义的影响远远超出了19世纪和欧洲范围。列宁曾经说过："普列汉诺夫的著作培养了俄国整整一代马克思主义者。"[1]实际上，以考茨基为主要代表，包括普列汉诺夫在内的第二国际主要理论家的著作培养了许多国家的好几代马克思主义者。就从我们中国来说，第一个系统传播马克思主义的李大钊，在《我的马克思主义观》一文中有关马克思主义伦理学与达尔文相一致的观点，实际上就是来自考茨基的《伦理学与唯物史观》，不过是经由日本学者转口的。

而毛泽东在陕北同斯诺谈话时也回忆说，促成他转向马克思主义的是《共产党宣言》《阶级斗争》《社会主义史》三本书。而《阶级斗争》正是考茨基所写的《"爱尔福特纲领"理论部分解说》一书当时的中译名。

---

[1]《列宁全集》第19卷，人民出版社1989年版，第308页。

记者:您这里谈的主要是第二国际前期,后来第二国际不是出现了以伯恩施坦为代表的修正主义,并蜕变为机会主义了吗?

姚顺良:这正是我要谈到的第二方面,即第二国际的过渡性质。第二国际的过渡性质是同它后来在理论上和实践上的分化不可分的。伴随着资本主义由古典形态向现代形态过渡、社会主义运动由欧洲向世界范围扩展,第二国际先是在思想理论方面分化为"修正派"和"正统派"(以1899年伯恩施坦的《社会主义的前提和社会民主党的任务》和考茨基的《反伯恩施坦论》为标志),后来又在实践策略方面分化为左、中、右三派(以1910年考茨基的《在巴登和卢森堡之间》为标志),并在第一次世界大战(1914—1918)期间彻底决裂。在1919—1921年间一度出现三个"国际"并立之后,最终形成了"社会民主主义"(右派与中派的"社会主义工人国际")同"革命共产主义"(左派的"共产国际")的对立。这种分化,过去我们一般认为是由于"第二国际的背叛和最终破产"。第二国际固然由于欧洲各国社会民主党在大战爆发后站到各自政府一边而瓦解,然而,"社会民主主义"与"革命共产主义"的分化不过是马克思主义在资本主义由古典形态向现代形态过渡、社会主义运动在由欧洲向世界范围扩展过程中必然带来的分化,是第二国际"过渡性"历史使命的完成。这种"过渡"和"分化",包括哲学或马克思主义范式、政治经济学或资本主义批判理论、社会主义理论和策略三个方面。

记者:请您分别就这三个方面具体谈谈。比如在哲学方面,西方学界一般认为第二国际把马克思主义实证主义化,并且将其归因于恩格斯。您如何看待这个问题?

姚顺良:我不赞成把第二国际时期马克思主义范式的实证化完全归因于恩格斯。马克思主义范式的分化萌芽于19世纪末20

世纪初,形成于第一次世界大战前后。诚然,与马克思相比,恩格斯的世界观确实带有实证主义倾向。早在19世纪70年代的《反杜林论》中,恩格斯就认为,哲学将随着实证科学的发展而趋向消亡。他说:"在以往的全部哲学中还仍旧独立存在的,就只有关于思维及其规律的学说——形式逻辑和辩证法。其他一切都归到关于自然和历史的实证科学中去了。"[1] 他把唯物史观同达尔文学说等量齐观的说法和晚年通信中正确强调上层建筑反作用时的某些提法也在某种程度上诱发了进化主义和折衷主义的倾向。以考茨基为代表的第二国际主流派理论家发展了这一倾向。在考茨基看来,马克思主义不是一种哲学,而是和达尔文的进化论具有同样性质的"经验科学";所谓"辩证的唯物主义"或"历史的唯物主义",就是唯物主义方法和辩证(或历史)方法"这两种考察方式"的统一:前者即经验归纳的方法,后者即"发生学方法"。这就把马克思主义范式完全实证主义化了,伯恩施坦和沃尔特曼、沃伦德尔等人试图引进"新康德主义"和"伦理社会主义"以补充马克思主义就不足为奇了。

不过,把恩格斯仅仅看作"实证科学模式"的源头是不公正的。实际上,后来分化出来的三种模式都可以追溯到恩格斯。恩格斯在同普列汉诺夫和安东尼奥·拉布里奥拉的通信中对二人的肯定,表明他同样是另外两种模式的源头。普列汉诺夫正是通过与恩格斯的通信,确立了"斯宾诺莎和18世纪唯物主义—费尔巴哈—马克思"的解释路径,经过列宁进一步向黑格尔辩证法的返回,最终在斯大林时期形成了"苏联马克思主义"的"辩证唯物主义"解释模式。而拉布里奥拉则认为,"实践哲学"才是历史唯物主

---

[1] 《马克思恩格斯选集》第3卷,人民出版社1995年版,第364页。

义的核心。

在其最后一批哲学著作中,拉布里奥拉更是明确指出,修正主义者所鼓吹的回到康德,同某些"正统派"鼓吹回到斯宾诺莎和18世纪法国唯物主义者一样,其含义在于:不是摒弃历史唯物主义,就是毫无益处地重复陈旧的东西,或者纯属折衷主义的混乱。拉布里奥拉开启的"实践哲学"的解释路径,不仅在意大利经过克罗齐的中介,直接导致了后来葛兰西的"实践哲学";而且同第一次世界大战后到20年代的卢卡奇和科尔施对马克思主义范式的黑格尔式解读方向一致。实际上预示了后来的"西方马克思主义"模式。

记者:那么,在政治经济学和资本主义的批判理论方面呢?

姚顺良:第二国际实际上构成了从以马克思的《资本论》为代表的经典资本主义批判理论到以列宁的《帝国主义论》为代表的现代资本主义批判理论的过渡。从19世纪末开始到第一次世界大战前夕,第二国际理论界异常活跃、创见迭出。在马克思恩格斯对资本主义现代形态最初分析的基础上,先是普列汉诺夫,接着是拉法格对垄断、托拉斯和金融资本进行了研究,最后形成了分别以希法亭、卢森堡和考茨基为代表的三种现代资本主义理论。希法亭是从资本主义生产方式本身,从资本支配形态的角度来界定资本主义现代形态的,他提出了"金融资本"论;卢森堡是从资本主义生产方式外部,从资本与前资本的关系的角度来界定资本主义现代形态的,她提出了"资本积累"论;而考茨基则是将资本主义生产方式的内部和外部结合起来,认为资本主义现代形态仍然是"工业资本"的统治,是"工业国—农业国"分工的产物,提出"工业资本"论和"国际分工"论。他们三人的经济学理论事实上构成了后来列宁《帝国主义论》产生的直接理论来源和理论背景。后来以列宁为代表的马克思主义经典帝国主义理论,正是以布哈林为中介,在基本继承希法亭、部分借鉴卢森堡、全盘否定考茨基的基础上完成的。

记者:第三个方面,应该是在社会主义理论和实践问题上的分化了。这大概是第二国际后来破产和分化的主要原因吧?

姚顺良:在社会主义理论和实践上,第二国际的分化大体上可以分为三个阶段。第一个阶段是在理论上分化为"修正派"和"正统派",这种理论上的分化是同实践策略上的"社会改良"与"社会革命"的对立相联系的。第二个阶段是从俄国 1905 年革命以后特别是 1910 年到 1914 年间,分歧的焦点是对待"群众性政治罢工"和俄国革命经验的态度问题。对此左派持肯定态度,右派持否定态度,中派则动摇于两者之间。第三阶段则是 1914—1918 年第一次世界大战期间,分化进一步集中在对待战争的态度上。三派分别采取"社会革命主义""社会帝国主义""社会和平主义"立场,并由此彻底决裂。战后右派企图恢复"第二国际",左派另立"第三国际",中派一度成立"第二半国际",不久又与右派合并。由此社会主义运动分化为"社会民主主义"和"革命共产主义"两大派。第二次世界大战以后演化为"民主社会主义"与"科学社会主义"(共产主义)的对立。

现在看来,与其说"社会民主主义"和"民主社会主义"是修正主义分子和"工人贵族"对马克思主义和社会主义事业的背叛,不如说其与"苏联共产主义"的分裂是东西方社会发展的歧路。"社会民主主义"或"民主社会主义"是西方发达资本主义国家的社会改良主义,"革命共产主义"实际上反映了东方落后国家非资本主义现代化道路的要求。

记者:您前面谈的是研究第二国际的历史意义,但是您为什么提出整个马克思主义学界都要重视和加强对第二国际的研究,这种研究的现实意义何在?

姚顺良:实际上,上述三个方面同样都具有重大的现实意义。首先,就马克思主义哲学来说,近年来学界关于马克思主义研究范式的讨论,经常谈论"西方马克思主义解释范式""苏联马克思主义解释范式""西方马克思学解释范式",独独忘记了"第二国际马克思主义解释范式"。正如我前面所说的,这些范式的胚芽都孕育于第二国际,而且"苏联马克思主义解释范式"和"西方马克思主义解释范式"还是在直接批判第二国际主流派的实证主义解释范式的基础上发展起来的。不深入研究第二国际,不仅不能准确地把握各种马克思主义解释范式的渊源,也不能准确地界定其实质,更不能从对这些范式的批判性反思中完整地把握马克思原生态的范式的精神实质。

在当代资本主义研究方面,战后希法亭的"金融资本主义"理论暴露出越来越多的问题和局限,比如资本的现代形态能否概括为"金融资本",垄断是否会导致"自由竞争的消除",等等。与希法亭的情况正好相反,在20世纪头十年间在理论上遭到普遍批评的卢森堡和被左派猛烈抨击的考茨基,其理论上的合理之处却日益显露出来。他们强调资本主义现代形态的经济实质,坚持从再生产过程出发把握资本主义新形态,战后许多学者指出,那一时代的资本输出实际上正是卢森堡和考茨基所指出的,是为了商品输出和原料输入,是宗主国为了争夺和垄断市场。而当前资本主义"全球化"恰恰是在发达资本主义国家产业升级、资本再生产过程全球化的基础上发生的。因此,如果不研究马克思恩格斯对资本主义现代形态的最初分析,不认真研究希法亭、卢森堡和考茨基提出的三种有代表性的资本主义现代形态理论,就不可能真正把握以布哈林和列宁为代表的经典帝国主义理论形成的理论来源和思想背景,也就不可能充分认识这一理论的贡献和局限,不可能找到理解当代"全球化"资本主义研究的正确路径。

在社会主义理论和实践方面同样如此。不久前关于"民主社会主义"的讨论一度成为热点。由于在发达国家与占主导地位的"新自由主义"相对立的是"民主社会主义",所以可以说,这种现象的出现也是对我国经济学领域中"新自由主义"话语霸权的一种反抗。但是,要主张在中国实行"民主社会主义",首先就要搞清"民主社会主义"产生的社会条件和历史源流,这也需要研究第二国际。通过研究,我们就会发现,"民主社会主义"作为发达资本主义国家的产物,尽管它战后在理论上已经放弃了马克思主义的指导,在实践中主要是对资本主义体制进行改良,实际上已经由资本主义的反体制力量变成了体制内的整合力量,但是,它在维护工人阶级利益、克服资本主义某些弊病方面发挥着重要作用。因此,我们必须肯定它在发达国家的进步作用。然而,民主社会主义的理论和政策主张是否能简单地照搬到中国,这是又一个问题。因为中国是一个发展中国家。中国过去接受"苏联马克思主义"和"十月革命道路",是有着历史必然性的。现在中国更接近"东亚现代化模式"也是有其客观的社会基础的。从一定意义上说,"中国特色社会主义"道路与"东亚模式"有相近之处,即实质上都是在"现代性批判"的形式下去实现"现代化",寻求一条非西方化的现代化道路。

记者:通过您的谈话,研究第二国际的历史意义和现实价值已经十分明确了。您是否可以谈谈目前研究的现状和进一步深化的路径?

姚顺良:到目前为止,国内对第二国际的研究十分薄弱,甚至许多方面是空白的。这主要是因为,过去我们从教条主义出发,从

1918年列宁与考茨基决裂以后，特别是在斯大林强调"在马克思恩格斯两人和列宁之间隔着第二国际机会主义独占统治的整个时代"[1]这样一个论断之后，也就是把第二国际看作是马克思主义发展史中的一种断裂以后，我们对第二国际的理解和研究就已经打上了很大的"主观色彩"。对第二国际，只能否定和批判，只能作为反面教材来为列宁主义和苏联模式作论证。总的来说，这种研究主要局限在社会主义理论和社会主义运动史领域。

记者：那么，您认为对第二国际的研究应当从那些方面加强？

姚顺良：我认为起码可以从三个方面加强。一是在文献学方面，需要加强对第二国际相关史料和文本的搜集、编译、出版和整理。应该说，中央编译局在这方面已经做了不少工作。这里具有戏剧性的是我国现有的关于第二国际的大部分文献恰恰是在20世纪60年代批判"现代修正主义"时，作为批判用的反面教材而内部发行的"灰皮书"，近年来变为公开出版物。现在缺少的主要是考茨基等人1914年以前的、在苏联尚被认为是马克思主义或基本上是马克思主义的著作，如考茨基的《从柏拉图到再洗礼派》《伦理学与唯物史观》《卡尔·马克思的历史意义》《斯拉夫人和革命》《"旧式的"和"新式的"革命》，由考茨基和伯恩施坦等人主编的《社会主义史》丛书等，在报刊方面则像《新时代》杂志、《社会民主党人报》，等等。甚至连一直被基本肯定的拉法格、卢森堡和拉布里奥拉等人的论著也译介得很不全。比如拉布里奥拉的名著《历史唯物主义概论》也只有第一、二部分被翻译过来，而最为关键的第四部分（提出"实践哲学"）和晚年的一些论文（批评"向斯宾诺莎和18世纪法国唯物主义者回归"）却没有被翻译过来。

1　《斯大林选集》上卷，人民出版社1979年版，第186页。

记者：除了在文献学方面的基础性工作，在研究方法和研究路径上您还有什么建议？

姚顺良：在研究方法上，我认为，一是实事求是。最根本的是不能沿袭成说。一定要重新原原本本地用第一手文本说话，重新考证，重新解读，重新诠释。当然，这并不是要从一个极端走向另一个极端，为了轰动效应，而大作翻案文章。那不是真正的历史唯物主义态度。二是比较分析。将第二国际内部不同倾向的文本观点，将第二国际与第三国际、西方马克思主义，将第二国际与西方主流思想文化界的观点进行比较分析。三是理论和实践结合、史论结合。特别是同当代资本主义、社会主义运动、中国特色社会主义实践相结合。

在研究路径上，我认为，应多方位展开。一是应多方面、多视角开展研究，包括哲学、政治经济学、社会主义等各个学科，包括发达资本主义、落后国家的发展道路等各个领域。二是应注重研究的综合性，多学科的整合。以问题为中心，而不是以学科为牢笼，划地为牢。三是应有所侧重。当前的重点我认为可集中在三个方面，即第二国际的马克思主义解读范式，第二国际关于资本主义现代形态的理论探讨，第二国际社会民主主义与"民主社会主义"。

第二十二章　第二国际关于资本主义现代形态理论的当代审视

从 19 世纪末开始到第一次世界大战前夕,是马克思主义的资本主义批判理论由经典形态向现代形态理论过渡的时期。在这一时期,第二国际理论界异常活跃、创见迭出,最后形成了分别以鲁道夫·希法亭、罗莎·卢森堡和卡尔·考茨基为代表的现代资本主义理论。后来以列宁为代表的马克思主义经典帝国主义理论,正是在基本继承希法亭、部分借鉴卢森堡、全盘否定考茨基的基础上完成的。从当代视角重新审视第二国际理论家研究成果的是非得失,对于我们全面认识列宁经典帝国主义理论的历史功绩和历史局限,更加准确地把握当代资本主义的本质和规律,有着十分重大的理论和实践意义。

长期以来,苏联、东欧和我国的马克思主义理论界一直把列宁的《帝国主义是资本主义的最高阶段》(通常简称为《帝国主义论》)奉为马克思主义关于现代资本主义理论"空前绝后"的经典文本,不仅否定了该书形成的理论前提,而且无法正视该书或者从其先驱者那里继承并加深了的,或者由于对其先驱者拒斥和摒弃所带来的基本缺陷。正是这些缺陷,导致了以列宁为代表的经典帝国主义理论与当代资本主义的现实之间出现了越来越大的裂痕,最终无法正确解读第二次世界大战以来特别是"全球化"时代的资本主义,进而无法为全球左派和进步人士的斗争制定合理有效的政治战略。因此,从当代视角重新审视第二国际理论家研究成果的是非得失,不仅是恢复第二国际时期马克思主义的资本主义批判理论由经典形态向现代形态转变的真实历史过程的需要,也有助于我们在充分肯定列宁帝国主义理论历史功绩的同时认识其历史局限。

第一节

19世纪60—70年代到20世纪初,是资本主义由古典形态向现代形态过渡的时期。这一时期出现了一系列经济上和政治上的新现象:工业中生产和资本的集中、股份公司的大规模发展和卡特尔、辛迪加、托拉斯的出现。这些新现象最先引起了马克思恩格斯的注意。马克思不仅从理论上揭示了资本主义生产集中和资本集中的一般趋势、竞争与垄断的内在联系,特别是资本主义信用与股份公司的关系,而且早在1873年经济危机出现了"长期萧条"的新特征之后,就敏锐地察觉到资本主义有进入新阶段的征兆,因而生前迟迟不愿出版《资本论》第二卷,反而再一次开始了大规模的重新研究。马克思逝世后,恩格斯继续对资本主义出现的新现象进行了研究,他在编辑《资本论》第三卷时突出强调了作为"股份公司的二次方和三次方"的"卡特尔""托拉斯"等垄断组织的发展和"交易所"的作用[1]。在1882年考察了美国以后还专门写下了《论美国资本的集中》一文,指出"美国的资本积累是以多么惊人的速度在进行"[2]。但由于马克思恩格斯先后去世,揭示资本主义新形态本质和地位的任务就历史地落到了第二国际理论家的肩上。

第二国际理论家中最早注意到时代变化的是普列汉诺夫和拉法格。普列汉诺夫从1890年起,用了十年时间,对美国和英国工商业中垄断化的发展进行了研究。他遵循马克思恩格斯的思路,把垄断看成是"工业发展的自然的和不可避免的结果",认为它标志着资本主义制度矛盾的尖锐化,并强调由托拉斯的增加"过渡到生产的社会管理本身,必须以具备一定的条件为前提,在缺乏一定条件的情况下,这种过渡给社会带来的危害比它带来的益处要大得多"。[3] 早在1895年的《财产的起源和进化》一文中,拉法格就注意到了金融业在资本主义财产中的重要地位。他认为,与较早的资本主义工业、商业相比,金融业的威力更大,其扩张的范围、对利润的贪欲和对政治的影响都是其他产业无法比拟的,"金融成了强有力的社会力量""金融力图吞下一切,占有第一切"。[4] 拉法格特别注意对交易所的经济职能和美国托拉斯问题的研究,在《美国托拉斯及其经济、社会和政治意义》(1903)一文中,他通过大量统计资料的分析和研究,得出了"托拉斯制度"和"托拉斯体系"是资本主义新阶段特别是美国资本主义的基本特征,它同金融资本有着不可分割的内在联系的重要结论,托拉斯制度是"各个资本主义国家里资本集中"的产物,"托拉斯体系必须通过银行的组织将工

---

[1] 《马克思恩格斯全集》第46卷,人民出版社2003年版,第496、1028—1030页。
[2] 《马克思恩格斯全集》第19卷,人民出版社1963年版,第337页。
[3] "普列汉诺夫纪念馆档案室"档案材料,载《马克思主义研究参考资料》,1984年第19期,第46页。
[4] [法]保尔·拉法格:《拉法格文选》下卷,人民出版社1985年版,第132、136页。

业联成整体银行和工业相结合是经济发展的必需","银行和工业的利益,从来也没有像现在美国这样密切地结合在一起"。[1] 拉法格特别强调了托拉斯制度必定给资本主义带来一系列社会和政治后果,在美国,托拉斯"不仅在经济领域占有统治地位,就是美国人民的宗教、政治和精神生活也要受它支配","金融家和他们的傀儡充斥议会","在托拉斯建立的头十年内,生产力的空前发展,促使美国以帝国主义政策,即利用军事力量为其托拉斯工业占领市场的政策,去代替它的传统政策",托拉斯一定会把政府"推向帝国主义和掠夺殖民地与市场的道路"[2],托拉斯制度不仅不能消除、反而会加剧危机和阶级矛盾,这样,托拉斯的设计者就"不知不觉地和不由自主地做了件革命的事情","它明确地给工人们指出了他们应该追求的革命目标"。[3]

到了 1910 年代特别是第一次世界大战前夕,第二国际理论界对资本主义新形态的研究进入了高潮,并从专题和国别的经验研究上升到系统的理论探讨,一时间创见迭出、成果纷呈,最终形成了分别以鲁道夫·希法亭、罗莎·卢森堡和卡尔·考茨基为代表的三种现代资本主义理论。

首先是希法亭的"金融资本"论。在其代表作《金融资本》(1910)中,希法亭实际上继承和推进了拉法格的思路,也从财产形态的演化角度来确定资本主义现代阶段的基本特征。希法亭认为,资本主义不同阶段的发展集中体现为占统治地位的资本存在形态的演化,资本主义历史上从"货币主义"和"重商主义"到"自由主义"的发展反映了由"高利贷资本"和"商业(商人)资本"占统治

---

[1] [法]保尔·拉法格:《拉法格文选》下卷,人民出版社 1985 年版,第 248 页。
[2] [法]保尔·拉法格:《拉法格文选》下卷,人民出版社 1985 年版,第 138、220 页。
[3] [法]保尔·拉法格:《拉法格文选》下卷,人民出版社 1985 年版,第 293 页。

地位到"工业(产业)资本"占统治地位的变化,现代资本主义的基本特点就是"金融资本"的统治。而对金融资本的研究只有从流通入手:先阐明货币问题,由此才能理解信用;而理解了信用,才能理解银行资本及其与产业资本的关系,从而最终理解金融资本。"因此,我们的考察不是指向具有技术奇迹的资本主义工厂,而是必须转向单调的、始终如一的市场过程……我们希望能够通过这一途径,探索那种作为资本主义信用最终取得对社会进程的统治的力量,如何由流通本身中成长起来的秘密。"[1]按照这样的逻辑,希法亭从货币的支付职能引出信用,然后在马克思《资本论》中已有的"商业信用"和"银行信用"区分的基础上,将银行信用区分为"流通信用"和"资本信用",再将资本信用区分为"流动资本信用"和"固定资本信用"。以此为基础,希法亭论证了银行从支付和流通中介向资本信用中介转化、并且进一步从流动资本信用向固定资本信用倾斜的趋势。这种趋势使银行资本和产业资本由暂时的利害关系日益发展为长远的利害关系。

同时,在信用充分发展的基础上建立起来的股份公司,也为银行资本和产业资本的直接结合创造了条件和组织形式。银行和产业资本巨头通过发行股票获取创业利润而联合起来,而股份公司又为双方相互参股、控股提供了结合形式,这样就形成了金融资本。"金融资本,即归银行支配、并由产业资本家使用的资本"[2],它是"实际转化为产业资本的银行资本,即货币形式的资本"[3]。金融资本引起了资本主义经济生活的重大变化:一是加剧了由生产的集中引起的资本的集中;二是由资本的集中造成了垄断组织,

---

1 [德]鲁道夫·希法亭:《金融资本》,商务印书馆1994年版,第57页。
2 [德]鲁道夫·希法亭:《金融资本》,商务印书馆1994年版,第253页。
3 [德]鲁道夫·希法亭:《金融资本》,商务印书馆1994年版,第252页。

而垄断组织同银行"社会公共簿记"作用的结合,将现扩大对社会生产和流通的自觉干预,导致"自由竞争的消除"。"建立总卡特尔和形成中央银行的趋势正在合流;在它们的联合中,生长出金融资本的巨大力量"[1],金融资本的发展趋势是"整个资本主义生产由一个主管机关有意识地加以调整,这个结构决定一切生产领域的生产规模",货币将失去作用,生产的无政府状态也将消失,全部产品的一部分由卡特尔"分配给工人阶级和知识分子,其余部分归卡特尔随意使用","这是得到有意识调整的对抗形态的社会"。[2] 经济变革必然引起政治变革。在自由竞争时期,资产阶级奉行自由主义政策;而金融资本"所希望的不是自由,而是统治"[3],金融资本的统治使保护关税的政策普遍化并由防御性手段变成所有资本主义国家对外经济扩张的进攻性武器,推动了资本输出和扩张经济区的活动,而这些在政治上必然导致殖民主义和暴力方法,"必然导致帝国主义的扩张政策"。[4] "无产阶级对金融资本的经济政策、对帝国主义的回答,不可能是自由贸易,而只能是社会主义。"[5] "反对帝国主义的斗争激化了资产阶级社会内一切阶级的对立……帝国主义最初也得到其他阶级的支持,但最后却把自己的拥护者赶跑了"[6],"金融资本,在它的完成形态上,意味着经济的或政治的权力在金融寡头手上达到完成的最高阶段。它完成了资本巨头的独裁统治。同时,它使一国民族资本支配者的独裁统治同其他国家的资本主义利益越来越不相容,使国内的资本统治

1　[德]鲁道夫·希法亭:《金融资本》,商务印书馆1994年版,第264—265页。
2　[德]鲁道夫·希法亭:《金融资本》,商务印书馆1994年版,第264页。
3　[德]鲁道夫·希法亭:《金融资本》,商务印书馆1994年版,第385页。
4　[德]鲁道夫·希法亭:《金融资本》,商务印书馆1994年版,第423页。
5　[德]鲁道夫·希法亭:《金融资本》,商务印书馆1994年版,第425页。
6　[德]鲁道夫·希法亭:《金融资本》,商务印书馆1994年版,第428页。

同受金融资本剥削的并起来斗争的人民群众的利益越来越不相容。在这些敌对的利益的暴力冲突中,金融巨头的独裁统治将最终转化为无产阶级专政"。[1]

其次是罗莎·卢森堡的"资本积累"论。与拉法格和希法亭侧重资本主义新形态的纵向演进研究不同,卢森堡从一开始就把重点放在资本主义横向扩展的研究上。在讲授和写作《国民经济学入门》时,她便提出"资本主义在地理上的扩大再生产"意味着"资本统治范围的巨大扩张、世界市场和世界经济的形成",强调资本主义是通过"排挤落后的生产形态"而发展的。[2] 在《资本积累论》(1913)中,最终形成了资本主义的现代形态是"资本积累的世界竞争阶段"和"最后阶段"的理论[3]。卢森堡强调非资本主义生产形态是资本主义积累的前提,认为资本积累不可能在资本主义生产方式内部实现,必然"涉及资本主义与非资本主义生产方式之间的关系,而这些关系是开始在国际舞台上出现的"。[4] 因此必须以由非资本主义生产方式的不同形态引起的资本积累条件和方式的演化,来说明资本主义自身的发展阶段和最新形态。由此,她将资本主义划分为三阶段,"资本对自然经济的斗争,资本对商品经济的斗争,资本在世界舞台上为争夺现存的积累条件而斗争"。[5] 现代处于第三阶段即"资本主义积累的帝国主义阶段,包括对迄今为止的资本落后国家——在那里资本原来实现它的剩余价值的——进

---

1 [德]鲁道夫·希法亭:《金融资本》,商务印书馆1994年版,第429—430页。
2 [德]卢森堡:《国民经济学入门》,生活·读书·新知三联书店1962年版,第258—260页。
3 [德]卢森堡:《资本积累论》,生活·读书·新知三联书店1959年版,第334页。
4 [德]卢森堡:《资本积累论》,生活·读书·新知三联书店1959年版,第364页。
5 [德]卢森堡:《资本积累论》,生活·读书·新知三联书店1959年版,第290页。

行工业化及资本主义解放"。[1] 她声明:"卡特尔和托拉斯作为帝国主义阶段的特殊现象,不在本书讨论的范围之内。它们产生于各个资本家集团的内部竞争,而这种竞争的目的是为了垄断积累和分配利润的现存的范围。"[2]

卢森堡认为,资本主义现代形态的特点是"世界政策、军国主义和殖民政策的三位一体",这是由资本积累方法的一般性质和现代特点决定的。资本积累必然涉及资本主义与非资本主义生产方式之间的关系,对非资本主义生产方式只能用暴力方式进行扩张和掠夺;而随着整个世界日益被瓜分,争夺尚未被侵占的非资本主义环境的竞争必然空前加剧。帝国主义是"资本的世界竞争阶段"[3],这个阶段是在20世纪初最明确地表现出来的,"它的主要方法是殖民地政策,国际借款制度,势力范围政策和战争。在这里是完全赤裸裸地暴露出公开的暴力、欺诈、压迫和掠夺"。[4] 卢森堡特别重视国际借款即资本输出在现代资本积累过程中的作用,资本输出是老的资本主义国家控制"年轻的资本主义国家"的手段,被用来"维持在青年资本主义国家的势力,管理它们的财政,对它们的外交政策、关税政策及商业政策,施加压力"。[5] 她着重考察了资本输出与商品输出的联系,指出英国、德国对美国、印度及土耳其等国的投资都引起了英国和德国商品输出的增长,正是资本的世界竞争导致了军国主义、军备竞赛和战争。她在分析现代军国主义的特殊性时说:"最足以暴露今天的军国主义的这种特殊性的,首先是军国主义在一切国家中因为比赛而普遍高涨,所谓受

---

1 [德]卢森堡:《资本积累论》,生活·读书·新知三联书店1959年版,第334页。
2 [德]卢森堡:《资本积累论》,生活·读书·新知三联书店1959年版,第334页。
3 [德]卢森堡:《资本积累论》,生活·读书·新知三联书店1959年版,第334页。
4 [德]卢森堡:《资本积累论》,生活·读书·新知三联书店1959年版,第364页。
5 [德]卢森堡:《资本积累论》,生活·读书·新知三联书店1959年版,第336页。

着本身内在的机械动力的推动而普遍高涨,这是一二十年前还完全没有的现象。其次是,日益临近的战争爆发的不可避免的性质、命定的性质。"[1]卢森堡对殖民地附属国的经济发展前途抱有乐观态度,她认为资本积累的现代阶段包含着落后国家"进行工业化及资本主义的解放"[2]的内容,"伴随着资本积累的一切阶段,如商品经济的侵入,国家的工业化,农业的资本主义改革,以及年轻的资本主义国家的解放等而发生"[3],"正如通过战争、社会危机和社会整个机构的破坏,商品经济代替了自然经济,资本主义生产又代替了简单商品经济一样,现今在经济上落后国家及殖民地,也通过革命与战争,达到了资本主义的自主"。[4]

由此,卢森堡做出了自己关于资本主义现代形态历史地位的结论:资本积累的世界竞争阶段同时是资本主义发展的最后阶段。"资本主义是第一个具有传播力的经济形态,它具有囊括全球,驱逐其他一切经济形态以及不容许敌对形态与自己并存的倾向。但是,同时它也是第一个自己不能单独存在的经济形态,它需要其他形态作为传导体和滋生的场所……它必然要崩溃,因为它由于内在原因不可能成为世界普遍的生产方式"[5],资本主义发展进程"终将陷入根本矛盾的困境……到了这个时候,资本主义存在的不可能性就鲜明地暴露出来了"[6]。有人由此指责卢森堡有"资本主

---

1 [德]卢森堡:《社会改良还是社会革命》,生活·读书·新知三联书店1958年版,第25页。
2 [德]卢森堡:《资本积累论》,生活·读书·新知三联书店1959年版,第334页。
3 [德]卢森堡:《资本积累论》,生活·读书·新知三联书店1959年版,第335页。
4 [德]卢森堡:《资本积累论》,生活·读书·新知三联书店1959年版,第334页。
5 [德]卢森堡:《资本积累论》,生活·读书·新知三联书店1959年版,第376页。
6 [德]卢森堡:《国民经济学入门》,生活·读书·新知三联书店1962年版,第260页。

义自动崩溃论"[1],这是不对的,因为她还认为,"在正式到达这个资本自己创造的经济绝境之前,国际无产阶级起来反抗资本的统治已成为一件必要的事情了"。[2]

最后是考茨基的"超帝国主义"论。考茨基对帝国主义问题的研究相对较晚,理论创新程度初看起来也似乎不大,且在政治上又偏右而遭到左派的猛烈抨击。但是实际上,他也提出了不少值得重视的观点。考茨基较为系统地阐述有关帝国主义理论的主要著作是写于第一次世界大战爆发前夕、发表于1914年9月的《帝国主义》,在后来的《民族国家、帝国主义国家和国家联盟》和《两本论述重新学习的书》(1915年)等文章中也多次谈到了这一问题。与希法亭从资本本身支配形态的演化出发、卢森堡从资本积累外部条件的变化出发点不同,考茨基更多的是沿着马克思经典资本主义理论关于"产业资本占统治地位"和"工业国—农业国国际分工"的思路来解读资本主义新形态的。如果说希法亭强调"金融资本",考茨基则强调"工业资本";卢森堡突出"资本—非资本"的经济关系,考茨基则突出"工业—农业"的产业结构。考茨基提出的"帝国主义"定义是:"帝国主义就是每个工业资本主义民族力图征服和吞并愈来愈多的农业区域,而不管那里居住的是什么民族。"[3]在亨利希·库诺夫批评他并指出"殖民政策背后的主要推动力不是工业资本,而是金融资本"以后,考茨基虽然也表示赞成希法亭的"金融资本"概念,但他仍强调金融资本与工业资本是同一体,且其基础是工业资本。[4] 他坚持认为,"帝国主义是高度发

---

1 《"资本论"注释》第二卷,生活·读书·新知三联书店1963年版,第242页。
2 [德]卢森堡:《资本积累论》,生活·读书·新知三联书店1959年版,第376页。
3 [德]考茨基:《帝国主义》,生活·读书·新知三联书店1964年版,第2页。
4 [德]考茨基:《帝国主义》,生活·读书·新知三联书店1964年版,第38—40页。

展的工业资本主义的产物",[1]"对帝国主义来说,有决定意义的是工业地区与农业地区之间的矛盾"。[2] 考茨基分析说,由于农业是从事活的机体的生产和再生产,因此农业产品不如工业产品增长得快,而资本主义再生产正常进行的前提是工农业生产成比例,这样一来,"资本主义工业的扩张能力愈强,要求扩展为工业提供食品和原料而且也提供消费者的农业地区的欲望也就愈强烈",帝国主义就是"资本主义工业民族在不断扩大同它有交换关系的农业地区的意图"的"一种特殊形式"。[3]

考茨基从这一观点出发,把帝国主义看成是由后起工业化大国同英国竞争的结果。原先,英国工业在世界上占优势,自由贸易占统治地位;西欧其他国家和美国的工业落后,实行保护关税。但当后者从农业国发展为工业国以后,它们仍以保护关税政策为手段来与英国竞争。"它们用大工业国对于世界上还没有被占领而又无力抵抗的那些农业地区的瓜分来代替英国所追求的、在英国的工业工场与所有其他地区的农业生产之间的世界分工。英国对此进行了反击。帝国主义就这样产生了。"[4]"帝国主义"只是现代资本主义在一定时期采取的"一种特殊类型的资本主义政策",[5] 是为了获取农业地区的原料和粮食而推行的一种扩张政策。他不同意库诺夫的看法。库诺夫认为,帝国主义是进一步的、加强了的资本主义,它是一个阶段,这个阶段的本质特征是资本的高度集

---

1 [德]考茨基:《帝国主义》,生活·读书·新知三联书店 1964 年版,第 2 页。
2 《第二国际修正主义者帝国主义的谬论》,生活·读书·新知三联书店 1976 年版,第 11 页。
3 [德]考茨基:《帝国主义》,生活·读书·新知三联书店 1964 年版,第 12 页。
4 [德]考茨基:《帝国主义》,生活·读书·新知三联书店 1964 年版,第 13 页。
5 《第二国际修正主义者帝国主义的谬论》,生活·读书·新知三联书店 1976 年版,第 107 页。

中。考茨基则认为,不能把"帝国主义"与"现代资本主义"看成是同一个东西。[1] "帝国主义的武力政策,对于资本主义经济发展来说远远不是必不可缺的,甚至今天在资本主义的各种扩张方法当中,也是最费钱的和最危险的,但决不是最有效的一种;除了它以外,可以采取经济意义大得多的其他方法。"[2] 考茨基认为,"帝国主义特别受到了与它同时出现的向农业地区的资本输出制度的促进"。[3] 资本输出主要是为了在农业国修建铁路、开采矿藏或修建水利工程促进经济作物的生产,"这样,随着工业国家扩大向世界农业地区资本输出的欲望的增长,使这些地区服从它们的国家政权的意图也就加强了";同时,由于"那些拥有维护自己的独立所必需的力量的农业国家,不仅利用输入的资本修建铁路,而且还利用它来发展自己的工业",因此"对抗竞争的愿望成了资本主义国家把农业地区直接地当作殖民地或者间接地当作势力范围来加以征服的新的动机,这是为了阻止农业地区发展自己的工业,为了迫使它们只限于从事农业生产。这是代替了自由贸易的帝国主义的最重要的根源"。[4]

考茨基认为,帝国主义不仅加深了工业国与农业国的矛盾、工业资本家与农业国内的无产阶级的矛盾,同时也加剧了各工业国之间的竞争,从而导致工业国之间的军备竞赛。因此在一战前,考茨基就曾预言世界大战的爆发不可避免。帝国主义将向何处去?库诺夫认为,帝国主义是实现社会主义的一个历史准备阶

---

[1] 《第二国际修正主义者帝国主义的谬论》,生活·读书·新知三联书店 1976 年版,第 107 页。

[2] [德]考茨基:《民族国家、帝国主义国家和国家联盟》,生活·读书·新知三联书店 1963 年版,第 18 页。

[3] [德]考茨基:《帝国主义》,生活·读书·新知三联书店 1964 年版,第 13 页。

[4] [德]考茨基:《帝国主义》,生活·读书·新知三联书店 1964 年版,第 13 页。

段,既然资本主义的崩溃并未到来,而帝国主义又是必要的阶段,那么反对帝国主义的斗争便变得毫无意义了,企图根除帝国主义就像工业发展初期企图消灭机器一样。在库诺夫看来,甚至帝国主义掠夺战争也是必需的,通过这种战争来建立大国也是必要的。所以民族自决权是一种常见的天真想法。[1] 考茨基则认为,既然帝国主义和自由贸易都不过是资本主义扩张的形式,因而"从纯粹经济的观点来看,资本主义不是不可能再经历一个新的阶段,也就是把卡特尔政策应用到对外政策上的超帝国主义阶段。我们当然必须像反对帝国主义一样激烈地反对超帝国主义,不过它的危险不在军备竞赛和威胁世界和平这一方面,而是在别的方面"[2]。即使在第一次世界大战以后,考茨基也没有改变自己的看法。在1927年的《唯物主义历史观》一书中,他说:"金融资本通过世界大战的教训,也许会看出这种扩大剥削范围的方法过于冒险。这种追求增殖利润的活动,会使全部资本遭受太大的风险,而相反,过渡到超帝国主义,过渡到所有国家的金融资本家的国际化卡特尔化,倒会更为有利。"[3]直到去世,考茨基都坚持自己的这一观点。

1　[南斯拉夫]普雷德腊格·弗兰尼茨基:《马克思主义史》,人民出版社1986年版,第386页。
2　[德]考茨基:《帝国主义》,生活·读书·新知三联书店1964年版,第17页。
3　[德]考茨基:《唯物主义历史观》第四分册,上海人民出版社1964年版,第166页。

第二节

第二国际三种代表性的现代资本主义理论诞生伊始就遭遇截然相反的命运。希法亭的《金融资本》一出版,就产生了轰动效应,甚至被誉为"继《资本论》之后最伟大的马克思主义政治经济学著作""《资本论》的续篇",希法亭也由此一举成名。卢森堡《资本积累论》的发表却引起轩然大波,其否定马克思社会资本再生产图式、重构资本积累理论的企图招致了几乎所有马克思主义主流派理论家的同声批评,其对资本主义现代形态的独特理解也被打入冷宫。而考茨基的《帝国主义》小册子更是生不逢时,尽管开始写于第一次世界大战前夕,可发表时战争业已爆发、第二国际左中右三派也已彻底决裂,其"超帝国主义论"理所当然地被视为"社会和平主义"立场的理论辩护,遭到了左派的愤怒声讨。即使到了第三国际时期,希法亭虽已被看作机会主义者,但由于其理论得到列宁的基本肯定,其理论的核心内容也被吸收进后者的帝国主义理论之中;同为左派的卢森堡虽然政治上受到肯定,但其理论仍被视为"异端";而考茨基由于1918年初发表《无产阶级专政》一书公开反对布尔什维克,被从机会主义者升格为叛徒,其关于帝国主义的思想注定成了以列宁为代表的经典帝国主义理论的批判对象和反面参照系。上述情况在第二次世界大战后特别是苏联解体、东欧剧变以后发生了戏剧性的变化。从战后新的科学技术革命和资本主义新变化开始,到"后工业社会""后殖民时代""后冷战时代"和"全球化资本主义"时代,人们不断地对包括第二国际上述理论在内的各种现代资本主义理论提出疑问，进行讨论、解构和重建。这些现实变化和各种争论，促使我们从当代视角出发，重新反思第二国际理论家的上述三种现代资本主义理论的是非得失。

一方面，希法亭的"金融资本主义"理论暴露出越来越多的问题和局限。这里的要害是资本的现代形态能否概括为"金融资本"的问题。希法亭把金融资本定义为"归银行支配、并由产业资本家使用的资本"或"实际转化为产业资本的银行资本，即货币形式的资本"。[1] 这里，他犯了三个错误：一是在现代资本的社会动员上，夸大了银行的作用，否定了交易所的作用。恩格斯在《资本论》第三卷"增补Ⅱ"中恰恰认为"今天交易所的作用大大增加了，并且还在不断增加"，其趋势是"要把全部生产，工业生产和农业生产，以及全部交往，交通工具和交换职能，都集中在交易所经纪人手里，这样，交易所就成为资本主义生产本身的最突出的代表"。[2] 而希法亭却认为，"随着银行权力的增长，银行日益支配投机运动，而不是被投机运动所支配。随着交易所意义的总的减小，交易所作为加剧危机的原因的作用也迅速下降"。[3] 二是在现代资本的内部构成上，拔高了借贷资本的地位，贬低了股份资本的地位，甚至把股份资本、股息和股票归结为借贷资本、利息和债券。马克思尽管也是在"信用在资本主义生产中的作用"一章中论述"股份公司"的，并且也确实说过在股份公司中资本所有者与借贷资本家类似，"转化为单纯的所有者，即单纯的货币资本家"，他们获得的股息具有"利息的形式"，但马克思认为二者在本质和内容上不同：股份资本代表着财产资本和职能资本分离的更高阶段，"在股份公司内，

1　[德]鲁道夫·希法亭：《金融资本》，商务印书馆1994年版，第252页。
2　《马克思恩格斯全集》第46卷，人民出版社2003年版，第1028页。
3　[德]鲁道夫·希法亭：《金融资本》，商务印书馆1994年版，第335页。

职能已经同资本所有权相分离,因而劳动也已完全同生产资料的所有权和剩余劳动的所有权相分离"。[1] 三是在现代资本的主导形式上,认为只有银行资本即货币形式的资本才是"资本一般"的现实存在形态,否定了再生产过程中职能资本的形式和资本的职能形式。

希法亭的上述理论概括在当时就与现实有着较大偏差。他依据的主要是德国的材料,并不符合当时英国和后来美国的情况。在《金融资本》一书中,他本人也不止一次地承认了这一点:"对银行资本的依赖性在英国比在德国要小"[2],"英国银行制度所经历的不同发展(这种银行制度使银行对产业的影响甚微)……此外,英国银行的发展也还显示出另外一个现象。在德国和美国,大部分由银行董事通过个人联合体现利益共同体。而在英国,这只起很小的作用;在那里,个人联合是由产业股份公司的董事实现的"[3],"外国的交易所则有部分的不同。特别是纽约的交易所,它作为财产转移即剥夺的手段,比欧洲的一些交易所有更大的意义"。但是他坚持认为,"一旦以资本集中和积聚的程度即卡特尔化和托拉斯化的程度以及银行支配产业的程度——简言之,以所有资本向金融资本转化的程度为标准,那末,不是自由贸易国家的英国,而是保护关税的国家德国和美国,变成了资本主义发展的典型国家"[4],"英国的做法是落后的,此外,这种做法也正处于消失之中,因为它很难对贷出的银行资本进行监督,因此妨碍了银行信用本身的扩大"[5],"在银行和企业之间间或插入一个独特的创业

---

1 《马克思恩格斯全集》第46卷,人民出版社2003年版,第268,292,493,495页。
2 〔德〕鲁道夫·希法亭:《金融资本》,商务印书馆1994年版,第252页。
3 〔德〕鲁道夫·希法亭:《金融资本》,商务印书馆1994年版,第468页。
4 〔德〕鲁道夫·希法亭:《金融资本》,商务印书馆1994年版,第347页。
5 〔德〕鲁道夫·希法亭:《金融资本》,商务印书馆1994年版,第334页。

公司(信托公司),也不会有什么变化,因为后者仍然直接依赖银行"[1]。

更为根本的问题是,希法亭强调银行的作用是由他的理论的致命弱点造成的。列宁曾经指责他"在货币理论问题上有错误,并且书中有某种把马克思主义同机会主义调和起来的倾向"[2],后来苏联理论界又进一步指责他犯了"流通决定论"的错误。当代的英国学者布鲁厄也认为,希法亭《金融资本》的第一篇"货币和信用","是以一段冗长有趣,但十分离题的对货币的论述开始的……他论述的第二个主要内容是作为资本主义公司一种新的组织形式的股份公司的出现"[3]。实际上,希法亭从流通开始,按照"货币→信用→银行→金融资本"的顺序展开自己的论证和阐发,是有着自己内在统一的逻辑体系的,既不是"离题的论述",也不是偶然的个别理论失误,他"在货币的问题上所犯的错误"同他"把马克思主义同机会主义调和起来的倾向",即后来的"有组织的资本主义"论是内在统一的。他提出在所谓强制通行的"纯纸币本位制"下纸币可以完全不依赖金属货币而获得"社会必要流通价值",是要说明"进行商品生产的社会是无政府主义的,由这种无政府状态产生了货币的必然性。对于流通的最低限度的情况来说"可以"通过金币,物质地表现出来。但它也可以通过自觉的社会调节或国家调节(因为国家是进行商品生产的社会的自觉器官)直接表现出来","因此,国家可以使这种纸币强制通用。于是,在流通的最低限度的范围内,社会关系的物的表现便被一种自觉调节的社会关系所代

1　[德]鲁道夫·希法亭:《金融资本》,商务印书馆1994年版,第468页。
2　《列宁选集》第2卷,人民出版社1995年版,第583页。
3　[英]布鲁厄:《马克思主义的帝国主义理论》,重庆出版社2003年版,第92页。

替"。[1] 这种观点是和他后面关于"卡特尔化将消灭作为一个资本投资领域的商业"[2]、"这就是资本主义商人的末日"、在金融资本看来"交易所和商业是投机的、无耻的活动,必须废止,以利于产业垄断。产业利润合并了商业利润,自身又被资本化为创业利润,即达到作为金融资本的最高形式的三位一体的赃物"[3]等论断是完全一致的。希法亭从流通出发,是为了(至少其结果是)否定流通。他的由银行资本支配的"金融资本"概念本身,就是在用银行这一"看得见的手"取代资本市场(交易所)这一"看不见的手"。这也正是后来他公开主张"有组织的资本主义"并最终转向中派和社会民主主义的思想基础。后来的发展表明,德国作为"容克帝国主义"国家,并不代表现代资本主义的发展趋势。战后特别是"后凯恩斯时代"资本主义的发展表明,资本的现代形态与其说是银行资本支配下的、以借贷资本为基本形态的"金融资本",不如说是以资本市场(证券交易所)为中介的、以股份资本为主体形态的"虚拟资本"。

与希法亭的情况正好相反,20世纪10年代在理论上遭到普遍批评的卢森堡和被左派猛烈抨击的考茨基,其理论上的合理之处在战后和"全球化资本主义"时代却日益显露出来。

首先,他们都坚持从再生产过程出发把握资本主义新形态的经济实质,但二者的侧重点不同。卢森堡着重于经济关系和市场中介,认为资本积累的根本条件是资本主义生产形态与非资本主义生产形态的关系问题,把资本主义的现代形态归结为资本积累的新阶段;考茨基则从生产力和国际分工入手,强调帝国主义就是"资本主义工业民族在不断扩大同它有交换关系的农业地区的意

---

[1] [德]鲁道夫·希法亭:《金融资本》,商务印书馆1994年版,第22页。
[2] [德]鲁道夫·希法亭:《金融资本》,商务印书馆1994年版,第237页。
[3] [德]鲁道夫·希法亭:《金融资本》,商务印书馆1994年版,第247页。

图"的"一种特殊形式"。[1] 卢森堡和考茨基在下述观点上实际上是一致的：新阶段资本输出的功能是促进商品输出（和原料输入），而不是取代商品输出；新阶段资本输出的直接动因是为了垄断市场，而不是为了利润（超额利润和垄断利润）；资本主义新形态的经济实质是剩余价值与资本的再生产，而不是再分配。战后许多学者指出，那个时代的资本输出实际上正是卢森堡和考茨基所指出的，是为了商品输出和原料输入，是宗主国为了争夺和垄断市场。而抓住"国际分工"和"产业结构"问题来理解资本主义新阶段的经济根源也是有远见的。当然，考茨基时代的国际分工仍然是"工业国—农业国"的两极结构，他本人也已指出了其根源："对抗竞争的愿望成了资本主义国家把农业地区直接地当作殖民地或者间接地当作势力范围来加以征服的新的动机，这是为了阻止农业地区发展自己的工业，为了迫使它们只限于从事农业生产。这是代替了自由贸易的帝国主义的最重要的根源。"[2] 卢森堡对殖民地附属国经济发展前途的乐观看法即资本积累的现代阶段包含着落后国家"进行工业化及资本主义的解放"，则只有在发达国家自身产业结构升级的前提下才能成为现实。战后出现的以知识产权与服务业为主的发达国家（"后工业化国家"）同以制造业为主的所谓"新兴工业化国家"，以农业和原料输出为主的"不发达国家"的对立，实际上正是由于资本主义产业结构升级带来的国际分工从"工业国—农业国"两极结构向"三次产业"分工结构的演变。"全球化资本主义"的经济实质，恰恰是资本再生产过程的全球化。

其次，卢森堡和考茨基都强调了帝国主义是一种政治，不能简

1　[德]考茨基：《帝国主义》，生活·读书·新知三联书店1964年版，第12页。
2　[德]考茨基：《帝国主义》，生活·读书·新知三联书店1964年版，第13页。

单地把帝国主义与资本主义的现代阶段等同起来。其实,"帝国主义"本身是一个政治概念。除了稍后的列宁以外,在当时,不仅卢森堡和考茨基,而且从霍布森到希法亭,甚至布哈林,都说帝国主义是一种"政治"(中文也可译为"政策")。随着战后帝国主义世界殖民体系的最终解体,世界实际上进入了"后殖民"时代和"后帝国主义"时代。正如沃勒斯坦区分了"世界经济"和"世界帝国",认为这是两种不同的社会制度一样,尽管人们可以将"全球化"称为"新殖民主义",但那毕竟是和"(老)殖民主义"原有的政治涵义不同的引申意义;同样,人们也可以提出"没有殖民地的帝国主义",[1] 或者将美国的"霸权主义"称之为"新帝国主义",但那毕竟是政治意义甚至仅仅是对外政策意义上的,现在很难将一个国家从社会形态意义上称为"帝国主义国家"。

最后,即使是考茨基提出的"超帝国主义"论,也不无合理之处。实际上,早在他正式提出"超帝国主义"论以前,就提出过在革命的基础上"建立欧洲联邦"的设想。[2] 到了《帝国主义》一书中,考茨基转而认为可能在金融资本联合的基础上实现和平的"超帝国主义"设想。必须看到,考茨基并没有否认"超帝国主义"仍然是一种剥削体系,"我们当然必须像反对帝国主义一样激烈地反对超帝国主义,不过它的危险不在军备竞赛和威胁世界和平这一方面,而是在别的方面"。[3] 这种设想实际上已为战后"欧盟"的建立和时代主题向"和平与发展"转化所证实。当然,这并不意味着"超帝国主义"论是正确的,因为资本主义现代形态确实超出了列强争霸

---

[1] R. Owen, B. Sutcliffe. *Studies in the Theory of Imperialism*. London: Longman, 1972, p. 146-164.
[2] 《考茨基言论》,生活·读书·新知三联书店1966年版,第109—113页。
[3] [德]考茨基:《帝国主义》,生活·读书·新知三联书店1964年版,第18页。

的"帝国主义阶段",但并不是进入考茨基设想的帝国主义国家联盟基础上的"超帝国主义阶段",而是进入了"后殖民主义"和"后帝国主义"的"全球化资本主义"时代。这个时代资本的全球霸权的统治形式比考茨基所设想的更为"温和",但统治的范围和深度比考茨基所设想的则更为广大和残酷。

第三节

从当代视角审视第二国际理论家关于资本主义现代形态的三种代表性理论成果的是非得失,有助于我们对以列宁为代表的马克思主义经典帝国主义理论进行合理的解读和全面评价。

首先,恢复和再现第二国际时期马克思主义的资本主义批判理论由经典形态向现代形态转变的真实历史过程,有助于全面了解以列宁为代表的马克思主义经典帝国主义论的理论来源和形成的思想背景,准确把握列宁在这一理论中的独创性和原创性观点。

长期以来,人们过分夸大了列宁帝国主义理论的独创性,只从简单的统计出发,指出列宁为了写作《帝国主义论》研究了关于资本主义发展新阶段的几乎所有文献资料,仅在他《关于帝国主义的笔记》中,就对148部著作和刊登在49种刊物上的232篇论文作了摘要和评论。实际上,最为重要的不是资料,而是理论范式和基本观点。第二国际对资本主义现代形态的研究,才是以列宁为代表的马克思主义经典帝国主义理论得以形成的真正思想理论前提,特别是上述三种现代资本主义理论更是直接构成了列宁经典帝国主义论基本范式的理论来源和思想背景。列宁正是以布哈林为中介，在基本继承希法亭、部分吸纳卢森堡、激烈批判考茨基的过程中形成自己的帝国主义理论的。同时，他在这一过程中也批判地采用了非马克思主义者霍布森的一些研究成果。

列宁在《帝国主义论》一书中对希法亭《金融资本》理论成果的继承主要有：现代资本主义时期资本的支配形态是金融资本；现代资本主义的经济实质是垄断取代了自由竞争；现代资本主义的政治特征是政治控制、帝国主义取代了自由主义和民主主义；金融资本统治的时代是资本主义发展的最高阶段和最后阶段，无产阶级不能用自由竞争，只能用社会主义来反对并最终取代帝国主义。就连列宁关于帝国主义从经济上和领土上瓜分世界的论断，也与希法亭关于金融资本的统治必然造成列强保护关税政策的普遍化和扩张、争夺经济区的斗争加剧的观点，以及布哈林对此作进一步发挥的关于资本的"国际化"和"民族化"两种趋势的观点有着内在联系。对卢森堡的部分吸纳，主要表现在通过布哈林而对资本主义世界体系的认同上，列宁强调了"资本主义已成为极少数'先进'国对世界上大多数居民实行殖民压迫和金融扼杀的世界体系"。[1]而对考茨基的批判，则集中在两个方面：一是帝国主义定义，他认为"考茨基定义的错误是十分明显的。帝国主义的特点，恰好不是工业资本而是金融资本。帝国主义的特点恰好不只是力图兼并农业地区，甚至还力图兼并工业极发达的区域"。[2] 二是考茨基的"超帝国主义论"，他强调帝国主义国家间矛盾的不可调和性和帝

---

[1] 《列宁选集》第2卷，人民出版社1995年版，第578—579页。
[2] 《列宁选集》第2卷，人民出版社1995年版，第653页。

国主义战争的不可避免性。

但是,这并不意味着列宁的《帝国主义论》"对帝国主义理论的发展做出了很少贡献,或者说没有贡献。他的理论内容是微不足道的,且来源于希法亭、布哈林和霍布森"[1]。布鲁厄的这一看法是片面的和错误的。说他是片面的,是因为布鲁厄仅仅从学理上,而且仅仅是从经济学的学理上看问题。列宁的《帝国主义论》首先是一本政治著作,更确切些说,首先是一部经济政治学或以经济学为基础的政治战略学著作,只有从这一视角看问题,才能对列宁对帝国主义理论的贡献做出恰当的评价。说布鲁厄是错误的,是因为即使就理论方面来说,它也对当时出现的各种资本主义新现象和各种帝国主义理论观点,做出了一个比较全面、比较系统的说明。提出某种观点或范式是创新,综合和系统化也是一种创新。列宁关于帝国主义经济特征的5个特点和包括经济实质、社会政治特征和历史地位等3个方面的帝国主义的完整定义,就是一种综合创新。更何况列宁在书中也提出了不少原创性的观点,并对许多问题发表了自己独特性的理解。比如将资本主义的新阶段命名为"帝国主义阶段",提出了"工人贵族"阶层是帝国主义腐朽性的重要表现,其本身又构成了机会主义的社会基础等。当然,列宁的这些观点不少是可以商榷或需要重新审视的,但说其没有理论贡献则是错误的。

其次,从当代视角审视第二国际理论家的研究成果,有助于我们在充分肯定列宁帝国主义论历史功绩的同时认识其历史局限,更加准确地把握当代资本主义的本质和规律。

---

1 [英]安东尼·布鲁厄:《马克思主义的帝国主义理论》,重庆出版社2003年版,第118页。

在充分肯定列宁帝国主义理论历史功绩的同时,我们也必须承认其存在着理论缺陷和历史局限。这些缺陷和局限有不少是从其先驱者那里继承并加深了的,或者是由于对其先驱者的拒斥和摒弃带来的。就经济实质来说,列宁把帝国主义定义为"垄断的资本主义",并列举了其 5 个方面的表现。与希法亭相比,列宁颠倒了金融资本与垄断、银行资本与工业资本的顺序,强调了生产集中造成资本集中,而生产和资本集中又导致垄断,在工业垄断和银行垄断的基础上二者的融合才造成金融资本及其统治。把帝国主义的经济实质归结为垄断,又强调垄断的实质(目的)是攫取垄断利润。表面上看起来,似乎克服了希法亭流通决定论的缺陷。但是,由于列宁拒斥了卢森堡强调资本积累的实现问题和考茨基甚至布哈林都论证过的"国际分工"这一资本主义世界体系的物质技术基础,因而实际上加深了希法亭的错误。结果他虽然用垄断否定了市场,但强调的垄断利润本身,恰恰是已创造价值通过流通过程的再分配。这才是真正的"流通决定论"! 就社会和政治特征来说,列宁把帝国主义定义为"寄生的或腐朽的资本主义"。这是列宁分别从希法亭和霍布森那里吸收来的观点。实际上,随着金融资本和虚拟资本而来的不仅是"剪息票"的"食利者阶层"的增加,还有"虚拟经济"的产生。我们必须正确看待资本投机性和博弈性的二重作用,正确看待"虚拟经济"对"实体经济"的二重作用。这一点,希法亭也有过分析,但列宁完全否弃了。至于"非生产部门"和"非生产劳动者"的增加,就更不能简单地看成是帝国主义腐朽性的表现了,因为后来的事实表明,这更多的是表明了资本主义产业结构的升级。就历史地位和历史趋势来说,列宁把帝国主义定义为"垂死的或过渡的资本主义"。这实际上既与列宁当时所处的帝国主义战争时代和俄国革命环境的影响有关,也同列宁对考茨基"超帝国主义"论的全盘否定有关。实际上,列宁所处的帝国主义阶段并不是资本主义的"最后"和"最高"阶段,而是资本主义世界体系的"最初"阶段,即战后资本主义的世界体系已逐步脱去自己"帝国主义世界殖民体系"的旧形式,向"经济全球化"的新阶段发展。

还需要指出的是,列宁对希法亭片面高估德国发展程度之观点的继承,不仅给经典帝国主义理论带来了不少缺陷,而且还影响到列宁的社会主义观。列宁在十月革命前夕就认为"社会主义无非是变得有利于全体人民的国家资本主义垄断,就这一点来说,国家资本的垄断也就不再是资本主义垄断了"[1]。十月革命后,列宁仍然高估德国的发展程度,他说:"德国和俄国在1918年再明显不过地体现了具体实现社会主义的两方面的条件:一方面是经济、生产、社会经济等条件,另一方面是政治条件。如果德国革命仍然迟不'诞生',我们的任务就是要学习德国人的国家资本主义,用全力仿效这种国家资本主义,要不惜采用独裁的方法加紧仿效。"[2]他甚至说:"拿先进资本主义国家的标本德国来说,它在资本主义、金融资本主义的组织程度方面超过了美国。在许多方面,即在技术和生产方面,在政治方面,它不如美国,可是在金融资本主义的组织程度方面,在垄断资本主义变为国家垄断资本主义方面,它超过了美国。看来这是一个标本。"[3]后来苏联模式的形成及其先天缺陷,同列宁的这一社会主义观有着内在的关联。

---

[1] 《列宁选集》第3卷,人民出版社1995年版,第265页。
[2] 《列宁选集》第3卷,人民出版社1995年版,第526页。
[3] 《列宁选集》第3卷,人民出版社1995年版,第758页。

第二十三章　罗莎·卢森堡的现代资本主义批判逻辑的历史生成

罗莎·卢森堡的"资本积累论"是第二国际时期关于资本主义现代形态的三种代表性理论之一。这一理论提出了不同于马克思的资本主义批判逻辑,认为"资本积累不能在纯粹的资本主义社会内部实现",强调资本主义的横向扩展,即"资本积累必须以非资本主义环境为前提",资本主义是通过"排挤落后的生产形态"而发展的。本文系统考察了卢森堡的现代资本主义批判逻辑的历史生成过程,并指出应当正确评价这一逻辑的功过。

第一节
卢森堡早期对现代资本主义的政治批判

罗莎·卢森堡的"资本积累论"是第二国际时期关于资本主义现代形态的三种代表性理论之一(另外两种分别是希法亭的"金融

资本论"和考茨基的"国际分工论")。[1] 在《资本积累论》(1913)中,卢森堡从批评马克思的社会总资本扩大再生产图式出发,提出资本积累不能在资本主义生产方式内部实现,它必须以非资本主义环境为前提,并强调资本主义是通过"排挤落后的生产形态"而发展的。[2]

我认为,尽管卢森堡否定马克思的社会资本扩大再生产图式、重新建构资本积累模型的理论尝试是错误的,但是她对现代资本主义的本质和帝国主义的经济根源的双重揭示,即使在全球化资本主义时代的今天,仍然具有深刻的理论和实践意义。

卢森堡是第二国际中资本主义新形态研究的拓荒者之一。她很早就注意到了19世纪末以来资本主义出现的一系列新现象。不过,卢森堡最初的注意力更多地集中在政治方面。

在国内政治方面,卢森堡最先注意到的是资本主义国家的军国主义化。早在1898年《社会改良还是社会革命》中,卢森堡就指出,对资产阶级来说,军国主义是必不可少的。在1899年《民军和军国主义》中,卢森堡又进一步分析了军国主义对于资产阶级在政治上和经济上的必要性。

因此,卢森堡在德国和国际不倦地大声疾呼,要求工人阶级动员起来,把反对军国主义与反对资本主义制度的斗争结合起来。

在国际政治方面,被压迫民族的出身使卢森堡极其敏锐地注意到资本主义列强殖民扩张政策的加强。而这种殖民扩张政策,是同资本主义国家的军国主义化进程紧密联系在一起的。早在1898年评论美西战争的《一次胜利的代价》中,卢森堡就指出:美

---

[1] 参见姚顺良:《第二国际关于资本主义现代形态理论的当代审视——兼论列宁经典帝国主义理论的贡献和缺陷》,载《南京大学学报》,2007年第1期。
[2] [德]卢森堡:《资本积累论》,生活·读书·新知三联书店1959年版,第334页。

国由于对西班牙战争的胜利,"它就面临着外交和内政、军事、政治和经济等方面的全面变革",美国开始效法欧洲列强,"采用普遍兵役制和常备军,这样一来,地道的军国主义就大张旗鼓地进入美国了"。[1] 特别值得注意的是,在卢森堡看来,资本主义列强之间争夺殖民地的美西战争(1898年)和英布战争(1899年)固然是资本主义向现代形态转变的表现,但资本主义列强在落后国家的殖民扩张活动本身,特别是对亚洲和中国的侵略行径本身,更是资本主义向现代形态转变的重要标志。1899年初,她在评价1894年中日甲午战争时说:"中日战争不仅在亚洲的发展中,而且也在整个资本主义的发展中开辟了一个时代。"[2] 军国主义和殖民政策的加强,正是资本主义在政治上向帝国主义转变的表现。不过,起初卢森堡还没有使用"帝国主义"一词。1900年7月,卢森堡在《世界政策的成果》中指出,英国之所以与南非的布尔人发生战争,是"由于它的帝国主义欲望而陷入的一场冲突"[3]。在1900年9月巴黎召开的社会党国际代表大会上,卢森堡作了《人类和平、军国主义和常备军》的主报告。她指出,军国主义和帝国主义殖民政策是同一个资产阶级社会普遍的反动潮流,是"帝国主义世界政策"变本加厉的表现。因此,她把"世界政策"、军国主义和殖民政策看作新的帝国主义现象的三位一体的表现,是新的战争威胁。她指出,各国无产阶级必须以经常性的政治行动来反对资本主义制度。"资本主义制度的统治或许还要长久保持下去。但是总有一天,丧钟迟早会敲响,为了使我们能在决定性的时刻担负起伟大的任务,全

1　[德]卢森堡:《卢森堡文选》上卷,人民出版社1984年版,第57页。
2　[德]卢森堡:《卢森堡文选》上卷,人民出版社1984年版,第66页。
3　[德]卢森堡:《卢森堡文选》上卷,人民出版社1984年版,第230页。

世界无产阶级有必要通过不断的国际行动为这一时刻作好准备"。[1] 在 1904 年于阿姆斯特丹和 1907 年于斯图加特举行的社会党国际代表大会上,卢森堡都强调了日益迫近的战争危险同帝国主义世界政策、军国主义和殖民政策的内在联系。

这一时期,卢森堡的研究尚不够系统,而且主要是结合实践策略问题进行的。在研究对象上,主要集中在资本主义新形态的政治方面,尚未对帝国主义的经济根源作系统化的理论探讨。

第二节
《国民经济学入门》:卢森堡现代资本主义批判逻辑的萌芽

卢森堡对帝国主义经济根源的系统理论研究,是在她 1907 年 10 月到德国社会民主党党校任教以后。从 1908 年开始,卢森堡结合自己对"国民经济学"和"国民经济史"两门课的讲授,着手写作《国民经济学入门》。这一著作的原定目的是通俗地阐释马克思的政治经济学原理,该书在卢森堡生前未能出版;1925 年首次出版时,编者将其编为 6 章,且第 6 章只是一个残篇。流行的说法是,卢森堡在第一次世界大战以前已完成大部分篇幅,大战期间于狱中最后修改定稿;只是由于 1919 年卢森堡被捕抄家,后半部分即研究现代资本主义发展状况及其规律的部分遗失了。我们认为,该书本来就是一个未完成稿。这里有两个证据:一是该书原稿的编号和内容。在现存的 6 章手稿中,第 2、3 两章("国民经济史")原稿序号为Ⅲ、Ⅳ,第 4、5 两章("商品生产"和"工资规律")原

---

[1] 《卢森堡文选》上卷,人民出版社 1984 年版,第 275 页。

稿序号也是Ⅲ、Ⅳ,而第 6 章("资本主义经济的各种倾向")残篇原稿序号为Ⅶ。二是卢森堡 1916 年 7 月 28 日在狱中给狄茨的信。在信中,卢森堡谈到打算将《国民经济学入门》一书交狄茨出版社出版。她说:

> 一些普及性论文以《国民经济学入门》为总标题。每篇论文围绕其中某一特定论题。[① 什么是政治经济学? ② 社会劳动。③—⑤ 经济学史(原始共产主义社会、封建经济、中世纪城市及行会系统)。⑥ 商品生产。⑦ 雇佣工人。⑧ 资本利润。⑨ 经济危机。⑩ 资本主义发展趋势。]前两篇已准备付梓,其他仍是讲义形式,可以陆续完成。[1]

两相比较,只要将"国民经济史"部分(原稿序号Ⅲ、Ⅳ,出版计划③—⑤)除开,该书原稿上的序号就同信中的出版计划的结构完全一致了。这表明,卢森堡原先计划该书包括 7 章,即"Ⅰ什么是国民(政治)经济学""Ⅱ社会劳动""Ⅲ商品生产""Ⅳ雇佣工人(工资规律)""Ⅴ资本利润""Ⅵ经济危机"和"Ⅶ资本主义(经济)发展的趋势";后来,卢森堡决定,在原定的"Ⅱ社会劳动"和"Ⅲ商品生产"两章之间,加入"国民经济史"的 3 章,这样一来,全书便扩展为 10 章。因而,现存手稿中"国民经济史"两章的重复编号"Ⅲ"和"Ⅳ",应是改变计划后的新编号。撇开"国民经济史"部分,现存手稿缺失了 3 章,即第Ⅱ章"社会劳动"、第Ⅴ章("资本利润")和第Ⅵ章("经济危机")。根据卢森堡给狄茨的信,第Ⅱ章"社会劳动"已

---

1 [德]罗莎·卢森堡:《狱中书简》,花城出版社 2007 年版,第 53 页。

经完成，其内容应是从唯物史观的角度阐述劳动是人类社会的基础，阐述人类劳动的社会性和历史性，这一章的原稿我们认为确实是丢失了。而第Ⅴ章（"资本利润"）和第Ⅵ章（"经济危机"），我们认为卢森堡并未完成。极有可能，卢森堡正是在写作这两章，特别是第Ⅵ章（"经济危机"）的过程中，对马克思提出的社会资本扩大再生产图式发生怀疑，并在批评马克思的基础上，形成了自己的"新论点"，即资本积累既必须以非资本主义环境为前提，又不断消灭自己的这一前提。既然卢森堡认为这才是造成资本主义从扩张走向灭亡的决定性矛盾，因而她很可能为了集中精力对这一问题进行专门探讨，从1911年开始中断了《国民经济学入门》的写作，转入写作《资本积累论》，并于1913年先行出版了后一著作。《国民经济学入门》的原稿中断于"资本主义生产方式的矛盾"一节，并且最后落脚到上述论点之上，也为我们的这一推断提供了佐证。

值得注意的是，卢森堡在《资本积累论》的"序言"中说：

> 这本著作是作为国民经济学的通俗入门书而写的。我在很久以前就准备出版本书，但因为党校的教学工作及革命运动工作的耽搁，未能如期完成。今年1月国会选举之后，我打算再着手把马克思的经济学通俗化，至少可以将原理那部分完成；但是，当时遭遇到意想不到的困难。显然，想在具体的事情下，说明资本主义的生产总过程，以及分析它的客观历史限界，我感到没有什么把握。等到进行了精密的考察之后，我就抱着这样一种见解：即此处不仅存在说明的问题，而且还存在着理论上牵涉到马克思资本论第2卷的内容，以及有关现今帝国主义政

策的实际和它的经济根源的问题。[1]

这段话初看起来通篇讲的都是《资本积累论》一本书,但有一点令人费解:因为《资本积累论》不仅将论题完全集中在"资本积累"上,而且对马克思提出了批评;可见其宗旨并非对马克思的经济学说进行全面的通俗阐释,因而该书不能称为"国民经济学的通俗入门书"。要解决这一矛盾,我们就必须把第一句话理解成"这本著作(即《资本积累论》)本来是作为国民经济学的通俗入门书(即《国民经济学入门》)的一部分而写的",后来则发生了改变;这句话实际上讲的是《资本积累论》和《国民经济学入门》两本书之间的关系。这样理解,矛盾就解决了。[2] 所以,我们完全有理由说,卢森堡对于资本主义现代形态的独特理解,开始于《国民经济学入门》的写作过程,完成于《资本积累论》一书。

在《国民经济学入门》第一章中,卢森堡就批判了德国经济学界当时占统治地位的"历史学派"威廉·罗雪尔等人关于国民经济学是关于"国民经济"的科学或"国民经济史"的观点,不仅强调了经济形态的社会性和历史性,而且专门用了两节的篇幅详细论证了资本主义经济形态的特点恰恰在于超越"国民经济"(亦可直译为"国家经济")造成"世界经济",而这正是19世纪90年代以来的事实。[3] 在该书最后一章的残篇部分,卢森堡在从"资本主义生产方式的矛盾"出发揭示"资本主义经济的趋势"时,第一次从四个方

---

1 [德]卢森堡:《资本积累论》,生活·读书·新知三联书店1959年版,原序。
2 《国民经济学入门》1960年俄译本序言的作者,苏联的依·拉普切夫教授,就是依据卢森堡《资本积累论》序言而得出与我们相近的看法。参见[德]卢森堡:《国民经济学入门》,生活·读书·新知三联书店1962年版,第277页。
3 [德]卢森堡:《国民经济学入门》,生活·读书·新知三联书店1962年版,第255页。

面提出了对资本主义现代形态的观点。

首先,卢森堡认为,资本主义生产方式的决定性矛盾,在于生产的无限扩张趋势同市场的相对狭小的矛盾。"在过去的各种经济形态里,人类的消费乃是生产的真正目的;但在资本主义经济形态下,它(消费)只不过是其真正目的——资本主义利润的积累——的手段而已。"[1]这就产生了一对无法解决的矛盾:"这种资本主义生产扩大的能力,它本身是不知什么界限的,因为,与技术进步同时,世界生产力的发展也没有什么界限",然而,"每个国家的资本主义工业愈发展,那么,一方面,生产扩大的要求和扩大的可能性就愈加扩大;另一方面,市场扩大的可能性就会愈加减小"[2]。其次,她认为正是生产同市场的矛盾造成了资本主义对国内外非资本主义环境的扩张趋势,使资本主义经济形成世界经济。"资本主义生产方式,比之从来一切生产方式,其显著的特点在于力图把自己的势力机械地扩大到全世界,并排斥其他所有旧的社会形态"[3]。"在欧洲各工业国内部,资本主义生产不断排斥小工业生产、手工业生产和小农经济。同时,所有欧洲、美洲、亚洲、非洲、澳洲的后进国家,都被卷入世界经济之中。"资本主义生产"扩大到一切国家中,不仅赋予那些国家以同一的经济形态,而且还把它们结合成一个巨大的资本主义世界经济。"[4]

再次,卢森堡指出了资本主义的扩张途径和世界经济的形成

---

1 [德]卢森堡:《国民经济学入门》,生活·读书·新知三联书店 1962 年版,第 255 页。
2 [德]卢森堡:《国民经济学入门》,生活·读书·新知三联书店 1962 年版,第 259 页。
3 [德]卢森堡:《国民经济学入门》,生活·读书·新知三联书店 1962 年版,第 259 页。
4 [德]卢森堡:《国民经济学入门》,生活·读书·新知三联书店 1962 年版,第 255 页。

过程。资本主义扩张是"依靠两种途径世界贸易的发展和对殖民地的掠夺达成的"。[1] 世界经济的形成经历了三个阶段。最后,卢森堡认为,资本主义向全世界扩张的趋势本身必然导致资本主义最终走向灭亡。尽管资本主义尚有相当大的发展空间,因为当时资本主义生产本身还只占地球上整个生产中的一小部分,无论在国内和国外都仍然存在着可供资本主义扩张的非资本主义的生产方式,但是:

> 第一,通过商业的侵入,把土著居民卷入商品交换中,部分地还将土著居民现有的生产形态转化为商品生产;第二,采用各种手段,掠夺土著居民的土地,从而攫取他们的生产资料。这种生产资料在欧洲人手中转化为资本,而土著居民则变为无产者。……第三阶段——即或者由欧洲移民,或者由富有的土著居民在殖民地建立起自己的资本主义生产。[2]

终将陷入根本矛盾的困境:资本主义愈加排挤落后的生产形态,那么,为追求利润所创立的、供满足现有资本主义企业扩大再生产要求的市场界限也就愈加狭小。所有这些情况,只要我们对下述因素稍加考虑,就可以完全明白:如果资本主义发展得这样迅速,以致地球上人类所生产的一切东西都只是以资本主义生产方式生产出来的,换言之,只是大企业中私人资本主义企业家用雇用工

---

[1] [德]卢森堡:《国民经济学入门》,生活·读书·新知三联书店 1962 年版,第 255 页。
[2] [德]卢森堡:《国民经济学入门》,生活·读书·新知三联书店 1962 年版,第 258 页。

人的劳动生产出来的,那么,到了这个时候,资本主义存在的不可能性就鲜明地暴露出来了。[1]

这里,除了尚未明确提出资本积累不能在资本主义生产方式内部实现、只能通过非资本主义环境来实现之外,卢森堡后来关于资本主义现代形态的所有主要观点都已经出现了。

第三节
《资本积累论》和《反批判》:卢森堡现代资本主义批判逻辑的完成

《资本积累论》一书,是卢森堡明确提出资本积累不能在资本主义生产方式内部实现、只能通过非资本主义环境实现的观点,试图为自己关于资本主义现代形态的独特理解奠定理论基础,并集中阐发这一独特理解的著作。

该书包括三编。在第一编"再生产问题"中,卢森堡首先指出了社会总资本的再生产问题是涉及资本主义本质和命运的根本问题,然后详细考察了从魁奈到亚当·斯密再到马克思,这一理论的形成过程。接着对马克思的再生产图式进行了详细的分析。她认为马克思的扩大再生产图式并没有解决用于积累的剩余价值的实现和追加资本的再生产问题。

在第二编"本问题的历史发展"中,卢森堡考察了亚当·斯密

---

[1] [德]卢森堡:《国民经济学入门》,生活·读书·新知三联书店1962年版,第260页。

之后围绕扩大再生产问题的三个回合论战："西斯蒙第、马尔萨斯对萨伊、李嘉图、麦克库洛赫""洛贝尔图斯对吉尔希曼"和"司徒卢威、布尔加柯夫、杜冈—巴拉诺夫斯基对沃龙佐夫、尼古拉—逊（即丹尼尔逊）"。[1] 她认为，这些论战是在两种观点之间进行的：一种是"经济和谐论"，认为资本主义生产的扩大本身就为自己提供了扩大的市场，资本积累可以在资本主义内部无限制地进行下去；另一种是"积累怀疑论"，认为资本主义生产扩大的同时造成市场的萎缩，剩余价值不可能在纯粹的资本主义生产方式中实现，资本积累只能通过工人和资本家之外的"第三者"来实现。卢森堡倾向于第二种观点，但认为从西斯蒙第和马尔萨斯直到俄国民粹派都没有找对"第三者"。

在第三编"积累的历史诸条件"中，卢森堡通过批评马克思的再生产图式的抽象性、强调再生产的历史条件，给出了自己的答案：这只能"是由那种属于非资本主义生产方式的社会阶层（国内市场）和社会结构（国外市场）来实现的"[2]。她认为，马克思的扩大再生产图式不能说明资本积累过程实际上如何进行以及历史上如何完成，其原因在于图式的前提只适用于个别资本或简单再生产，而实际上，资本主义生产不是唯一的完全占统治地位的生产形式。从这一基本观点出发，卢森堡从资本主义生产方式同非资本主义环境之间关系的演变这一视角，考察了资本积累的三个历史阶段：资本对自然经济的斗争，资本对商品经济的斗争，资本在世界舞台上为争夺现存的积累条件而斗争。其中，第三阶段就是资

---

[1] ［德］卢森堡:《资本积累论》，生活·读书·新知三联书店 1959 年版，第 124—256 页。
[2] ［德］卢森堡:《资本积累论》，生活·读书·新知三联书店 1959 年版，第 276—277 页。

本主义的现代阶段。在《资本积累论》的最后3章中,卢森堡从三个方面考察了资本主义现代形态的特征:资本输出、保护关税和军国主义。

在《资本积累论》否定马克思再生产图式的观点遭到普遍批评以后,卢森堡又在1915年写了《资本积累——一个反批判》(1921年出版,以下简称《反批判》)一文,对自己的观点进行了辩护、调整和充实。卢森堡指出,坚持马克思的扩大再生产图式,必然导致三个结果:

> 第一个结果:如果资本主义生产能够无限地充当它自己的消费者,即生产和市场是一体的话,那就完全不可能解释周期性危机的出现。如果生产能够"像模式表明的那样"用它自己的增长来任意积累,进行新的扩大,那就令人迷惑不解,不知道在资本主义生产能够为自己的商品找到一个充足市场时,怎么能够和为什么能够出现这些情况。[1]

> 第二个结果:资本主义生产一旦为自己建立起一个充足的市场,资本主义积累就(在客观上)变成无限的了。因为生产将仍然增长,就是说,生产力将无限地发展,甚至当人类被划分为资本家和无产者的时候也是这样,因为资本主义的经济发展是没有尽头的,所以马克思主义这个特定基础就崩溃了。[2]

---

[1] [德]罗莎·卢森堡、[苏]尼·布哈林:《帝国主义与资本积累》,黑龙江人民出版社1982年版,第84页。

[2] [德]罗莎·卢森堡、[苏]尼·布哈林:《帝国主义与资本积累》,黑龙江人民出版社1982年版,第85页。

第三个结果:当资本主义生产为自己建立起一个充足的市场并允许扩大积累起来的总价值的时候,现代发展又出现了一个谜题:即为最遥远的市场和资本输出而竞争这个现代帝国主义最突出的特点。为什么要征服殖民地呢?为什么会有四十年代和六十年代的鸦片战争呢?为什么要为刚果的沼泽地和美索不达米亚的沙漠而争吵呢?资本应该留在家里,老老实实地过活。克虏伯公司应该去为蒂森公司生产,而蒂森公司应该去为克虏伯公司生产,让他们把资本投到自己的企业中去,相互扩大,等等。资本的历史运动以及伴随而来的现代帝国主义变得完全不可理解。[1]

第四节
正确评价卢森堡现代资本主义批判逻辑的功过

卢森堡对马克思扩大再生产图式的批评,其实是错误的。卢森堡之所以会犯这种看起来是"小儿科"的错误,最根本的原因有二:一是她在正确批判资产阶级经济学家、合法马克思主义者和修正主义者"资本主义和谐论"时,走过了头,陷入了另一个极端。杜冈巴拉诺夫斯基对马克思再生产理论的曲解,是导致卢森堡对马克思的图式发生误解的根本原因。在积累问题上,并非像卢森堡

---

[1] [德]罗莎·卢森堡、[苏]尼·布哈林:《帝国主义与资本积累》,黑龙江人民出版社1982年版,第86页。

认为的那样,只有"和谐论"和"怀疑论"两种观点,而是有三种观点。一是以斯密、萨伊、李嘉图、俄国"合法马克思主义者"司徒卢威、布尔加柯夫、杜冈巴拉诺夫斯基等为代表,认为资本主义扩大再生产可以无矛盾、无困难、无危机地实现;二是以西斯蒙第、俄国民粹派沃龙佐夫、尼古拉·昂(即丹尼尔逊)等为代表,认为资本主义的矛盾、困难、危机使其扩大再生产无法实现;三是马克思的观点,与以上两种观点都不同,马克思认为,资本主义扩大再生产正是以矛盾、困难、危机作为自己的实现方式,而这种实现本身又加剧着资本主义的矛盾、困难和危机。用加剧资本主义扩大再生产矛盾的方法来暂时地消除矛盾,用增大资本积累实现困难的方法来暂时地克服困难,用危机的扩大再生产的方法来暂时地消除危机。

卢森堡把马克思的观点混同于第一种,认为杜冈巴拉诺夫斯基不是曲解了马克思,而是发展了马克思的错误,完成了从马克思到古典经济学的回归。她说:"令人不可相信的,然而也是无可争辩的就是杜冈巴拉诺夫斯基的证明单单是由马克思扩大再生产图式所组成的——不多、也不少。"[1]"真正令人惊异的,是杜冈巴拉诺夫斯基不觉得有研究这个图式是否正确的必要,他不去证明这个图式,反而把这个纸上的数学练习看作实际事物的证明。"[2]"杜冈巴拉诺夫斯基把这个图式十分错误地看作问题的解答,而不是问题的表述","而杜冈巴拉诺夫斯基所自谦为'对马克思理论和古典经济学的综合的尝试',不过是把从马克思那里承袭的思维形式与从萨伊和李嘉图那里取得的内容加以混合而已。"[3]

---

1 [德]卢森堡:《资本积累论》,生活·读书·新知三联书店1959年版,第245页。
2 [德]卢森堡:《资本积累论》,生活·读书·新知三联书店1959年版,第246页。
3 [德]卢森堡:《资本积累论》,生活·读书·新知三联书店1959年版,第254页。

其实，是卢森堡自己误解了马克思，在反对第一种观点时走到了另一个极端，实质上站到西斯蒙第和俄国民粹派的立场上去了。实际上，马克思的扩大再生产图式只是说明扩大再生产得以实现的条件，并不是用来证明资本主义扩大再生产可以实现；只是说明扩大再生产一旦实现就必然造成的结果，并不是说资本主义扩大再生产不以矛盾、冲突、危机为其实现（包括强制实现）的方式。马克思恰恰强调，资本主义扩大再生产的实现是以危机的扩大再生产的方法消除危机。卢森堡却错误地认为马克思关于"纯粹资本主义"理论假设会错失对帝国主义的批判！正因为这样，她才试图抛开马克思的扩大再生产图式，另起炉灶，为资本主义现代形态提供理论阐释。这是卢森堡犯学理错误的第二个原因。

卢森堡虽然正确地理解了马克思关于"纯粹资本主义"的假设，但是她得出了一个错误的结论。她认为，如果像马克思那样假设"资本主义生产的普遍的和唯一的统治"已经普遍达到，他就把帝国主义排除在外，就不能为它找到解释，因为它在历史上已被这一个假设所超过、扼杀和埋葬。在这个假设下，一个人很难描述帝国主义阶段的进程，如像一个人很难在欧洲封建主义的普遍统治已经存在这个假设下描述罗马帝国的崩溃。"专家"信徒们面临着一个把今天的帝国主义同《资本论》第二卷的一个片断里简略说明的积累理论统一起来的任务，他们早就应该在下述二者当中做出抉择：要么否定帝国主义是一个历史的必然，要么像我在书中所做的那样，抛弃马克思的错误前提并考察特定条件下的积累进程；即资本主义生产同一个非资本主义环境不断相互作用。[1]

1　［德］罗莎·卢森堡、［苏］尼·布哈林：《帝国主义与资本积累》，黑龙江人民出版社1982年版，第151—152页。

卢森堡之所以这样说,是因为在她看来,资本积累必须以非资本主义生产方式为前提,但资本积累过程本身又要消灭和同化非资本主义生产方式,"一旦这最后结果达到了——当然,这只是理论上如此,实际上不会发生——积累即将停止"。既然马克思的积累图式所假设的前提是"资本主义生产方式在一切国家和一切部门获得唯一的,普遍的统治地位",那么,"一旦现实符合马克思的扩大再生产图式的时候,那就是表示它的终结,即积累运动的历史到达了它的顶点,资本主义的生产已经到了终局"。[1] 因此,马克思的积累图式只是一种"理论上如此,实际上不会发生"的"虚构的东西"而已!

卢森堡错了:马克思从历史发展趋势中揭示出来的"一般资本主义"理论不仅不会妨害、错失对特殊资本主义阶段包括"帝国主义经济根源"的解释,相反可以为这一解释提供可能。因为只有将特殊阶段放到历史发展全过程中,从历史发展的趋势来考察这一特殊阶段,才能真正确定这一特殊阶段的历史地位和演化走向。马克思关于"纯粹资本主义内部"扩大再生产的理论图式同资本积累现实历史的经验研究之间,是一般与特殊、理论与实际、应用和发展的关系,而不是卢森堡误认的对所谓马克思的"错误前提""僵化论点"加以批判和"抛弃"[2]的关系。

不过,卢森堡《资本积累论》在"实现论"或扩大再生产问题上的错误,主要是学理上的。恩格斯就曾说过,在政治经济学上是错误的东西,在世界历史上可能是正确的。卢森堡写作该书,并不是出于单纯学理目的,她提出资本积累不能在资本主义生产方式内

---

[1] [德]卢森堡:《资本积累论》,三联书店1959年版,第333页。
[2] 参见[德]罗莎·卢森堡、[苏]尼·布哈林:《帝国主义与资本积累》,黑龙江人民出版社1982年版,第151—152、163页。

部实现,是为了揭示资本主义现代形态的本质和帝国主义的经济根源。[1] 如果说前者是一个学理上的"假问题",那么后者就是隐藏在它背后的现实中的"真问题"。在全球化资本主义的今天,这个"真问题"仍然具有深刻的理论和实践意义。卢森堡对资本主义现代形态的独特理解,是对马克思主义的资本主义批判理论的理解模式的重大创新。在经济学方法论层面上,它实现了资本主义批判理论"视域的拓展"和"视角的转换"。[2] 不仅如此,在更深的层次上即哲学方法论方面,它也产生了巨大的影响,它给了卢卡奇以方法论的启示,成为西方马克思主义"总体性"思想的来源之一。[3]

---

[1] [德]罗莎·卢森堡、[苏]尼·布哈林:《帝国主义与资本积累》,黑龙江人民出版社1982年版,第3页序。
[2] 参见姚顺良:《超越学理:虚假问题与幼稚答案背后的视域拓展和视角转换——评卢森堡〈资本积累论〉及其引发的争论》,载《湖北社会科学》,2006年第7期。
[3] 参见姚顺良、夏凡:《卢森堡理解资本主义现代形态的模式创新及其哲学意蕴》,载《学海》,2009年第2期。

第二十四章　超越学理：虚假问题与幼稚答案背后的视域拓展和视角转化
——评卢森堡《资本积累论》及其引发的争论

罗莎·卢森堡《资本积累论》一书的基本观点：资本积累即其扩大再生产不能在只有资本家和工人存在的资本主义生产方式内部实现，只能通过非资本主义生产方式的外部市场实现。仅从学理层面看，其提出的问题是虚假的，给出的答案是幼稚的。但当我们越出学理层面，就会发现其背后隐含着不仅在对资本主义现代形态的批判理解上，而且在经济学方法论层面，以至历史观层面上的视域的拓展和视角的转换。这一拓展和转换，对于重新审视马克思主义的经典帝国主义理论和各种依附理论，对于认识当前"全球化资本主义"的历史地位和全球化背景下不发达国家的发展道路，有着重要的启发意义。

罗莎·卢森堡的《资本积累论》一书，从 1913 年刚一出版到 1924 年，受到正统马克思主义理论家如第二国际中派理论家奥托)鲍威尔、左派和第三国际的理论家尼古拉·布哈林等)的一致批判，在当时就引起了轩然大波。那时起至少直到20世纪六七十年代，在东西方马克思主义理论界和左派经济学界（如保罗·斯威齐、曼德尔等），仍是讨论中时常涉及的一个重要话题。

初看起来，这是一种奇怪的"小题大做"（"杯水风波"）。因为从学理上讲，卢森堡提出的是一个"虚假的问题"，她给出的是一个"幼稚的答案"。

卢森堡是通过批评马克思《资本论》第二卷第三篇"社会资本再生产"图式提出自己的问题的。她认为，马克思关于"扩大再生产"的图式是不能成立的，因为他假设了一个只有资本家和工人存在的"纯粹"资本主义社会，而在这样的社会里用于积累的剩余价值无法实现，因而资本也就无法进行扩大再生产。诚如她的批判者们指出的，她提出的确实是一个"虚假的问题"。因为她"一开始就完全走入了歧途，要解答的问题根本不存在"。[1] 导致她误入歧途的学理原因或逻辑错误，在我们看来，大体有以下几点：一是在讨论扩大再生产时固守简单再生产的需求条件，不承认两大部类用于积累的剩余价值 $I(\triangle c+\triangle v)$ 和 $II(\triangle c+\triangle V)$，同时提供了 $(I\triangle c+II\triangle c)$ 的追加生产资料市场需求和 $(I\triangle v+II\triangle v)$ 的追加生活资料市场需求。二是在考察马克思的第二图式时，一方面将马克思原有的剩余价值率和资本有机构成不变的假设改变为逐年提高，另一方面却又沿用马克思图式中两大部类 m 转化为追加资本的各自原有比率或数量，势必得出所谓两大部类产品"过剩"或"不足"的结果，以此"证明"积累无法实现。[2] 三是将扩大再

---

[1] ［德］罗莎·卢森堡、［苏］尼·布哈林：《帝国主义与资本积累》，黑龙江人民出版社1982年版，第55页。

[2] ［德］罗莎·卢森堡：《资本积累论》，生活·读书·新知三联书店1959年版，第264—265页。

生产这个价值补偿和实物更新相统一的过程,与作为这一过程媒介的货币流通过程甚至货币材料的生产和补偿问题混为一谈;同时将资本积累视为单纯的货币积累甚至货币材料积累。四是错误地理解资本主义生产的目的,否定作为"人格化的资本"的资产阶级,其历史价值恰恰在于"为赚钱而赚钱,为生产而生产",把资本家混同于货币贮藏者(守财奴)。五是在逻辑上重复了马克思和她自己都批判过的"斯密教条"的"无穷类推"论证方式的错误。不过斯密用"无穷类推"来最终消解"$w=c+v+m$"中的"c",以得出"产品价值完全分解为收入"的错误结论;而卢森堡则用"无穷类推"(她称之为"令人眩晕的圈圈"或"旋转木马")来"论证"用来积累的m会像滚雪球一样越来越大,无法"消解"。

卢森堡在提出"资本积累无法在只有资本家和工人存在的资本主义生产方式内部实现"这一问题之后,她自己给出了答案,这就是必须有资本家和工人之外的"第3"市场即非资本主义的市场。这里包括两次交换:先是将包含准备用于积累的剩余价值的商品卖给非资本主义的生产者,换回货币,完成货币资本积累;然后再从后者那里买回生产资料和劳动力,实现追加资本的实物变换,完成生产资本积累,从而进入实际的扩大再生产过程。这一答案从学理上看也是极为幼稚的。从价值角度看,这只是一种形式变换,货币只是作为一种媒介,最后仍然回到最初的持有人手中。从实物角度看,前者向后者出卖生活资料和简单的生产资料、购买原材料和简单劳动力是可行的,而资本主义生产方式所特有的高级机器设备和高级劳动力,非资本主义市场既无法吸收,也无法提供。"补救"的方法,至多只能像布哈林所嘲讽的,"先卖给他们,再从他们手中买回来"。

应该承认,卢森堡的批判者们也不比她高明到哪儿去。以奥托·鲍威尔为例,且不说他的两个原则性错误:一是为了求得两大部类的平衡竟然假设资本从一个部类转移到另一个部类,二是得出了资本积累要受人口的自然增长制约的错误结论;就是其对扩大再生产公式的论证方式也是极为笨拙和烦琐的。事实上,马克思的社会资本再生产公式,像凯恩斯宏观经济学中的公式一样简单,它们不过是社会资本再生产从逻辑上说的必要条件或充分条件的符号化罢了。至于包括曼德尔在内的其他卢森堡资本积累理论的批判者,基本上都没有抓住其错误的实质,言不及义,更不值一提了。

不过,卢森堡《资本积累论》在"实现论"或扩大再生产问题上的错误,主要是学理上的。恩格斯就曾说过,在政治经济学上是错误的东西,在世界历史上可能是正确的。汤姆·肯普也说:"对卢森堡的立场进行批评必须依据诚实的态度,承认她是在力图抓住真正的问题,而不是想像的问题。"[1] 卢森堡写作该书,并不是出于单纯学理目的,她是从资本积累的实现问题入手,揭示资本主义现代形态(后来称之为"帝国主义")的经济根源。如果说前者是一个学理上的"假问题",那么后者就是隐藏在它背后的现实中的"真问题"。正是她批判地理解这一"真问题"的独特方式,在方法论方面给我们以重大启示。不过,这并不像我国对卢森堡有较深入研究的前辈学者、复旦大学的陈其人老师所理解的那样,意味着该书为我们提供了某种直接形态的方法论。比如陈先生认为,卢森堡提出的"一种经济成分要以另一种经济成分为其存在的前提"思想,就为"世界体系论"提供了直接的方法论基础。[2] 我们这里是从更

---

1 [德]罗莎·卢森堡、[苏]尼·布哈林:《帝国主义与资本积累》,黑龙江人民出版社1982年版,第35页。
2 陈其人:《世界体系论的否定与肯定——卢森堡〈资本积累论〉研究》,时事出版社2004年版,第9—11页。

宽泛的意义上讲的，即如本文标题所说，只是指在其错误理论的背后，隐含着经济学方法论层面上，以至历史观层面上的"视域的拓展"和"视角的转换"。正是这种"拓展"与"转换"使卢森堡的资本积累理论具有巨大的历史价值和重要的现实意义。

我们认为，这种"拓展"与"转换"，大体上可以概括为以下四个方面：

一是提出"资本主义在地理上的扩大再生产"，强调从纵向演进与横向扩展相统一的角度把握资本主义的自身发展和最新形态（帝国主义）。尽管恩格斯和拉法格很早就注意到资本主义的新现象并进行了研究，后来霍布森特别是希法亭又出版了专著，但他们的共同点在于侧重资本主义新形态的纵向演进研究。与他们不同，卢森堡从一开始就把重点放在资本主义横向扩展的研究上。早在1893年为波兰王国社会民主党向第二国际苏黎世代表大会写的报告中，她就强调了资本主义与落后地区市场的联系。在1899年《社会改良还是社会革命》中，她又进一步指明关税政策和军国主义的演变同资本主义向新形态过渡之间的内在联系。到她讲授和写作《国民经济学入门》时，便提出"资本主义在地理上的扩大再生产"，意味着"资本统治范围的巨大扩张、世界市场和世界经济的形成"。强调资本主义是通过"排挤落后的生产形态"而发展的。[1] 在《资本积累论》中，最终确定了"资本主义积累的帝国主义阶段"同时是"资本的世界竞争阶段"这一论断。可以说，卢森堡的这一独创性研究及其成果，不仅直接构成了后来布哈林的研究和以列宁为代表的关于帝国主义既是资本主义的"特殊历史阶段"又是"一种世界体系"的马克思主义经典帝国主义理论的前提，而且

---

1 ［德］罗莎·卢森堡：《国民经济学入门》，生活·读书·新知三联书店1962年版，第258—260页。

是对马克思"世界历史"思想的具体化和发展。

二是强调非资本主义生产形态是资本主义积累的前提,提出以由非资本主义生产方式的不同形态引起的资本积累条件和方式的演化,来说明资本主义自身的发展阶段和最新形态。由此,卢森堡将资本主义划分为三阶段,面对自然经济的是资本原始积累,面对简单商品经济的是资本本身的积累,而"资本主义积累的帝国主义阶段,……包括对迄今为止的资本落后国家——在那里资本原来实现它的剩余价值的——进行工业化及资本主义解放"。[1] 在新阶段开始的政治事件标志上,与列宁只提帝国主义国家之间争夺殖民地的美西战争、英布战争、日俄战争和第一次世界大战不同,她强调了甲午中日战争和"八国联军"侵略中国的战争。这就在经济研究以至社会历史研究中,首开了由资本主义宗主国到殖民地、附属国,由欧美到第三世界转变的先河。而在列宁为代表的经典帝国主义理论那里,从共产国际"二大"才开始上述转变。不过,卢森堡认为资本主义的入侵促进了殖民地的经济发展。直到1928年以前,经典帝国主义理论与卢森堡的观点是一致的。但1928年以后,共产国际则认为帝国主义对殖民地的入侵具有二重性。由此产生了帝国主义侵入对不发达国家民族资本主义发展双重影响和不发达国家发展道路问题上的探索,后来毛泽东新民主主义理论,战后依附理论和"现代化理论"之争,直到"全球化"与"反全球化"之争,在某种意义上都是卢森堡上述"拓展"和"转换"的延续。特别值得注意的是,这不仅是研究范围、视域的拓展,更是研究立场、视角的转换。卢森堡早在1904年就说:"对于马克思主义经济学——与资产阶级古典经济学,特别是同庸俗经济学相

---

1 [德]卢森堡:《资本积累论》,生活·读书·新知三联书店1959年版,第334页。

区别——来说,资本主义经济制度以前的一切经济阶段,同造物的顶峰即资本主义相比,不是一种简单的'不发达'形态,而是在历史上享有同等权利的不同的经济类型。"[1]罗纳德·鲁宾逊在20世纪七八十年代提出"偏心的(excentric)"(欧洲之外的中心)帝国主义观,强调帝国主义当地合作者(即买办)的作用,反对将帝国历史看成"中心"的自我发展、而殖民地只不过是"中心"各种事件的被动牺牲品的"欧洲中心论",[2]就是卢森堡思想的直接继续。卢森堡从"欧洲中心主义"到多视角的转换,已经达到了自觉的历史观的高度,夸张一点,甚至可以说颇有施宾格勒和汤因比先驱的意味。

三是强调帝国主义的经济根源和经济职能,坚持从经济与政治相统一的原则出发对资本主义新形态作完整的把握.卢森堡认为,"帝国主义是一个政治名词,是用来表达在争夺尚未被侵占的非资本主义环境的竞争中所进行的资本积累的"。[3] 她的这一帝国主义定义后来遭到批判,被认为是仅仅把帝国主义看成一种"政策"。其实,"帝国主义"本身是一个政治概念。当时,除列宁外,从霍布森到考茨基,从希法亭到布哈林,都说帝国主义是一种"政治"(中文也可译为"政策")。布哈林说:"我们把帝国主义说成是金融资本的一种政策(即政治)。然而,人们还可以把帝国主义说成是一种意识形态。"[4] 这与是否承认资本主义发展到一个新阶段并无关系,而是对这一阶段的命名问题.当然,话语反映倾向。例如,希

---

1 《卢森堡文选》上卷,人民出版社1984年版,第498页。
2 R. Robinson, *Non-European foundations of European imperialism*, sketch for a theory of collaboration, in Owen and Sutcliffe (1972). The excentric idea of imperialism, with or without empire, in Mommsen and Osterhammel(1986).
3 [德]卢森堡:《资本积累论》,生活·读书·新知三联书店1959年版,第359页。
4 N. Bukharin, *Imperialism and world Economy*, London: Merlin; first published in Russian, 1917. P110.

法亭就把它命名为"金融资本主义",突出了国内和经济方面。列宁将其命名为"帝国主义",突出的是新阶段的国际(最初是宗主国之间,后来转向宗主国与殖民地之间)和政治方面。片面强调政治方面恰恰是以列宁为代表的经典帝国主义理论的重大缺陷。它最初源于布哈林,他认为,随着金融资本产生的资本家阶级的统一,是金融寡头与资本主义国家的直接统一。在布哈林的想象中,资本主义竞争的无政府状态完全被抑制在国家的水平上,仅仅以一种甚至更具破坏性的形式在世界水平上再次出现。"帝国主义的兼并仅仅是朝向资本集中的资本主义普遍趋势的一种情况,是其集中化达到最大范围的一种情况,它与国家资本主义托拉斯相对应。"竞争在资本主义时代继续着,但是它采取了"国家资本主义托拉斯"之间的军事和政治竞争的形式。[1] 后来形成了所谓"私人垄断资本主义——国家垄断资本主义——国际(国家间)垄断资本主义"的正统帝国主义观。在战后,这种正统帝国主义观恰恰成了合理理解资本主义新现象的障碍,不仅无法合理解释"跨国公司"的大发展,而且引发了"后殖民主义""新殖民主义""后帝国主义"还是"新帝国主义"的争论。

四是突出市场在资本扩大再生产过程的作用,坚持从再生产过程出发把握资本主义新形态的经济实质。卢森堡坚持把帝国主义归结为资本积累的新形态,又把资本积累归结为市场问题。这一立场招致了以列宁为代表的经典帝国主义理论的猛烈抨击。确实,卢森堡与布哈林、列宁之间存在着一系列重大分歧:一是新阶段资本输出的功能是促进商品输出(和原料输入),还是取代商品

---

[1] N. Bukharin, *Imperialism and world Economy*, London: Merlin, 1972, p. 119-120.

输出？二是新阶段资本输出的直接动因是为了垄断市场，还是为了利润（超额利润和垄断利润）？三是资本主义新形态的经济实质是剩余价值与资本的再生产，还是再分配？

表面看来，布哈林和列宁从生产集中导致资本集中、资本集中导致垄断出发，把帝国主义的经济实质归结为垄断，又强调垄断的实质（目的）是攫取垄断利润，似乎同希法亭从流通出发划清了界限；而卢森堡突出市场问题重蹈了希法亭的覆辙。其实，资本主义生产方式是发达的市场经济，否定市场恰恰会否定生产，肯定市场才能真正肯定生产和再生产的基础地位。希法亭从流通出发，是为了（至少其结果是）否定流通。他的由银行资本支配的"金融资本"概念本身，就是在用银行这一"看得见的手"取代资本市场这一"看不见的手"。战后许多学者已经指出希法亭的理论概括主要反映了德国的特殊情况，并不符合英国和后来美国的实际。布哈林和列宁通过批评希法亭实际上加深了这一错误，结果他们虽然用垄断否定了生产，但他们强调的垄断利润本身，恰恰是已创造价值通过流通过程的再分配。这才是真正的"流通决定论"！战后许多学者指出，列宁时代的资本输出实际上正是卢森堡所指出的，是为了商品输出和原料输入，是宗主国为了争夺和垄断市场；列宁预言的"食利国"与"生产国"的对立并未出现。出现的却是以"三次产业"结构为特征的国际分工。

总之，卢森堡在方法论层面上的启示，对于我们重新审视马克思主义的经典帝国主义理论和各种依附理论，对于认识当前"全球化资本主义"的历史地位和全球化背景下不发达国家的发展道路，至今仍然有着重要的启发意义。

第二十五章　希法亭对马克思资本主义理解模式的逻辑转换

希法亭的名著《金融资本》在发展马克思经典资本主义批判理论、创立现代资本主义批判理论方面的突出贡献和历史局限，在国内外马克思主义理论界得到了比较充分的讨论。但是，人们都没有看到希法亭在实现现代资本主义批判理论创新的同时，转换了马克思经典资本主义的理解模式：从生产过程转向流通过程，从经济关系转向财产关系。希法亭在资本主义理解模式方面的这种转换，有其哲学世界观上的深层根源。这就是其认识论上的实证主义、历史观上的理性主义和马克思主义观上的科学主义。

希法亭的这部名著 1913 年出版以后，得到了第二国际马克思主义理论界的一致好评，被誉为"继《资本论》之后最伟大的马克思主义政治经济学著作"，进入了当时马克思主义的经典著作之列。其中最具代表性和权威性的，是第二国际当时公认的马克思恩格斯的理论继承人、"正统派"的领袖人物考茨基的评价。他在《新时代》上发表了《金融资本和危机》一文，对该书给予了极高评价，认为它是"《资本论》第二卷、第三卷的真正继续"。[1] 后来,卢森堡、列宁、亨利克·格罗斯曼和保罗·斯威齐虽然曾先后对希法亭《金融资本》中的"危机理论"、"货币理论",甚至"金融资本"的概念本身提出了批评,[2] 但都认为这些错误或缺陷是个别的,至多是局部的,并不影响该书对现代资本主义理论做出的重大贡献。

我们认为,上述这些评价存在着一个共同的缺陷,就是只注意到了希法亭的"金融资本主义"理论同马克思经典资本主义批判理论之间的理论关系,忽视了《金融资本》的内在逻辑结构及其同马克思《资本论》之间的逻辑关系;因而看不到希法亭实际上从根本上转换了马克思创立的资本主义理解模式,他在理论上的那些错误或缺陷,也不是个别的或局部的,而是同资本主义理解模式上的这种转换直接相关。

第一节

自希法亭的《金融资本》出版以来,同对该书理论内容的分析相比,人们对其内在逻辑结构的理解是比较差的。在苏联和我国马克思主义理论界,流行的看法是《金融资本》在逻辑结构上是颠倒的,他们认为:希法亭在《金融资本》的前言中一开始就指出"'现代'资本主义的特点是集中过程,这些过程一方面表现为由于卡特

1　K. Kautsky, *Finanzkapital und Krisen*, Die Neue Zeit, vol. 29 (Stuttgart, 1910−1911), p. 883.

2　参见[德]罗莎·卢森堡、[苏]尼·布哈林:《帝国主义与资本积累》,黑龙江人民出版社1982年版,第94—95页;《列宁选集》第2卷,人民出版社1972年版,第738页;[美]斯威齐:《资本主义发展论》,商务印书馆1997年版,第290—294页。

尔和托拉斯的形成而'扬弃自由竞争',另一方面表现为银行资本和产业资本之间越来越密切的关系。我们后面将详细说明,由于这种关系,资本便采取自己最高和最抽象的表现形式,即金融资本形式";但是,在正文中却出现了颠倒,第二个方面变成了主线,成为分析的主要对象,在第一和第二篇中用全书半数的篇幅加以论述,而第一个方面则被放在第三篇中加以考察。[1]

这种观点实际上是用列宁《帝国主义是资本主义的最高阶段》(以下简称《帝国主义论》)的"生产和资本集中—垄断—金融资本"逻辑,来重构希法亭的《金融资本》,认为正确的逻辑应从第三篇(即垄断问题)开始,将第一、二篇同第三篇的顺序重新颠倒回来。而布鲁厄则干脆认为希法亭《金融资本》的第一篇"货币和信用"是多余和离题的,主张抛弃这一篇,直接从第二篇开始:"他(指希法亭——引者)是以一段冗长有趣,但十分离题的对货币的论述开始的,这里我将完全忽略这一主题,只是注意到,这本书开头部分的晦涩也许正好是为什么全书被人们敬而远之的原因。他论述的第二个主要内容是作为资本主义公司一种新的组织形式的股份公司的出现。"[2]

然而,实际上希法亭的《金融资本》有着自己内在统一的逻辑结构。希法亭给自己规定的任务是揭示现代资本主义的经济实质和发展趋势,并由此出发说明资本主义国家经济政策转变以及帝国主义政治、意识形态形成的经济根源。他认为,这一切都集中体现为金融资本的形成和统治。而在希法亭看来,金融资本作为"归银行支配,并由产业资本家使用的货币形式的资本",它本身是从

---

[1] [德]鲁道夫·希法亭:《金融资本》,商务印书馆1994年版,"中译本前言"第Ⅱ页。
[2] [英]安东尼·布鲁厄:《马克思主义的帝国主义理论》,重庆出版社2003年版,第90、92页。

产业资本流通过程中货币资本的职能发展出来，并独立化为银行资本，然后又反过来通过控制和融合产业资本，吞并和消灭商业资本而形成的。因此，《金融资本》的逻辑演进，既不能从布鲁厄所认定的第二篇"股份公司"开始，更不能按照列宁《帝国主义论》的思路从第三篇"垄断"开始，因为在希法亭看来，股份公司和垄断本身构成金融资本形成的三个阶段中的后两个阶段：第一个阶段是银行资本的独立化（从产业资本中分化出来），第二个阶段是银行资本融合产业资本（产业资本的股份化为此提供了条件），第三个阶段是金融资本消灭商业资本（垄断本身排除自由竞争，而后者正是商业资本的生存领域）。用希法亭自己的话来说，"金融资本随着股份公司的发展而发展，并随着产业的垄断化而达到它的顶点。"[1]《金融资本》逻辑演进的实际起点，只能是第一篇第四章"产业资本流通中的货币"。其实，这一点希法亭自己在第四章一开头就直截了当地予以说明："我们现在把话题转到货币在产业资本流通中所起的作用上来。因此，我们的考察不是指向具有技术奇迹的资本主义工厂，而是必须转向单调的、始终如一的市场过程。在那里，按照形式上总是一样的方式，由货币变为商品和由商品变为货币。我们希望能够通过这一途径，探索那种作为资本主义信用最终取得对社会进程的统治的力量，如何由流通本身中成长起来的秘密。"[2]

那么，《金融资本》第一篇的前3章又当作何解释呢？其实很简单：那不过是"导论"部分。正像马克思的《资本论》第一卷"资本的生产过程"的实际起点是第二篇第4章，第一篇"商品和货币"的

1　[德]鲁道夫·希法亭：《金融资本》，商务印书馆1994年版，第253页。
2　[德]鲁道夫·希法亭：《金融资本》，商务印书馆1994年版，第57页。

3章是"导论"部分一样。马克思要说明资本主义生产过程的二重性,就必须事先说明一般商品的二因素和生产商品的劳动的二重性;说清了一般商品和货币,才能经由劳动力这一特殊商品的二因素说明货币转化为资本。而希法亭要从产业资本流通中的货币资本和信用,引出银行信用的职能和银行资本的独立化,也必须事先说明一般货币和信用货币。实际上,希法亭在这里是有意识地模仿马克思,就连我们刚刚所引的那段话也是模仿马克思在《资本论》第一卷第4章中的一段话:

> 劳动力的消费过程,同时就是商品和剩余价值的生产过程。劳动力的消费,像任何其他商品的消费一样,是在市场以外,或者说在流通领域以外进行的。因此,让我们同货币所有者和劳动力所有者一道,离开这个嘈杂的、表面的、有目共睹的领域,跟随他们两人进入门上挂着"非公莫入"牌子的隐蔽的生产场所吧!在那里,不仅可以看到资本是怎样进行生产的,还可以看到资本本身是怎样被生产出来的。[1]

---

1 《马克思恩格斯全集》第44卷,人民出版社2001年版,第204页。

第二节

说到这里，我们已经进入对希法亭《金融资本》同马克思《资本论》之间逻辑联系的讨论了。在《金融资本》的所有评论者之中，只有考茨基实际上接近于这一点。他关于《金融资本》是"《资本论》第二卷、第三卷的真正继续"的评价，尽管十分简略，却不仅指明了希法亭在理论上把马克思的经典资本主义理论发展为现代资本主义理论，而且实际上涉及《金融资本》在逻辑上同《资本论》第二、三卷之间的联系。因为考茨基并非一般地指认《金融资本》是"《资本论》的续篇"，而是强调它是《资本论》"第二卷、第三卷的继续"。考茨基的看法是基本正确的。《金融资本》一书的理论部分（前4篇），除了第一篇前3章如前所述，作为"导论"是从《资本论》第一卷第一篇第2、3章"交换过程"和"货币"出发的之外；从第一篇第4章到第三篇论述金融资本的形成和统治的三个阶段即"信用—股份公司—垄断"，实际上正是分别从《资本论》第二卷的"资本的循环和周转"，第三卷的"信用在资本主义生产中的作用"和"利润转化为平均利润"出发的；而考察金融资本对危机和资本主义再生产周期的影响的第四篇，也是从《资本论》第二卷的"社会总资本的再生产"出发的。

《金融资本》同《资本论》之间的上述逻辑联系十分清楚地表明，该书确实是《资本论》的继续。但是，问题在于这是一种什么样的"继续"？同样十分清楚的是，《金融资本》是从"流通"和"信用"出发"继续"《资本论》的，而且这不仅是论域（研究对象）的转换，更是范式(理解模式)的转换。我们只要比较一下两者的逻辑结构(见下表),就可以清楚地看出这种转换。

表1 《资本论》同《金融资本》之间的逻辑结构比较

《资本论》	《金融资本》
导论:商品(社会必要劳动)	导论:货币(社会流通价值)
货币	信用货币
过渡:"小流通"(劳动力的买和卖)	过渡:"大信用"(支付手段+借贷资本)
资本的生产过程	银行资本的独立化 (产业资本流通中的货币和信用)
资本的流通过程	产业资本的银行化(股份公司和交易所)
资本主义生产的总过程	金融资本的形成和统治 (垄断和商业资本的消灭)

从上面的表格中,我们可以看出,希法亭在《金融资本》中从三个方面转换了马克思经典资本主义的理解模式:

第一,在逻辑起点或研究的出发点上,从生产过程转向流通过程。从"导论"与"正文"的关系看,《资本论》以"商品和货币"为"导论",是为了说明资本主义生产过程的前提;而《金融资本》以"货币和信用"为"导论",则是为了说明产业资本流通过程的前提。从"导论"本身看,《资本论》的逻辑起点"商品"(作为使用价值和价值的统一体)是由劳动的二重性即商品生产过程决定,从"商品"到"货币"进一步揭示商品生产过程决定流通过程;而《金融资本》的逻辑起点"货币"则直接是流通过程的产物,从"货币"到"信用货币"不过是流通过程自身进一步发展的产物。这一区别集中表现在关于货币的本质和职能的看法上:马克思认为,货币首先是一般等价物,这是它的起源和本质,这一本质直接表现在它的价值尺度和流通手段两种基本职能上。"作为价值尺度并因而以自身或通过代表作为流通手段来执行职能的商品,是货币。"[1]在此基础上,货币进一步发展出贮藏手段、支付手段和世界货币的派生职能。希法亭则认为,货币"首先是流通手段。只是在它成为价值的一般尺度和商品的一般等价物之后,才成为一般的支付手段。"[2]马克思的"一般等价物——价值尺度——流通手段"的货币观完全被颠倒了!从"正文"来看也同样如此:《资本论》的分析是从"资本生产过程"出发,分析其二重性即劳动过程和价值增殖过程,而《金融资本》则是从"产业资本流通过程"出发,分析其产生的两种信用即流通信用和资本信用。

第二,在逻辑结论或研究的最终目的上,从经济关系转向财产关系。《资本论》从资本生产过程的分析出发,经过资本的流通过程,最后达到作为两者统一的资本主义生产的总过程,目的是要揭示资本主义经济关系从原生形态到派生形态、从内在本质到外在表现的总体;而《金融资本》从流通过程的分析出发,经过信用的发展过程,最后达到金融资本的全面统治,目的是要说明现代资本主义的本质特征在于资本主义财产关系的变化。因此,尽管马克思和希法亭都分析了资本循环过程中资本的不同职能形式和社会总生产过程中资本的不同存在形式,但马克思重视的是生产资本、产业资本、职能资本,而希法亭强调的则是货币资本、银行资本和财产资本。用希法亭自己的话说,金融资本即"产业对银行的依赖,是财产关系的结果",[3]金融资本主义之所以是资本主义发展的最高阶段和最后阶段,就是因为金融资本是资本的财产形式的完成形态,"财产关系的问题,获得了它的最清楚、最无疑义和最尖锐的

---

1 《马克思恩格斯全集》第44卷,人民出版社2001年版,第152页。
2 [德]鲁道夫·希法亭:《金融资本》,商务印书馆1994年版,第432页注9。
3 [德]鲁道夫·希法亭:《金融资本》,商务印书馆1994年版,第253页。

表现"。[1]

第三,在逻辑"中介"或论证过程上,从"劳动—资本"关系转向"债权—债务"关系。利用"信用"的双重涵义,是希法亭完成资本主义理解模式转换的关键。我们知道,"信用"作为"债权—债务关系",包含着两种不同性质的内容:一种源于商品流通过程,是货币执行"支付手段"职能的产物;另一种则源于高利贷资本,是"借贷资本"职能的产物。在资本主义条件下,这两种职能都集中到银行手中,银行资本成为同时经营货币业务和经营借贷资本业务的资本,同时由于社会上任何暂时的货币收入都可以通过银行转化为借贷资本,因此造成了一种假象:似乎货币、信用货币、借贷资本、货币资本之间的区别完全消失了。这样一来,从流通过程出发,经过"信用",到财产关系(借贷资本就是一种财产资本)的转化就可以"完成"了。如果说,马克思在《资本论》中把流通过程看作是生产过程和再生产过程即总生产过程的中介,通过"小流通"(劳动力的买和卖)来揭示资本主义经济关系的本质;那么,希法亭在《金融资本》中便是把信用看作是从流通过程到财产关系的中介,通过"大信用"(支付货币和借贷资本)来诠释资本主义财产关系的变化。这其实就是希法亭自己在该书"前言"中所说的,"探索那种作为资本主义信用最终取得对社会进程的统治的力量,如何由流通本身中成长起来的秘密"[2]。

把上述三个方面统一起来,我们可以把从《资本论》到《金融资本》的模式转换概括为从"生产过程—小流通—经济关系"到"流通过程—大信用—财产关系"的转变。

---

[1] [德]鲁道夫·希法亭:《金融资本》,商务印书馆 1994 年版,第 265 页。
[2] [德]鲁道夫·希法亭:《金融资本》,商务印书馆 1994 年版,第 57 页。

第三节

　　希法亭在资本主义理解模式方面的转换,有着哲学方法论上的深层次根源。从时代背景上看,希法亭投身政治理论活动的时期,既是马克思主义在工人运动和先进知识分子中广泛传播,并被第二国际主流理论界加以实证化诠释的时期;同时也是马赫主义和新康德主义在欧洲主流思想界风行一时并渗入马克思主义理论界的时期。从社会背景上看,希法亭毕业于维也纳大学,先后在维也纳、柏林生活和工作。维也纳是马赫主义的发源地和根据地。其创始人马赫长期主持维也纳大学"归纳科学哲学讲座",直到1922年退休才交由石里克接任;在后者的主持下又形成了著名的"维也纳小组",在马赫主义的基础上结合罗素和维特根斯坦的逻辑原子主义,形成了雄踞科学哲学领域几十年的逻辑实证主义流派。而当时的德国也是新康德主义的故乡,分别以马堡大学和弗莱堡大学为中心形成了数理学派和历史学派。正是在上述背景下,希法亭本人作为"奥地利马克思主义"学派的创始人和经济学方面的代表,虽未直接参与但赞同弗里得利希·阿德勒和麦克斯·阿德勒在哲学方面试图把马克思主义历史观同马赫主义、新康德主义的认识论结合起来的做法。这就使希法亭的世界观带有浓厚的实证主义、理性主义、科学主义倾向和总体上的折衷主义特征。

一、认识论上的实证主义倾向

应该承认,希法亭力图坚持研究对象的客观性,力图坚持马克思研究资本主义的科学抽象法和理性演绎法,即抽象上升到具体的方法。但是,由于希法亭不懂得马克思在政治经济学领域实现的革命性变革,他认为马克思的理论体系只是"从配第开始的古典政治经济学"的"最高表现"。在希法亭那里,经济学领域只存在两大派别的对立,一派是主张客观认知的古典经济学派(包括马克思在内),另一派则是热衷主观解释的心理学派(指边际效用学派)。这样一来,希法亭既无法划清马克思的抽象法同古典经济学抽象法的界限,也无法划清马克思的唯物主义同经验论和实证主义的界限。他实际上把马克思的辩证逻辑(历史的逻辑重构)与历史实践(逻辑的历史检验)内在统一的方法,混同于"理论假设(依据形式逻辑进行推演)——经验求证(诉诸直接经验加以检验)"的实证主义方法。

诚然,希法亭反对停留在经济现象的表面,试图揭示"经验事实"背后的真实本质,他批评资产阶级经济学家,说"他们没有看到,每一个资本主义交易的经验事实背后,有这一交易本身的超验的事实,只有这一超验的事实才能说明那种经验的现实"[1],但他自己也没有摆脱实证主义的倾向。

第一,他仅仅将资本主义社会本质与现象之间的对立和颠倒归结为"个人行为动机"同"社会客观职能"之间的矛盾。虽然希法亭提出,"资产阶级经济学经常把经济行为的社会职能同行为的动

---

1 [德]鲁道夫·希法亭:《金融资本》,商务印书馆1994年版,第181页。

机混淆起来,把执行这种职能作为行为者的动机加到行为者身上,这自然是行为者所不知道的。因此,资产阶级经济学根本看不到经济学的这种特殊问题。把社会生活必须借以实现的经济行为的这种职能上的联系作为整个其他动机的结果揭示出来,由必要的职能本身来理解资本主义生产当事人的动机"[1];但这实际上不过是一种对人的行为的功能主义解释,而功能主义解释并没有真正超越实证主义(以及分析理性)的樊篱。当代英国分析的马克思主义理论家科恩在《马克思的历史理论——一个辩护》中正是试图用这种功能主义解释来说明马克思的历史理论是一种处于思辨哲学和实证科学之间的、尚未完全科学化(即实证化)的"准理论"。

第二,他所谓"经验事实"背后的"超验的事实"不过是超越个人经验的社会(群体)经验,相当于弗里得利希·阿德勒所赞同的马赫的"感觉的复合"或麦克斯·阿德勒借助新康德主义提出的"社会化意识"。这就是说,他并没有超越经验层面,只是在从一种经验转向另一种经验。希法亭在论述货币在物的表象背后隐藏着社会关系的本质时说:"按恩斯特·马赫的说法,自我不过是以自己的网形成世界图像的感觉的无数条线密集于一身的网的网结。同样,货币也是由个别交换活动的无数条线织成的商品生产社会的社会联系之网的网结。同时,在货币中,人们的社会关系成为物,成为闪耀着神秘色彩的东西,它的使人迷惘的光,至今仍然使不愿在它面前完全闭上眼睛的如此众多的经济学家眼花缭乱。"[2]在这里,他就把作为本质的社会关系等同于马赫的"感觉之网"了!

希法亭的抽象法和演绎法的实证主义缺陷,集中体现在作为

---

1 [德]鲁道夫·希法亭:《金融资本》,商务印书馆1994年版,第465页注65。
2 [德]鲁道夫·希法亭:《金融资本》,商务印书馆1994年版,第16页。

现代资本主义"理想模型"基础的"经验典型"的选择上。马克思在《资本论》中确实没有历史地描述任何一个现实的资本主义社会，而是在逻辑上建构了一个"资本主义生产方式"的理想模型；希法亭同样用逻辑方法建构了一个"现代资本主义"的理想模型，在这一点上，两者是相同的。但是，无论是"资本主义生产方式"一般，还是"现代资本主义"一般，都既不像古典经济学认定的那样源自自然规律或人的本性，或者像现代分析哲学所说的那样是一种形式主义的"单纯逻辑可能"或约定主义的纯粹理论假设，其"理想模型"都不能不以现实的"经验事实"为基础，都要从经验上升到理论。而这种上升过程又不能像实证主义那样仅仅看作是经验现象的单纯归纳，即排除各个资本主义国家发展的特殊性之后抽取剩余的共同点，因为这些特殊性不仅包括具体的民族或地域特点，而且包括资本主义本身发展的成熟程度。因此，在马克思看来，各种经验事实并非处于同一平面，其对于理论的价值也并非相同；真正科学的抽象只能是寻找经验事实的内在联系，从中发现历史的发展趋势，并根据这种历史趋势确定"经验典型"。《资本论》以英国为典型，是因为它作为最先进的资本主义国家，代表了其他工业相对不发达的国家如德国的未来发展趋势，正如马克思指出的，"我要在本书研究的，是资本主义生产方式以及和它相适应的生产关系和交换关系。到现在为止，这种生产方式的典型地点是英国。因此，我在理论阐述上主要用英国作为例证。工业较发达的国家向工业较不发达的国家所显示的，只是后者未来的景象。"[1] 而希法亭却相反，他选取资本主义发展相对落后的德国作为资本主义理想模型的"经验典型"。他用实验心理学的创始人威廉·冯特提

---

[1] 《马克思恩格斯全集》第 44 卷，人民出版社 2001 年版，第 8 页。

出的"目的变异规律",来为自己这种选择进行辩护:"坦率地说,李斯特的体系是适合于资本主义落后国家的体系。目的变异规律又一次证明了自己的有效性。一旦以资本集中和积聚的程度即卡特尔化和托拉斯化的程度以及银行支配产业的程度——简言之,以所有资本向金融资本转化的程度为标准,那么,不是自由贸易国家的英国,而是保护关税的国家德国和美国,变成了资本主义发展的典型国家。"[1] 实际上,被希法亭当作典型的只有德国,因为他所援引的当时美国出现的某些与德国类似的经验事实只具有局部的和暂时的性质。

二、历史观上的理性主义倾向

我们所说的历史观上的理性主义,也可称为理智主义,指的是将社会发展的动力、过程和评价尺度都归结为理性或知识的进步,归结为人类自觉意识和对社会控制能力的增强。希法亭历史观上的理性主义倾向,就在于他把人类社会的发展看作是一个从社会生活的局部控制和自发调节向全面的自觉控制转变的过程。希法亭将人类社会划分为"自觉组织的社会"和"自发调节的社会"两种类型,认为人类社会的发展是一个否定之否定过程:从共产主义部落和自给自足的家长制家庭这种局部性的自觉控制社会,到商品经济特别是资本主义的全面性的自发调节社会,再发展到社会主义的全面性的自觉控制社会。不过,希法亭并没有分析第一个"否定"过程,只是将其看作分析的前提;他实际上只论证了第二个"否定"过程,整个《金融资本》一书的理论部分就是这一过程的展开。

---

[1] [德]鲁道夫·希法亭:《金融资本》,商务印书馆1994年版,第347页。

在希法亭看来，从简单商品经济到资本主义特别是金融资本主义的发展，就是一个社会生产和社会生活逐步由自发调节转向自觉控制的过程，其最终趋势是为全面性的自觉组织的社会主义社会创造前提。这一过程的动力在于流通过程和财产关系自身具有二重性：一方面，私人财产关系分解了社会，使生产成为非社会的无政府状态，而商品交换关系则重建了社会，使社会成为自发调节的社会；另一方面，商品交换关系的发展，又会引发社会自觉控制的需要，并通过推动私人财产关系的社会化，逐步形成实施自觉控制的社会条件和组织机构。这种发展趋势必然导致商品交换关系的最终消灭和私人财产关系的根本变革，具体来说，这种转变的几个关节点就是：第一，从金属货币发展到纸币，"在流通的最低限度内，社会关系的物的表现便被一种自觉调节的社会关系所代替"。[1] 第二，从货币（流通手段）发展到信用货币（支付手段），"同其他经济范畴的物—社会的关系（特别是同货币）相对立，信用表现为直接的人—社会的关系，通俗些讲，就是'信任'。同样，信用在其完备形式上是同资本主义对立的，它对无政府状态来说是组织和监督"。[2] 这两次转变在简单商品经济下即可发生。第三，从商业信用到银行，银行作为"资本主义的社会簿记"，进一步加强了经济生活本身的组织性和来自社会的监督。这是发展到资本主义以后社会向自觉调节的更大转变。第四，从股份公司和垄断到金融资本的形成，这是资本主义发展到现代阶段即最高阶段、社会转变为自觉组织社会的前夜。特别是作为其发展极限的"总卡特尔"和"中央银行"的结合，甚至可以使资本主义完全摆脱自发的市场

---

1 ［德］鲁道夫·希法亭：《金融资本》，商务印书馆1994年版，第23页。
2 ［德］鲁道夫·希法亭：《金融资本》，商务印书馆1994年版，第198页。

调节和商品货币关系的外衣,变成"以对抗形式进行自觉调节的社会"[1]。这正是后来其"有组织的资本主义"论的源头。

希法亭历史观上的理性主义倾向,造成三个后果:

一是无法真正把握马克思关于"必然王国"与"自由王国"的思想。希法亭实际上没有超出黑格尔关于"自由是对必然的认识"的泛理性主义观点。马克思在《资本论》中指出:"事实上,自由王国只是在必要性和外在目的规定要做的劳动终止的地方才开始;因而按照事物的本性来说,它存在于真正物质生产领域的彼岸。……这个领域(指"真正物质生产领域"——引者)内的自由只能是:社会化的人,联合起来的生产者,将合理地调节他们和自然之间的物质变换,把它置于他们的共同控制之下,而不让它作为一种盲目的力量来统治自己;靠消耗最小的力量,在最无愧于和最适合于他们的人类本性的条件下来进行这种物质变换。但是,这个领域始终是一个必然王国。在这个必然王国的彼岸,作为目的本身的人类能力的发挥,真正的自由王国,就开始了。"[2] 显而易见,正像希法亭在认识论上没有真正超越经验层次一样,他在历史观上同样没有真正超越必然王国,他的从"自发调节社会"到"自觉组织社会"的转变,得到的至多只是"必然王国中的自由"[3],无法到达"真正的自由王国"的理想彼岸。

二是无法真正把握资本主义生产关系的特殊社会性,从而无法真正揭示其固有的拜物教形态和拜物教观念的实质。希法亭仅仅从认识论角度出发将社会区分为"自发调节"和"自觉组织"两种

---

1 [德]鲁道夫·希法亭:《金融资本》,商务印书馆 1994 年版,第 264、198 页。
2 《马克思恩格斯全集》第 46 卷,人民出版社 2003 年版,第 928—929 页。
3 自由主义者哈耶克为了维护私有制,连这种低级的"自由"也不承认,他认为这恰恰是"通向奴役之路"。

类型，必然导致将这两种类型的社会关系的区别看成是表现形式上的，而不是实质内容上的。其实，物与物的关系不仅是假象和形式，它本身同时也是实质和内容的内在规定，即这种人与人的关系本身是物化的关系，本身是一种间接的社会性。希法亭将资本主义的间接社会性误认为非商品经济社会的直接社会性，实际上是用"非社会性（物化）的形式＋社会性（非物化）的内容"的二元论，取代了马克思的形式与内容统一的"物化的（＝间接的）社会性"的一元论。希法亭认为可以直接用"社会必要流通价值"确定纸币的价值的观点，正是由这一错误造成的。正是由于希法亭没有真正理解资本主义社会关系的物化（间接社会性）实质，所以他对资本主义的拜物教形态和拜物教观念的批判是不彻底的。这突出地表现在他关于"信用在其完备形式上是同资本主义相对立的"的看法上。实际上，信用只是改变了物化的形式，根本没有改变金属货币所代表的社会关系的物化实质。马克思早已对此作出批判："货币主义本质上是天主教的；信用主义本质上是基督教的。'苏格兰人讨厌金子'。作为纸币，商品的货币存在只是一种社会存在。信仰使人得救。这是对作为商品内在精神的货币价值的信仰，对生产方式及其预定秩序的信仰，对只是作为自行增殖的资本的人格化的各个生产当事人的信仰。但是，正如基督教没有从天主教的基础上解放出来一样，信用主义也没有从货币主义的基础上解放出来。"[1]

三是无法真正揭示资本拜物教发展的顶点。希法亭不是从资本与劳动力之间的关系这一物化内容的演化来揭示资本的拜物教形态和资本拜物教观念的发展，而是从流通过程和财产关系这一

---

[1]《马克思恩格斯全集》第46卷，人民出版社2003年版，第670页。

物化形式的演化出发,把资本的货币形式看作是资本的拜物教形态和资本拜物教的观念发展的顶点。希法亭认为:"在金融资本中,所有部分的资本形式都联合成为一个总体。金融资本表现为货币资本,实际上具有货币资本的运动形式 G—G′,是带来货币的货币,是资本运动的最一般、最不可理解的形式。"[1] 马克思确实说过:在生息资本那里,"资本取得了它的纯粹的物神形式"。[2] 但我们不应忘记,马克思在肯定"生息资本总的说来是各种颠倒错乱形式之母"之后,紧接着说:"我们现在来考察劳动力。在这里,工资被看成是利息,因而劳动力被看成是提供这种利息的资本。例如,如果一年的工资等于 50 镑,利息率等于 5%,一年的劳动力就被认为是一个等于 1000 镑的资本。资本家们思考方式的错乱在这里达到了顶点,资本的增殖不是用劳动力的被剥削来说明,相反,劳动力的生产性质却用劳动力本身是这样一种神秘的东西即生息资本来说明。"[3] 在马克思看来,"劳动力资本"是比一般"生息资本"更高级的拜物教观念,它才是资本拜物教观念的顶点:资本的增殖能力本来源自劳动力,"生息资本"表现为资本不依赖劳动力而自我增殖;"劳动力资本"则更进了一步,完全倒因为果,劳动力创造剩余价值的能力反而源自资本,这才最终达到了"颠倒错乱"的顶点。

如果说在马克思的时代,"劳动力资本"不过是观念上的,还只是"资本主义思想方法的错乱在这里达到了顶点";那么当代"人力资本"的出现,已经使之赫然成为现实,这表明"劳动力资本"真正成为比"生息资本"更高级的拜物教形态,套用马克思的话说,就是

---

[1] [德]鲁道夫·希法亭:《金融资本》,商务印书馆 1994 年版,第 265 页。
[2] 《马克思恩格斯全集》第 46 卷,人民出版社 2003 年版,第 442 页。
[3] 《马克思恩格斯全集》第 46 卷,人民出版社 2003 年版,第 528 页。

"资本主义现实关系的颠倒在这里达到了顶点"。当然,只有高级劳动力才"有幸"成为"人力资本",成为"物质资本"这个世俗上帝的"选民",获得进入分享剩余价值"一杯羹"天堂的圣餐券——股权和期权;而普通劳动力仍然只是商品——"人力资源",只能换取劳动力的价值,无权分享自己创造的剩余价值。不过,"人力资本"也不要太过高兴:在"人力资本"面前,"物质资本"拥有绝对的话语权。当代资本主义仍然是"物统治人""过去支配现在和未来":马克思的时代是"死劳动"统治"活劳动",我们的时代则进了一步——"死资本"统治"活资本"。

三、马克思主义观上的科学主义倾向

这主要表现为受新康德主义影响,割裂马克思主义的科学性与价值性之间的内在统一。首先,希法亭对马克思主义的研究对象和研究范式作了区分。他认为,就研究对象来说,马克思主义既是规律科学又是规范科学,目的、规范和价值问题同样是马克思主义的研究对象;但就研究的范式来说,马克思主义则只能是科学的,而非规范的。他说:"对马克思主义来说,政策考察的目的也只能是揭示因果联系。对商品生产的社会规律的认识,同时指明了决定社会各阶级意志的决定性因素。按照马克思主义的观点,揭示阶级意志如何决定,是科学的即记述因果联系的政策的任务。像理论一样,马克思主义的政策也是独立于价值判断的。"[1]

其次,希法亭对马克思主义本身的学说性质和社会功能作了区分。他认为,就学说本身的性质来说,马克思主义是一种与价

---

[1] [德]鲁道夫·希法亭:《金融资本》,商务印书馆1994年版,第3—4页。

值、理想和信仰无关的纯粹科学理论,它始终不渝地坚持一切科学的研究成果的客观的普遍适用性的要求,"因此,把马克思主义同社会主义本身等同起来是一种错误观点对马克思主义正确性的认识,其中也包括对社会主义必然性的认识,根本不是做出的价值判断,也同样不是对实际行动的指示,因为认识到一种必然性同献身于这种必然性是不同的两码事"[1]。但是,就其社会功能或历史作用来说,马克思主义又不是价值中立的。其理论内容会动摇阶级统治的合法性,对它的掌握和运用也受到阶级利益的制约。"因此,马克思主义作为逻辑上科学的、客观的和摆脱了价值判断的科学,按照自己的历史地位,必然为它以自己的成果支持其胜利的阶级的代表所掌握",在这种意义上,它又是"无产阶级的科学"。[2]

从上述观点可以看出,希法亭的马克思主义观带有浓厚的科学主义倾向,因为他把马克思主义学说本身看成是纯粹实证科学,把目的、规范和价值从科学的"宫殿"中驱逐出去;同时,又带有较强的折衷主义色彩,力图用割裂论域与范式、性质与功能的办法在科学宫殿的旁边给被驱逐者搭建一个勉强可以栖身的小"茅屋"。

---

1 [德]鲁道夫·希法亭:《金融资本》,商务印书馆1994年版,第3—4页。
2 [德]鲁道夫·希法亭:《金融资本》,商务印书馆1994年版,第4—5页。

主要参考文献

1. ［德］艾思奇：《辩证唯物主义、历史唯物主义》，人民出版社1961年版。

2. ［英］安东尼·布鲁厄：《马克思主义的帝国主义理论》，陆俊译，重庆出版社2003年版。

3. 陈独秀：《精神生活·东方文化》，载《前锋》第3号，1924年2月1日。

4. 陈序经：《中国文化的出路》，上海商务印书馆1934年版。

5. ［美］戴维·埃伦费尔德：《人道主义的僭妄》，李云龙译，国际文化出版公司1988年版。

6. 《费尔巴哈哲学著作选集》下卷，商务印书馆1984年版。

7. 冯友兰：《与印度泰戈尔谈话》，载陈崧编《五四前后东西文化问题论战文选》，中国社会科学出版社1985年版。

8. ［美］埃里希·弗洛姆：《在幻想锁链的彼岸：我所理解的马克思和弗洛伊德》，张燕译，湖南人民出版社1986年版。

9. ［日］广松涉：《文献学语境中的〈德意志意识形态〉》，彭曦译，南京大学出版社2005年版。

10. 韩立新：《〈德意志意识形态〉的文献学研究和日本学界对广松版的评价》，载《中国社会科学》，2006年第2期。

11. 韩立新:《望月清司对马克思市民社会理论的研究》,载《南京大学学报》,2009年第4期。

12. [德]亨利希·库诺夫:《马克思的历史、社会和国家来说》,袁志英译,上海人民出版社1966年版。

13. 胡适:《编辑后记》,载《独立评论》第142号,1935年3月17日。

14. 胡适:《充分世界化与全盘西化》,载天津《大公报》,1935年6月23日。

15. 胡适:《读梁漱溟先生的〈东西文化及其哲学〉》,载《胡适文存》第二集第二卷,东亚图书馆1923年版。

16. 胡适:《〈科学与人生观〉序》,载《胡适文存》第二集第二卷,东亚图书馆1923年版。

17. 胡愈之:《台莪尔与东西文化之批判》,载陈崧编《五四前后东西文化问题论战文选》,中国社会科学出版社1985年版。

18. 黄楠森、庄福龄:《马克思主义哲学史教学研究资料选编:上册》,北京大学出版社1984年版。

19. [德]康德:《道德形而上学探本》,商务印书馆1959年版。

20. [德]康德:《实践理性批判》,商务印书馆1960年版。

21. [德]考茨基:《帝国主义》,史集译,生活·读书·新知三联书店1964年版。

22. [德]考茨基:《关于马克思和马赫的一封信》,载《维也纳斗争杂志》,1909年第10期。

23. [德]考茨基:《基督教之基础》,叶启芳译,生活·读书·新知三联书店1955年版。

24. [德]考茨基:《民族国家、帝国主义国家和国家联盟》,生活·读书·新知三联书店1963年版。

25. ［德］考茨基:《唯物主义历史观》第四分册,上海人民出版社 1964 年版。

26. ［德］考茨基:《唯物主义历史观》第一分册,上海人民出版社 1964 年版。

27. ［英］柯亨:《自我所有、自由和平等》,李朝晖译,东方出版社 2008 年版。

28. ［德］科尔施:《马克思主义和哲学》,王南湜、荣新海译,重庆出版社 1989 年版。

29.《拉法格文选》下卷,人民出版社 1985 年版。

30. ［德］兰德曼:《哲学人类学》,彭富春译,工人出版社 1988 年版。

31. 梁启超:《饮冰室专集》之二十三,中华书局 1926 年版。

32. 梁漱溟:《东西文化及其哲学》,商务印书馆 1987 年版。

33.《列宁全集》第 19 卷,人民出版社 1989 年版。

34.《列宁选集》1—2 卷,人民出版社 1960 年版。

35. ［德］卢森堡:《国民经济学入门》,彭尘舜译,生活·读书·新知三联书店 1962 年版。

36.《卢森堡文选》上卷,人民出版社 1984 年版。

37. ［德］卢森堡:《社会改良还是社会革命》,徐坚译,生活·读书·新知三联书店 1958 年版。

38. ［德］罗莎·卢森堡:《狱中书简》,傅惟慈等译,花城出版社 2007 年版。

39. ［德］卢森堡:《资本积累论》,彭尘舜、吴纪先译,生活·读书·新知三联书店 1959 年版。

40. ［苏］卢森贝:《"资本论"注释》第二卷,赵木斋、翟松年译,生活·读书·新知三联书店 1963 年版。

41. [匈]卢卡奇:《历史与阶级意识:关于马克思主义辩证法的研究》,杜章智、任立、燕宏远译,商务印书馆1992年版。

42. [德]鲁道夫·希法亭:《金融资本》,福民等译,商务印书馆1994年版。

43. 鲁克俭:《"马克思文本解读"研究不能无视版本研究的新成果》,载《马克思主义与现实》,2006年第1期。

44. 吕增奎:《马克思与诺齐克之间:G. A. 柯亨文选》,江苏人民出版社2007年版。

45. [德]罗莎·卢森堡、[苏]尼·布哈林:《帝国主义与资本积累》,柴金如等译,黑龙江人民出版社1982年版。

46. 《马克思恩格斯全集》1—50卷,人民出版社1995年版。

47. 《马克思恩格斯全集》1—48卷,人民出版社1956—1985年版。

48. 《马克思恩格斯选集》1—4卷,人民出版社1995年版。

49. 《马克思恩格斯〈资本论〉书信集》,人民出版社1976年版。

50. 毛泽东:《唯心历史观的破产》,《毛泽东选集》第4卷,人民出版社1991年版。

51. 聂锦芳:《清理与超越:马克思文本的意旨、基础与方法》,北京大学出版社2005年版。

52. [苏]普列汉诺夫:《论一元论历史观之发展》单行本,博古译,生活·读书·新知三联书店1965年版。

53. [南斯拉夫]普雷德腊格·弗兰尼茨基:《马克思主义史》,人民出版社1986年版。

54. 《普列汉诺夫纪念馆档案室"档案材料》,载《马克思主义研究参考资料》,1984年第19期。

55.《普列汉诺夫哲学著作选集》,生活·读书·新知三联书店1961年版。

56.［德］施宾格勒:《西方的没落》,黑龙江教育出版社1988年版。

57.［苏］斯大林:《苏联社会主义经济问题》,人民出版社1961年版。

58.《斯大林选集》上卷,人民出版社1979年版。

59.［苏］斯大林:《列宁主义问题》第3分册,人民出版社1972年版。

60.［苏］斯大林:《马克思主义和语言学问题》,中共中央马克思、恩格斯、列宁、斯大林著作编译局译,人民出版社1972年版。

61.［美］保罗·斯威齐:《资本主义发展论》,陈观烈、秦亚男译,商务印书馆1997年版。

62. 孙伯鍨、张一兵:《西方最新哲学20讲》,南京工学院出版社1987年版。

63. 孙冶方:《论作为政治经济学对象的生产关系》,载《经济研究》,1979年第8期。

64.《泰戈尔对京学界演说》,载《晨报》,1924年4月29日。

65.《泰戈尔与中国新闻社记者谈话》,载《申报》,1924年4月14日。

66. 王金福:《实践本体论还是辩证唯物主义的物质一元论:与实践本体论者讨论》,载《哲学研究》,1989年第12期。

67. 王新命、何炳松等:《中国本位的文化建设宣言》,载《文化建设》第1卷第4期,1935年1月10日。

68.［日］望月清司:《马克思历史理论的研究》,韩立新译,北京师范大学出版社2009年版。

69. 吴景超:《建设问题与东西文化》《答陈序经先生的全盘西化论》等,载《中国文化建设讨论集》,龙文书店1935年版。

70. [英]休谟:《人类理解研究》,关文运译,商务印书馆1972年版。

71. 徐崇温:《用马克思的思想统一对实践唯物主义的认识》,载《哲学研究》,1989年第12期。

72. 杨凤麟:《中国现代哲学史资料汇编》第1集第6册,辽宁大学哲学系1981年版。

73. 姚顺良:《鲍德里亚对马克思劳动概念的误读及其方法论根源》,载《现代哲学》,2007年第2期。

74. 姚顺良:《超越学理:虚假问题与幼稚答案背后的视域拓展和视角转换:评卢森堡〈资本积累论〉及其引发的争论》,载《湖北社会科学》,2006年第7期。

75. 姚顺良:《第二国际关于资本主义现代形态理论的当代审视:兼论列宁经典帝国主义理论的贡献和缺陷》,载《南京大学学报》,2007年第1期。

76. 姚顺良:《马克思研究:"历史科学"化,还是"马克思学"化?》,载《南京社会科学》,2007年第10期。

77. 姚顺良:《希法亭对马克思资本主义理解模式的逻辑转换》,载《南京大学学报》,2009年第3期。

78. 姚顺良、夏凡:《卢森堡理解资本主义现代形态的模式创新及其哲学意蕴》,载《学海》,2009年第2期。

79. [德]英格·陶伯特:《〈德意志意识形态〉手稿和刊印稿的问题和结果》,载《马克思恩格斯列宁斯大林研究》,2001年第2期。

80. 张一兵、韩立新:《是"日本马克思主义"还是"日本新马克思主义":关于日本马克思主义的学术定位的对话》,载《中国社会科学报》,2010年3月25日。

81.《政治经济学批判》单行本,人民出版社1955年版。

82.《第二国际修正主义者帝国主义的谬论》,生活·读书·新知三联书店1976年版。

83.《考茨基言论》,生活·读书·新知三联书店1966年版。

后　记

在这本书的最后，我想表示如下谢意！

首先是本书的完成，全依靠我在南京大学哲学系和马克思主义社会理论研究中心的同仁们，特别是张一兵、唐正东、王恒、刘怀玉……这本文集的编辑从创意，到确定具体汇编人员，再到具体编辑过程中的指导，可以说，他们比我这个著者操心更多，付出的辛劳也更多。

其次是我的两位曾经的学生，一位是现在山东大学马克思主义学院的博士生毕志民，另一位是现在南京审计大学马克思主义学院的郑如博士。他们是本书的具体汇编者，前者在文章的搜集（汇）方面付出了很多劳动，后者在编辑上付出了不少心血。

就前者说，由于论文写作与发表时间跨度很大（40年），发表的场合又比较复杂，如当时研究生毕业论文是手工打印油印的，没有电子稿，再加上本人对文稿缺乏保存习惯，所以许多论文和文稿早已不知所之。幸亏毕志民不怕麻烦，苦心寻找，才将本书中的大部分文章收集起来。就编辑来说，郑如也不是简单地按时间顺序把文章排列起来，或简单地按分析理性将文章划分为并列的几个部分，而是按照历史与逻辑相统一的辩证理性编排，既展示了著者研究过程前进与拓展的轨迹，又彰显了文章本身的文本间联系，使文集本身显示出互文式诠释和跨语境阅读，是诠释马克思文本和理解马克思思想的最佳甚至是唯一合理的方式。

最后，马克思在《政治经济学批判》中认为，产品尽管是直接生产过程的结果，但其最终完成却是在生产的消费过程中，而消费又分成"生活消费和生产消费"。我希望自己的专著能够尽早地进入生产的消费过程中，即成为马克思主义理论界同仁们批判的对象，并通过对我的专著的批判，推进对马克思文本的再诠释和马克思思想的理解。

谢谢！

著者 2020 年 3 月 4 日
于南京大学